Melanchthon deutsch

I

Schule und Universität,
Philosophie, Geschichte und Politik

Melanchthon deutsch

Begründet von
Michael Beyer, Stefan Rhein und Günther Wartenberg (†)

Übersetzungen
aus dem Lateinischen und Frühneuhochdeutschen
von

Michael Beyer
Siegfried Bräuer
Matthias Dall'Asta
Günter Frank
Georg Heldmann
Ralf Hofheinz
Helmar Junghans (†)
Rainer Kößling
Hermann Lind
Lothar Mundt
Stefan Rhein
Gerhard Steinger
Günther Wartenberg (†)
Gerhard Weng (†)
Volker Werner
Albert Widmann

Melanchthon deutsch

Band 1

Schule und Universität, Philosophie, Geschichte und Politik

Herausgegeben von
Michael Beyer, Stefan Rhein und Günther Wartenberg (†)

Evangelische Verlagsanstalt · Leipzig

Bibliografische Information der Deutschen Nationalbibliothek

Die Deutsche Nationalbibliothek verzeichnet diese Publikation in der Deutschen Nationalbibliografie; detaillierte bibliografische Daten sind im Internet über <http://dnb.d-nb.de> abrufbar.

2., korrigierte Auflage 2011

Printed in Germany · H 6527

Das Buch wurde auf alterungsbeständigem Papier gedruckt.

Gesamtgestaltung: Kai-Michael Gustmann, Leipzig
Druck und Binden: Druckhaus Köthen GmbH

ISBN 978-3-374-02831-3
www.eva-leipzig.de

Vorbemerkung zur 2. Auflage

Die Neuauflage von „Melanchthon deutsch" belegt, dass die Übersetzungen von Texten des Praeceptor Germaniae ihren Platz im Gespräch der Theologen, Historiker und Pädagogen gefunden haben. Nur wenige Korrekturen oder Veränderungen sind notwendig geworden. Die umfangreichste besteht darin, dass nun auch Band 1 von „Melanchthon deutsch" ein eigenes Register besitzt. Der Tod unseres Mitherausgebers Günther Wartenberg am 9. Juli 2007 hat auch in unserer gemeinsamen Arbeit eine große Lücke hinterlassen. Seinem Gedächtnis sei diese zweite Auflage gewidmet. Es wäre gewiss in Wartenbergs Sinn, wenn die Reihe „Melanchthon deutsch" künftig weitere Bände mit Texten aus Melanchthons vielfältigem humanistischen und reformatorischen Schaffen einer interessierten Öffentlichkeit zur Verfügung stellt.

Leipzig und Wittenberg, im Oktober 2010
Michael Beyer und Stefan Rhein

Vorwort zur 1. Auflage

Am 16. Februar 1997 jährte sich zum 500. Mal der Geburtstag Philipp Melanchthons. Bretten, Pforzheim, Heidelberg und Tübingen, das sind seine südwestdeutschen Lebensstationen mit Schul- und Universitätsbesuch, bis er 1518 als junger Griechischprofessor nach Wittenberg berufen wurde. Vom 14 Jahre älteren Martin Luther sogleich tief beeindruckt, beschäftigte er sich intensiv mit dessen neuer Theologie und verfasste bereits 1521 die erste evangelische Dogmatik („Loci communes"). Seine vielfältigen Studien machen ihn zu einem der bedeutendsten Universalgelehrten der frühen Neuzeit.

Melanchthon war Universitätsprofessor in Wittenberg für Griechisch und Theologie, der aber auch über Rhetorik, Geographie, Astronomie, Logik und vieles mehr Vorlesungen hielt. Er wurde zum engsten Mitarbeiter Luthers. Melanchthon verfasste die wichtigste Bekenntnisschrift der protestantischen Kirche, das „Augsburgische Bekenntnis" von 1530. Er agierte öffentlich und politisch und führte auf zahlreichen Religionsgesprächen und Reichstagen Verhandlungen, da Luther in Acht und Bann stand und Kursachsen nicht verlassen durfte. Melanchthon gilt aber auch als „Praeceptor Germaniae", als der Lehrer Deutschlands, der durch eine Vielzahl von Universitäts- und Schulordnungen, von Schulbüchern, Grammatiken und Kommentaren das protestantische Schulsystem geschaffen hat, das über die Grenzen der Konfessionen hinaus vorbildlich geworden ist, eine faszinierende Vielfalt, die sich in Hunderten von Schriften und in einem Briefwechsel von fast 10.000 erhaltenen Briefen widerspiegelt, einem der umfassendsten Briefwechsel, den wir von einem Menschen des 16. Jahrhunderts besitzen.

Melanchthons Gesamtwerk ist gleichwohl – trotz seines großen Einflusses auf die Zeitgenossen – heute zumeist unbekannt. Nur in den wissenschaftlichen Fachkreisen der Kirchengeschichte (und zunehmend in der Rhetorik-, Literatur- und Wissenschaftsgeschichte) werden seine Werke wahrgenommen. Größere Aufmerksamkeit dürfen seit jeher nur die zu den Bekenntnisschriften der evangelischen Kirche gezählte „Confessio Augustana" sowie die „Loci communes", die beide in zahlreiche Sprachen übersetzt wurden, beanspruchen. Bei den übrigen Werken verhindert die Gelehrtensprache Latein die Rezeption nicht nur in der interessierten Öffentlichkeit, sondern auch – und dies sei mit bedauerndem Blick auf die allerorten schwindenden Kenntnisse in den antiken Sprachen hinzugefügt – in Kirche, Schule und Universität. Ein „Melanchthon deutsch" ist notwendig, wenn nicht Melanchthons auch aktuelle Bedeutung von vornherein als hinfällig eingestuft wird. Indessen greifen Fragestellungen wie die nach dem Konzept für Allgemeinbildung, nach der Vergangenheit und Zukunft der Ökumene, nach dem Kultur- und Bildungsauftrag der Kirche, nach dem Europa der Werte usw. gerade heute häufig auf Melanchthons Wirken zurück.

Melanchthon auch heute sprechen zu lassen: Das ist das Ziel dieser beiden Übersetzungsbände. Sie wenden sich an denkbar viele Gesprächspartner in all den Bereichen, in denen Melanchthon selbst gewirkt hat: Schule, Universität, Kirche, Theologie, Politik. Melanchthon hat hohe Ansprüche an die Sprache gestellt; sein Stilideal war die *perspicuitas,* das heißt die Durchsichtigkeit, Transparenz, Klarheit, nicht die Fachsprache eingeweihter Spezialisten. Dass die Übersetzungen die schwierige Balance zwischen Treue zu einem vergangenen Sprechen und Verständlichkeit für den modernen Adressaten halten, ist die gemeinsame Hoffnung aller Beteiligten. Die Handschriften der Übersetzer, die nicht eingeebnet werden sollten, deuten Melanchthons *perspicuitas* verschieden: als durchscheinende Präsenz von Melanchthons eigenem Schreiben oder als klärende Verständlichkeit und Öffnung auf den Leser hin. Die Mühe des Übersetzens hätte sich gelohnt, wenn das Gespräch über die Zeiten hinweg den sprachlichen und inhaltlichen Ansprüchen, die Melanchthon selbst gesetzt hat, in Ansätzen entspräche: „Die Rede darf sich keine Fehler bei den Wortbedeutungen leisten, muss Unklarheit und Durcheinander meiden und sich außerdem vor Witzeleien hüten. Wir sind dazu geboren, uns im Gespräch einander mitzuteilen. Weshalb das? Etwa, um nur Liebesgeschichten vorzulesen, auf Gastmählern zu wetteifern oder um darüber zu reden, wie man mit Verträgen, durch Kauf, Verkauf usw. am besten Geld scheffeln kann? Nein! Die Menschen sollen einander über Gott und die Aufgaben der Ethik unterrichten. Das wechselseitige Gespräch möge in guter Gesinnung erfolgen, das heißt es soll eine wirklich angenehme Auseinandersetzung über diese grundlegenden Dinge sein" (aus der in Band 2 abgedruckten „Rede über das unentbehrliche Band zwischen den Schulen und dem Predigtamt").

Die Themen der übersetzten Texte, die in den beiden Bänden unter den Überschriften „Schule und Universität", „Philosophie, Geschichte und Politik", „Theologie" und „Kirchenpolitik" versammelt sind, können nur eine Ahnung von der Weite des Werkes Melanchthons vermitteln. Sie sind zumeist aus seiner breiten Vorlesungstätigkeit erwachsen, die ihren institutionellen Ort sowohl in der Artistischen als auch in der Theologischen Fakultät besaß. Ausschließlich vollständige Schriften werden im Folgenden vorgestellt, da das Vorgehen, Ausschnitte nach vorgegebenen Themenrastern anzuordnen, den systematischen und zugleich assoziationsreichen Gedankenduktus Melanchthons zerstört hätte. Dies bedingte eine nicht immer leichte Auswahl an überschaubaren Texten, zumal der Wunsch, den Universalgelehrten, Humanisten und Reformator in verschiedenen Textgattungen zu präsentieren, gleichfalls erfüllt sein wollte. Aufnahme gefunden haben Thesenreihen, Postillen, Gebete, Anekdoten, Briefe, Studienordnungen, Gutachten, Traktate, vor allem aber Reden, die Melanchthon als regelmäßige *declamationes* 1523 an der Universität Wittenberg einführte. Sie umfassen das gesamte Wissensspektrum Melanchthons – von Theologie, Medizin, Philosophie, Geschichte bis hin zu Astronomie – und wurden zumeist von seinen Schülern vorgetragen. Ihre Sprechlänge von etwa 20 Minuten bis zu einer Stunde wie auch ihre kunstvoll stilisierte Behandlung eines abgeschlossenen Themas machen sie für unsere Ausgabe überaus attraktiv.

Die Herausgeber mussten sich schweren Herzens gegen den Abdruck der Originale entscheiden, um möglichst viele Texte aufnehmen zu können. Als biographische Einführung kommt ein Zeitgenosse zu Wort, der Melanchthonschüler und Tübinger Theologe Jakob Heerbrand.

1829/30 hat Friedrich August Koethe „Philipp Melanchthon's Werke, in einer auf den allgemeinen Gebrauch berechneten Auswahl“ in drei Bänden deutscher Übersetzungen herausgegeben. Über 160 Jahre später liegt nunmehr eine Auswahl neuer Übersetzungen vor. Unser besonderer Dank gilt allen Übersetzern, die mit ihrem vielfältigen Wissen diesen Schritt Melanchthons in die Öffentlichkeit der deutschen Sprache heute überhaupt erst ermöglicht haben.

Bretten und Leipzig, Palmarum 1997
Die Herausgeber

Inhalt

Philosophie, Geschichte und Politik

Anhang

Jakob Heerbrands Gedächtnisrede auf Melanchthon

Oratio funebris in obitum incomparabilis viri domini Philippi Melanthonis 1560

Nach Melanchthons Tod am 19. April 1560 brachten die Gelehrten in den evangelischen Territorien Deutschlands ihre Trauer in einer Vielzahl von Gedichten und Gedenkreden zum Ausdruck. Für viele schien eine Epoche lebendigen humanistischen Geistes an ihr Ende gekommen zu sein. Jakob Heerbrand, der für fünf Jahre Schüler Luthers und Melanchthons in Wittenberg gewesen war (1538 bis 1543), fühlte sich den beiden Reformatoren zeitlebens eng verbunden. Seit 1557 wirkte Heerbrand als Theologieprofessor in Tübingen. Vor allem durch sein „Compendium theologiae" gilt er als der führende Vertreter des Luthertums im damaligen Südwestdeutschland. Seine Rede hielt er bei der Tübinger akademischen Gedächtnisfeier für Melanchthon am 15. Mai 1560. Sie spannt den biographischen Bogen von der Geburts- bis zur Todesstunde und stellt Melanchthon als auserwähltes Werkzeug Gottes für die Reformation, als den in ganz Europa einflussreichen Lehrer und humanistischen Universalgelehrten, aber auch als ein menschliches und christliches Vorbild mit Worten voll tiefer Bewunderung dar. Der Skopus der Rede ist ganz im Sinne Melanchthons die Tröstung, die darin gegeben ist, dass er nun selbst die Teilhabe an der himmlischen Universität erlangte und dass er allen, die über den unersetzlichen Verlust trauern, in seinen Schülern und in seinen Werken gegenwärtig bleiben wird.

Übersetzungsgrundlage: CR 10, 293–313 (Nr. 7140).

Magnifizenz, Hochgeborene Grafen und Barone, Hochangesehener Senat, Hochgeehrte Versammlung!
Am Ehrengrabmal des Herrn Philipp Melanchthon, der, wie uns am 9. dieses Monats schriftlich mitgeteilt wurde, im vergangenen Monat aus diesem armseligen und leidvollen Leben geschieden ist und es glücklich mit jenem seligen und ewigen Leben getauscht

hat, sind wir zusammengekommen, um ihm in einem feierlichen Totengedächtnis die gebührenden Ehren und diesen letzten Dienst der dankbaren Liebe und Verehrung zu erweisen. Alle gottesfürchtigen und rechtschaffenen Menschen haben wegen seines Todes schweren seelischen Schmerz erlitten, und die Trauer der Kirche und der Universität, die beide eines guten und gläubigen Gelehrten und Lehrers beraubt sind, ist öffentlich und allgemein. Wenn aber jemals der Eindruck entstehen konnte, dass ein nicht nur für die Universitäten, sondern auch für alle Kirchengemeinden betrübliches und bitteres Unglück geschehen ist, dann ist gewiss dieses Unglück im höchsten Maß mit den Tränen aller zu beklagen. Auch das christliche Gemeinwesen hat dadurch, dass es eines so großen Mannes beraubt wurde, keinen geringen Verlust erlitten. Der Erde wurde nämlich ein vortrefflicher und bedeutender Mann entrissen, der sich durch seinen tätigen Einsatz um die ganze Kirche sehr verdient gemacht hat, der durch seine Frömmigkeit, Tatkraft, Weisheit und Beredsamkeit hervorragte, dessen Geist durchaus göttlich und eine Wohnung des Heiligen Geistes war, dessen Bildung vielseitig und nahezu unglaublich war. Einen vergleichbaren Menschen hat weder die Erde getragen noch die Sonne gesehen. Seine Verdienste um Gelehrsamkeit und Kirche, denen er sehr lange Zeit höchst zuverlässig und nutzbringend diente, ohne seine Kräfte zu schonen, mögen in noch größerem Umfang und mit noch größerem Gewicht bestehen bleiben. Wenn daher der Prophet Elisa bei der Entrückung seines Lehrers Elia mit einem feurigen Wagen in den Himmel seinen Fortgang durch Seufzen mit betrübter und trauervoller Stimme beklagte, indem er rief: „Mein Vater, mein Vater, Wagen Israels und sein Lenker!“[1], dann sollten auch wir dies noch viel eher tun. Denn es starb, ach es starb der Lenker und höchste Leiter der Universitäten und Kirchen! Was wäre undankbarer oder pietätloser, als vom Tod eines solchen Mannes nicht ergriffen zu sein?

Da über einen bedeutenden und beredten Mann gesprochen werden muss, dem zu seiner Zeit auch Erasmus in seinem Buch „Ciceronianus“[2] den ersten Rang unter den Redegewaltigen zugewiesen hat, erwartet man die Rede eines Redegewaltigen, so kunstvoll ausgearbeitet, tief durchdacht und vollendet, dass sie mit ihrem Glanz seinen bedeutenden Verdiensten gleichkommt. Denn wenn es ein Frevel gewesen wäre, Alexander den Großen von anderen als von Lysipp oder Apelles – beide hervorragende Künstler – darstellen zu lassen, warum sollten wir meinen, den überaus großen Philipp von anderen als von den geistvollsten und in der Redekunst befähigsten Männern loben zu lassen?

Ich bin aber von dieser Fähigkeit zu reden noch sehr weit entfernt und mir meiner rhetorischen Unreife bewusst. Ich sehe auch in dieser Versammlung angesehener Männer sehr viele, die in der Redekunst unterrichtet sind und mir, der ich darin noch zu wenig geübt bin, weit überlegen sind. Daher wäre ich zu Recht in die Kritik aller geraten, hätte ich von mir aus diese Sprecherrolle an mich gezogen. Aber unser Durchlauchtigster Fürst[3] verlangte dies von mir gemäß seiner einzigartigen und vorzüglichen Güte gegenüber den Studien und den Universitäten. Auch der Hochangesehene Akademische Senat kam zu dem Urteil, dass gerade dies zu seiner Amtspflicht gehöre, sofort nach der Mitteilung des Todes diesen unvergleichlichen Mann mit dem geschuldeten Lob zu ehren. Er bürdete mir diese Aufgabe als dem Schüler auf, der seine Vorlesungen mehrere Jahre hörte und dem seine Lebensgeschichte bekannter als vermutlich anderen ist. Ich sträubte mich mit Bitten vergeblich dagegen und erreichte nichts. Aus all diesen Gründen wollte ich mich nicht zum Ärger anderer widersetzen. Auch sollte man nicht denken, ich würde mich der Mühe entziehen, undankbar gegenüber dem um mich so verdienten Lehrer, dem ich alles, was ich von ihm empfangen habe, vergelten sollte, oder die Autorität des Senats missachten. Dies alles liegt mir völlig fern. Vielmehr meinte ich, einer Treuepflicht genügen zu müssen, diese letzte Aufgabe der Verehrung und Dankbarkeit zu erfüllen und mich ohne Rücksicht auf das Ergebnis meiner Aufgabe in Anspruch nehmen zu lassen. Ich ließ mich umso leichter überzeugen, weil Melanchthon schon durch seine Schriften, seine vortrefflichen Taten, seine Tugenden und schließlich durch sein völlig untadeliges Leben hochberühmt ist. Daher ist es nicht nötig, dem noch den Glanz einer Rede hinzuzufügen, was nämlich nichts anderes wäre, als der Sonne Licht zu geben. Von mir werden nur Wahrheit und Glaubwürdigkeit verlangt.

Ich hätte mir gewünscht, wenn es denn der allmächtige Gott zugelassen hätte, Melanchthon lieber zu seinen Lebzeiten die Dankbarkeit zeigen zu können, die seine Verdienste für Kirche, wissenschaftliche Welt und für mich persönlich verlangen, als ihm erst nach der Vollendung seines Lebens unsere Empfindung durch diesen letzten, ohnehin zu erweisenden Liebesdienst kundzutun. Denn ich kann wirklich bestätigen, dass mir in meinem Leben nichts Betrüblicheres hätte zustoßen können als die Nachricht vom Tode eines so großen Mannes. Sie hat mich so bestürzt, dass ich mich selbst weder innerlich sammeln noch nachdenken konnte. Ich bitte daher, mir zu verzeihen, wenn meine Rede nicht eurer Erwartung entspricht und ich auch nicht die Eleganz und den Glanz zum Ausdruck bringe, den die Person, über die gesprochen wird, sowie Bedeutung und Vielfalt des Themas erfordern.

Ich will aber nicht nach Art der Griechen eine Lobrede halten, sondern wegen der Jüngeren unter euch seine Lebensgeschichte nur kurz erzählen und über seine Studien, seine Bildung und seine Schriften sprechen, indem ich nur auf wenige Punkte eingehe und auf sie gleichsam von fern hinweise. Darauf will ich etwas vom Inhalt der Lehre, die er vertrat, folgen lassen, damit wir sein Gedächtnis ehrenvoll bewahren und damit alle verstehen, dass uns sein Wirken willkommen und angenehm war. Und ich hoffe, dass dies den Hörern dienlich sein wird. Denn vieles lässt an seine Lehre denken, und die anschaulichen Beispiele aus seinem Leben enthalten für alle Nutzbringendes, besonders aber für die Studenten.

Wie es üblich ist, will ich zuerst einiges über seine Heimat sagen. Melanchthon wurde in der Kurpfalz, in der Stadt Bretten, am 16. Februar 1497, abends sechs Minuten nach sieben Uhr geboren. Sein Geburtsort ist nicht weit von hier entfernt, wie ihr wisst, so dass wir ihn offensichtlich auch für uns in Anspruch nehmen können, zumal er später hier lebte, lernte und lehrte. Darüber etwas später mehr. Wir wissen, dass sich früher viele Städte Griechenlands um den verstorbenen Homer gestritten haben: Jede einzelne erklärte ihn mit großem Nachdruck als ihren Bürger und ihren Sohn; denn sie waren der Ansicht, dass ihrer Vaterstadt daraus höchster Ruhm erwachse, dass ein so großer und so bedeutender Mann in ihrer Stadt das Licht der Welt erblickt habe. Also werden auch wir es für den höchsten Anteil am Erfolg und am Ruhm halten, dass dieses Licht Deutschlands, ja vielmehr der ganzen Welt, in unserer Nachbarschaft geboren wurde. Wir wollen uns und unsere Heimat beglückwünschen, dass sie nicht nur für uns, sondern auch für die ganze christliche Welt einen so großen Bürger hervorgebracht hat, dessen Gedächtnis und Werk bei der ganzen Nachwelt lebt, kraftvoll besteht und blühen wird.

Er stammt aber von Eltern, die bei ihren Mitbürgern geschätzt waren, wie auch heute noch sein Bruder Georg Schwarzerdt dort ein öffentliches Amt bekleidet. Seine Mutter zeichnete sich in der ganzen Nachbarschaft durch erstaunliche Klugheit aus und war deswegen überall angesehen. Aber ich brauche darüber nichts mehr hinzuzufügen. Denn stammte er auch von völlig unbekannten Eltern ab, hat er ihnen freilich durch seine Vortrefflichkeit den Weg zur Berühmtheit beleuchtet, dass sie, um ein Wort Ciceros zu gebrauchen,[4] selbst wenn sie vorher unbekannt gewesen wären, von ihm den Anfang ihres bleibenden Gedächtnisses empfangen hätten. Es ist viel besser, wegen eigener Leistungen in hohem Ansehen zu stehen, als sich nur auf den Ruf seiner Vorfahren und die eigene Ahnengalerie zu stützen; es ist viel besser, den Nachkommen eigenen Anfang der Berühmtheit darzureichen als fremdverdankten und dann Dunkelheit zu verbreiten, weil das Leben schimpflich verlief.

Da sie also ein ausreichendes Einkommen hatten, ließen sie ihren Sohn auch anständig erziehen. Sie ermöglichten ihm eine umfassende Bildung, deren Grundkenntnisse er sich ohne Mühe in seiner Vaterstadt aneignete, sodass alle höchste Hoffnungen auf ihn setzten. Denn die Begabung des Jungen verhieß Außerordentliches. Von seinen Eltern nach Pforzheim geschickt, lebte er bei der Schwester Reuchlins, einer Verwandten. Dort erhielt er bei gebildeten Männern, nämlich Georg Simler – später hier Professor der Freien Künste, dann auch der Rechtswissenschaften – und bei Johannes Hiltebrant Unterricht in der lateinischen und der griechischen Sprache. Das hat er uns selbst im vergangenen Jahr am 1. Mai geschrieben. Darauf wurde er von seinen Angehörigen zur benachbarten Universität nach Heidelberg geschickt. Denn dort standen die wissenschaftlichen Studien in Blüte, wie sie jene Zeit in ausreichendem Maß bot. Dort erlangte er auch mit dem Grad des Bakkalaureus den ersten Lorbeer.

Danach kam er auf den Rat seines Verwandten Reuchlin, der ihn nie anders als „Sohn" nannte, und seines Lehrers Simler nach Tübingen. Es war aber Reuchlin, um auch dies nebenbei anzumerken, der – an unserer Universität Professor für die hebräische Sprache und in unserem Herzogtum gestorben – das Studium der griechischen und der hebräischen Sprache in Deutschland als Erster in Gang brachte. Als er vom Pfalzgrafen Philipp in der Ehesache seines Sohnes Ruprecht und der Tochter des Herzogs Georg von Bayern nach Rom geschickt worden war und sich dort länger als ein Jahr aufhielt, hörte er den bekannten Juden Abdia, der Hebräisch lehrte, und den Griechen Argyropoulos, der über Thukydides Vorlesungen hielt. Als Argyropoulos erkannte, dass Reuchlin ein Deutscher war, fragte er ihn, ob er Griechisch lesen könnte. Da jener aber nicht nur richtig las, sondern auch den sehr schwierigen Autor übersetzte, rief er in aller Öffentlichkeit aus: „Siehe da, Griechenland ist von unserem Exil über die Alpen geflogen."

Zu dieser Zeit besaß Tübingen in den Wissenschaften und in den Sprachen hervorragende Männer, außer Reuchlin und Simler, den er früher als Lehrer hatte, die gekrönten Dichter Brassican und Bebel, den ausgezeichneten Mathematiker Johannes Stöffler, den berühmten Philosophieprofessor Magister Franz Stadian und weitere durch ihre Bildung herausragende Männer, mit denen Melanchthon freundschaftlich umging. Beim Lernen bediente er sich besonders Simlers Hilfe, der zu sagen pflegte, der Schüler sei gelehrter als sein Lehrer, und Stöfflers, den er drei Jahre gewissenhaft hörte. Nachdem er sich die freien Künste, die Sprachen und die Philosophie teils von seinen Lehrern, teils in privatem Studium angeeignet hatte, bewarb er sich um die Ehre und den Grad eines Magisters der Philosophie. Unter dem Dekan, Magister Johannes Kress, erlangte er ihn am 25. Januar 1514 nach Christi

Geburt, am Tag der Bekehrung des Paulus. Unter elf Kandidaten erhielt er den ersten Rang. Darauf begann er, an unserer Universität zugleich Vorlesungen über die vortrefflichen Autoren Vergil und Terenz zu halten. Das Werk des Terenz schien in Prosa verfasst zu sein, wie die ersten alten Exemplare bezeugen, die in derselben Weise wiederabgedruckt waren und die auch wir in unserer Jugend gesehen haben. Er wies es als Dichtung aus und stellte das Versmaß wieder her. An unserer Universität interpretierte er auch fünf seiner Komödien.

Als ihm danach die Vorlesung in Rhetorik aufgetragen wurde, stellte er der Jugend einige Werke Ciceros vor. Darauf behandelte er auch sechs Bücher des Livius. Gleichzeitig wandte er während seiner Lehrtätigkeit die Aufmerksamkeit höheren Gegenständen zu. Da er eine kraftvolle Begabung hatte, die für die Studien geschaffen und für alle Studien aufnahmefähig war, widmete er sich nicht einem einzigen Wissenschaftsbereich, sondern allen. Während einzelne Menschen sonst kaum je eine Wissenschaft ordentlich erlernen, eignete er sich hier, was zu hören erstaunlich ist, alle und jede einzeln so erfolgreich an, dass es den Anschein haben konnte, er habe sich nur mit einer einzigen abgegeben. Nicht nur die Künste der Rede und die Sprachen, sondern die ganze Philosophie. Was sage ich, die Philosophie! Denn mögen diese Gegenstände auch schon groß sein, ihm erschienen sie noch gering. Da er mit ihnen noch nicht zufrieden war, wandte er sich erhabeneren Studien zu, man nennt sie die höheren Fakultäten, und eignete sie sich alle an. Aber er kostete sie nicht nebenbei, sondern machte in ihnen so große Fortschritte, dass er sich sogar mit den bedeutendsten Meistern ihres Fachs und mit den Professoren auseinandersetzte. Er hörte hier in scholastischer Theologie den Doktor Lemp, der zu der Zeit als vorzüglich galt, und andere Professoren. Bei Simler, den er früher beim Erwerb der Sprachen als Lehrer hatte, hörte er hier gewissenhaft Vorlesungen über die Rechtswissenschaften.

Da er sich die Rhetorik leicht und die Ethik in rechter Weise angeeignet hatte und durch seine geistigen Fähigkeiten bestach, konnte er sich auch mit jenen Fächern erfolgreich befassen. Wie große Fortschritte er machte, bezeugen seine Bücher, die er darüber geschrieben hat. Er lehrte auch privat Gesetzeskunde. Die Medizin vernachlässigte er nicht, sondern hörte auch hier eifrig die Vorlesungen der Professoren dieser Fakultät. Die Bücher des Galen las er wegen ihrer Sprache und Methode, besonders aber auch aus inhaltlichen Gründen, so dass er die Auffassung des Autors übernahm und das meiste aus dem Gedächtnis zitieren konnte. In seinem Buch „De anima" hat er dafür eine Probe gegeben.

Dies alles erlernte er so schnell, dass er die Augen aller auf sich lenkte, wobei man mit Recht daran zweifeln konnte, ob er ein Schüler sei oder eher ein Doktor und Professor. Er besaß nämlich unvergleichbare geistige Fähigkeiten, Verstandesschärfe, genaue Urteilsfähigkeit und ein bewundernswertes Gedächtnis, so dass er sich an alles erinnern konnte, was er jemals gelesen oder gehört hatte, wie Zeitumstände, Orte und Personen. Auch konnte er Namen, Verse, Aussprüche und Satzperioden aus dem Gedächtnis wiedergeben. Dies alles beweist, dass sein Gedächtnis außergewöhnlich war. Nachdem er so den Grad eines Magisters erworben hatte, lebte er hier vier Jahre zugleich als Lehrer der Freien Wissenschaften und als Schüler höherer Studiengänge.

Damals waren bereits in Wittenberg durch den verehrungswürdigen Herrn Doktor Martin Luther die Religionsstreitigkeiten wegen der Ablässe entfacht worden. Der gütige und weise Herzog von Sachsen, Kurfürst Friedrich, förderte dort die von ihm eingerichtete Universität und stattete sie mit gelehrten Männern aus, die er von überallher herbeigerufen hatte. Wie ich gehört habe, soll unter anderen auch Reuchlin, dessen Name damals in ganz Deutschland berühmt war, einen Ruf nach Wittenberg erhalten haben. Aber er wollte nicht seine Heimat verlassen, wo er damals einer der drei höchsten Richter des Schwäbischen Bundes war. Er antwortete jedoch, es stünde einer zur Verfügung, der weitaus besser sei als er, der junge Philipp Melanchthon. So wurde dieser, da es Gott so wollte, im Jahre des Herrn 1518, im Alter von 21 Jahren, nach Wittenberg berufen, um griechische Sprache und Literatur zu lehren. Deshalb wurde er dort gleich zu Beginn von allen „der Grieche" genannt.

Als Melanchthon Tübingen verließ, sagte sein Lehrer Simler, ein durch seine Bildung ausgezeichneter Mann, sein Weggang müsse von der ganzen Stadt beklagt werden. Er fügte hinzu, wie viele gelehrte Menschen es dort auch immer gebe, sie seien nicht so gelehrt zu erkennen, wie groß die Gelehrsamkeit dessen sei, der wegen einer Berufung weggehe. In seinem Urteil täuschte er sich nicht. Sobald Melanchthon nämlich nach Wittenberg gelangt war, unterrichtete er beide Sprachen, Griechisch und Latein. Dieser Aufgabe wollte er sich erfolgreich widmen. Damit seine Hörer nicht durch die Menge und Ausführlichkeit der Regeln, die auch sonst lästig sind, abgeschreckt wurden und damit sie sie leichter erlernten, fasste er die Regeln beider Grammatiken zusammen. Er ließ sie veröffentlichen, nicht nur um seinen Hörern, sondern um für ganz Deutschland Lernhilfen anzubieten und die Sprachstudien zu fordern. Diesem Vorhaben war ein glänzender Erfolg beschieden. Denn seit jener Zeit befinden sich die Bücher an allen Universitäten und in den Händen aller Schüler.

Nach dieser Grundlegung erkannte er, dass die Regeln der Rhetorik und der Dialektik an den Universitäten allgemein in unverständlicher und verworrener Form dargeboten wurden, dass ihre praktische Anwendung nicht vermittelt wurde und dass die Beispiele, an denen die Regeln veranschaulicht werden sollten, ebenso lächerlich und unverständlich waren wie die Regeln selbst, bei denen sich auch noch viel Unbrauchbares fand. Daher unterzog er sich der mühevollen Aufgabe, von Aristoteles, Cicero und Quintilian die besten und wichtigsten Regeln auszuwählen, im Vergleich zu jenem ungeheuren Wust jedoch nur wenige. Diese vermehrte er allmählich durch Hinzufügung bestimmter Regeln, sodass sie schließlich die ganze Kunst umfassten. Und weil bloße Regeln ungenießbar und unverständlich sind, versah er sie mit anschaulichen und brauchbaren Beispielen. Damit zeigte er die Anwendung der Künste und ihrer Regeln, wie auch die Methode, sie auf alle Tätigkeiten im ganzen Leben, auf alle Künste und Wissenschaften anzuwenden. All dies trug er mit so großer Klarheit und so großem Geschick vor, veranschaulichte es mit einer so vorzüglichen Methode und Systematik und mit zusätzlichen Beispielen, dass alles, was sonst äußerst unverständlich, schwierig und abstrus war, von allen leicht und mühelos verstanden werden konnte.

Um die jungen Leute gleichsam an der Hand zur wahren Philosophie zu führen, verfasste er kurze Auszüge der Physik und der Ethik. In ihnen erklärte er wie in allen anderen Werken die Anwendung der vorgetragenen philosophischen Erörterungen und übertrug sie auf das alltägliche Leben. Wie fein hat er die kommutative und die distributive Gerechtigkeit, die nach Aristoteles beide Gleiches mit Gleichem vergelten, und zwar jene im arithmetischen und diese im geometrischen Verhältnis, auf das öffentliche Leben bezogen, das auf Verträgen und auf der Besetzung von Ämtern beruht: dass etwa bei Verträgen der Preis der Ware entsprechen sollte, aber bei der Einrichtung von Gemeinwesen und Ämtern im ganzen Leben ohne genaue Unterscheidung keine beliebigen Personen auf Grund ihrer Ahnen und des Vorrechts ihrer Geburt oder wegen bedeutungsloser Titel herangezogen werden dürften, sondern gerade die Tüchtigsten und Fähigsten. Wenn dies nicht beachtet werde, könne diese bürgerliche Gemeinschaft des öffentlichen Lebens nicht bestehen, sondern müsse das Gemeinwesen und alles andere zu Grunde gehen. Vieles dieser Art begegnet uns in den Schriften Melanchthons, in denen er die Ansicht des Aristoteles anschaulich darstellte und ihre Anwendung lehrte, damit Bildung und Wissenschaft ihren Nutzen für das öffentliche Leben entfalten. Was soll ich von den Erörterungen und Büchern über die Physik sagen? Was von denen über die Astrologie, was auch von dem Buch, in dem er nicht nur über die Seele schreibt, sondern auch über den Aufbau des ganzen menschlichen Leibes: über alle Körperteile, Affekte, Säfte, über die Anatomie und ähnliches? Was soll ich über seine Reden sagen, die er zu verschiedenen Themen so elegant verfasst hat? Mir könnte eher die Tageszeit ausgehen als die Themen und Worte. Denn bei einem so reichhaltigen Gegenstand ist niemand so beschränkt, dass ihm dazu die Worte fehlen könnten.

Da aber zu dieser Zeit die Anwendung der aristotelischen Lehrsätze nicht gelehrt wurde, sondern dessen Philosophie von Leuten, die zur Unzeit Müßiggang pflegen, sogar mit der Theologie vermischt wurde, legte er die wahre Anwendung jener Lehrsätze und Philosophie dar. Er wandte die methodische Behandlung auf theologische Gegenstände an und wies zu Recht den Unterschied beider Disziplinen, der theologischen und der philosophischen, nach. Darin besteht also die Eigenständigkeit und die Besonderheit Melanchthons, und das kann er zu Recht für sich beanspruchen, dass er einerseits weniger, andererseits kürzere Regeln als seine Vorgänger lehrte, sie mit sehr brauchbaren Beispielen veranschaulichte und ihre Anwendung darlegte. Weiterhin beflügelte er durch seinen unermüdlichen Einsatz und seinen Einfluss die Studien der Wissenschaften, der Sprachen, der wahren Philosophie und auch der Mathematik, holte sie gleichsam durch Heimkehrrecht zurück und übertrug sie auf das öffentliche Leben.

An der Universität Wittenberg unterrichtete er 42 Jahre lang nicht nur ein einziges Fach, sondern, da er sich in allen auskannte, alle Fächer, täglich zwei Stunden. Dabei waren die Lektionen über die ganze Woche regelmäßig verteilt. Indem er seinen Hörern brauchbare Erkenntnisse vorlegte und dem gemeinsamen Wohl von Kirche und Gemeinwesen diente, erzielte er durch seine Lehrtätigkeit bei allen so große Fortschritte, wie sonst kaum einzelne Professoren in ihren jeweiligen Fächern. Daraus ist leicht zu erkennen, dass er von Gott begeistert und erfüllt war. Er hatte Schüler und zu den einzelnen Zeiten gewöhnlich zahllose Hörer, unter ihnen Fürsten, Grafen, Barone und sehr viele von vornehmer Herkunft.

Wir lesen, dass Männer von den äußersten Grenzen Spaniens und Galliens zu Titus Livius nach Rom gekommen sind. Pythagoras soll die Seher von Memphis, Platon soll Ägypten und den Architas von Tarent aufgesucht haben. Um aber unseren Melanchthon zu hören, sind nicht nur einige wenige und nicht aus der einen oder der anderen Region zusammengeströmt, sondern aus allen Gegenden Deutschlands, was sage ich Deutschlands, vielmehr aus fast allen Provinzen und Königreichen Europas: aus Frankreich, aus England, aus Ungarn, aus Siebenbürgen, aus Polen, aus Dänemark, aus Böhmen, selbst aus Italien, ja auch aus Griechenland. Zu allen Zeiten und in sehr großer Zahl kamen sie nach

Wittenberg, weil sie vom Ruf seines Namens angelockt wurden. Wie viel Tausend Schüler wird er also nach unserer Meinung zeit seines ganzen Lebens gehabt haben? Schüler, die ihn, nachdem sie seine Vorlesungen gehört hatten, dankbar als ihren Lehrmeister anerkennen, und die, in alle Winde verstreut, die Schätze, die sie in Wittenberg erworben haben, anbieten und verteilen.

Sogar seine Gegner, die einer anderen Glaubensrichtung anhängen, empfinden bei der Lektüre seiner Bücher dennoch Freude, schätzen die Bildung dieses Mannes hoch und bewundern seinen Fleiß und sein Lehrgeschick. In ganz Deutschland bringen alle Katheder, Schulen und Kanzeln seine Schriften zur Sprache. Sie werden von allen, Jungen wie Alten, gelesen. Dies ist ein unverkennbarer und untrüglicher Beweis, dass diese Schriften unsterblich bleiben werden. Jener Gottesmann Martin Luther scheint mir unter diesem Eindruck treffend gesagt zu haben: Wer Philipp nicht als seinen Lehrmeister anerkenne, sei ein dummer und dämlicher Esel und ein Banause, der sich von seiner Einbildung und vom dreisten Vertrauen auf sein Talent tragen und bestimmen lasse. Denn alles, was wir auf irgendeinem Gebiet der Wissenschaften und in der wahren Philosophie wüssten, könne Philipp bieten. Er sei zwar nur mit dem niedrigen Titel eines Magisters ausgezeichnet worden, überrage aber alle Doktoren bei weitem. Es gebe zu seiner Zeit auf der Erde niemanden unter der Sonne in seinem Metier, der mit derartigen Gaben ausgestattet sei. Daher müsse man ihn hochschätzen. Wer aber diesen Mann geringschätze, werde auch vor Gottes Angesicht ohne Ansehen sein. So weit Luther.[5]

Großartig ist das, hochgeehrte Zuhörer, was ich bisher über die Studien, Mühen, Schriften und Verdienste dieses Mannes für die wissenschaftliche Welt erwähnt habe, und das wäre schon genug. Aber es gibt noch Großartigeres! Er blieb nicht bei diesen Studien stehen, da er nämlich von Gott auch mit anderer Absicht berufen und nach Wittenberg gerufen wurde. Der verehrungswürdige Doktor Martin Luther erkannte dies und verhehlte nicht, dass er als Erneuerer eines echten und wahren Glaubens in ihm einen Mitarbeiter und Theseus bei der Erläuterung und Förderung seiner Theologie hatte.[6] Denn Melanchthon wandte eine Methode an, mit der die Ursprünge, Entwicklungen und Zielbestimmungen der Dinge erforscht werden, und er hatte einen ziemlich feinen, klaren, leicht fasslichen, persönlichen und kraftvollen Stil. Daraus ergab sich, dass seine Schriften unter großem Beifall aller aufgenommen wurden und dass durch seine Schriften und Schüler der wahre Glaube sogar im Ausland verbreitet wurde.

Darum wollen wir bei unserer Darstellung seiner Lebensgeschichte nicht nur an die Verdienste des Verstorbenen denken, sondern wollen vielmehr den Inhalt der Lehre, die er vertrat, betrachten. Das ist der zweite Teil unserer Rede. Wir wollen uns die wunderbare Lenkung der Kirche vergegenwärtigen: Gottes Sohn, der zur Rechten seines ewigen Vaters sitzt, schenkt den Menschen seine Gaben. Er erweckt wiederholt Propheten und fähige Lehrer, die die himmlische Lehre, die durch selbsterdachte Vorstellungen der Menschen verdunkelt ist, ans Licht bringen, die den verfallenen Zustand der Kirche wiederherstellen und den entstellten Glauben wieder zu seinem früheren Glanz bringen sollen. So soll sich durch das Wort und den Verkündigungsdienst der Lehrenden für Gott eine Gemeinschaft bilden, die ihn nach der Weisung seines Wortes in diesem Leben in rechter Weise erkennt, anruft und ihn in diesem gegenwärtigen wie auch in jenem zukünftigen, seligen Leben zusammen mit den Heiligen und den reinen Engeln unablässig preist. Diese Lehrer nimmt sich Gott aus den Schulen derer, die über die prophetischen und apostolischen Schriften Vorlesungen halten und die sich diese Schriften aneignen.

Ein solches auserwähltes Werkzeug war auch unser Melanchthon. Belehrt durch den Heiligen Geist erkannte er als Erster in den Paulusbriefen den systematischen Aufbau der Erörterungen zur Rechtfertigung, die allein durch den Glauben aus Gottes Barmherzigkeit wegen der Verdienste Christi umsonst gewährt wird, und legte dies der Kirche dar. Wenn er also die herkömmlichen Wahnvorstellungen und Lügen der Scholastiker und noch mehr der Mönche als Glaubenssätze zurückwies, geschah das nicht aus jugendlichem Leichtsinn, Unbedachtheit und Unbesonnenheit. Er tat dies auch nicht, weil er dazu auf Grund der Gemeinschaft mit Luther oder von dessen Autorität gedrängt wurde. Solange er nämlich noch unter uns lebte, verwarf er die nutzlosen, spitzfindigen, verworrenen und bedeutungslosen Meinungen und Abhandlungen der Scholastiker und sogar jene ganze Lehrweise. Denn diese vermischt ohne Beachtung der Autorität der unverletzlichen Heiligen Schrift Aristoteles mit der Theologie. Sie macht aus zwei unverfälschten Lehrgebäuden ein verdorbenes. Sie übernimmt unterschiedslos mündliche Traditionen von Menschen und Dekrete der Päpste und der Konzilien. Sie billigt Menschen die richterliche Vollmacht zu, die Schrift auszulegen, sodass man genötigt wird, das zu verkünden, was sie selbst wollen, als ob sie wegen ihres hohen Standes und Ranges nicht irren könnten. Diese Lehrweise, ich wiederhole es, verwarf er damals.

Sorgfältig studierte er die Heilige Schrift, las auch die Kirchenväter und zog die gesamte Antike zu Rate, stellte Vergleiche an und verfasste auf der Grundlage dieser Lehren eine umfassende Sammlung von Lehraussagen. Während andere nur jeweils ein theologisches Thema abgehandelt haben, fasste er in diesem Werk im Anschluss an das Vorstellen der wahren Quellen beinahe alle, gewiss aber die hauptsächlichen Themen aus der Heiligen Schrift zusammen. Dieses gestaltete er mit seiner gewohnten sprachlichen Gewandtheit, durch die den Lesern ohne Weiteres klar wird, was er über die einzelnen Teile der christlichen Lehre dachte. Ich glaube nicht, dass ich sie der Reihe nach aufzuzählen brauche. Das Buch liegt ja vor und befindet sich in aller Hände. Diese Schrift, die er anfangs „Hypotheses theologicae"[7], später „Loci theologici" nannte, hat er mehrmals durchgesehen und erweitert, immer besser unterrichtet auf Grund langer Beschäftigung mit diesen Inhalten, auf Grund seiner Erörterungen, seiner Lektüre und seiner Frömmigkeitspraxis. Denn er wollte weder unentschieden sein noch als unentschieden gelten, nur um selbst ein ruhiges Leben zu führen. Nicht einmal Solon[8] duldete in seinem Gemeinwesen, dass sich ein Bürger nach dem Ausbruch eines Zwiespalts keiner Partei anschloss, sondern er ließ denen, die man „Neutrale" nannte, die bürgerliche Ehre aberkennen. Für dieses Gesetz liefert Plutarch die Begründung: Niemand dürfe unter Vernachlässigung seiner Sorge für das Gemeinwesen und dessen Wohl nur nach privaten Vorteilen streben und um das eigene ruhige Leben besorgt sein.

Von Natur aus war Melanchthon sanftmütig, auf Frieden und Eintracht bedacht und der öffentlichen Ruhe zugeneigt. Vor allen aufrührerischen und demagogischen Plänen schreckte er zurück, er war maßvoll und wahrhaft ethisch gesonnen. Soweit wir wissen, war er bei allen beliebt und stand in höchstem Ansehen. Hätte er gewollt, es wäre ihm ein Leichtes gewesen, ungefährdet zu leben und sich der Muße hinzugeben. Auch fehlten ihm weder Geistesschärfe noch Bildung, um annehmbare Empfehlungen für Vermittlungen bei Glaubenssätzen zustande zu bringen und sich unterschiedlich interpretierbare Begriffe und Wörter ausdenken zu können. Aber er blieb konsequent und wollte weder den Glauben seinen eigenen Interessen anpassen noch die Art der Lehre ändern, die, wie er wusste, mit der Heiligen Schrift im Einklang stand, und wollte sich nicht im geheimen Einverständnis mit den Gegnern verraten.

Ich erinnere mich, dass er bei Erasmus, den er wegen seiner Verdienste um die Wissenschaften schätzte, nur dieses eine vermisste: Erasmus vertrat seine Meinung zum Streit und zu den Kontroversen um den Glauben nicht offen, wollte kein Risiko hinsichtlich seines Vermögens und der Wertschätzung seines Rufes eingehen, noch machte er seine Autorität, wegen der er bei Königen, Fürsten, Kardinälen, Bischöfen und überhaupt bei allen Menschen sehr großen Einfluss hatte, geltend, um den Zustand des Glaubens und der Kirche zu verbessern. Ich habe Melanchthon nämlich sagen hören, er habe, als er Erasmus in dieser Hinsicht schriftlich ermahnt hatte, keine andere Antwort erhalten als:

> „Der Jugend die Tat, den Männern der Rat, den Alten das Beten."[9]

Damit gab er zu verstehen, dass er bereits vom Alter geschwächt sei und sich nur aufs Beten beschränke. Daher müsse diese Aufgabe anderen überlassen werden, die noch mehr Energie hätten, die Anstrengungen und Belastungen des Regierens ertragen und mit ihrem Rat und Entschluss etwas durchsetzen könnten.

Unser Melanchthon gehörte nicht zu denen, die ihre Meinung geschickt verbergen, damit sie nicht wegen des Bekenntnisses Leben und Vermögen in Gefahr bringen. Er wollte seine Hörer und Leser auch nicht durch zweideutige und uneigentliche Sprache hinters Licht führen. Denn was Glaubenssätze betrifft, spielte er weder mit dem Erfinden neuer Ansichten und Auslegungen noch dachte er sich neue Dogmen aus, die der Alten Kirche unbekannt waren. Wenn er auch einen starken Geist und hohe Bildung besaß und in vielen anderen Bereichen beschlagen war, so erlaubte er sich dennoch nicht so viel noch gestattete er seinem Geist ungezügelte Entfaltung. Wie er aber persönlich in seinem ganzen Leben und bei allen Handlungen offen, aufrichtig und lauter war, so hatte er immer beim öffentlichen Bekenntnis der Lehre seine Freude am eigentlichen Gebrauch von Sprache und Rede. Immer erschloss er durch Vergleichen den echten und ursprünglichen Sinn, den die Besonderheit des Textes und die Analogie des Glaubens hervorbringen. Was er dachte, bekannte er mündlich und schriftlich bei sehr vielen anderen Gelegenheiten wie auch besonders in den Loci.

Da sich unsere Rede damit beschäftigt, der Nutzen dieser Loci groß ist und sie sich beinahe in den Händen aller befinden, kann ich nicht unterlassen, das Urteil des Herrn Doktor Martin Luther[10] über sie wiederzugeben. Denn ich hoffe, dass es den Hörern nicht unerwünscht ist. Er hatte aber über sie eine so ehrenvolle Meinung, dass er gesagt hat: Nach den Schriften der Apostel gebe es keine vorzüglichere Schrift als die Loci des Herrn Melanchthon. Daher müsse man in der Kirche und an den Universitäten an dieser Schrift festhalten, weil Melanchthon in ihr lehre, kämpfe und den Sieg davontrage und dazu noch das ganze Korpus der himmlischen Lehre zusammenfasse. Auch lasse sich in sämtlichen Schriften aller Kirchenväter kein so hohes Maß an Bildung finden, wie es in diesen Loci enthalten sei. Selbst wenn man alle ihre Schriften zu einer verschmelze, gingen daraus trotzdem noch nicht Philipps Loci hervor.

Später wurde er zu Entscheidungen über Glaubenssätze und über Kontroversen und zu sehr wichtigen Beratungen hinzugezogen, bei denen man über die ganze Religion disputierte. Er nahm an den meisten Reichstagen, Zusammenkünften der Fürsten und Theologen und an allen öffentlichen Gesprächen teil, die während dieser ganzen Zeit festgesetzt wurden. Dabei war er aber kein untätiger Zuschauer oder „eine stumme Person“[11], sondern spielte immer eine führende Rolle, verfasste alle Schriften, ließ sich in Auseinandersetzungen mit seinem Gegner ein, stand an vorderster Front und bewies eine Standfestigkeit, die eines tüchtigen Mannes würdig war. Niemals räumte er als Verlierer das Feld, sondern durchschaute und bemerkte mit geistiger Schnelligkeit und Schärfe eine sophistische Argumentation. Verworrene und verwickelte wissenschaftliche Probleme durchschlug und löste er wie gordische Knoten.

In einer sehr kritischen Zeit, in der alles verlorenzugehen schien, schrieb er auch auf dem Augsburger Reichstag nach gemeinsamer Beratung mit anderen das „Confessio Augustana“ genannte Bekenntnis des Glaubens, das Kaiser Karl V. dort vorgelegt wurde. In diesem fasste er auch die hauptsächlichen Glaubensartikel zusammen, aber kurz, wie es bei einem Bekenntnis üblich ist. Dieses Bekenntnis ist weit verbreitet und hat viele bedeutende Anhänger. Wir hoffen, dass es auch gegen die Pforten der Hölle bis zum Weltende bestehen bleiben wird. Auch wenn die Gegner damals eine Widerlegung[12] veranlasst hatten, wagten sie es nicht, sie zu veröffentlichen. Auch wollten sie diese den Reichsständen, die das Bekenntnis vorgelegt und den Kaiser direkt darum ersucht hatten, ihnen die Widerlegung zugänglich zu machen, nicht zur Einsicht zur Verfügung stellen. Sie erkannten nämlich, dass ihre Ausführungen dürftig und wertlos waren und dass dem überaus hellen Licht, das in dem Bekenntnis erstrahlte, keine Dunkelheit übergestülpt oder etwas Gewisses und Sicheres entgegengehalten werden konnte. Später verfasste Melanchthon auf diesem Reichstag die „Apologie“, in der er die Confessio mit noch mehr Argumenten verteidigte und auch die Widerlegung seiner Gegner, die gleichzeitig in der Öffentlichkeit verlesen wurde, zurückwies.

In sehr schwierigen Fällen flüchteten sich zu Melanchthon fast alle Gemeinden, ja sogar auch die meisten Fürsten wie zum delphischen Orakel des Apollon. Sie wünschten, seine Meinung und sein Urteil zu hören. Mit welchen Anstrengungen diese Tätigkeit verbunden war, kann jeder ohne Mühe verstehen. Von diesen Strapazen und Studien ununterbrochen in Anspruch genommen, diente er, seitdem er Tübingen verlassen hatte, der wissenschaftlichen Welt und der Kirche 42 Jahre lang mit seiner Lehrtätigkeit und mit seinen Schriften.

Unsterblicher Gott, was für ein großes Glück ist es, in einer so langen Zeit einen so hilfreichen Lehrer zu haben! Ich bin mir meiner geistigen und sprachlichen Dürftigkeit wohl bewusst und ich habe unter seiner Lehrtätigkeit nicht so große Fortschritte gemacht, wie ich hätte machen sollen. Dennoch halte ich es für meine Person mit Sicherheit für das höchste Glück, das mir auf Erden zuteil werden konnte, dass ich ganze fünf Jahre lang die Gelegenheit hatte, diese beiden Heroen, ich meine Martin Luther und Philipp Melanchthon, als meine mit ständiger Hochachtung zu verehrenden Lehrer gehört zu haben.

Irenäus schreibt über Polykarp, den Bischof von Smyrna, der ein Hörer des Apostels und Evangelisten Johannes gewesen war: Er habe die Gewohnheit gehabt, häufig viele Aussprüche seines Lehrers zu erwähnen, mit der sich anschließenden Bemerkung, er höre seine Stimme noch immer gleichsam in seinen Ohren ertönen. Genau dies kann ich von mir völlig zutreffend bestätigen: Ich höre bis jetzt nicht nur die Stimmen dieser Männer in meinen Ohren klingen, sondern sie sind meinem Denken so fest eingeprägt und eingebrannt, wie wenn ich ihr Bild und ihre Gegenwart vor meinen Augen leibhaftig dastehen sähe. Daran ergötze ich mich oft. Ich hoffe, dass ich sie zu gegebener Zeit in jenem seligen Leben wiedersehen, mit ihnen sprechen und zusammen sein kann.

Aber wohin lasse ich mich von meinen Gefühlen reißen? Lasst uns also zu unserem Vorhaben zurückkehren! Ich habe über die Studien und über die Anstrengungen Melanchthons gesprochen, die er trotz seines zarten Körpers ohne jegliche Unterbrechung fortlaufend auf sich nahm, sodass er sich kaum einmal erholen durfte. Ebenso habe ich über die Art der Lehre, die er vertrat, gesprochen. Bevor ich nun aber zu anderen Aspekten weitergehe, glaubte ich, die Studenten dazu ermahnen zu dürfen, dass sie sich nach dem Beispiel eines so bedeutenden Mannes zur Gewissenhaftigkeit beim Reden aufraffen und sich daran gewöhnen, Strapazen durchzustehen.

Themistokles soll nach schriftlichen Zeugnissen gesagt haben, der Sieg des Miltiades bei Marathon ließe ihn nicht schlafen noch ruhen.[13] Auch uns dürfen also die Verdienste eines so großen Mannes, seine außergewöhnliche Bildung und seine hervorragenden Leistungen nicht untätig bleiben lassen, sondern sie sollen unsere Trägheit, Schläfrigkeit und Lethargie verscheuchen. Denn wir werden nicht zur Untätigkeit berufen, wenn wir zu den Studien oder zur Leitung der Kirche oder zum Lehramt an den Universitäten herangezogen werden. Die sogenannte wissenschaftliche Muße ist nämlich keine untätige Muße, wie einige Kentauren meinen, die nur ihre eigenen Anstrengungen hochschätzen, aber die der anderen, die sie nicht verstehen und auch nicht leisten können, schmälern und geringschätzen. Sie ist aber die größte und mühevollste Tätigkeit. Denn Konzentration, steter Fleiß, beharrliche Ausdauer bei der Lektüre und bei der Schriftbetrachtung und, um es mit einem Wort zu sagen, die höchsten Anstrengungen werden von denen verlangt, die an den Universitäten tätig sind und entweder den Aufgaben des Lernens oder des Lehrens nachkommen. Alle Universitäten nehmen gewaltige Belastungen nicht nur beim Lehren und Lernen auf sich, sondern auch beim Beurteilen von Glaubenssätzen, bei Entscheidungen von Kontroversen, die von ihnen erbeten werden, und bei unzähligen anderen schwierigen Problemen, die nur die Experten verstehen. Deshalb sind wissenschaftliche Hingabe und Akribie beim Lehren und Lernen erforderlich, damit wir eine solide Lehre aufstellen und uns darauf vorbereiten, Anstrengungen auf uns zu nehmen.

Die herausragenden Initiativen und Anstrengungen dieses Mannes waren aber nicht wirkungslos oder vergeblich, sondern die Leitung der Universität, die immer in höchster Blüte stand, hatte Erfolg. Er wirkte mit höchster Autorität, so dass ihn alle in höchster wie in niedrigster Stellung als ihren gemeinsamen Lehrer bezeichneten und anerkannten, ihn mit höchster Achtung und Ehrerbietung wie einen Vater verehrten und seinen Mahnungen bereitwillig folgten. Niemals war jemand so übermütig, so barbarisch, so leidenschaftlich erregt, dass er sich nicht sofort beherrschte, wenn er Melanchthon gesehen oder auch nur gehört hatte. Manchmal wurde sogar heftiger Aufruhr durch die waffenlose Intervention des Lehrers zerstreut, ohne dass die Anstifter in Erscheinung traten.

Wer ist so blind, dass er nicht sähe, wie begierig seine Schriften von allen verlangt und gelesen wurden, wie große Beliebtheit sie bei allen genießen, und dass man sie wie um die Wette immer wieder mit Hingabe anders gestaltet und in andere Sprachen übersetzte? Sogar Melanchthons Name war nicht nur bei seinen Anhängern heilig, sondern auch seinen Feinden verehrungswürdig. Franz, der König von Frankreich, wünschte ihn zu hören und mit ihm persönlich ein Gespräch zu führen. Das ist wirklich außergewöhnlich, und in keinem Triumph liegt größerer Ruhm.

Aber nicht durch menschlichen Unternehmungsgeist, nicht allein mit menschlichen Kräften und Planungen führt eine Berufung zum Erfolg oder geschieht etwas, was dem Wohl dient. Sondern die Autorität in der Führung und erfolgreiche Ergebnisse sind besondere Gaben Gottes. Zwar verschafft man sich Autorität durch große Frömmigkeit, Tatkraft, Klugheit und Bildung, aber Gott muss in den Menschen die Neigung wecken, diejenigen, die sie in rechter Weise ermahnen, zu lieben, hochzuschätzen und ihnen zu folgen. Um Ratschläge zu erteilen und Erfolge zu haben braucht man Gottes Hilfe. Ich erinnere mich, sehr oft von Melanchthon gehört zu haben, dass dies mit dem folgenden Spruch Salomons bestätigt werde: „Das Ohr, das hört, und das Auge, das sieht, der Herr hat sie beide geschaffen“[14]. Das bedeutet, dass beides allein Gottes gute Gaben sind, nämlich dass die Herrscher sich durch Umsicht auszeichnen, künftige Ereignisse und Katastrophen voraussehen und erkennen, wie man ihnen beikommen muss, und dass das Volk auf sie hört und ihnen folgt.

Ich sehe, dass ich nun auch etwas über Melanchthons privates Leben und seinen Charakter anfügen muss. Ich will mich kurz fassen, nicht weil es nur wenig ist, was darüber in ehrender Weise gesagt werden kann, sondern um nicht durch die Ausführlichkeit meiner Rede lästig zu sein. Dennoch bin ich sicher, dass keine noch so lange Rede über diesen Mann die Zuhörer je zufriedenstellen könnte. Hier eröffnet sich aber für mich ein zu weites Feld. Denn sollten die Eigenschaften dieses Mannes seinem Wert entsprechend behandelt und mit dem verdienten Lob ausgezeichnet werden, würde meine Rede allzu weitläufig. Deshalb will ich kurz zusammenfassen.

Dieser Mann war von einem tiefen Glauben durchdrungen, in welchem er Gott aus seinem offenbarten Wort wahrhaft erkannte. Mit ihm umfasste er die ganze von Gott mitgeteilte Lehre und fand Ruhe im Glauben, indem er sich Gott ehrfurchtsvoll anvertraute. Alle seine Entschlüsse und alle Handlungen richtete er in seinem geistlichen und bürgerlichen Leben nach Gottes Willen und Wort aus. Er leistete den Gehorsam, den man Gott schuldet. Oft wiederholte er den Satz des Psalms: „Dein Wort ist meines Fußes Leuchte."[15] Über den Verkündigungsdienst urteilte er höchst ehrenvoll. Er stattete ihn auch mit allen möglichen Aufgaben aus. In Wort und Tat machte er öffentlich deutlich, welche Gemeinschaft er als die wahre Kirche anerkannte, wessen Mitbürger er sein wollte.

Er wollte auch häufig bei den öffentlichen Zusammenkünften der Kirche erscheinen, nicht nur, um anderen ein Beispiel zu geben, sondern weil er wusste, dass der Heilige Geist durch den mündlichen Dienst des Wortes wirksam ist und dass Gottes Sohn mitten in ihm gegenwärtig ist. Das verlange Gott von uns allen sehr streng mit seinem Gebot. Und wie in der Versammlung der Gläubigen sein Glaube gestärkt und die Anrufung Gottes in ihm entfacht wurde, so richtete er an ihn mit unaussprechlichen Seufzern unablässig Bitten und ließ aus seinem Munde für sich und für die Kirche sehr inbrünstige Gebete strömen. Das können mir alle bezeugen, die mit ihm zusammen waren. Einige von ihnen sehe ich hier sitzen.

Niemand ist in unserer natürlichen Schwachheit ohne irgendeinen Makel, der sein Leben behaftet. Dennoch ist es keineswegs verborgen, dass dieser Mann mit vielen großen und überdurchschnittlichen Fähigkeiten ausgestattet war. Denn er war mit vielen großen und wahrhaft außergewöhnlichen Eigenschaften begabt, er war lauter, aufrichtig, offenherzig, keineswegs misstrauisch, sondern bildete sich über jeden sein eigenes Urteil. Er liebte die Wahrheit. Er spielte nicht mit Worthülsen und Trugschlüssen, sondern verabscheute sophistische Spitzfindigkeit. Er war ganz und gar nicht selbstsüchtig, sondern wahrheitsliebend. Andere, die weit schwächer waren als er, schätzte er hoch. Bücher, die er mit eigener Mühe und eigenem Schweiß geschrieben hatte, und anderes gab er manchmal unter dem Namen seiner Freunde heraus, um auch sie berühmt zu machen. Gegenüber allen, auch den Geringsten, besonders aber gegenüber Ausländern zeigte er höchste Menschenliebe. Die Liebenswürdigkeit seines Charakters war außerordentlich. Seine eheliche Keuschheit war groß und keineswegs gewöhnlich. Gegenüber seinen Freunden war er wohlwollend und in seiner Freundschaft beständig. Gegenüber den Armen war er barmherzig, so dass er fast sein ganzes Vermögen unter sie verteilte, und in ihm regte sich wirklich die „herzliche Barmherzigkeit“[16].

Wenn auch feststeht, dass er seinen Erben keine großen Mittel und keinen Reichtum hinterlassen hat, so hätte es ihm doch nicht an Gelegenheiten gefehlt, sein Vermögen zu vergrößern. Er hätte dies mit Anstand tun können, wenn er es gewollt hätte. Er war allen zu Diensten. Arme Studenten und wen immer er konnte unterstützte er mit seinen Empfehlungen und mit seinen an die Obrigkeiten gerichteten Gesuchen. Er förderte ihre Studien. Niemals blieben seine Dienste einem rechtschaffenen Menschen, ja manchmal sogar auch solchen, die sie nicht verdienten, versagt. Seiner Berufung war er äußerst treu, wobei er mehr leistete als ihm abgefordert wurde. Aber was tue ich denn, wenn ich seine guten Eigenschaften einfach nur aufzähle und nicht besonders herausstelle? Hätte ich hundert Zungen und hundert Münder, ich könnte nicht einmal alle seine Tugenden und Verdienste nennen. Kurz: Sein ganzes Leben war ein Musterbeispiel für viele außerordentliche Tugenden, zu denen er offenkundig nicht von anderen angeleitet, sondern geboren, ja von Gott ausgerüstet war.

Obwohl er ein so bedeutender Mann und mit so hervorragenden Eigenschaften begabt war, konnte er trotzdem nicht vor den Kränkungen bestimmter Verleumder sicher sein. Das ist auch nicht so sehr verwunderlich, da der Neid immer der Begleiter der Tüchtigkeit ist. Sie wussten, dass diese Beschuldigungen Beifall fanden, da die gemeine Masse meistens die Oberen hasst und sich über deren Diffamierung freut. Nachdem einige Schriften erschienen waren, streuten sie deshalb bestimmte Gerüchte über geschönte dogmatische Einigungen aus, die durch Abmachungen, durch geheimes Einverständnis und Konspiration mit den Gegnern über eine Änderung der Lehre und der kirchlichen Riten geschlossen worden seien. Sie hatten Vermutungen und ein hier und dort umherschweifendes Geschwätz aufgegriffen, mit denen sie den vortrefflichen Mann vor der ganzen Kirche in erbärmlichster Weise bloßstellten, herabwürdigten und das Herz des tiefgläubigen Mannes, der den Frieden, die Eintracht und die öffentliche Ruhe liebte, marterten. Dies war das Bitterste, was ihm in seinem Leben zustoßen konnte. Denn die Vorwurfe und die Undankbarkeit der Freunde und Schüler sind viel schwerwiegender als die der Feinde und überbieten sie in der Größe des erlittenen Schmerzes bei weitem.

Aber es wäre nicht anständig noch angemessen, diese Händel und Vorfalle zu erörtern. Denn ich nahm an keinen Untersuchungen teil, und ihre historische Darstellung liegt öffentlich vor. Ich verweise auf diese Schriften alle, die diese Vorfälle kennenlernen wollen. Sie sollten weder zum gegenwärtigen Zeitpunkt erörtert noch, wie ich glaube, völlig mit Schweigen übergangen werden. Ich möchte lieber, dass alle Gläubigen eher aus seinen eigenen Schriften als aus dem Geschrei anderer erfahren, welches seine Ansicht über das Abendmahl, über den freien Willen und andere Artikel dieser Art war, die einige zu kritisieren pflegen.

Wie sehr er kurz vor seinem Tod, nämlich sieben Tage davor, als er schon unter dem Fieber litt, durch das sein Leben auch ausgelöscht wurde, das Abendmahl schätzte, können freilich alle an der folgenden Tatsache erkennen. Zusammen mit anderen empfing er es öffentlich in einem Gotteshaus, um eine Wegzehrung für seine

Seele in die himmlische Heimat zu haben und um öffentlich zu bezeugen, mit welcher Kirche er sich im Glauben, im Fühlen, in der Gesinnung, in der Willensrichtung, im Bekenntnis und im übereinstimmenden Zeugnis verbunden fühlte.

Da unsere Rede uns nun schon bis zu diesem Punkt geführt hat und da die Zeit mahnt, verlangt es also der stoffliche Aufbau der Rede, dass wir kurz etwas über diesen letzten, sehr friedvollen Akt anfügen, um damit endlich zum Ende zu kommen. Am Palmsonntag wurde er von einem Fieber ergriffen, das seine Kräfte anfangs nicht so sehr schwächte, so sehr sie auch sonst schon erschöpft waren. Denn an den folgenden Tagen Mittwoch, Donnerstag und Freitag, an denen die anderen keine Vorlesungen hielten, unterrichtete er nach seiner Gewohnheit vor einem öffentlichen Auditorium. Daher schöpften seine Freunde die gute Hoffnung, er werde wieder genesen. Aber danach nahm die Erkrankung, in der er Gott gegenüber Gehorsam und auch eine erstaunliche Geduld zeigte, wieder zu.

Und wie er in seinem ganzen Leben sich, sein Heil, die Kirche und die ganze Nachwelt mit inbrünstigen Bitten und echten Seufzern dem Sohn Gottes empfahl, so tat er dies auch besonders während der ganzen Zeit, in der er danieder lag. Schließlich bezwang die Macht der Krankheit seine Natur. Am 19. April, kurz vor 19 Uhr, wurde er unter Seufzen, Bitten, Flehen und unter Anrufung des Gottessohnes, dem er sich mit ganzem Herzen anvertraute, aus diesem leidvollen Leben und von der Universität gerufen, der er so lange zu ihrem größten Nutzen gedient hatte. Er hatte 63 Jahre, zwei Monate und drei Tage gelebt und verschied beinahe zu demselben Zeitpunkt, zu dem er geboren war. Jetzt lebt er aber in einem besseren Leben, nicht mehr mit den Mühen der Universität, an die er sich so gewöhnt hatte, dass er sie nicht einmal in seiner letzten Lebenszeit und beinahe im Augenblick seines Todes aufgeben wollte, sondern in der himmlischen Universität, an die berufen zu werden er schon lange sehr leidenschaftlich erbeten hatte. Dort genießt er den Anblick und den vertrauten Umgang des Gottessohnes und die überaus erfreulichen Gespräche mit den höchsten Lehrern der Kirche, mit Adam, mit Noah, mit Abraham, mit den Propheten und Aposteln, deren Schriften er in sein Herz geschlossen und in sehr gelehrten Auslegungen erläutert hatte, mit den Vätern und mit dem verehrungswürdigen Herrn Doktor Martin Luther, mit dem er 28 Jahre eng verbunden auf Erden lebte und sich täglich über viele wichtige Themen besprach.

Platon hat gesagt, die Philosophie sei eine Vorbereitung auf den Tod;[17] denn er meinte, die höchste Weisheit bestehe darin, dass man sich auf die Begegnung mit dem Tod in rechter Weise vorbereite und sich in seinem ganzen Leben daran gewöhne. Wenn überhaupt ein anderer, so hat dies in rechter Weise unser Melanchthon getan. Denn darum kreisten seine Gespräche, seine Predigten, seine Gedanken, gerade dies brachten seine Schriften zur Sprache, die Armseligkeit und Vergänglichkeit des gegenwärtigen Lebens, die Unsterblichkeit der Seele, die Auferstehung der Toten, das ewige Leben, der Umgang des Menschen mit Gott und allen Erwählten, die himmlische Universität usw. Für alle diese Themen und für jedes einzelne sammelte er sehr viele Beweise, hervorstechende Zeugnisse und die von Himmel offenbarten klaren Verheißungen. Auch in seinem letzten Todeskampf richtete er sich an ihnen auf und fand Stärkung, um dem Tod hochherzig und tapfer entgegenzutreten und sanft in Christus einzuschlafen. Es besteht also kein Zweifel, dass der schon an unseren Universitäten ausgezeichnete Lehrer selbst als Heiliger von den heiligen Engeln zu jener himmlischen Universität geleitet und vom Sohn Gottes, dem er sich anvertraut hatte, in die ewigen Wohnungen aufgenommen worden ist. Dort wird er wie der Glanz des Firmaments und wie die Sterne auf ewig erstrahlen.

Wir wollen ihn nicht um dieses Glück beneiden, sondern über unsere Verlassenheit klagen und an die drohenden Leiden denken. Denn die Todesfälle so großer Männer haben oft eine Vorbedeutung und sind nach dem Zeugnis des Jesaja die Vorboten von künftigem Unheil. Er sagt: „Der Gerechte kommt um, doch niemand nimmt es sich zu Herzen. Die Frommen werden dahingerafft, doch es kümmert sich niemand darum. Weil das Unrecht herrscht, wird der Gerechte dahingerafft“[18]. Gott lässt sich von den Gebeten dieser Männer, die wie Mauern und Bollwerke sind, erweichen. Daher schlägt er oft die Anschläge und Überfälle der Tyrannen und der Feinde der Kirche nieder, schiebt die Bestrafungen auf, um währenddessen die Körner zu ernten und dann die Spreu zu verbrennen. Denn wenn diejenigen dahingerafft sind, die die Menge durch ihre Autorität an ihren Dienst binden konnten, so verkommen Zucht und Ordnung, und die Begierden haben freien Lauf. Dass von daher unheilvolle Katastrophen drohen, kann ein jeder leicht beurteilen.

Als Ambrosius gestorben war, sagte der Feldherr Stilicho[19] richtig voraus, dass es Italien nach dem Tode dieses Mannes sehr schlecht ergehen werde. Denn wegen des Einfalls der Goten wurde Rom nach zweijähriger Belagerung eingenommen und Italien erbärmlich zerfleischt und verwüstet. Unmittelbar auf Luthers Tod folgte sogleich der Schmalkaldische Krieg, und jeder weiß genau, welche Veränderungen im Staatswesen wie auch besonders in der Religion, aber auch welche unheilvollen Entwicklungen folgten.

Man muss zu Recht bedauern, dass uns ein solcher Mann besonders in dieser Zeit genommen wurde, in der wir seinen Einsatz gegen die Feinde, die uns unversöhnlich bekämpfen, so nötig hätten. Dennoch wollen wir Gott danken: Er hat seiner Kirche ein solches Werkzeug geschenkt und wollte es so lange leben lassen. Er lebt bei uns auch noch heute in seinen Schülern, die er in sehr großer Zahl und mit höchster Bildung zurückließ, wie auch in seinen Büchern, die mit umfassender Gelehrsamkeit prall gefüllt sind, und er wird uns darin immer lebendig sein. Wir wollen uns an ihnen mit dankbaren Herzen erfreuen, das Gedächtnis seiner Leistungen und guten Dienste, die er der ganzen Kirche widmete, in Ehren halten und ihm unsere Verehrung und Dankbarkeit zeigen, die Gott den Lehrmeistern zu erweisen gebietet. Das sind wir ihm gewiss für seine Mühen, mit denen er die Studien aller, auch der Nachwelt, forderte, schuldig.

Wir wollen uns aber mit der Hoffnung trösten, dass der Sohn Gottes, der als Mittler zur Rechten seines ewigen Vaters sitzt, um den Menschen seine Gaben zu schenken, wieder Lehrer erweckt, deren Tätigkeit für die Kirche heilsam ist. Lasst uns ihn mit aufrichtigen Seufzern und inbrünstigen Gebeten bitten, die Kirche immer gnädig zu beschützen und die Reinheit der Glaubenslehre, die der Herr Philipp Melanchthon und der ehrwürdige Herr Doktor Martin Luther für uns wiederhergestellt haben, in diesen und anderen Gegenden für die ganze Nachwelt weiterzuverbreiten.

[1] 2Kön 2,12. [2] Erasmus von Rotterdam, Ausgewählte Werke/hrsg. von Werner Welzig. Bd. 7. Darmstadt 1995, 282 f. [3] Herzog Christoph von Württemberg. [4] Pseudo-Cicero, In Sallustium, 5. [5] Vgl. WA TR 5,290, 22–29 (Nr. 5646). [6] Vgl. WA 54,182, 5. [7] Titel der Ausgabe von 1521: „Loci communes rerum theologicarum seu hypotyposes theologicae"; 1535: „Loci communes theologici recens collecti ..."; 1559: „Loci praecipui theologici ...". [8] Plutarch, Vitae parallelae: Solon, 20. [9] Hesiod, Fragmente, 321. [10] Vgl. WA TR 5,291, 1–5 (Nr. 5647). [11] Cicero, Epistolae ad Atticum, 13, 29 (19), 3. [12] Die altgläubige „Confutatio", deren Inhalt den Evangelischen zunächst nur durch die Vermittlungsverhandlungen auf dem Reichstag bekannt wurde. [13] Plutarch, Vitae parallelae: Themistokles, 3. [14] Spr 20,12. [15] Ps 119,105. [16] Vgl. Lk 1,78. [17] Platon, Phaidon, 80d–81a. [18] Jes 57,1. [19] Claudius Claudianus, De bello Gothico.

Schule und Universität

Wittenberger Antrittsrede

De corrigendis adolescentiae studiis, 1518

Melanchthon, 1518 als 21-Jähriger als Professor für Griechisch an die Artistenfakultät der ebenfalls jungen Universität Wittenberg berufen, stellt sich und sein humanistisches Reformprogramm am 28. August, wenige Tage nach seiner Ankunft, der Professoren- und Studentenschaft mit einer Antrittsrede vor. Der programmatische Hauptteil wendet sich in erster Linie an die Studenten. Sie sind die eigentlichen Adressaten der Rede, was schon die Überschrift „sermo habitus apud Juventutem Academiae" im Originaldruck von 1518 zum Ausdruck bringt. Die Bezeichnung „sermo" ordnet die Rede dem kunstlosen Stil zu, der sich dem Gesprächston annähert. Luther dagegen spricht am 31. August 1518 gegenüber Spalatin von einer „oratio", d. h. von einer Rede, die nach den Vorschriften der Redekunst ausgearbeitet ist, was er durch die anerkennenden Attribute „plane eruditissima et tersissima" („eine zugegebenermaßen höchst kenntnisreiche und sauber durchgeformte"; vgl. WABr 1, 192,13) noch unterstreicht. Im CR schließlich erscheint die Rede unter den „declamationes", eine Bezeichnung, die für – nach den Regeln der Kunst gehaltene – Lehrvorträge (Vorlesungen) gebräuchlich ist.

Tatsächlich weist die Rede die Merkmale aller drei Redegattungen auf. Wo sie sich in väterlich fürsorglichem Ton an die jungen Studenten wendet (die jüngsten werden nicht älter als 12 bis 13 Jahre gewesen sein), hat man den Eindruck eines schlichten, dialoghaften „sermo", hinsichtlich des klar gegliederten Aufbaus mit Einleitung, Darstellung des Sachverhalts, Beweisführung und Schluss(appell) ist die Bezeichnung „oratio" zutreffend, und die in lehrhaftem Ton vorgetragenen Partien mit wissenschaftlichem Inhalt hinterlassen den Eindruck einer „declamatio", der durch die große Anzahl von Zitaten und Anspielungen noch verstärkt wird. Bei der stilistischen Gestaltung hat sich der Redner durchgehend und unverkennbar am Vorbild Cicero orientiert.

Grundlegend neu an Melanchthons Reformprogramm ist die Forderung, im Rahmen des Triviums Sprachstudien anhand von unverfälschten Texten antiker Autoren, insbesondere des Aristoteles, zur Grundlage der höheren Studien zu machen, wobei er – neben lateinischen und hebräischen – griechische Sprachkenntnisse als unabdingbar ansieht, weil erst sie die Voraussetzung schaffen, unbeeinträchtigt durch sekundäre Zutaten die Quellentexte in der Originalsprache zu studieren. Dies komme der mit dem wissenschaftlichen Studium einhergehenden moralischen Bildung zugute, dem Bewusstsein, im Bereich der Wissenschaften zu unbedingter Wahrhaftigkeit verpflichtet zu sein. Dass diesbezüglich mit dem Ungeist mancher herkömmlicher Praktiken gebrochen werden muss, wird schon in der Überschrift durch die besondere Bedeutungsnuance des Gerundivums „corrigendis“ zum Ausdruck gebracht. Melanchthon weiß um die große Bedeutung, die der wissenschaftlichen Erziehung für die Charakterbildung zukommt: „Nichts ist wirkungsvoller, um in Gesinnung und Charakter einen Wandel herbeizuführen, als die Wissenschaften“[1].

Die Rede fand große Beachtung: Sie erschien allein in Deutschland viermal im Einzeldruck, vermutlich aber auch deswegen, weil selbst Sprachkundige beim erstmaligen Hören (ca. eine Stunde bei mäßigem Redetempo) zumindest stellenweise Verständnisschwierigkeiten gehabt haben dürften.

Übersetzungsgrundlage: CR 11, 15–25; vgl. MSA 3, 29–42; verglichen mit dem Text in „Elegantissima quaedam opuscula a Philippo Melanchthone Brettano edita“ (Hagenau 1519).

Über die Notwendigkeit, die Studien der Jugend grundlegend neu zu gestalten

Nicht möchte ich den Anschein erwecken, es ganz und gar an der geziemenden Zurückhaltung fehlen zu lassen und völlig vergessen zu haben, was mir ansteht, wenn ich mir vorgenommen habe, in dieser Versammlung, vor euch, hochwürdiger Herr Rektor, und vor euch, den hochgestellten Würdenträgern der Universität, das Wort zu ergreifen.

Während mich aber sonst sowohl meine eigene Wesensart als auch die wesensbedingte Zurückgezogenheit meiner Studien von Auftritten dieser Art und von diesem – um es bildhaft auszudrücken – hochwohllöblichen Hofstaat von Rednern fernhält, hätte mich bei dem Thema, das ich zu behandeln vorhabe, höchstens seine Schwierigkeit abschrecken können. Aber zum einen das Gefühl, zu redlicher und verantwortungsbewusster wissenschaftlicher Arbeit verpflichtet zu sein, zum anderen die Zuständigkeiten meines Amtes drängten mich dazu, euer Interesse für alle unverfälschten Wissenschaften und die wiedererwachenden Musen auf so eindringliche Weise wie möglich zu gewinnen. Für jene habe ich nämlich Partei ergriffen, um sie gegen diejenigen in Schutz zu nehmen, die, als Barbaren mit barbarischen Machenschaften, das heißt mit Gewalt und Betrug, sich in den Schulen Titel und Vorrechte von Gelehrten angemaßt haben und die Menschen fast bis in jüngste Zeit mit boshaften Einfällen davon abhalten, neue Wege einzuschlagen. Während die deutsche Jugend seit einigen Jahren versucht, sich an irgendeiner Stelle an dieser fruchtbaren Auseinandersetzung der Wissenschaften zu beteiligen, gibt es auch heutzutage noch immer nicht wenige, die sie, gleichsam aus dem vollen Lauf heraus, aufhalten wollen mit einer Lüge, die den Erfindungsreichtum eines Thrakers[2] an Plumpheit noch übertrifft: Das Studium der sich neu belebenden antiken Literatur bringe im Verhältnis zu seiner Schwierigkeit zu geringen Nutzen; wenn sich manche Leute mit Begeisterung dem Griechischen widmeten, so betrieben sie in verwerflicher Weise Müßiggang und eigneten es sich nur an, um prahlen zu können; zweifelhaft sei der Wert, den man dem Hebräischen beimesse; darüber gerate die herkömmliche Pflege der Künste und Wissenschaften ins Hintertreffen, und es werde zu einer Abkehr von der Philosophie kommen – und was es an derlei abschätzigen Redensarten mehr gibt. Wer sollte wohl nicht merken, dass man, wenn man gegen diese Herde von Leuten, denen es an Sachverstand mangelt, ankommen will, sogar die Kraft eines Herkules[3] braucht, nicht nur die eines Theseus?[4]

Obwohl ich mich mit so starkem Einsatz einer keineswegs unangemessenen Aufgabe angenommen habe, werde ich vielleicht als zu kühn angesehen. Zugegebenermaßen verschweige ich, dass ich diese bahnbrechende Aufgabe kaum in die Hand nehmen kann ohne Gefahr für die Bescheidenheit, die ich – Gott soll mich strafen, wenn es je anders gewesen sein sollte! – stets als die höchste Tugend eines gebildeten Menschen angesehen habe. Denn ich bin von dem leidenschaftlichen Streben nach dem Richtigen und Guten beseelt, und da ich den Wunsch habe, dass die Bestrebungen von euch jungen Männern tatkräftig unterstützt werden, werde ich mich folglich zu manchen Dingen freimütiger äußern, als es jenen Leuten vielleicht lieb sein wird. Aber da mich planvolle Überlegung – was ich allerdings für mich persönlich annehmen möchte – oder aber irgendein Zufall hierzu veranlasst hat, ist es mein Wunsch und Anliegen, dass ihr hochberühmten Männer euch mit mir gemeinsam dieser umstrittenen Angelegenheit annehmt, ihr, durch deren Rat und tatkräftigen Einsatz es möglich wird, dass im Lande weit und breit die Wissenschaften aus den Fesseln von Rückständigkeit und Unwahrhaftigkeit befreit und hoffentlich überall ihren ursprünglichen Glanz zurückerhalten werden.

Es schien mir also richtig, mich an die Jugend unserer berühmten Universität zu wenden, und sie, soweit es das Hauptanliegen eures vortrefflichen Vorhabens ist, aufzufordern, sich des Unterschieds zwischen der sich neu gestaltenden Art wissenschaftlichen Arbeitens und jener, die unsere ungebildeten und unkritischen Ahnen von den Schotten nach Frankreich und von dort nach Deutschland übernahmen, bewusst zu werden: damit ihr, wenn ihr das systematische Vorgehen beider Arbeitsweisen kennengelernt habt, selbst entscheiden könnt, welcher von beiden man wegen des größeren Nutzens bei geringerer Unsicherheit den Vorzug geben sollte. Insofern wird es das Hauptanliegen dieser meiner ganzen Rede sein, euch den Ausblick auf eine erlesene Bildung zu eröffnen: Ich spreche von der Bildung im Griechischen und Lateinischen. Freilich weiß ich, dass die meisten angesichts der Neuartigkeit einer Sache unmittelbar vor dem letzten Schritt zwar nicht zurückschrecken, aber sich doch ängstigen. Was andererseits den Hauptgedanken und sozusagen den Leitfaden meiner Rede betrifft, wäre es zweckmäßiger gewesen, die Entwicklung unmittelbar bis zu den Ursprüngen wissenschaftlicher Forschungen und den gelehrten Einrichtungen aller Jahrhunderte zurückzuverfolgen; aber davon wird an einer anderen Stelle die Rede sein. Jetzt werde ich, weil es im Augenblick hauptsächlich darauf ankommt, in kurzen Worten die nach Barbarenart betriebenen Studien zum Vergleich den unverfälschten gegenüberstellen und darlegen, unter welchen geschichtlichen Voraussetzungen man heutzutage Latein zu lernen und sich am Griechischen zu versuchen hat. Für meine Ausführungen bitte ich vorerst um wohlwollendes Gehör, mit dem ich in Anbetracht meines besonderen Einsatzes für eure Belange als auch in Anbetracht der Würde der Wissenschaft werde rechnen können.

Nachdem vor etwa achthundert Jahren fast der gesamte Erdkreis von den Goten[5] erschüttert und Italien von den Langobarden[6] verwüstet worden war, ging zusammen mit dem römischen Reich, mit der römischen Literatur auch die römische Wissenschaft zu Grunde, weil die Kriegsfurie zugleich die Bibliotheken zerstört und die Musen ausgelöscht hatte, weil es, wie so oft, für die Beschäftigung mit geistigen Dingen keine Gelegenheit gab. Ihr wisst doch, wie abhold Mars[6] den Studien der Weisheit, ja überhaupt bürgerlichen Geschäften ist, die nur im Frieden gedeihen, Mars,[7] den unser Homer als „Rasenden" und als „ein Übel", das sich die Menschen selbst bereiten, bezeichnet, als er ihn, den von erbittertem Hass Erfüllten, mit Pallas Athene[8] kämpfen lässt.[9]

Damals, also etwa im sechsten Jahrhundert, war Gregor, den seine Verehrer „den Großen" nennen, der Verwalter der römischen Kirche. Ihn möchte ich als den „Vortänzer und Fackelträger" beim Widerstand gegen den Niedergang der Theologie bezeichnen. Zudem war er ein Mann von besonderer Frömmigkeit und hat während des unheilvollsten Jahrhunderts den Niedergang der Kirche, soweit er es vermochte, durch Lehre und Schrift aufgehalten.

In dem sich unmittelbar anschließenden Zeitalter hat es in unserem Land, wie es scheint, niemanden gegeben, der der Nachwelt irgendeine bedeutende Schrift hinterlassen hat. Dagegen hatte bei den Schotten und Iren bis zu diesem Zeitpunkt eine lang andauernde Friedenszeit die Künste und Wissenschaften gefördert, und diese erhielten ihren Glanz außer durch einige andere Autoren insbesondere durch Beda „den Ehrwürdigen", der im Griechischen wie im Lateinischen ungewöhnlich bewandert war, zudem in Philosophie, Mathematik und Theologie so umfassend gelehrt wie vergleichsweise die antiken Gelehrten. Während dieser Zeit lag in Italien das geistige Leben darnieder, ebenso in Frankreich. Deutschland war wie immer militärisch besser ausgestattet als wissenschaftlich und künstlerisch und wütete damals besonders in Italien, denn noch nicht überall in Deutschland bekannte man sich zum christlichen Glauben. Nachdem Kaiser Karl, der in diese geschichtliche Situation hineingeboren worden war, die Grenzen des römischen Reiches gesichert hatte, wandte er sein Interesse der Erneuerung der Wissenschaften zu. Denn ihm stand außer Kenntnissen auf vielen anderen Gebieten ein genaues Wissen in den meisten schulischen Fächern stets griffbereit zur Verfügung. Er holte Alkuin aus England ins Frankenreich. Von ihm angeregt und inspiriert, fingen die Pariser an, in den Wissenschaften eine rege Tätigkeit zu entfalten und zwar unter einem verheißungsvollen Vorzeichen: Diese Wissenschaften waren bis dahin nämlich noch unverfälscht, und außerdem war eine gewisse Kenntnis der Welt des Griechischen vorhanden. Dieses Zeitalter bescherte uns Schriftsteller vom Rang eines Hugo und eines Richard, aber noch weitere und nicht gerade die schlechtesten. Philosophisches Wissen holte man sich nicht, wie heutzutage, aus dem Aristoteles; die Philosophie gehörte vielmehr ganz zu den Wissenschaften, auf die alle Gebildeten damals große Sorgfalt verwendeten, wie die alten Bibliotheken der Mönche des Hl. Benedikt bezeugen. Von diesen wurde keiner berühmt, der seine Gelehrsamkeit nicht durch ein mathematisches Werk unter Beweis gestellt hatte.

Dann aber kam diese rege wissenschaftliche Tätigkeit durch die sich einstellende Gewöhnung zum Erliegen, und einige Leute verfielen, sei es von wissenschaftlicher Entdeckerleidenschaft, sei es von Streitlust getrieben, auf Aristoteles und zwar auf einen verstümmelten und zerfetzten, dessen Worte übrigens schon den Griechen dunkel und den rätselhaften Orakeln des Apoll[10] ähnlich erschienen, außerdem so entstellend ins Lateinische übersetzt, dass man sie auch als Weissagungen einer von einem Gott begeisterten Sibylle[11] ansehen konnte. Dennoch lenkten die Menschen ohne Bedacht ihr wissenschaftliches Interesse in diese Richtung. Nach und nach wurden die wertvolleren wissenschaftlichen Fächer vernachlässigt, die griechische Bildung geriet bei uns in Vergessenheit, überhaupt trat an die Stelle einer nutzbringenden eine weniger nützliche Lehre. Infolge dieser Entwicklung konnten Leute wie Thomas, Scotus, Durandus, die Seraphischen und Cherubischen Doktoren[12] und all die Übrigen auftreten: eine Nachkommenschaft, zahlreicher als die kadmeische Brut.[13] Verschlimmernd kam noch hinzu, dass aus Begeisterung für die neuen Autoren die alten nicht nur verachtet wurden, sondern diese, sofern man sich ihrer bis in diese Zeit überhaupt noch erinnerte, wie in die Lethe[14] versenkt aus dem Bewusstsein verschwanden, so dass man nicht sicher sagen kann, ob die Verfasser spitzfindiger Untersuchungen durch irgendein anderes Verhalten mehr Schaden angerichtet haben als dadurch, dass sie völlig sinnlos in Kauf nahmen, dass so unzählig viele alte Schriftsteller bis hin zur völligen Vergessenheit verlorengingen. Leuten dieses Schlages wurde sodann ein für allemal die Vollmacht göttlichen und menschlichen Rechts verliehen. Nach ihren Grundsätzen wurde die Jugend ausgebildet. Ebenso wütete man gegen die Rechtswissenschaft und danach gleichermaßen gegen die Heilkunde. Denn der Schüler musste den Lehrmeistern ähnlich sein, „eines bösen Raben böses Ei", wie man im Volksmund sagt.

Diese Art wissenschaftlichen Arbeitens blieb ungefähr 300 Jahre in England, in Frankreich und in Deutschland die vorherrschende, um vorerst keine übertriebene Behauptung aufzustellen. Wie zerstörerisch sie sich auswirkte, kann man aus dem Gesagten beinahe schon heraushören. Aber damit euch das tatsächliche Ausmaß deutlich wird, wollen wir unsere Aufmerksamkeit der weiteren Entwicklung zuwenden. Nachdem man sich zum ersten Mal von den Lehren der Alten abgewendet und jene respektlose Art des Kommentierens und Philosophierens die Oberhand gewonnen hatte, wandte man sich gleichzeitig auch verächtlich vom Griechischen ab, kümmerte sich nicht mehr um die Mathematik und betrieb die Theologie mit zu wenig Sorgfalt. Welche Seuche hätte unheilvoller sein können als diese schlimme Entwicklung?

Sicherlich war keine jemals so allgemein verbreitet. Denn da bis zu diesem Zeitalter die gesamte Philosophie griechisch gewesen war, im Lateinischen keine bedeutenden theologischen Schriften vorhanden waren außer denen von Cyprian, Hilarius, Ambrosius und Augustin und da sich insofern die Theologie des Abendlandes die Griechen in ihrer Originalsprache zum großen Teil durch Vermittlung der Römer zugänglich gemacht hatte, kam es infolge der Verachtung der Griechen notwendigerweise dahin, dass zugleich alles, was die Philosophie an Nützlichem für die Geisteswissenschaften beiträgt – das aber ist das weitaus meiste –, sodann das Interesse an der Beschäftigung mit dem Heiligen verloren ging. Durch diesen Verfall im Bereich des Religiösen wurden die christlichen Bräuche und Sitten der Kirche, durch jenen Verfall im Bereich der Philosophie die wissenschaftlichen Studien ins Wanken gebracht. Wäre nur einer der beiden Bereiche betroffen gewesen, hätte man seinen Verfall vielleicht gelassener hinnehmen können. Denn einerseits hätten die Bräuche der Kirche, wären sie vom Verfall verschont geblieben, eine Wiederbelebung der immer weiter verfallenden Wissenschaften unschwer herbeiführen können; aber ebenso wäre es den ernsthaft betriebenen Wissenschaften, hätten sie keinen Schaden davongetragen, unschwer möglich gewesen, der in Verfall geratenen Moral der Kirche neuen Halt zu geben, die niedergeschlagenen Menschen wieder aufzurichten, ihnen neuen Mut zu geben und Ordnung in ihr Leben zu bringen. Tatsächlich aber ging die Entwicklung, sei es durch göttliches Verhängnis, sei es durch unser eigenes Verschulden, dahin, dass an die Stelle ehrbarer Wissenschaften minderwertige und an die Stelle althergebrachter Frömmigkeit Zeremonien, Menschensatzungen, Konstitutionen, Dekrete, Ordensregeln, Dekretalen und erklärende Zusätze von geistigen Kleingeistern traten. Und es erwies sich als wirkungslos, was die Väter auf der Synode von Nikaia[15] wohlweislich festlegten, nämlich: „Die alten Sitten sollen verbindlich bleiben".

Für manchen mögen diese Äußerungen als zu kühn erscheinen, als dass sie von meinem Alter oder meinen Studien ein vorteilhaftes Bild abgeben. Doch erfordern, um es deutlich zu sagen, die Interessen von euch edelgeborenen jungen Leuten ein solches

Vorgehen. Denn wenn manche sich nur zögerlich an die guten Künste herantrauen, so liegt die Ursache dafür zweifellos darin, dass noch niemals jemand sie freimütig dazu ermutigt hat. Erfahrt jetzt also, welcher Methode sich die Barbaren beim Kommentieren bedienen! Auf welche Ursprünge diese zurückgeht, habt ihr bereits gehört. Es gibt drei Wissenschaftsbereiche: den sprachkundlichen (Logik), den naturkundlichen (Physik) und den ethischen (Protreptik). Die Sprachkunde behandelt alle Erscheinungen und unterschiedlichen Bestandteile der Sprache. Da gerade über sie der Weg zu jenen höheren Künsten führt, ist sie die erste Stufe der Ausbildung des Kindes und umfasst Lese- und Schreibunterricht. Eigentümliche Erscheinungen der Sprache werden in Regeln gefasst, oder es wird das, was man zu beachten hat, anhand der Sprachgestaltung bei Schriftstellern gezeigt. Dies etwa ist der Beitrag, den die Grammatik für die Ausbildung leistet. Sodann verhilft die Sprachkunde, wenn man ein wenig fortgeschritten ist, dem Geist zu Urteilskraft. Mit deren Hilfe kann er die Grenzen der Dinge, ihre Ursprünge, ihre Bereiche und ihren Zusammenhang so erkennen, dass man, wenn man vor der Aufgabe steht, einen Sachverhalt genau zu behandeln, alles, was für dieses Vorhaben wichtig ist, gleichsam wie bares Geld zur Verfügung hat und mit den Mitteln der Wissenschaft die Gedanken der Zuhörer so beherrscht, dass sie kaum anderer Meinung sein können. Für diesen Bereich ist jene Kunst zuständig, die wir Dialektik, andere Rhetorik nennen. Denn die Schriftsteller gebrauchen verschiedene Bezeichnungen, obwohl es sich um ein und dieselbe Kunst handelt.

Dies war die Lehrordnung, früher einmal, als die Sprachkunde noch Ansehen genoss, ehe wir an einige aufgeblasene Lehrer gerieten, die mit ihren unzähligen euch bekannten Erläuterungen die Grammatik gleich am Anfang erdrückt hatten. Aber weil sich diese inzwischen wieder erholt, wollen wir sehen, wie es um die Dialektik bestellt ist, die wir uns noch immer von Leuten wie Tartaretus, Bricot, Perversor,[16] Eckius,[17] durch Lehrbücher wie die Copula Bursae Montis[19] und die Exercitia taurina et canina[20] und von noch anderen dieses Schlages vermitteln lassen. Ich darf mich an dieser Stelle ungezwungener äußern, denn auch ich habe mich mit diesen fast sechs Jahre lang[21] ununterbrochen abgeplagt. Und da ich mich hieran noch genau erinnern kann, wird es mir nicht schwer fallen, meine Erlebnisse in naturgetreuen Farben zu malen und deutlich zu machen, dass das keine Dialektik ist, was jene Lehrer der Unwissenheit mit dem Lineal der Zimmerleute in der Hand, d. h. in unwissenschaftlicher Weise, dafür ausgeben.

Zu allererst ist die Dialektik, wie gesagt, ein bestimmtes richtungsweisendes Verfahren (Methode), das vorteilhaft bei allen wissenschaftlichen Untersuchungen anzuwenden ist: „die Kunst des Ordnens und des Unterscheidens". Auf ihr beruht die Einordnung und Beurteilung einer jeden Sache, die abgehandelt werden soll, damit wir bei jeder einfachen Aussage das Was, das Wie-groß, das Wie-beschaffen, das Wozu und das Wie ins Auge fassen, bei einer umfassenden Aussage aber, ob sie wahr oder falsch ist. Besagte Leute aber zwängen einfache Unterscheidungsmerkmale „durch öde, dornige Gegenden und durch tiefe Nacht"[22]. Und was die Lehre von umfassenden Aussagen betrifft: Welche Finsternis haben sie darüber nicht gebreitet durch Spitzfindigkeiten wie zum Beispiel: „Ein Genus (Gattung) ist gleichzeitig eine Spezies (Art)." Oder: „Nullus (Keiner) und nemo (niemand) beißen sich in einem Sack." Oder: „In Paris und in Rom wird Pfeffer verkauft." Sie halten von ihrem Marktplatz fern, was sie nicht begreifen. Das Buch „Die Kategorien"[23] habe, wie sie sagen, für die Bücher der Dialektik keinen Wert, obwohl daraus alle Kunstfertigkeit des Erfindens wie aus einer Quelle fließt und die Kategorien sozusagen nur ein geregeltes wissenschaftliches Verfahren (Methode) für einfache Aussagen sind. Auch hier schwätzen sie: Ob sich denn wirklich die einzelnen Genera (Gattungen) „wesentlich", wie sie es nennen, voneinander unterscheiden? In dieser Frage besteht selbst unter den Scotisten[24] noch keine einhellige Meinung, noch viel weniger mit den Angehörigen der entgegengesetzten Partei. Obwohl die „Zweite Analytik"[25] die Reihenfolge beim Gliedern regelt und, wie Simplicius Peripateticus sagt, der Kanon und die Richtschnur einer kunstvoll gebauten Abhandlung ist, rechneten unsere Leute sie zur Metaphysik, offenbar um ein an sich nicht besonders schwieriges und erstaunlich nützliches Hilfsmittel für die schickliche Abfassung wissenschaftlicher Untersuchungen als schwierig und unbrauchbar hinzustellen. Heißt dies, jenes zu lehren, dessen sie sich rühmen? Sind dies die Voraussetzungen, ohne die es unmöglich ist, jeder Kunst ihre eigene Aufgabe zuzuweisen? Sind dies die Erkenntnisse, die sie unter dem Ehrentitel „Philosophie" versteigern? Aber um einen wie viel geringeren Preis hätten sie lernen können, sachgemäße Einsicht zu haben, als einen törichten Standpunkt zu vertreten!

Doch ich zügele meine Heftigkeit, damit nicht zu große Freimütigkeit sogar den Unwillen eines Redlichen erregt. Ihr jungen Leute sollt den Eindruck haben können, dass es mir nur auf dieses eine ankommt, dass das Studium der sich wiederbelebenden Wissenschaften nützlicher ist als das, das man einst betrieb. Ich jedenfalls kenne einige Männer mit sachgemäßem Urteil, mit denen ich oft dieselbe Sache besprochen habe und die unserer Auffassung in jeder Hinsicht einstimmig beipflichteten. Ich habe einen ungewöhnlichen Freund, unter dessen Anleitung ich mich zum ersten Mal in Tübingen in Schwaben als Knabe etliche Jahre mit Dialektik beschäftigt habe. Bis zum heutigen Tage pflege ich mit ihm wie mit einem Bruder sehr vertrauten Umgang: Es handelt sich um Franciscus Stadianus, von einer solchen Bildung und einer solchen Lebensart, dass er es verdient, von allen Guten und Gebildeten um die Wette hochgeachtet zu werden. Dieser ließ sich, um im vorigen Jahr der schwäbischen Jugend eine Vorlesung über die „Zweite Analytik" zu halten, von uns die Bücher des Themistius geben,[26] die Hermolaus ins Lateinische übersetzt hat. Ich habe einiges, was ich dem Philoponus entnommen hatte, als Abschrift hinzugefügt, denn nicht zu allem Griechischen fand ich inhaltlich den rechten Zugang. Darüber hinaus habe ich ihn darauf hingewiesen, dass in jenen Werken Rhetorik im Sinne von Aristoteles gelehrt werde. Er las sie einmal, las sie ein zweites Mal, und mit dem ihm eigenen sicheren Gespür wurde ihm das Wesentliche der Sache klar. Diesem wandte er seine Aufmerksamkeit zu. Dabei kam er durch tiefes gedankliches Eindringen zum genauen Verständnis des Inhalts und vermehrte und erläuterte ihn entsprechend dem Reichtum seiner Gedanken. Nachdem er darüber hinaus eine große Anzahl von merkwürdigen Erläuterungen, Annahmesätzen und begrifflichen Unterscheidungen ausgesondert hatte, stellte er, gleichsam wie in einem Gerichtsverfahren zur Wiedergutmachung angerichteter Schäden, den textkritisch einwandfreien ursprünglichen Zustand des Textes wieder her, um in der Vorlesung schlicht und klar den hauptsächlichen Inhalt, das A und O, vortragen zu können. Nachdem er außerdem noch die nichtsnutzigen Gedankenspielereien verwünscht hatte, verlangte er von mir beharrlich, gemeinsam Hand anzulegen an die Reinigung des Aristoteles-Textes: Er werde nach Kräften alles versuchen, dass die Texte, die als Grundlagen der Künste dienen, von den Spuren barbarischer Unwissenschaftlichkeit befreit werden. Die Studien der höchsten Stufe könnten unbeschwert von der Last der Unwissenschaftlichkeit nur unter der Voraussetzung aufgenommen werden, dass zuvor die Vorschulen der Jugend gereinigt worden seien. In der Regel könne jeder als Meister das, woran er sich als Lehrling gewöhnt habe. Alles in allem verspreche er sich in jeder Hinsicht günstige Auswirkungen auf die spätere Erwachsenenzeit, wenn eine bessere Art der Jugendbildung eingeführt würde. Mir gefiel der Plan des Freundes. Gemeinsam haben wir uns dieser grundlegenden Aufgabe angenommen; der weiteren Entwicklung mögen die Götter förderlich sein. Nun frage ich euch: Wie hoch schätzt ihr die Urteilsfähigkeit dieses Mannes ein, der auch auf anderen Gebieten „nicht bloß so nebenher“ tätig war, besonders aber auf diesem ungefähr zehn Jahre lang, und zwar höchst verdienstvoll?

Mit ihm als Zeugen, und zwar einem fürwahr geschworenen, kann ich mit euch zusammen feststellen, dass es in diesen weitverbreiteten „bunt durchwirkten Teppichen“[27] nichts gibt, was bei einem Beifall finden könnte außer bei einigen Leuten, die sich als Professoren vermummt haben, „den Galloi[28] eher als Philosophen“ ähnlich. Der Zorn der Musen soll mich treffen, wenn ich diese Machenschaften nicht ebenso verurteile, wie ich mir wünsche, dass ihr stattdessen Besseres und Fruchtbareres liebgewinnt. Im Übrigen sollte es meinetwegen jedem freistehen, dorthin zu streben, wohin ihn der Nutzen ruft oder die Begabung hinzieht. Ich weiß recht wohl, dass es kein Jahrhundert gegeben hat, weder bei den Griechen noch bei den Römern, das beim Philosophieren nicht vortrefflich dummes Zeug geschwätzt hat, die Alten mit erheblich mehr Glück als die Neuen. Daher ist es angebracht, dass man für diese Studien einen wachen Sinn und sorgfältige Aufmerksamkeit mitbringt, sodann einen Lehrer mit gutem Urteilsvermögen zur Unterstützung heranzieht, der auswählt, was denn gelernt werden muss und in welchem Umfang. Für verständige Menschen ist es nämlich ärgerlich, dass es Leute gibt, die überzeugt sind von der Nutzlosigkeit unserer Studien, egal welcher Art sie sein mögen, wenn wir uns zuvor nicht diese läppischen Nebensächlichkeiten angeeignet haben sollten. Ein bescheidener Mann war Sokrates, der, obwohl er wegen der hohen Meinung, die man von seiner Weisheit hatte, allgemein verehrt wurde, zu sagen pflegte, dass er nur dies eine wisse: dass er nichts wisse. Im Gegensatz dazu wissen jene nur dies eine nicht: dass sie nichts wissen. Und möge sie irgendwann einmal Hermes, der „Beredte"[29], liebkosend mit seinem Zauberstab streicheln, damit sie aufwachen und erkennen, dass sie töricht sind.

Das eigentlich Unwürdige an der Angelegenheit hat mich dazu bewogen, weiter vom Thema abzuschweifen. Ich habe nämlich den Wunsch, dass bei den Studenten schließlich das Vertrauen geweckt wird, dass eine bestimmte andere Art Wissenschaft größeren Nutzen bringt als das, was die Copulata[30] wiederholt und weitschweifig abhandeln. Diese Copulata nehmen in der Rhetorik einen zu weiten Raum ein. „Warum sollen wir nicht dafür sorgen, dass auch dieses nicht leicht ist?" Mit dieser Empfehlung nämlich steigern sie ihren eigenen Wert. Gerade als ob die Tüchtigkeit tatsächlich mit so engen Grenzen zufrieden sein müsste, dass das, was für jedermann schwer zugänglich ist, gerade deswegen ehrenhaft ist. Was an Lebenszeit dem Menschen gegeben ist, nicht nur die Jugendzeit, verschwenden sie darauf, alle aristotelischen Wassergräben[31] – so nämlich nennt sie Gregor von Nazianz – auszuschöpfen, was wohl kaum einmal irgendeinem Menschen gelingen wird. Denn immer wieder strömt nach, was herausgeschöpft wird, freilich reichlicher, als was man über die Fässer der Danaiden[32] berichtet. Man nehme den Umstand hinzu, dass sie, wenn sie sich rühmen, auf das Wissen des Wahren bedacht zu sein, die meiste Mühe auf Täuschungen und das Verknüpfen von Tücken der Sprache verwenden, worüber sich Isokrates mit einer witzigen Bemerkung lustig macht, wenn er sagt: „Diese geben sich zwar den Anschein, die Wahrheit zu suchen, machen sich aber am Anfang ihrer Ankündigungen sogleich daran, Erlogenes von sich zu geben."[33] Ferner findet man unter den verschiedenen Meinungen so vieler Parteien kaum die eine oder andere, die sich selbst treu bleibt. Es pflegt nämlich, wie einer von den alten Theologen mit hochangesehenem Namen sagte, in jeder menschlichen Lehre mit Falschem Wahres und mit Wahrem Falsches sich zu mischen, und „das Wahre vermengt sich mit viel Erlogenem", um die Worte des Dionysios zu zitieren. An was für einem mühsamen Geschäft mag man dort aber tätig sein, mit welchen Ausflüchten mag man die Zuhörer hinter sich herziehen, bis die Aussagen des Lehrers untereinander zusammenpassen, jedoch wie das Weiße mit dem Schwarzem. Aber es ist ohne Belang, ob die Fabel durchfällt oder Beifall erntet, wenn nur kräftig geschrien worden ist. Wieviel befriedigender wäre es auch hier, sich der „Zurückhaltung" der Neuen Akademie zu befleißigen!

Ich fürchte, dass es für euch lästig ist, von so plumpen Ungereimtheiten zu hören, sonst würde ich dies mit nicht wenigen Beispielen belegen. Inzwischen geht man infolge der Ergebenheit für eine einzelne Partei getrennte Wege und nährt Hassgefühle. Es bleibt auf der Strecke das Bewusstsein, dass es um den Menschen geht, und obwohl den Wissenschaften nichts fremder sein sollte als alter Hass – denn die Musen[34] und die Grazien[35] hatten einstmals gemeinsame Heiligtümer –, wird der Parteieifer dieser Leute, gleichgültig in welche Richtung er geht, vielmehr durch Parteienhass gefordert. Wenn die Studenten, so in den Wissenschaftsbetrieb eingeführt, sich an das Studium der höheren Wissenschaften, Theologie, Rechtswissenschaft oder Medizin machen, durch die Jahre schon entkräftet, was sollen sie mit geschwächten Geisteskräften anderes betreiben als das, woran sie sich bei den

Spielereien in der Schule gewöhnt haben? Sie treiben also zweimal dummes Zeug, als Knaben und als Greise, obwohl, wenn jemand einen etwas gewogeneren Genius[36] hat, er sich schämt, gespielt zu haben, aber das Spiel nicht abzubrechen.

Andererseits beglückwünsche ich euch junge Leute zu den günstigen Voraussetzungen, die das Schicksal für euch geschaffen hat. Euch ist es durch die Güte unseres besten und weisesten Herren Friedrich, Herzog und Kurfürst von Sachsen, vergönnt, unter den weitaus besten Bedingungen unterrichtet zu werden. Ihr lernt die eigentlichen Grundlagen der Künste aus den besten Autoren kennen. Dieser lehrt den ursprünglichen und unverfälschten Aristoteles, jener den Rhetor Quintilian, ein anderer den sehr reichhaltigen Plinius, der für den Unterricht gleichsam ein Füllhorn des Überflusses ist, ein vierter ausdrucksvolle Darstellung und Scharfsinn, der aber durch maßvolle Regeln in Grenzen gehalten wird. Es kommen weitere Fächer hinzu, ohne die niemand für gebildet gehalten werden kann: Mathematik, ebenso Dichtungen und Reden bei nicht der untersten Klasse angehörenden Professoren. Wenn ihr erkannt habt, in welcher Reihenfolge man sich mit diesen Wissensgebieten befassen muss, werden sie euch leicht erscheinen und die Fortschritte erstaunlich, dessen bin ich mir sicher.

Die Studien des Knabenalters, die man Progymnasmata nennt, nämlich Grammatik, Dialektik und Rhetorik, muss man in einem solchen Umfang betreiben, dass man, auf diese Weise für das Reden und Urteilen gut ausgerüstet, sich nicht aufs Geratewohl an das Studium der höheren Wissenschaften macht. Das Studium der griechischen Literatur muss mit dem der lateinischen Hand in Hand gehen, um zu vermeiden, dass, wenn man sich an das Lesen von Philosophen, Theologen, Historikern, Rednern und Dichtern machen will, wohin auch immer man sich wendet, man nicht die Sache selbst erfasst, sondern nur den Schatten der Dinge, so wie Ixion[37] in eine Wolke geriet, als er mit Juno[38] zusammentreffen wollte. Hiermit ausgerüstet gleichsam wie mit einem Reisegeld, mache dich geradewegs „und beschwingt“, wie Platon sagt,[39] an die Philosophie! Denn ich bin durchaus der Meinung, dass jemand, der in Kirche oder Staat etwas Bedeutendes erreichen will, zu wenig schaffen wird, wenn er nicht zuvor seine geistigen Fähigkeiten durch die allgemeinbildenden Fächer – so nämlich bezeichne ich die Philosophie – verständig und ausreichend geschult hat. Ich habe nämlich etwas dagegen, dass jemand das Philosophieren als Possenreißerei betreibt, denn so etwas führt dazu, dass man schließlich auch den Gebrauch des gesunden Menschenverstands verlernt. Man wähle aber von den besten Autoren die besten Werke aus und zwar solche, die sich einerseits mit der Erkenntnis der Natur, besonders aber mit der sittlichen Bildung befassen. Diesbezüglich hat man sich besonders an die griechische Gelehrsamkeit zu halten, die das gesamte Wissen von der Natur umfasst. Um uns zu Fragen der Sittlichkeit sachkundig und ausführlich zu äußern, sind am bedeutendsten und ergiebigsten die ethischen Schriften des Aristoteles, die „Gesetze" des Platon und die Dichter, freilich nur die besten, deren Lektüre geeignet ist, zur geistigen und charakterlichen Bildung beizutragen. Homer war schon für die Griechen die Quelle aller Gelehrsamkeit, für die Römer waren es Vergil und Horaz.

Für die geistige Bildung geradezu unentbehrlich ist die Geschichtsschreibung, auf die allein ich, wenn ich es wagte, fürwahr nicht ungern alle Lobreden häufen würde, die dem gesamten Kreis der Künste und Wissenschaften gebühren. Diese zeigt in größerer Fülle und deutlicher als Chrysipp und Krantor, was schön, was hässlich ist, was nützlich und was nicht. Ohne diese kann kein Bereich des Lebens, weder der öffentliche noch der private, auskommen. Auf diese ist man bei der Verwaltung aller Angelegenheiten in Stadt und Haus angewiesen. Und vielleicht könnte diese unsere Welt mit geringerem Schaden ohne Sonne, das heißt ohne die Spenderin ihrer Lebenskraft, auskommen als die sinnvolle Gestaltung des bürgerlichen Zusammenwirkens ohne die Geschichtsschreibung. Bei unseren Vorfahren war die einmütige Meinung verbreitet, dass die Musen von der Göttin der Erinnerung geboren worden sind.[71] Dadurch wird, wenn ich es richtig deute, zum Ausdruck gebracht, dass die ganze Familie der Künste und Wissenschaften ihren Ursprung in der Geschichtsschreibung hat.

Unter Philosophie verstehe ich also eine zusammenfassende Bezeichnung für die Naturwissenschaft, die Sittenlehre und die anschaulichen Beispiele der Geschichte. Wer sich mit diesen in rechter Weise vertraut gemacht hat, der hat sich den Weg zum höchsten Bereich gebahnt. Wenn er als Anwalt in Prozessen auftreten will, wird er Stoff haben, aus dem er eine an Tatsachen reiche und prachtvolle Rede aufbauen kann; wenn er als Beamter ein Gemeinwesen verwalten will, wird er eine Grundlage haben, auf die er zurückgreifen kann, wenn es um Maßstäbe für gleich, gut und gerecht geht. Was Wunder, dass der hochberühmte Redner Demosthenes[40] diese Vorteile der Philosophie zu schätzen wusste, Grund genug, sie einem jungen Manne sehr fürsorglich ans Herz zu legen: „Sei aber überzeugt, dass in der Tat die ganze Philosophie für die, die sich ihrer bedienen, großen Nutzen hat!“ Den übrigen Text lest im „Erotikos“[41] selbst nach! Es gab keinen Bereich, in dem Cicero nicht der Philosophie den höchsten Rang einräumte, und ihr habt vermutlich gehört, was er im Rahmen eines Vergleichs der Rechtsgelehrten Servius Sulpicius Galba und Quintus Mucius Scaevola äußert: „Die Römer legten jemandem den griechischen Beinamen ‚Sophos‘ (der Weise) zu, wenn sie an ihm das reiche philosophische Wissen bewunderten“[42].

Was aber die Theologie angeht, so ist es von größter Wichtigkeit, wie man für ihr Studium sich geistig zurüstet. Denn mehr als alle anderen Studiengebiete verlangt die Theologie tatsächlich ein Höchstmaß von Denkfähigkeit, intensiver Beschäftigung und Sorgfalt. Der Duft der Salben des Herrn übertrifft nämlich die wohlriechenden Gewürze menschlicher Wissenschaften.[43] Geführt vom Heiligen Geist, begleitet von der Ausbildung in unseren Künsten und Wissenschaften, ist es uns möglich, den Zugang zum Heiligen zu finden. So wie Synesios an Herkulianos schreibt: „Rüstig und wohlgemut verbringst du dein ganzes Leben, indem du dir die Philosophie nutzbar machst, die dich zum Göttlichen führen wird, Bewundernswürdiger.“[44]

Falls dies jemandem nicht einleuchtet, sollte er bedenken, dass außer den sonstigen Materialien von den Tyriern[45] auch das Messing in die Bauhütte des Tempels in Jerusalem geliefert worden ist. Da also die theologischen Schriften teils in Hebräisch, teils in Griechisch abgefasst sind – denn wir Lateiner haben nicht mehr getan, als die Bäche jener Völker begierig einzusaugen –, müssen wir fremde Sprachen lernen, damit wir nicht gleichsam wie „taubstumme Masken“ den Theologen gegenübertreten. Erst anhand der Originaltexte werden sich uns die Worte mit ihrem Glanz und ihrer eigentlichen Bedeutung erschließen, und gleichsam wie im strahlenden Licht der Mittagssonne wird sich uns der wahre und eigentliche Sinn des Buchstabens, nach dem wir auf der Suche waren, offenbaren. Sobald wir zum Verständnis des Buchstabens vorgedrungen sind, werden wir ein sicheres Beweismittel für die Dinge, um die es sich tatsächlich handelt, in die Hand bekommen. Jetzt werden sich davonmachen zahlreiche fade Erklärungen zu Textstellen, Konkordanzen, Diskordanzen und was es sonst noch an Hindernissen gibt, die den Geist hemmen. Und wenn wir unseren forschenden Geist ganz auf die Quellen gerichtet haben, werden wir anfangen, Christus zu begreifen, sein Auftrag wird uns klar werden, und wir werden von jener beglückenden Süße göttlicher Weisheit ganz erfüllt werden. Wenn wir in den Weinbergen von Engaddi[46] einen Strauß Zyperblumen[47] gesammelt haben, wird uns der Bräutigam entgegenkommen, „hüpfend über die Berge und springend über die Hügel“[48], und nachdem er uns in den Palast von Eden[49] geführt hat, wird er uns mit einer „köstlichen Salbe“[50] und mit einem hellen, feurigen Saft, der in die frommen Seelen eindringt, benetzen und uns für würdig halten eines Kusses von seinem Munde.[51] In seine Glieder eingereiht, werden wir leben, werden wir atmen, werden wir gesund und munter erhalten bleiben, Sion[52] betrachtend und in „geheimnislehrendem“ Schweigen Salem[53] anbetend. Dies ist die Frucht himmlischer Weisheit. Dieser also, die nicht verfälscht ist durch unsere Spitzfindigkeiten, wollen wir so lauter wie möglich huldigen. Dies schärft Paulus an mehreren Stellen ein, besonders aber im Brief an Titus[54] stellt er, sich ereifernd, an die Gelehrsamkeit eines Christenmenschen die Forderung unverdorbener Redlichkeit, d. h. einer den Zweifel ausschließenden Zuverlässigkeit. Ferner fordert er Lauterkeit, die des Heiligen würdig ist, was bedeutet, dass wir das Heilige nicht schamlos entweihen sollen, indem wir Theologie mit weltlichen Wissenschaften vermengen. Dies forderte er, weil er, wie ich meine, die zukünftige Entwicklung klar vor Augen hatte: nämlich dass sich, wenn Unheiliges mit Heiligem vermischt würde, unverzüglich unheilige Gefühle regen würden und es als Folge davon zu Feindschaften, Parteienfanatismus, Glaubensspaltungen, Zänkereien, innig miteinander verflochten, kommen würde. Deshalb muss derjenige, der in den Bereich des Göttlichen eingeweiht werden will, jenen alten Adam ausziehen, um sich den unverjährbaren, standhaften Adam anzuziehen, d. h. die menschlichen Leidenschaften abzuschütteln und das Joch der schlauen Schlange mit vom Himmel verliehener Kraft zu zerbrechen und in den Abgrund der Hölle zu schleudern, um sich zu verwandeln zum Ruhme Gottes.

Dies freilich war der gedankliche Hintergrund, der mich zu der Äußerung veranlasste, dass die Kirche, durch die wissenschaftliche Praxis irregeleitet, von einem bestimmten Zeitpunkt an die wahre und echte Frömmigkeit gegen menschliche Überlieferungen vertauscht hat. Nachdem wir angefangen hatten, an dem von Menschen Ausgesonnenen Gefallen zu finden und, überwältigt von der Verliebtheit in unsere eigenen Werke, anstelle von Manna[55] ein wenig von Baal-Peor[56] zu kosten, fingen wir an, „nichtgesalbte" Menschen zu sein. Diese Äußerungen sollen den Eindruck hinterlassen, dass ich so spreche, wie es meiner Meinung entspricht. Ich meine aber ganz und gar nichts anderes als das, was in Kirchenbeschlüssen als der evangelischen Wahrheit entsprechend angesehen wird, und es wird für mich, wie die Hebräer sagen, „des Herrn Wahrheit Schirm und Schild" sein.[57] Erkennt ihr jetzt, wenn auch noch nicht ganz klar und deutlich, wie viel davon abhängt, dass in die Studien ein neuer Geist einzieht, und wie viel dieser zur Ausbildung guter charakterlicher und geistiger Anlagen beitragen kann? Wen überkäme kein Mitleid mit dem zurückliegenden Zeitalter, das, da es nicht mehr von dem strahlenden Licht der wissenschaftlichen Studien erhellt wurde, in die Finsternis des Orkus[58] und in dem bodensatzartigen Sumpf irgendwelcher wissenschaftlicher Absonderlichkeiten versank? Wen ließe der gewaltige

Verlust unbeeindruckt, den unser Jahrhundert erlitten hat, weil es durch die Leichtfertigkeit unserer Landsleute der alten Autoren beraubt ist, ferner deswegen, weil auch diese Leute aus Gutem den erwünschten Gewinn hätten ziehen können, wenn jene Quellen nicht verloren gegangen wären?

Hört also nun, ihr jungen Leute, was zum Schluss zu sagen bleibt! Trotz der geschilderten Sachlage und obwohl schwierig ist, was schön ist, wird dennoch euer Fleiß die Schwierigkeit überwinden, so dass ihr, wie ich hoffe, mit weitaus geringerem Aufwand Gutes erlangen werdet als Schlechtes. Eure Lehrer wählen für euch aus, was zu wissen von Nutzen ist, Wertloses sondern sie aus und zwar zunächst im Lateinischen. Mit Latein zusammen muss man gleichzeitig Griechisch lernen, was aber leicht zu bewerkstelligen ist. Widmet doch einige Stunden von der Freizeit, die euch das Studium lässt, dem Griechischen! Ich meinerseits werde all meinen Eifer und all meine Mühe daransetzen, dass ihr in der Erwartung, dass sich die zusätzliche Arbeit lohnt, nicht enttäuscht werdet. Denn gleich von der ersten Stunde an werde ich die Schwierigkeit der Grammatik durch die Lektüre der besten Schriftsteller mildern, damit das, was dort als Regel festgelegt ist, sich hier im Originaltext an Beispielen wiederfindet und bestätigt. Nebenbei wird euch bei der Autorenlektüre außerdem manches begegnen, was für die Charakterbildung oder auch für die Erkenntnis von geheimen Dingen wichtig ist. Wenn ihr alles zusammengetragen habt, werden sich eure Studien in schönster Weise zu einem vollendeten Kreis zusammenschließen. Ich werde es mir nämlich angelegen sein lassen, mit Sorgfalt auf das hinzuweisen, was jeweils für eine Sache geeignet zu sein scheint. Den Homer haben wir zur Hand, aber auch den Brief des Paulus an Titus. An diesen Texten werdet ihr erleben können, wie viel der originale Wortlaut zum Verstehen der Geheimnisse des Heiligen beiträgt. Ebenso könnt ihr erleben, welcher Unterschied besteht zwischen Auslegern, die des Griechischen kundig sind, und solchen, die von Griechisch nichts verstehen. Auf anderen Gebieten mag man die bekannten Übel für etwas Gutes halten, bei diesem Geschäft des Auslegens darf man nicht allzu lange Unsinn schwatzen, ohne dass man Schaden anrichtet. Betreibt also unverfälschte Studien und bedenkt das Dichterwort: „Wer den Anfang gemacht hat, hat schon das halbe Werk geschafft."[59] Habt Lust daran, eure Verstandeskräfte einzusetzen, haltet die alten lateinischen Autoren in Ehren, schließt das Griechische in euer Herz, ohne das man das Lateinische nicht sachgemäß betreiben kann. Diese Sprachen werden im Vergleich zum Nutzen aller Wissenschaften die geistigen Anlagen sanfter fordern und euch allseitig zu einer feineren Bildung verhelfen. Im Zeitraum von wenigen Jahren traten in der Öffentlichkeit Persönlichkeiten auf, die euch sowohl als Vorbild als auch als Ansporn dienen können: Denn insgeheim meine ich Anzeichen dafür zu erkennen, dass Deutschland an einigen Stellen wieder aufzublühen beginnt, offensichtlich friedlich und gleichsam zahm zu werden durch die Sittlichkeit und den Gemeinsinn der Menschen, Deutschland, von dem einst, weil durch barbarische Lehren verwildert, ein sonderbarer Hauch des Grausigen und Unkultivierten auszugehen pflegte. Deshalb werdet ihr eure Mühe nicht aufwenden nur zu eurem eigenen Nutzen und um diesen an die Nachwelt weiterzugeben, sondern davon abgesehen zum unvergänglichen Ruhme unseres nach übereinstimmender Meinung aller besten Fürsten, der sich keine Aufgabe angelegener sein lässt, als Beschützer der guten Wissenschaften zu sein. Was mich angeht, so werde ich meinesteils keine Anstrengung unterlassen, damit nicht der Eindruck entsteht, dass ich sowohl die Absicht unseres gütigsten Fürsten als auch eure Studien, meine vortrefflichen Zuhörer, zu wenig unterstützt habe. Dies sage ich euch für meinen Teil zu, ihr hochberühmten Männer und Häupter der Sächsischen Universität, und gelobe es feierlich. Eure Aufgabe wird es sein, meine Jugend, die sich guten Künsten und Wissenschaften geweiht hat, die nur sehr wenig mit den schlechten Künsten in Berührung gekommen ist und die schließlich sich vorbehaltlos eurem Beistand anvertraut hat, gütig und entgegenkommend unter eure Obhut zu nehmen und vor einem Scheitern zu bewahren.

Damit beende ich meine Rede.

[1] CR 1, 53, Widmung an Otto Beckmann. [2] Volk auf der östlichen Balkanhalbinsel (Griechenland/Bulgarien/Türkei). [3] Griechische Sagengestalt, Halbgott (Vater Zeus). [4] Held der griechischen Sage, u. a. Bezwinger des Minotaurus. [5] Germanenvolk, ursprünglich im Gebiet um die Weichselmündung ansässig; löste durch die Abwanderung zur Nordküste des Schwarzen Meeres die 1. germanische Völkerwanderung aus. [6] Germanischer Volksstamm, ursprünglich auf Gotland ansässig, ab 100 v. Chr. auf wechselvollen Zügen nach Süden (Pannonien, Noricum). [7] Römisch-italischer (Agrar- und) Kriegsgott. [8] Beiname der Athena, griechische Göttin der Weisheit und des Verstandes, Stadtgöttin in Athen. [9] Homer, Ilias 5, 830 ff. [10] Griechischer Gott des Lichts, der Weissagung, hatte viele Orakelstätten in Griechenland und Kleinasien, die bedeutendste in Delphi. Außerdem Gott der Ordnung und Klarheit, des geistigen Lebens und der Künste. [11] In der Antike prophetische Frau, Seherin, die, von einer Gottheit begeistert, in Ekstase zukünftige Ereignisse voraussagte. [12] Ehrentitel für die Hauptvertreter der Scholastik. [13] Bezeichnung für die Krieger, die aus den ausgesäten Zähnen eines Drachens wuchsen, den Kadmos in der Nähe von Theben getötet hatte. Diese erschlagen sich gegenseitig bis auf fünf, die die Stammväter des thebanischen Adels werden. [14] In der griechischen Sage der Fluss des „Vergessens" in der Unterwelt. [15] Nikaia (lat. Nicaea, dt. Nizäa): Stadt in Bithynien (Kleinasien), 325 Tagungsort des 1. Ökumenischen Konzils (Verurteilung der Lehre Arius, Formulierung des ersten offiziellen christlichen Glaubensbekenntnisses: Nizänum). [16] Johannes Versor, die anzügliche Namensänderung folgt „Epistolae obscurorum virorum". [17] Es ist nicht sicher, ob der spätere Gegner Luthers gemeint ist. [18] Anfang vieler scholastischer Lehrbücher. [19] Eine der ältesten Bursen Kölns. [20] „Stier- und Hundsübungen": spöttische Bezeichnung für mittelalterliche Lehrbücher. [21] Melanchthon meint damit seine Tübinger Studienzeit 1512–1518. [22] Vergil, Aeneis 6,462. [23] Ein erkenntnistheoretisches Werk des Aristoteles. [24] Anhänger der Lehre Johannes Duns Scotus. [25] Erkenntnistheoretisches Werk des Aristoteles. [26] Themistius verfasste erläuternde Paraphrasen. [27] Bildhafte Bezeichnung für Bücher vermischten Inhalts. [28] Die Galloi waren ursprünglich die nach dem phrygischen Fluss Gallus so genannten Priester der Kybele, die sich selbst entmannten. [29] Einer der ältesten und vielseitigsten griechischen Götter. Das Beiwort „der Redegewandte" bezieht sich auf seine Zuständigkeit für die Redekunst. Als Herold trug er einen Heroldstab, der ursprünglich ein Zauberstab war. Diesen benutzte er eigentlich zum Einschläfern und Erzeugen von Träumen. [30] Unter copulatum ist ein „verbundener Ausdruck" nach Art einer Aufzählung zu verstehen. Vg. Gellius, Noctes Atticae 16,8,10. [31] Aristotelische Wassergräben: bildhafte Veranschaulichung der gedanklichen Unerschöpflichkeit der aristotelischen Philosophie. [32] In der griechischen Sage die 50 Töchter des Danaos in Ägypten, die zur Strafe für ihren Frevel in der Unterwelt Wasser mit Sieben in ein durchlöchertes Fass schöpfen mussten. [33] Isokrates, Orationes 13, 1. [34] In der Antike die neun Schutzgöttinnen der Künste, später der Wissenschaften und überhaupt aller geistigen Tätigkeiten. Töchter der Mnemosyne (Er-

innerung) von Zeus. [35] Die römischen Göttinnen der Anmut, den griechischen Chariten entsprechend. Töchter des Zeus und der Eyrynome, befanden sich gern in der Gesellschaft der Musen. [36] Schutzgott des Mannes, der ihn sein ganzes Leben hindurch begleitet. [37] In der griechischen Sage König der Lapithen. Als er Hera, die Gattin des Zeus, zu verführen versuchte, bildete Zeus eine der Hera ähnliche Wolke, Nephele, durch die Ixion Vater des Kentaurus wurde. [38] Römische Göttin, der griechischen Göttin Hera gleichzusetzen. [39] Wahrscheinlich Platon, Euthydenos 304 c. [40] Vgl. Anm. 34. [41] Demosthenes, Eroticos 44(1414). [42] Cicero, Brutus 40, 150 ff. [43] Vgl. Cant 4, 10. [44] Synesios, Epistolae 139, 277. [45] Einwohner der phönikischen Seestadt Tyrus. [46] Oase an der Westseite des Toten Meeres, wird sinnbildlich genannt für den überfließenden, von Gott geschenkten Reichtum. [47] Duftende Hemadolden, aus denen Parfüm gewonnen wurde; vgl. Cant 1,14. [48] Vgl. Cant 2,8. [49] Die Bibel bezeichnet mit Eden einen durch besondere Überfülle ausgezeichneten Garten, der zum Symbol der göttlichen Fülle (für das Jahwevolk) wird. [50] Vgl. Cant 1,3. [51] Vgl. Cant 1,2. [52] Ältere Schreibweise für Zion; östlicher Hügelteil des Ofel, auf dem die Jebusiterstadt Jerusalem und eine Burg lagen; seit David Bezeichnung für Jerusalem. [53] Nach Ps 76,3 Name für Jerusalem. [54] Vgl. Tit 2,7. [55] Ex 16,11–35. [56] Moabitische Gottheit, deren Verehrung betont auf sexuelle Kultakte ausgerichtet war und als gefährlich für den Jahweglauben angesehen wurde; vgl. Num 25,3–9; Dtn 4,3. [57] Ps 91,4. [58] In der römischen Sage das dem griechischen Hades entsprechende Reich des Totengottes. [59] Horaz, Epistula 1, 2, 40.

Lob der Beredsamkeit

Encomium eloquentiae 1523

Diese zuerst 1523 im Druck erschienene Wittenberger Universitätsrede Melanchthons ist ein charakteristisches Dokument der Blütezeit des europäischen Humanismus, dessen letztlich auf sprachlicher Bildung beruhende pädagogische Grundprinzipien (großenteils auf die rhetorischen Schriften Ciceros und Quintilians zurückgehend und vor allem über die Institution des altsprachlichen Gymnasiums bis in unser Jahrhundert fortwirkend) hier explizit und mit großer gedanklicher Klarheit und Folgerichtigkeit dargelegt werden.

Schulung in der Beredsamkeit (eloquentia) ist, wie Melanchthon eindringlich hervorhebt, nichts, was äußerlich – als entbehrlicher Luxus – zu einer Unterweisung in den Gegenständen der einzelnen Fachdisziplinen selbst hinzuträte, sondern unerlässliche Grundlage aller Beschäftigung mit der Fachwissenschaft überhaupt, insofern Deutlichkeit und Verständlichkeit des Redens Voraussetzung für die erfolgreiche Vermittlung sachlicher Inhalte sind und ohne sie alle menschliche Kommunikation unmöglich wäre und die ganze menschliche Gesellschaft ins Chaos versinken würde. Undurchsichtigkeit der Rede ist geradezu Kennzeichen von Barbarei, lichtvolle Deutlichkeit hingegen Kennzeichen entwickelter Humanität. Wirkliche rednerische Eleganz ist niemals nur Beiwerk, dessen man sich mit Hilfe bestimmter Techniken zur Steigerung rhetorischer Wirksamkeit bedient, sondern nichts anderes als eine sich aus klarer Erfassung des Redegegenstandes und vollkommener Beherrschung sprachlicher Ausdrucksmöglichkeiten von selbst ergebende Natürlichkeit der sprachlichen Gestaltung.

Voraussetzung für den Erwerb dieser Ausdrucksmöglichkeiten ist das Studium der hierin unübertrefflichen Werke des römischen und griechischen Altertums, mit dem man zugleich Verstand und Urteilskraft schärft und elastisch macht und Realienkenntnisse von vielerlei Art erwirbt. Vor allem sind die antiken Dichter und Historiker zu studieren. Doch darf sich dieses Studium keinesfalls auf das Lesen beschränken, da dies nur den Verstand einschläfert und stumpf macht. Die Autoren des Altertums müssen durch Schreib- oder Deklamationsübungen nachgeahmt, das an ihnen Erkannte und Erlernte ständig mit dem Schreibstift praktiziert werden.

Mehrmals verweist Melanchthon polemisch auf ein Zeitalter, in dem er das abschreckende Gegenbild seines Bildungskonzepts sieht: die jüngst erst überwundene Epoche scholastischer Universitätsgelehrsamkeit, in der ein verderbtes, mit heterogenen Elementen durchsetztes Latein insbesondere in der Theologie bei der Abfassung von Schriftwerken verwendet worden sei, die wegen ihrer Dunkelheit und Verworrenheit schon jetzt niemand mehr verstehe. Da auf Grund fehlender sprachlicher Bildung zu dieser Zeit auch die Texte der Bibel nicht mehr verstanden worden seien, hätten Sophisten leichtes Spiel gehabt, Gottes Wort zu verbiegen und zu verfälschen. Hier liegt der Punkt, in dem Melanchthon das humanistische Konzept sprachlicher Bildung mit den Zielen der Reformation verknüpfen kann: Die Wiederherstellung der sprachlichen Kultur bzw. der philologischen Wissenschaft in jüngster Zeit sei ein Akt der göttlichen Gnade gewesen, der die Wiedergewinnung des reinen Textes der Evangelien ermöglicht habe (Melanchthon denkt hier offenbar an die von Erasmus 1516 veranstaltete Ausgabe des griechischen Originaltextes des Neuen Testaments): Insofern habe die Sprachwissenschaft „trefflichen Männern" (gemeint ist natürlich vor allem Luther) geholfen, die Theologie zu erneuern. So gesehen ist die Verachtung oder Geringschätzung sprachlicher Bildung nicht nur ein Akt der Barbarei, sondern auch des frevelhaften Undanks gegen Gott. Sollten eines Tages die alten Zustände wieder eintreten und die neuerlich erreichte sprachliche Kultur wieder aus der Welt verschwinden, so wäre dies ein untrügliches Zeichen für den Zorn Gottes.

Übersetzungsgrundlage: CR 11, 50–66; verglichen wurde mit „De arte dicendi declamatio" (Hagenau um 1528); „Liber selectarum declamationum" (Straßburg 1541); MSA 3, 43–62; Melanchthon: Declamationes/ ausgew. u. hrsg. von Karl Hartfelder. Berlin 1891, 27–48.

Ebenso wie Hesiod es bedauert, dass die Menschen nicht wüssten, wie großen Nutzen Malve und Asphodelus, obzwar wohlfeile Kräuter, im menschlichen Leben zu spenden vermöchten,[1] ebenso beklagen auch wir nicht erst jetzt, dass die jungen Leute nicht darüber informiert sind, welch große Bedeutung für den Erwerb einer gediegenen Bildung die Redekünste haben, die nichts scheinhaft lehren von der Art, der die breite Masse Beifall spendet, im Übrigen aber an Nützlichkeit leicht alle menschlichen Dinge übertreffen können. Nirgendwo nämlich in der umfassenden Gesamtheit der Dinge gibt es etwas, aus dem für die Menschen größere Vorteile erwachsen als aus dieser Art von Künsten. Da aber die Jugend deren Wert nicht kennt, tritt die Folge ein, dass sie für die meisten verächtlich sind und als der Aufwendung von Mühe, sie zu erlernen, völlig unwert beurteilt werden. Herrlich ist es, Philosoph genannt zu werden, großartig, sich Rechtsgelehrter nennen zu hören, nichts ist heutzutage für die breite Masse beifallswürdiger als der Titel des Theologen; den Künsten des Redens wird, gleich den Leuten von Megara, keine Beachtung geschenkt.[2] Deshalb schien es mir angebracht, an dieser Stelle aufzuzeigen, welche Umstände uns hauptsächlich eine Empfehlung sein müssen, das Studium jener Künste aufzunehmen. Hierin nun wünschte ich mir geradezu die Kraft eines Perikles[3], wenn ich mich bemühe, die törichte Jugend auf den rechten Weg zurückzurufen, die den Unterricht im geschmackvolleren Reden teils auf Grund eines Irrtums geringschätzt, weil sie meint, dass er zum Erwerb der übrigen Fächer unnütz sei, teils weil sie ihn aus Trägheit flieht. Ebenso wie alle anderen guten Dinge ist nämlich auch die wissenschaftliche Ausbildung in der Sprache von der Natur, dass sie niemandem ohne größte Anstrengung zuteil wird. Es ist ja ein bekanntes Sprichwort, dass alles Schöne schwierig sei. Wer allerdings erwogen hat, wie wenig Mühe es kostet und wie groß der Gewinn ist, wer sich die Größe der Vorteile vor Augen geführt hat, den könnten keine noch so harten Begleitumstände von dem Studium dieser Künste abschrecken. Es lässt sich nicht einmal in Worte fassen, mit welchem Misserfolg man die übrigen Fächer handhaben wird, wenn man jene nicht kennt. Hört also freundlich an, welche Gründe mich veranlasst haben, eine verfeinerte Form der sprachlichen Bildung als für die menschlichen Verhältnisse schlechthin notwendig zu beurteilen.

Erstens ist niemand so hirnlos, nicht zu erkennen, dass wir eine bestimmte zuverlässige Technik des Redens brauchen, mit der wir unsere Gedanken deutlich darlegen, gleichgültig, welche öffentliche oder private Angelegenheit zur Verhandlung ansteht. Es könnte vielleicht lächerlich sein, hier darüber zu disputieren, wie notwendig dem Menschen die Sprache ist. Denn diejenigen, die die sprachliche Bildung verachten, wollen keineswegs den Eindruck erwecken, als nähmen sie dem Menschen die Sprache, sondern sie schätzen die rednerische Ausbildung gering. Daher werden wir mit wenigen Worten aufzeigen, von wie großer Bedeutung es ist, über eine zuverlässige Redetechnik zu verfügen. Denn wer die Angelegenheit recht wird abschätzen wollen, der wird einsehen, dass es keinen großen Unterschied macht, ob man völlig stumm ist oder keine rednerische Kunst anwendet. Man kann nämlich unmöglich seine Gedanken so darlegen, dass sie verständlich sind, wenn man nicht die Fähigkeit zu reden mit Hilfe der Kunst erwirbt und festigt. Kluge Männer wissen nämlich aus Erfahrung, dass nichts schwieriger ist, als über irgendeinen Gegenstand deutlich und durchsichtig zu reden.

Erstens nämlich: Wenn man beim Reden Bedeutung und Gewicht der Wörter nicht beachtet, welcher Zuhörer wird dann der Rede folgen? Da nämlich Wörter wie Münzen durch Gebrauch Anerkennung erlangen, muss man sich der allgemein akzeptierten bedienen, welche frei von Dunkelheit sind, weil Männer von Beredsamkeit sie gleichsam von Hand zu Hand an die Nachwelt weitergegeben haben. Im vorigen Jahrhundert, als jeder seine eigenen Wörter prägte und das Lateinische mit fremden Bestandteilen vermengt wurde, war die Rede dermaßen aus heterogenen Elementen zusammengestoppelt, dass sie nicht einmal für die Menschen jenes Zeitalters verständlich war. Weit entfernt, dass die Nachwelt sie begreifen konnte! Wer versteht denn heutzutage Scotus[4] oder einen anderen Schriftsteller dieses Schlages?

Zweitens bringen es auch die Geübtesten kaum fertig, nicht gegen die Grundsätze des Sprachbaus und des Stils zu verstoßen, deren Verderbnis zwangsläufig Dunkelheit der Rede nach sich zieht. Wie vieles aber drücken bei uns auch die Gebildeten uneigentlich aus! Wie oft verdunkeln sie die Rede durch ungereimte und alberne Metaphern! Wer könnte denn Apuleius und seine

Affen[5] ertragen? Zu Recht aber wollte Apuleius, als er die Gestalt eines Esels hatte, lieber iahen als sprechen.[6]

Und schließlich: Mag man auch mit Wortschatz und Stil hinreichend vertraut sein, so ist es doch äußerst schwierig, alles der richtigen Stelle zuzuweisen, das eine herabzustufen, das andere zu heben, Bestimmtes kurz zusammenzuziehen, bei anderer Gelegenheit freier auszuschweifen, bestimmte Dinge zu verbergen und zu verdecken, anderes aber preiszugeben, so dass gleichsam inmitten der Schatten Lichter vorscheinen und aufblitzen. Beredsamkeit ist nämlich durchaus mehr als eine hastig zusammengeraffte Aufhäufung von Wörtern.

Ich sehe aber, dass die Jugend auf Grund eines Irrtums fehlgeht. Da sie weder Bedeutung noch Wesen der Beredsamkeit kennt, glaubt sie nicht, dass es der Mühe irgendwie verlohnt, sie sich durch größeren Einsatz und Arbeitseifer anzueignen, und meint, die Beredsamkeit werde von uns unbedeutenden Professoren nur entsprechend landläufiger Gepflogenheit gelobt: so, wie die Quacksalber ihre Salben anpreisen. Sie lässt sich auch nicht durch die Autorität der vorzüglichsten und klügsten Männer ermahnen, die die Jugend zum Studium der Beredsamkeit einstimmig und mit vereintem Trompetenstoß auffordern. Wie elend ist doch der Zustand des Menschengeschlechts, dass, je besser etwas ist, es sich unserem Anblick in umso weitere Fernen entzogen hat und kaum erkannt wird. Und ich habe meinerseits keinen Zweifel, dass die erhabene Schönheit der Beredsamkeit, ließe sie sich mit dem Auge wahrnehmen, wundersames Verlangen nach ihr erregen würde, wie jener berühmte Autor sagt.[7] Doch da die Jugend in den Tag hinein, nicht nach der Vernunft lebt, verfällt sie, von unüberlegtem Antrieb geleitet, auf das, wovon landläufig am meisten Wesens gemacht wird.

Wer also den Wert der Dinge klug einzuschätzen versteht, der möge erwägen, dass es erstens nichts gibt, dessen Nutzen weiter reicht als die Vorzüge der Rede. Jede menschliche Gemeinschaft, die Art und Weise der Einrichtung des öffentlichen und privaten Lebens und unseres gesamten Lebensunterhalts, schließlich aller Handelsverkehr wird durch die Rede aufrechterhalten. Zweitens möge er sich klar machen, dass niemand treffend und klar über irgendeine Sache reden wird, der nicht mit Hilfe einer bestimmten Kunst und durch Nachahmung der besten Schriftsteller und unter Anwendung großer Sorgfalt seine Rede in der Sprache, die wir öffentlich benutzen, geformt hat. Sobald er sich dessen bewusst geworden ist, wird ihm zweifellos nichts vordringlicher, nichts wichtiger sein, als die Künste des Redens zu erlernen. Ob man nämlich anderen durch Rat oder durch Belehrung helfen muss, ob irgendeine Lehre zu verteidigen ist, ob man über das Recht, das Gerechte und das Gute sprechen muss: Man kann nicht mehr bewirken als üblicherweise die stummen Personen auf der Bühne, wenn man nicht eine durch Kunst ausgearbeitete Rede beigebracht hat, die dunkle Sachverhalte gleichsam ins Licht rückt.

Ich weiß wohl, dass es Leute gibt, die den feinen Geschmack von dem Prinzip des korrekten Redens trennen und meinen, es sei ohne Belang, welcher Redeform sie sich auch immer bedienten, solange sie nur den Sachverhalt selbst zum Ausdruck brächten. Wenn diese Leute die Sache näher in Augenschein genommen hätten, würden sie keineswegs die Auffassung vertreten, dass die Professoren der Beredsamkeit sachfremde und überflüssige Schminke forderten. Gerade die Reinheit der Rede und ihre natürliche Gestalt machen ihre geschmackvolle Feinheit aus, und wenn man diese nicht beachtet, wird man nicht nur unschön oder unrein, sondern auch uneigentlich, dunkel und ungereimt reden. Und wie beim bildnerischen Gestalten von Körpern die geschmackvolle Feinheit gerade dann gegeben ist, wenn alle Glieder im richtigen Verhältnis zueinander in Einklang stehen und bei einer Abweichung von diesem Grundsatz etwas Scheußliches herauskommen wird, so wird man eine schlechthin scheußliche und ungereimte Rede zustandebringen, wenn man das natürliche Erscheinungsbild der Rede durch eine neuartige Fügung deformiert. Pico trennt in dem Brief, mit dem er für die barbarischen philosophischen Schriftsteller Partei ergreift, spaßeshalber, mit einem paradoxen Beweisgrund, wie ich glaube, den feinen Geschmack von dem Prinzip des korrekten Redens und meint, dass Gegenstände in jeder beliebigen Redeform dargestellt werden könnten.[8]

Diesem Autor bin ich in keiner Weise gram, da er das Barbarische nicht mit mehr innerer Überzeugung verteidigt, als Favorinus das Fieber gelobt hat.[9] Dies wundert mich aber: dass es Menschen gibt, die eine so abgeschmackte Spitzfindigkeit davon überzeugt, dass es ohne Belang sei, wie wir reden. Wird aber ein Maler einen Körper korrekt wiedergeben, wenn er seinen Pinsel ohne System führt, seine Hand sich auf gut Glück bewegt und die Linienführung nicht der Kunst folgt? Genauso kann man auch sein Denken anderen Menschen nicht vor Augen führen, wenn man sich nicht treffender und lichtvoller Wörter, eines zweckmäßigen Satzbaus und der gehörigen Anordnung der Sätze bedient. Denn ebenso wie Körper durch Farben stellen wir unser Denken durch die Rede dar. Deshalb ist es nötig, beim Reden durch Anwendung der Kunst irgendein fest umrissenes Bild zu entwerfen, das in sich gleichsam die Gesichtszüge der Sätze voneinander scheidet.

Es ist eine Niederträchtigkeit, einen, der den Weg nicht kennt, auf einen vom Ziel wegführenden Pfad zu verweisen. Aber wie oft führen diejenigen, die keine Sorgfalt auf das korrekte Reden verwenden, den Leser vom Wege ab, wie oft führen sie ihn durch falsche Verwendung eines einzigen Wortes an der Nase herum! Gar nicht selten haben grammatische Fehler unsere Übersetzer in der Philosophie und in der Heiligen Schrift hinters Licht geführt. Wer von allen Menschen hat denn den Gedanken des Paulus im Korintherbrief an der Stelle verstanden, wo jene Windbeutel, Verächter des feinen Geschmacks, übersetzt haben: „Ex multis facierum personis" usw.?[10] Welches Unwetter reißt Augustinus fort, dass er seine Vorlage nicht versteht bei der Auslegung der folgenden Stelle im Johannes-Evangelium: „Τὴν ἀρχὴν ὅτι καὶ λαλῶ ὑμῖν"?[11] Von dieser Art gibt es überall zahllose Fälle, in denen Barbarismen auch Menschen mit rundum ausgewogener[12] Bildung getäuscht haben.

Dies bestätigt in hohem Maße die These, dass man nicht mit jeder beliebigen Redeart dem Leser Genüge tun kann, sondern sich mit Sorgfalt und Hingabe die Fähigkeit erwerben muss, anderen sein Denken deutlich vor Augen zu stellen und alles, was der Gegenstand erfordert, gewandt vorzutragen. Dies nämlich heißt elegant reden! Warum also verabreichen wir denen nicht Nieswurz, die gegen die Anmut der Rede einen Widerwillen haben und der allgemeinen Denkweise der Menschen derart fern stehen, dass sie nicht einmal begreifen, was Reden heißt? Es war die Not der Umstände, die den guten Geschmack hervorgebracht hat, weil alles Barbarische unklar ist und alles, was durch rednerischen Schmuck verschönert wird, deutlicher erfasst wird. Quintilian hat nämlich geschrieben, dass rhetorische Figuren zu diesem Zweck angewandt würden, und meint, dass wahre Schönheit sich niemals von der Zweckmäßigkeit trennen lasse.[13] Wozu um Himmels willen suchen wir in den Büchern der Heiligen Schrift, um die profanen einstweilen beiseite zu lassen, nach den Figuren der Rhetoriker? Diese, meine ich, hätten die Propheten doch nicht verwendet, wenn sie geglaubt hätten, dass sie zur Sache nichts beitrügen.

Ihr seht, mit welcher Begründung ich euch das Studium der Beredsamkeit empfehle: weil wir weder das, was wir selbst meinen, darzulegen, noch das, was von den Alten in korrekter Sprachform überliefert vorliegt, zu verstehen imstande sind, wenn wir uns nicht durch gründliches Studium eine feste Richtschnur des Redens angeeignet haben. Ich kann in der Tat nicht erkennen, wie diejenigen anderen als Menschen gegenübertreten wollen, die, was sie denken, nicht darzulegen, noch, was korrekt gesprochen wird, zu verstehen vermögen. Mag also die Beredsamkeit auch keine Würdenstellung, keine Beliebtheit genießen, so kommt ihr doch eine derartige Bedeutung zu, dass wir, wie man sagt, für das Feuer, für die Luft, für das Wasser nicht mehr Anwendungsbereiche haben als für sie. Wie könnten denn die menschlichen Lebensverhältnisse Bestand haben, wenn die Beredsamkeit ihre Schutzfunktion für geistliche und weltliche Gesetze aufgäbe, wenn bei Beratungen in öffentlichen oder privaten Angelegenheiten keine verständliche Rede verwendet werden würde, wenn es keinerlei literarische Kunst gäbe, mit der geschichtliche Ereignisse den Nachgeborenen überliefert werden können? Gäbe es in einem solchen Staat etwa noch eine Spur von Humanität? Des Weiteren: Wie fern stand das jüngst vergangene Zeitalter der Beredsamkeit! Damals verstand fast niemand mehr die Sprache der Heiligen Schrift, und täglich wurden nach Gutdünken törichter Sophisten geistliche Gesetze erdichtet und nochmals erdichtet. Die Geschichte jener Zeiten liegt unter ewiger Finsternis begraben: Es gab nämlich niemanden, der sie mit dem Licht literarischen Könnens beleuchtet hätte. Alle Wissenschaften waren von der Art zu reden derart verdunkelt, dass nicht einmal die Professoren selbst mit hinreichender Klarheit wussten, was sie lehrten. Die Philosophen schlugen sich untereinander mit Redefiguren so herum, wie die Gladiatoren, die Helme ohne Sehschlitze trugen, in ihrer Finsternis herumtappten, und keiner von ihnen wurde auch nur von Personen seiner nächsten Umgebung völlig verstanden. Zu Recht hat jener berühmte Autor gesagt, dass Anacharsis bei den Athenern schlecht gesprochen habe, die Athener aber bei den Skythen.[14] Diese aber sprachen sogar zu Hause schlecht, und jeder Einzelne von ihnen ersann sich mit erstaunlicher Willkür seine eigene Mundart. Man möchte schwören, dass es ihnen, nicht anders als dem berühmten Heraklit, Vergnügen bereitet habe, alle anderen Menschen mit Finsternis zu überziehen.[15] Da wir jetzt in aller Deutlichkeit erkennen, wie teuer uns die Verachtung der Beredsamkeit zu stehen gekommen ist, warum verabscheuen wir da nicht die Barbarei als eine gleichsam äußerst schädliche Pest? Warum zischen wir sie nicht mit großer Einhelligkeit aus den Schulen? Warum missgönnen wir uns selbst so lange Zeit die Beredsamkeit, obwohl die Sonne hier auf Erden nichts Besseres, nichts Herrlicheres erblickt hat?

Bis hierher haben wir deutlich gemacht, welche Notwendigkeit dazu zwingt, eine zuverlässige Methodik des Redens zu befolgen und einzuhalten. Sollte sie jemanden kalt lassen, könnten diesem die Götter allerdings mit viel größerem Recht Eselsohren aufsetzen als dem Midas.[16] Als nicht zu verachtende Frucht des Studiums der Beredsamkeit kommt noch hinzu, dass durch die Anwendung derjenigen Künste, die die Beredsamkeit einschließen, die Geister angeregt und geschult werden, so dass sie alle menschlichen Angelegenheiten mit größerer Klugheit ins Auge fassen; und der Schatten ist dem Körper kein näherer Begleiter als die Klugheit der Beredsamkeit. Ich spreche jetzt noch von den menschlichen Dingen, von den heiligen später.

Unsere Vorfahren haben erkannt, dass diese zwei Dinge von Natur aus miteinander zusammenhängen: die Beherrschung der Methode guten Redens und die geistige Urteilsfähigkeit. Weshalb auch einsichtige Leute gesagt haben, eine Rede sei die Entfaltung des Denkens. Auch der Dichter Homer hat Beredsamkeit und Klugheit denselben Personen zugeteilt. Ich lasse jetzt andere außer Acht; Odysseus, dessen Rede er mit winterlichem Schnee vergleicht,[17] schreibt er in einem einzigen Vers beides zu, wenn er sagt:

> „σοὶ δ'ἔπι μὲν μορφὴ ἐπέων, ἔνι δὲ φρένες ἐσθλαί"[18]
> „Form der Rede ist dir und edle Denkart gegeben."

Ich kann mich nicht enthalten, dies auch auf Lateinisch, in der Übersetzung eines gelehrten Mannes, hierherzusetzen:

> Mente vales, iuncta est facundis gratia dictis.[19]
> „Mit deinem starken Verstand verbindet sich Anmut der Rede."

O göttliches Wort, um vieles eher wert, in jugendliche Herzen sorgfältig eingepflanzt zu werden als etliche Sinnsprüche des Orakels von Delphi! Worauf kam es dem vortrefflichen Greis sonst an als auf die Feststellung, dass Klugheit und Beredsamkeit so eng miteinander verknüpft sind, dass sie auf gar keine Art auseinandergerissen werden können? Wenn doch alle jungen Männer diesen Vers als Leitsatz begriffen, nach dem sie gleichsam wie auf ein Ziel hin alle ihre Bestrebungen und Unternehmungen ausrichten sollten, und wenn sie doch einsähen, dass sie alle Mühe, Sorge, Energie, Überlegung, schließlich ihre ganze Geisteskraft auf den Erwerb dieser Künste verwenden müssen, die Homer ohne Zweifel deshalb erwähnt hat, weil ihm daran lag, dass sie von allen menschlichen Dingen als die schönsten und nützlichsten, die sie ja auch sind, angesehen wurden. Was, meint ihr, hatten die alten Lateiner damit im Sinn, dass sie die Künste des Redens als ‚humanitas' bezeichneten?[20] Sie waren natürlich der Ansicht, dass durch das Studium dieser Fächer nicht nur die Sprache verfeinert, sondern auch geistige Ungeschlachtheit und Barbarei korrigiert werde. Denn ebenso wie sehr viele durch Bildung ihr bäurisches Naturell ablegen, so werden auch die Geister zivilisiert und gezähmt.

Es gibt nun aber zwei Gründe dafür, dass durch das Studium des richtigen Redens die geistige Urteilsfähigkeit geschärft wird. Der erste ist der, dass, wer sich auf diese Künste verlegt, sich notwendigerweise auf entsprechende Beispiele von Schriftstellern einlässt, die, mit der Handhabung und Bearbeitung hochbedeutender Gegenstände befasst, durch ihre Praxis höchste Klugheit erlangt haben. Der Umgang mit diesen Schriftstellern bewirkt, dass die Leser einiges an Urteilskraft gewinnen und gleichsam wie die Leute, die in der Sonne spazierengehen, Farbe bekommen. Man pflegt nämlich jugendlichen Geistern irgendein Muster richtigen Redens und Denkens vorzulegen, an dem sie die Bedeutung der Wörter, den Aufbau einer Rede und die Formen der Darstellung studieren können. Denn ebenso wie bei allen übrigen Künsten ist auch bei der Methodik des Redens die Nachahmung hilfreich. Es ist nämlich nicht wahrscheinlich, dass Apelles[21] der Kunst der Malerei einen so großen Zugewinn an Schönheit und Anmut hätte verschaffen können, wenn nicht lange vorher die Maler, die zuerst einfarbige Bilder und dann Zeichnungen gemacht haben, das Verfahren der Nachbildung von Gesichtszügen aufgezeigt hätten. Entsprechend muss man auch aus den besten Schriftstellern eine bestimmte zuverlässige Richtschnur und Idee des Redens und Urteilens gewinnen, an der man sich orientiert, gleichgültig, welcher Gegenstand zur Erörterung ansteht.

Daher mögen diejenigen, die sich mit sprachgewandten Schriftstellern beschäftigen, überlegen, in welchem Punkt bei einem beliebigen Autor hauptsächlich Bewunderung, Lob und Nachahmung angebracht ist. An erster Stelle von allen Autoren, die zu studieren die Jugend aufgefordert wird, stehen die Dichter und Historiker. Wer diese nur zum Vergnügen heranzieht, so wie Zitherspielerinnen zu Gastmählern, der schmälert wahrlich die Wertschätzung höchstrangiger Persönlichkeiten. Denn jene Autoren wollten auch nützlich sein,[22] und vorzügliche Geister erfreuen sich vornehmlich an den besten Dingen. Man muss jene daher auch wegen der Form der Rede konsultieren und darauf achten, wie sie in der Regel über allgemeine Dinge geurteilt haben.

Ich pflege oft über den gemeinen Haufen der griechischen Grammatiker zu lachen, die für die Physiologie die ganze Dichtung Homers heranziehen und sich außerordentlich darin gefallen, als köstliche Schwätzer vermittels einer neuen Metamorphose aus Jupiter den Himmel, aus Juno Luft zu machen – was Homer sich nicht einmal im Fieber hat träumen lassen.[23] Wieviel sinnvoller wäre es gewesen, wenn aufgezeigt worden wäre, was nach seinem Willen für die Leser vorzugsweise Gegenstand der Bewunderung sein sollte: Zielsicherheit und Luzidität der Darstellung, die Ökonomie des Gedichts, wenn er verschiedene Maßnahmen, verschiedene Vorfälle in erstaunlicher Anordnung berichtet, wenn er neuen Ereignissen passende Gelegenheiten zuordnet; welche Sorgfalt er auf die Einhaltung des Angemessenen verwendet; wie groß ferner die Fülle der Wörter und Figuren und der Abwechslungsreichtum an den Stellen ist, an denen er den Leser gefesselt sehen wollte. Man sieht, wie so gar nicht frostig oder trocken die Beschreibung des Aufstands im zweiten Buch der Ilias ist.[24] Den Anlass des Aufruhrs, das Rasen des Volkes selbst, die aufrührerischen Ansprachen bestimmter Personen, die das Volk mit kaltem Wasser, wie man sagt, begossen, des Thersites Verhalten sowie Grundlage und Form dieses Verhaltens, ferner auch die beiden sehr bedeutenden Reden der Männer, die die Geister der Menge beschwichtigten und von denen die des Odysseus die heftigere, die Nestors die gelindere ist – guter Gott, wie durchsichtig, wie eindringlich behandelt er nicht das alles! Und nicht leicht wird man irgendwo ein vollkommeneres Urbild richtigen Redens finden als diese Stelle, deren Eleganz und Vorzüge gerade derjenige genauer erkennen wird, der versuchen wird, sie mit dem Griffel zu imitieren und nachzubilden.

Man hüte sich nämlich anzunehmen, Homer werde von Cicero ins Blaue hinein als der Redner schlechthin bezeichnet[25] oder Quintilian habe unüberlegt geschrieben, dass dieser Dichter sich durch alle rednerischen Tugenden auszeichne.[26] Welches Theater hat außerdem das menschliche Leben wirklichkeitsgetreuer dargestellt als die Dichtung Homers? So kann es gar nicht ausbleiben, dass wir beiläufig auch von dem Gefühl der Bewunderung für die Inhalte ergriffen werden, wenn wir uns mit der Redeform beschäftigen. Zwanglos bieten sich Beispiele für Sitten, Affekte von Fürsten und Volk und mannigfache Beschlüsse über historische Vorgänge dem Auge dar. Wäre Arkesilaos nicht der Meinung gewesen, dass hierdurch die Geister geschult werden, hätte er Homer niemals seinen Geliebten genannt.[27] Mir scheint in der Tat, dass es von allem, was menschlicher Geist hervorgebracht hat, kein Schriftwerk gibt, das klüger wäre als das homerische. Und ich möchte auch nicht zögern zu bestätigen, was Horaz meinte: dass Homer besser als Chrysippos und Krantor lehre, was richtig und was ersprießlich sei.[28] Wie, bitte schön, ließ sich die Unbesonnenheit von Königen launiger rügen als mit der Erfindung, dass Agamemnon von einem Traum veranlasst wird, das gesamte griechische Heer in einen Entscheidungskampf zu führen?[29] Es ist ja allgemein bekannt, wie Fürsten zuweilen aus nichtigen Gründen alles über den Haufen werfen.

Wie ist er beim Schild des Achilles verfahren?[30] Hat er nicht die Elemente der Welt und die hellsten Himmelskörper und darüber hinaus auch ihre Positionen und Umläufe fein beschrieben? Hieraus gewannen später auch die Philosophen das Prinzip der Messung des Himmels. Denn er sagt auch, dass sich die Bärin an derselben Stelle drehe und niemals untergehe und der Orion sich auf der ihr gegenüberliegenden Seite befinde. Mit diesem Ausspruch hat er einen guten Teil der Astronomie erfasst. Ja mehr noch: Ebendort vergleicht er auch die Vorzüge des Friedens und die Drangsal des Krieges miteinander, indem er zwei Städte, die eine in Frieden blühend, die andere von Krieg verwüstet, beschreibt. Womit konnte er, meine ich, gerade dem rechtschaffensten Mann den Krieg als die verderblichste Sache der Welt mehr verhasst machen? In der friedlichen Stadt gibt es Veranlassung zu einem Hochzeitsfest, wird Gericht gehalten, werden Prozesse geführt, Redner bewundert. In der anderen werden Kinder abgeschlachtet, schweigen die Gesetze, ist der Markt verstummt, herrscht schließlich eine erbarmungswürdige Verwüstung aller bürgerlichen Verhältnisse. Was, bitte, ließ sich Klügeres ersinnen als diese Fabel?

Es schien mir nun aber nicht sinnvoll, hier noch mehr Stellen bei Homer zu besprechen. Ich habe nur auf diese hingewiesen, um den studierenden jungen Leuten glaubhaft zu machen, dass durch die Kenntnis guter Schriftsteller nicht allein Mund und Zunge, sondern auch der Geist gebildet werde. Dies, meine ich, war vor Zeiten für die Griechen der Grund, weshalb ihnen daran gelegen war, dass ihre Leute von Homer intime Kenntnisse haben sollten. Solon und Peisistratos hatten nämlich durch Gesetz bestimmt, dass seine Dichtung in die gehörige Ordnung gebracht werden solle,[31] denn in jenem goldenen Zeitalter hielten die Fürsten es noch für ihre Obliegenheit, dafür zu sorgen, dass kein nützliches Schriftwerk untergehe. (Heutzutage gilt nichts als königlich, wenn es nicht zugleich ungebildet ist!) Bald wurde angeordnet, dass die Dichtung Homers von Rhapsoden oder Homer-Sängern öffentlich in den Theatern vorgetragen werden solle,[32] damit den jungen Leuten beständig das göttliche Gedicht in die Ohren schallte und als Richtschnur für richtiges Reden und Urteilen immer zur Hand war.

Von den Lateinern nahm Vergil mit glücklichstem Erfolg den Kampf mit Homer auf, und beiden gebührt, wenn ich nicht irre, durchaus gleiches Lob, ob man nun die Art des Vortrags in Betracht zieht oder die Majestät der Gedanken. Wie steht es mit den Tragikern? In wie vielen Beispielen haben sie die Verhaltensweisen und Schicksale von Tyrannen vorgeführt! Was ist die Komödie anderes als ein Spiegel privaten Lebens? Was insgesamt die Dichtung für Studierende zu leisten vermag, hat Quintilian aufgezeigt.[33] Ich meinerseits stelle fest, dass sie unserer Rede hauptsächlich eine Fülle von Figuren an die Hand gibt und durch die Vielfalt ihrer Gegenstände die Geister bald belehrt, bald unterhält.

Demosthenes war der Meinung, dass durch die Geschichte das Urteil geschult und die Redefähigkeit vergrößert werde. Dementsprechend machte er sich dermaßen mit Thukydides vertraut, dass er ihn sogar achtmal abschrieb. Auch schätzte Cicero Xenophon.[34] Und da die gesamte Geschichte gewissermaßen Politik ist, skizziert sie die mannigfachen Formen der staatlichen Verfassung. Denn um mich hier auf ein Beispiel zu beschränken: Was ist bewunderungswürdiger als der Vergleich der Staatsformen bei Herodot, wo von den persischen Satrapen die einen die Demokratie, andere die Oligarchie und wieder andere die Monarchie gutheißen?[35] Man sieht an dieser Stelle, wie dieser bedeutende Schriftsteller alle Krankheiten und Missstände der Staaten wie in einem Gemälde abgemalt hat. Niemand aber ist so unverständig, nicht zu bemerken, dass Geschichtswerke zu dem Zweck geschrieben worden sind, um Beispiele für alle menschlichen Obliegenheiten gleichsam in helles Licht zu rücken[36] und dadurch wahrnehmbar zu machen. Wenn sie nichts zur Schulung und Aufmunterung des menschlichen Geistes beitrügen, warum hätte denn dann Scipio gemeint, dass er bei der Betrachtung von Porträts berühmter Männer zur Tugend entflammt werde?[37] Da Redner Staaten verwaltet und, als Männer, die im Rechtswesen zu Hause waren, so viele Erörterungen über das Recht, das Gerechte und das Gute verfasst haben, ist es nur natürlich, dass sie sehr viele nützliche Hinweise geben. Welche Frage aus der Moralphilosophie gäbe es, die Demosthenes und Cicero nicht angeschnitten hätten? Kein Philosoph hat den besten Staat so abgeschildert wie jene in ihren Anklageschriften, wenn sie gegen verbrecherische und aufrührerische Bürger gleichsam wie ein Schwert den Griffel zücken, wenn sie die Staaten mit ihrem klugen Rat gegen Feindesgewalt wappnen. Was ließe sich über den Frieden ersinnen, das mehr im Sinne des Volkes und wahrhaftiger wäre als das, was Cicero in der Rede, mit der er vom Ackergesetz abrät, gesagt hat?[38] Was wäre mehr im Interesse des Bürgers als jener berühmte Lobpreis des Gesetzes, den die Rechtsgelehrten aus Demosthenes' Rede gegen Aristogeiton in ihre Kommentare übernommen haben?[39]

Doch was liegt daran, hier des Langen und Breiten eine Lobrede auf Schriftsteller zu verfertigen? Prüft vielmehr selbst, was jeder der erstklassigen Autoren leistet, mit welch großer Durchsichtigkeit und Gefälligkeit er alles darlegt, wie umsichtig er alles beibringt, was zu seinem Vorhaben gehört. Wenn man sich nämlich nicht dazu bequemt, diese nachzuahmen, dann besteht überhaupt keine Hoffnung, die Fähigkeit richtigen Redens und Urteilens zu erwerben.

Wir müssen jetzt noch den zweiten Grund für unsere Feststellung angeben, dass durch das Studium der Beredsamkeit das Urteil geschärft werde. Dies nun geschieht dadurch, dass schon das Augenmerk auf richtiges Reden an sich den Geist lebhafter macht, so dass er besser durchschaut, was für jeden Gegenstand am passendsten oder nutzbringendsten ist. Denn wie wir sehen, dass Körperkraft durch Training gefestigt wird, so kann es nicht ausbleiben, dass der Verstand derer, die durch keine anspruchsvolle geistige Tätigkeit angeregt werden, stumpf wird. Niemand bezweifelt, dass die Lektüre guter Schriftsteller große Vorteile hat; jedoch wenn zu ihr nicht die Gewohnheit des Schreibens und Redens hinzugetreten ist, wird man weder deren Gedanken und Vorzüge mit hinreichender Schärfe wahrnehmen noch eine verbindliche Richtschnur des Urteilens und Konzipierens geistig erfassen können. Deshalb ist zum Erwerb der Fähigkeit sowohl des Redens wie des Urteilens nichts so notwendig wie die Übung im Schreiben. Was hatte denn Afranius mit seinem Gleichnis, die Klugheit sei eine Tochter der Praxis,[40] anderes im Sinn als dies: dass durch die unablässige Anstrengung des Redens und Verfassens der Geist ermuntert und geschult werde? Anaxagoras hinterließ einen des Gedenkens der Nachwelt würdigen Ausspruch, der in die gleiche Richtung zielt: „Die Hand ist der Anfang der Weisheit."[41] Er hatte nämlich erkannt, dass man sich alle Künste durch die Praxis erwirbt und Begabungen durch Untätigkeit nahezu unfruchtbar werden. Denn so wie wir die handwerklichen Künste durch Erfahrung erlernen und niemand so verrückt ist, dass er darauf vertraute, gleich ein Apelles zu werden, sobald er das erstemal einen Pinsel in die Hand bekommen hat, so muss der Verstand durch vieles Üben daran gewöhnt werden, alles mit möglichst scharfer Aufmerksamkeit im Blick zu haben.

Deshalb hat Cicero dem Griffel so hohe Bedeutung beigemessen, dass er geschrieben hat, er sei „der beste und hervorragendste Urheber und Lehrmeister"[42], und er hatte die Gewohnheit, in Mußestunden einmal vom Griechischen ins Lateinische zu übersetzen, ein andermal Neues zu verfertigen und wieder ein anderes Mal eine Deklamation zu halten; durch diese Rührigkeit bewahrte er sich geistige Kraft und Frische und steigerte er seine Beredsamkeit. Folgendermaßen nämlich schreibt er von sich selbst im „Brutus", damit es nicht so aussieht, als dächte ich mir auf gut Glück etwas aus: „Ich jedoch habe nicht aufgehört, meine Fähigkeiten, wie groß sie auch immer sein mochten, durch jede Art von Übung, insbesondere aber durch die des Griffels, zu vermehren."[43] Demosthenes zog sich für eine Zeitlang in eine Höhle zurück, um über eine Rede nachzudenken, und man sagt, er sei es gewohnt gewesen, auf hartnäckigste Weise, sich selbst kasteiend, die Nacht durchzuarbeiten. Und wie Plutarch überliefert, hatte er nachts ständig Lampen im Gebrauch, bis er das fünfzigste Lebensjahr erreicht hatte.[44] Die klügsten Menschen haben nämlich durch praktische Erfahrung gelernt, einen wie ungewöhnlichen Kunstverstand es voraussetzt, deutlich und angemessen zu reden. Wie wenige aber unter unseren jungen Leuten haben sich auch nur entschlossen, innerhalb ganzer zehn Jahre eine einzige dürftige Zeile zu schreiben? Die meisten halten es für den kurzen Weg zur Erlangung von Gelehrsamkeit, wenn sie möglichst viel gehört oder gelesen haben. Daher laufen die einen ganze Tage hin und her, krauchen durch alle Schulen, hören überall Lehrer und bewundern sie, ohne sie verstanden zu haben, nehmen auf, was ihnen diktiert wurde, markieren die Register ihrer Notizen mit Unzialbuchstaben und illuminieren sie mit Zinnober. Erklärer, die möglichst viel Zeit mit Diktieren vergeuden, stehen hoch im Kurs, und niemand würde – selbst zum halben Preis – einen Lehrer anheuern, der von dieser Gewohnheit auch nur einen Fingerbreit abwiche. Andere wiederum setzen niemals einen Fuß vor ihr Haus und geben sich den Büchern hin wie gleichsam einer Tretmühle, blättern die Seiten hin und her und schätzen sich glücklich, wenn sie täglich eine große Zahl von Seiten durchlaufen haben.

Scheinen nicht beide beklagenswert, da sie mit so vieler Arbeit und so großer Einbuße an Gesundheit nur lernen, vernunftlos zu sein? Erstens wird nämlich der Geist, wenn er nicht durch Schreiben angeregt wird, von allein stumpf. Zweitens: Wenn man sich mit Lesen oder Hören unmäßig belastet, schwächt man die Schärfe der geistigen Anlage, sofern sie etwa vorhanden sein sollte. Nunmehr kommt es auch zu einem Mangel an Urteilsfähigkeit, sodass man in der Regel gerade das Schlechteste mit größter Begierde anhört und liest, damit man ja nur vieles durchstreift. Falls jemand diese Leute gleichsam ins Haus zurückruft, indem er sie fragt, warum sie dieser Lernmethode folgen, welcher Endzweck, welches Ziel ihrem Geist vorschwebe, dann wird er erkennen, dass sie, nicht anders als Verrückte, unwissend darüber sind, was sie treiben. Sie achten nämlich weder auf die Gedanken noch auf die Sprache der Schriftsteller, da sie von der Sorge, sie nachahmen zu müssen, frei sind. Sie beschäftigen nur ihre Augen und Ohren; der Geist schläft derweil gewissermaßen den Schlaf des Epimenides;[45] und da sie sich nicht bemühen, ein ganz bestimmtes Muster nachzubilden, kommt es dazu, dass die Art ihres Redens und Urteilens sich verschlechtert. Demosthenes gratuliert sich, als er sich anschickt, bei den Athenern eine Rede zu halten, weil sie selbst von sich aus erkennten, was das Beste sei. Wir aber predigen das Üben des Griffels Menschen, die die Sache nie erprobt und Menge und Umfang der Vorteile, die diese Übung mit sich bringt, nicht einmal durch ein Gitter wahrgenommen haben.

Umso mehr fürchte ich, dass unser Reden nur wenig Glauben findet, wenn wir dem Griffel so viel Bedeutung beimessen. Sollte aber jemand da sein, der den Musen nicht schlechthin feind ist, so möge dieser bei sich erwägen, welches Verfahren des Lehrens und Lernens die Alten anwandten, mit dem alle Wissenschaften nicht nur erleuchtet, sondern auch erweitert wurden. In den Schulen wurden nur wenige Autoren, dafür aber die besten angeboten, die die Jugend nachahmen sollte. Und wie in der Landwirtschaft der Lehrsatz galt, dass ein Landgut nur so groß sein dürfe, dass es ordentlich bebaut werden könne (Vergil sagt nämlich: „Preise die riesigen Landgüter, bebaue das kleine“[46]), so ließen jene nur ziemlich wenige Autoren zu, mit denen sich die Studenten möglichst gut vertraut machen sollten, denn sie sahen ein, dass eine Vielzahl mit Erfolg weder gründlich verstanden noch nachgestaltet werden könnte und Schriftsteller in der Masse bei den jugendlichen Geistern eher Verwirrung als Bildung bewirkten. Desgleichen wurden ständig Deklamationen abgehalten; die einen schrieben Verse, andere Prosa. Und da sie untereinander im Bemühen um gutes Reden wetteiferten, schärften Sorge und Unruhe das Urteil. Es gab kein Schauspiel, das angenehmer war als diese Einrichtung. Privat oder öffentlich konnte nichts nützlicher sein. Denn aus solchen Schulen gingen die ausgezeichnetsten Persönlichkeiten der früheren Jahrhunderte hervor: Griechen und Lateiner, auch sehr viele Christen. Wenn die Menschen unserer Zeit diesen nacheiferten, guter Gott, um wie vieles mehr stünden dann die menschlichen Verhältnisse in Blüte und wieviel erfolgreicher wäre dann der Umgang mit der Heiligen Schrift! Da nun aber die Alten so große Mühe auf das Üben im Schreiben verwandten, da sich ohne dieses Studium keine auch nur durchschnittliche Gelehrsamkeit oder Beredsamkeit erwerben lässt (denn was von anderen klug geschrieben worden ist, kann nicht verstanden werden, wenn wir nicht selbst durch die Praxis des Schreibens unsere Geister anregen), so hört bitte auf, euch selbst dahin zu bringen, dass ihr niemals durch Schreiben eure Kräfte erfahrt! Ich verlange eine weniger schwierige als heilsame Sache, und in der Tat werden eure Studien von nirgendwo her größeren Zuwachs erfahren.

Man soll sich aber sowohl in Versen wie in Prosa üben. Ich stelle nämlich fest, dass alle, die mit der Poesie nicht in Berührung gekommen sind, etwas pedantisch reden, schlechthin am Boden kriechen und weder das Gewicht der Wörter noch in irgendeiner Hinsicht die Aussagekraft der Figuren kennen. Da es nun aber weitaus am leichtesten ist, holprige und ungelenke Fügungen an Versen zu erkennen, haben folglich diejenigen, die Poesie schreiben, ein treffenderes Urteil über den Wohlklang gebundener Rede. Und ich möchte meinen, dass es um alle Wissenschaft geschehen ist, sobald Widerwille gegen die Poesie begonnen hat, sich auszubreiten. Dann kommt es nämlich dahin, dass man keinerlei Wert auf sprachlichen Zierat und Glanz legt, dass alles mit weniger Sorgfalt geschrieben und mit geringerer geistiger Präsenz gelesen wird, dass das Interesse, den Dingen forschend nachzugehen, erkaltet. Deshalb ist es auch zur Römerzeit als Folge der

Verachtung der Dichtkunst zu einer unglaublichen Unwissenheit auf allen Gebieten und rednerischen Unfähigkeit gekommen. Und gerade vor noch nicht langer Zeit, als die Menschen unserer Epoche Verse zu machen begonnen hatten, haben sie sich mit der besseren Wissenschaft ausgesöhnt. Und ich sehe meinerseits nicht, dass auch nur irgendetwas von jenem feinen Geschmack, der in diesem Jahrhundert wieder aufgeblüht ist, anders bewahrt werden kann als dadurch, dass die jungen Leute zur Übung im Schreiben ein Gedicht konzipieren. Auch Cicero war der Meinung, dass Redegewandtheit durch das Schreiben von Versen gefördert werde, und es ist allgemein bekannt, dass er deshalb auch oft ein Gedicht geschrieben und sich sehr intensiv mit den Dichtern beschäftigt hat. Die Nachwelt hat sehr viele Epigramme von ihm gesehen, und es gibt noch heute etliche Stellen glänzender Dichter, die er ganz prachtvoll in lateinischen Versen vorgestellt hat.[47] Der Redner Plinius hat auch Gedichte verfasst[48] und bezeugt so, dass durch diese Beschäftigung die rednerische Kraft gefördert wird. Wer also beim Studium wertvolle Zeit gut wird anwenden wollen, sollte dem Beispiel der Alten folgen und „in getreulicher Arbeit mit dem Griffel", wie Quintilian sagt,[49] sich Beredsamkeit erwerben und seine Urteilskraft schärfen. Gewaltig irrt nämlich der, welcher hofft, in der Wissenschaft ohne diese Übung etwas ausrichten zu können. Eher könnte nämlich das Meer einen Weinstock tragen, als dass jemand Gelehrsamkeit oder rednerische Kompetenz erlangt, der, gleichsam vom Alraun eingeschläfert,[50] niemals sich dafür begeistert, seinen Geist durch schriftliche Ausarbeitungen zu ermuntern.

Ich habe dargelegt, welche Gründe mich zum Studium der Redekünste auffordern: nämlich dass eine festumrissene Methodik des Redens einzuhalten ist und die Studierenden durch die Handhabung dieser Künste einen beachtlichen Zuwachs an Urteilskraft erfahren. Falls jemand meint, dass ihn dies nichts angehe, steht er zweifellos jeder Humanität äußerst fern. Dagegen werden edle Geister, sobald sie die Fülle an Vorteilen, die uns durch die Rede zufallen, bedacht haben und innegeworden sind, dass eine feste Methodik des Redens nötig ist und natürliche Begabungen durch diese Künste verfeinert werden, mit Segeln und Rudern, wie man sagt,[51] zu diesen Studien eilen.

Doch gibt es, besonders heutzutage, nicht wenige, die den Lauf der Edlen aufhalten. Diese bestreiten, dass die Kenntnis der Redekünste zum Betreiben der Wissenschaft der Theologie etwas beitrage, und dieser Irrtum, der wie durch Ansteckung weithin grassiert, hat von sehr vielen Besitz ergriffen, die, um nicht den Eindruck zu erwecken, sie seien nicht stark in der Theologie, alle Humaniora verachten. Ich aber wünschte, dass sie ernsthafte Theologen wären und das leisteten, was einem christlichen Geist wohl ansteht. Nun stelle ich aber fest, dass der Name eines Theologen nur eine Verbrämung der Faulheit darstellt und im Übrigen nichts weniger als das ist, was man so nennt. Während es sie nämlich verdrießt, eine geschmackvolle Redeweise zu erlernen und sich mit dem Studium äußerst schwieriger Schriftsteller und mit Schreibübungen abzuquälen (in der Wissenschaft erlangt man ja keinerlei Kenntnis ohne energisches Studieren), lesen sie, wenn sie denn einmal weidlich angetrunken wieder nach Hause gekommen sind, irgendeine belanglose Predigt. Sobald sie hieraus etwas aufgeklaubt haben, was nach ihrem Geschmack ist, tragen sie es überall auf Gelagen vor (denn hier kennen sie sich hauptsächlich aus), und weil die Menge ihnen Beifall spendet, kommen sie sich gar wie nahezu vollendete Theologen vor, obwohl diese sittenlosen Menschen über die ernstesten Gegenstände in unreiner Sprache und ohne Glauben disputieren. Und obgleich Paulus verbietet, das Wort Gottes zu verfälschen,[52] verfälscht das Wort Gottes niemand schamloser als diese Leute, die, nicht in der Lage, mit ihrem Wandel oder mit ihrer Gelehrsamkeit bei guten Menschen Beifall zu erlangen, sich die Gunst der breiten Masse durch einen frevelhaften Umgang mit der Heiligen Schrift erkaufen.

Wozu hierüber viele Worte verlieren? Man kann sehen, wie diese Leute unsere Wissenschaft verachten, Leute, für die alles, was gut und ehrenwert ist, für die die Frömmigkeit, für die die öffentliche Sittlichkeit, ja für die sogar Christus dummes Zeug ist. Wenn wir ein gut verfasstes Staatswesen hätten, würden nicht wir gegen sie mit der Rede, sondern die Obrigkeit mit Gewalt vorgehen. Welches Kreuz haben denn nicht diejenigen verdient, die, wenn sie sich auch sonst nichts zuschulden kommen lassen sollten, durch ihr Beispiel die Jugend vom Sprachstudium abbringen? Wenn dies nicht betrieben wird, werden wir eine Nachkommenschaft haben, die um nichts vernünftiger ist als die vergangenen Jahrhunderte, als die Unkenntnis der Sprachwissenschaft alle menschlichen und göttlichen Gegenstände ins Wanken gebracht hatte. Warum also denken wir nicht so: dass, weil Gott einst der Kirche zürnte, uns die Sprachwissenschaft entzogen wurde und als Folge Unwissenheit auf geistlichem Gebiet eintrat? Denn obwohl Gott in unserer Sprache hat reden wollen, haben die, welche in den Künsten des Redens unwissend waren, über die Rede Gottes ungereimt geurteilt. Welche Blindheit hielt ferner in jenen Zeiten die Geister der Menschen gefangen! Wie wenige kannten Christus! Ja sogar die Blätter, die die Heilige Schrift enthielten, waren schon aus der Mode gekommen. Die Pariser verfassten Glaubensartikel, die die Welt zuweilen wie göttliche Gesetze verehrte. Es gab nichts Frommes außer dem, was jene geträumt hatten. Und da die guten Leute keine Wissenschaft besaßen, aus der sie Weisheit lernen konnten, eigneten sie sich jene berüchtigte alberne Sophisterei an und begannen über ausgedachte Wortverbindungen zu streiten, um ja nicht unrhetorisch zu sprechen, z. B. was der Unterschied sei zwischen „Den Papst habe ich gesehen“ und „Ich habe den Papst gesehen“. Noch heute gibt es einen Lehrsatz der Pariser, in dem es heißt, dass „Ego currit“ („Ich läuft“) schlechtes Latein und der ein Ketzer sei, der anders denke.[53]

Scheint die vernachlässigte Sprachwissenschaft ihre Schmach nicht hinlänglich gerächt zu haben? In der Tat, wer möchte glauben, dass die Urheber solcher Possen über ein Gehirn verfügt haben? Die Schuld für dieses Unheil aber liegt zum großen Teil bei der Unbedarftheit in der Sprachwissenschaft. Die Heilige Schrift war nämlich nicht frei zugänglich, gleichsam versperrt durch Gestrüpp und Laubwerk. Woher hätte man eine Methode zur rechten Übung des Verstandes gewinnen sollen? Auch beredte Schriftsteller, die im weltlichen Sektor Belehrungen hätten geben können, wurden vernachlässigt. Um wie viel erträglicher wäre es gewesen, wenn die Kirche durch eine Pestilenz oder eine Teuerung gestraft worden wäre statt durch einen Wahnsinn dieses Ausmaßes! Und ich bin absolut davon überzeugt, dass es eine zuverlässige Bestätigung für den Zorn Gottes ist, wenn einmal die Sprachwissenschaft der Welt entrissen werden sollte. Denn von allen anderen Strafen werden nicht selten auch Fromme heimgesucht. Die Unkenntnis der Sprachwissenschaft aber ist von öffentlicher Ruchlosigkeit begleitet. Kürzlich aber, als der gütigste Vater wieder begonnen hatte, den Betrübten seine Aufmerksamkeit zuzuwenden, und sich anschickte, uns das Evangelium wiederzugeben, erneuerte er in seiner Freigebigkeit auch die Sprachwissenschaft, durch die die Arbeit mit dem Evangelium unterstützt werden sollte. Auch die den Aposteln gewährte Gabe der Zungen darf nicht als etwas Unerhörteres betrachtet werden als die Tatsache, dass jene Wissenschaft aus solchem Schmutz wiedergewonnen, aus einer mehr als unterweltlichen Finsternis ans Licht zurückgerufen wurde. Es ist auch ganz offensichtlich, dass gewissen trefflichen Männern die Kenntnis der Sprachwissenschaft eine Hilfe bei der Wiederherstellung der Theologie gewesen ist. Erstens also könnte es Undankbarkeit sein, das himmlische Geschenk zu verachten. Zweitens könnten wir gottlos sein, wenn wir, da die Religion durch den Beistand der Sprachwissenschaft wiederhergestellt worden ist, ebendieser, ohne die die Sache der Theologie keinen Bestand haben kann, keine Beachtung schenken.

Und um mit wenigen Worten darzulegen, was meinem Urteil nach die Kenntnis der Sprachen zur Arbeit mit der Heiligen Schrift beiträgt: Ich befinde mich nicht in dem Irrglauben, dass ich behauptete, dass die Energie des menschlichen Geistes ausreiche, die Heilige Schrift zu durchdringen. Es gibt Dinge in der Heiligen Schrift, die niemand jemals wahrnimmt, wenn Gott sie nicht aufzeigt. Auch Christus bleibt uns unbekannt, wenn der Heilige Geist uns nicht lehrt. So sagt nämlich Christus selbst, er werde vom Geist verherrlicht.[54] Wenn man aber kein Prophet ist, muss man die Bedeutung der Wörter kennen, in denen wie in einem Heiligtum die göttlichen Mysterien verborgen sind. Was für einen Sinn hat es denn, wie bei einem magischen Ritual unverstandene Worte auszusprechen? Ist es nicht so, als erzählte man einem Tauben eine Geschichte? Niemand aber wird über eine sprachliche Äußerung richtig urteilen können, der nicht die Methode richtigen Redens von Grund auf studiert hat. Was geschieht denn auch leichter, als dass man durch irgendeine Vokabel oder Figur getäuscht wird? Als kürzlich einer der Magistri nostri[55] erzählte, was von Melchisedek in der Genesis berichtet wird: „Rex Salem panem ac vinum obtulit“[56], und nicht bemerkte, dass „Salem“ ein Ortsname ist, stellte er viele Erörterungen über Wesen und Natur des Gewürzes an, denn die lautliche Verwandtschaft hatte den guten Mann hinters Licht geführt.[57] Wer nämlich seinen Geist nicht in den Künsten des Redens geübt hat, liest alles im Zustand großer Schläfrigkeit. Auch Gelehrte haben sich schon von Redefiguren täuschen lassen. Daran kann man ermessen, dass auch noch so große Übung im Reden und Schreiben keine Gewähr für hinreichende Achtsamkeit gibt!

Vor einiger Zeit fragte mich irgendein Gelehrter, was Paulus meine, wenn er in seinem Brief an Timotheus sagt: „Die Frau wird durch die Zeugung von Kindern gerettet werden, wenn sie im Glauben geblieben sind.“[58] (Die Griechen haben die Verbform nämlich im Plural wiedergegeben.) Als ich meinerseits keine passende Antwort wusste, zog ich Kommentare zu Rate. Und schau an, welche hübschen Possen Chrysostomus anstellt, indem er „geblieben sind“ auf „Kinder“ bezieht! Dass dies nicht der Meinung des Paulus entspricht, ist leicht zu beurteilen. Jener berühmte Greis sieht auch nicht, dass es sich um eine grammatische Fügung handelt, indem durch die Pluralform das gesamte Geschlecht umgriffen wird. Ähnliche Beispiele wie diese wird der tägliche Umgang mit den Schriftstellern in großer Zahl an die Hand geben. Aus welchem anderen Grund haben schließlich die Sophisten, nachdem die Heilige Schrift beiseite geschoben worden war, eine neue Art von Theologie erfunden, als deshalb, weil sie die Sprache und Diktion der Bibel nicht begriffen haben? Wenn das Beispiel dieser Leute jemanden von der Barbarei nicht abschreckt, muss er mit dem Stock, nicht mit der Rede gezüchtigt werden! Wenn nämlich die Jugend fortfahren sollte, die gute Wissenschaft[59] zu verachten, dann wird es zweifellos dahin kommen, dass nach Vernachlässigung des Vortrefflichsten alle heiligen und guten Dinge wiederum zu Grunde gehen. Wer nämlich glaubt, dass jene Theologaster nur verbal, nicht auch geistig Barbaren waren, der irrt. Wenn nämlich einmal die kirchliche Lehre verteidigt werden müsste, was, bitte, wird dann jemand leisten, der nicht imstande ist darzulegen, was er denkt? Wird er etwa irgendeine bunt zusammengewürfelte und stoische Rede beibringen, in der über die Interpunktion der Wörter gestritten wird?[60] Wenn der Hörer von diesem Mann eine durchsichtige Abhandlung über die heilige Lehre erwartet hat, wird er sich wie ein lechzender Rabe[61] davonmachen, lange nutzlos ermüdet mit lästigen Begriffsunterscheidungen. Diejenigen, die von frommem Eifer beseelt sind, mögen daher Christus oder dem zwingenden öffentlichen Bedarf der Kirche diesen Dienst erweisen, dass sie lernen, recht zu reden. Hierzu ruft auch Paulus auf, wenn er das Studium der Sprachen bei den Korinthern gutheißt.[62] Seine Autorität müsste bei euch, die ihr ihn so ausgiebig zitiert, verdientermaßen Geltung besitzen.

Ich habe mit wenigen Worten aufgezeigt, was die Wissenschaft des rechten Redens zur Beschäftigung mit profanen und geistlichen Disziplinen beiträgt. Jetzt ist es an euch, euch mit der Wissenschaft von der geschmackvollen Sprache auszusöhnen und euch ihr mit Lust und Liebe zu widmen. Die meisten sehe ich zur Unzeit zu den sogenannten gewichtigeren Disziplinen eilen; manche treibt Hoffnung auf Gewinn zum Jura-Studium und zur Medizin, andere streben der Theologie zu, bevor sie eine gewisse Stärke im Studium der Redekünste erreicht haben. Wenn sie alles in der ihm gemäßen Reihenfolge in Angriff nähmen, guter Gott, um wie vieles erfolgreicher wären sie dann! So aber halten sie sich mit ihrem unglücklichen Versuch einer Abkürzung nur selbst auf.

Es gab bei uns einen Narren, der gewohnheitsmäßig Holz in die Küche seines Herrn trug. Dieser Narr pflegte das im Haufen ganz zu unterst liegende Holz hervorzuziehen, das sich nur mit großer Anstrengung von der Stelle bewegen ließ. Auf die Frage, warum er so verfahre, antwortete er, er wolle den schwierigsten Teil der Arbeit zuerst erledigen; das ganz zu oberst liegende Holz lasse sich leichter bewegen. Er erkannte nicht, wie sinnvoll es wäre, das Holz Stück für Stück in der richtigen Reihenfolge wegzunehmen. Diesem Narren scheinen mir diejenigen sehr ähnlich zu sein, die jene Künste verschmähen und in höhere Regionen entschweben. Da sie in den elementaren Grundkenntnissen noch nicht den gehörigen Schliff erlangt haben, ist nämlich die Mühe des Lernens größer und alles geht weniger bequem vonstatten. Ewiger Gott, wie schlecht ist unseren Vorfahren diese Übereilung bekommen! Es gibt keine Fachrichtung, die in den vergangenen Jahrhunderten nicht abscheulich beschmutzt worden wäre von Leuten, die, da sie sich mit der Wissenschaft von der geschmackvolleren Sprache nicht befasst hatten, gerade in die besten und gewichtigsten Disziplinen einbrachen wie Schweine in ein Rosenbeet. Die Theologie war unter albernen und gottlosen Streitfragen völlig begraben. Die, die Philosophie lehrten, hatten nicht einmal einen hinreichenden Begriff von dem Namen der Kunst. Was das Recht, das Gerechte und Gute angeht, so war es ausgeschlossen, dass Leute hierzu einen vernünftigen Gedanken fassten, die in der Wissenschaft von der geschmackvolleren Sprache ungeschult waren. Gerade dieses Fachgebiet leitet sich aus der Mitte der humanistischen Wissenschaften her, und die Schriften der alten Rechtsgelehrten sind angefüllt mit altbewährter, wahrer Gelehrsamkeit.

Ich klage nun aber bei den Lehrern der Künste nicht nur die Garstigkeit ihrer Sprache an, sondern auch ihren Unverstand: einen Fehler, von dem Leute sich nicht befreien können, deren Geister keine Verfeinerung durch die Künste des Redens erfahren haben. Deshalb höre ich nicht auf, euch zum Studium des geschmackvollen sprachlichen Ausdrucks und derjenigen Künste zu ermahnen, ohne die die übrigen Disziplinen nur ganz erfolglos betrieben werden können. Dies verlangt berechtigterweise sogar das öffentliche Interesse von euch. Denn da, wo Barbarei die gewichtigeren Disziplinen verdorben hat, pflegen auch die Sitten der Menschen in Gefahr zu geraten. Der Satz, dass gute Sitten von der Gelehrsamkeit her erworben werden, hat nämlich viel mehr Wahrheit als das, was Platon schreibt: Sie verdankten sich den Gesängen der Musiker.[63]

Hiermit beschließe ich meine Rede.

[1] Hesiod, Erga kai hemera 41. [2] Als die Einwohner von Megara einen Sieg über die Aitoler errungen hatten, befragten sie das Delphische Orakel, welches das herausragendste und tapferste Volk der Griechen sei, natürlich in der Hoffnung, selbst genannt zu werden. Nachdem das Orakel die tapfersten Völker aufgezählt hatte, sagte es den Leuten von Megara, dass ihnen weder der dritte noch der vierte noch überhaupt ein Platz zukäme. [3] Perikles galt auch als der größte Redner seiner Zeit. [4] Johannes Duns Scotus. [5] Nachäffer. Der Stil des Apuleius zeichnet sich durch zahlreiche neue Wortschöpfungen und rhetorischen Schmuck aus. [6] In seinem Roman „Metamorphosen" (auch bekannt unter dem Titel „Der Goldene Esel") wird Lucius, die Hauptfigur, die Melanchthon hier mit dem Autor gleichsetzt, in einen Esel verwandelt. [7] Anspielung auf Platon, Phaidros 250d; zit. bei Cicero, De officiis 1,15. [8] Giovanni Pico della Mirandola verteidigte 1485 in einem Brief an Ermolao Barbaro den schlechten Stil der Scholastiker mit dem Argument, deren Schriften seien allein ihres philosophischen Gehalts wegen wertvoll; CR 9, 678–687 (Nr. 6658). [9] Favorinus aus Arelate soll sich, wie sein Schüler Gellius, Noctes Atticae 17,12,2, schreibt, des Öfteren mit dem Verfassen ironischer Enkomien beschäftigt haben. [10] 2Kor 1,11: „Dabei helft auch ihr mit durch euer Gebet für uns, damit aus dem Munde vieler ein vielfacher Dank aufsteige in unserem Namen um der uns zuteil gewordenen Gnade willen." Die Verwendung des Wortes „πρόσωπον" (klassisch: „Gesicht" – „facies", im Neuen Testament oft „Mensch" – „persona") im griechischen Original hat hier offenbar zu Verwechslungen geführt. [11] Joh 8,25. Als die Pharisäer Jesus fragen, wer er sei, antwortet er mit dem hier zitierten Satz, dessen korrekte Übersetzung lautet: „Zunächst einmal, was rede ich überhaupt mit euch?" Augustinus, In evangelium Iohannis 38,11; 39,1–5, hat die Stelle aber fälschlich so aufgefasst: „Ich bin der Anfang, weil ich ja mit euch rede." Diese Fehlinterpretation, die aus einer eher peripheren Äußerung Jesu eine für die Trinitätslehre zentrale Stelle macht, findet sich in mehreren Werken des Augustinus wieder, z. B. auch in „De trinitate" (5, 13, 14). [12] Das hier gebrauchte „mediocriter etiam eruditos" bedeutet nicht, dass es sich um „mittelmäßig", d. h. unter der Norm Gebildete handelt; „mediocriter" wird von Melanchthon häufig im Sinn von „die Mitte halten", „jenseits von Extremen" gebraucht. [13] Quintilian, Institutio oratoria 8,3,11. [14] Anacharsis stammte aus Skythien. Melanchthons Quelle ist wahrscheinlich Picos Brief an E. Barbaro (siehe oben Anm. 8); CR 9, 685. [15] Heraklit von Ephesos, dessen Lehren aphoristisch-dunkel formuliert sind; daher sein Beiname „der Dunkle". [16] Weil Midas als Einziger die nach einem Wettstreit festgestellte musikalische Überlegenheit Apolls über Pan nicht anerkennt, lässt der Sieger ihm zur Strafe für seinen Unverstand Eselsohren wachsen. [17] Homer, Ilias 3, 222. [18] Homer, Odyssee 11, 367. [19] Verfasser unbekannt; vgl. Ovid, Metamorphosen 13, 127: „neque abest facundis gratia dictis". [20] Vgl. Aulus Gellius, Noctes Atticae 13, 17. [21] Berühmtester Maler des Altertums. [22] Vgl. Horaz, Ars poetica 333. [23] Die allegorische Auslegung homerischer Mythen und Göttergestalten hat in der griechischen Antike eine lange Tradition. Die Gleichsetzung Junos mit der Luft wurde aus der

Ähnlichkeit ihres griechischen Namens „Hera“ mit dem Wort für Luft (ἀήρ) unter Beiziehung von „Ilias“ (21,6) geschlossen; der über bzw. auf der Luftschicht liegende αἰθήρ wurde unter Beiziehung der „Ilias“ (15, 192) mit Zeus gleichgesetzt. [24] Homer, Ilias 2, 110 ff. [25] Cicero, Brutus 40. [26] Vgl. Quintilian, Institutio oratoria 10,1,46 f. [27] Vgl. Diogenes Laertios 4, 31. [28] Horaz, Epistolae 1,2,3 f. [29] Homer, Ilias 2, 1–75. [30] Ebd, 18, 478–608. [31] Vgl. Diogenes Laertios 1, 57. Das Verdienst, die Redaktion der homerischen Epen veranlasst zu haben, wird im Allgemeinen Peisistratos zugeschrieben. [32] Peisistratos hat den Vortrag homerischer Gesänge bei den Panathenäern eingeführt. [33] Vgl. Quintilian, Institutio oratoria 10,1,27; 5,11,39. [34] Vgl. Cicero, De divinatione 1,25,52. [35] Herodot 3, 80–82. [36] Vgl. Livius, Ab urbe condita: praefatio 10. [37] Sallust, Bellum Iugurthinum 4, 5. [38] Cicero, De lege agraria 2, 9: „Quid enim est tarn populäre quam pax?“ („Was nämlich ist so volkstümlich wie der Friede?“) [39] Demosthenes, Rede gegen Aristogeiton 1,15 ff. [40] L. Afranius, Komödiendichter (comoedia togata), zitiert bei Gellius, Noctes Atticae 13, 8. [41] Plutarch, Moralia, De fraterno amore 478 E. [42] Cicero, De oratore 1, 150. [43] Cicero, Brutus 321. [44] Plutarch, Demosthenes 7 f. [45] Epimenides soll in einer Grotte 57 Jahre lang geschlafen haben; Diogenes Laertios 1, 109. [46] Vergil, Georgica 2, 412–413. [47] Cicero hat die „Phainomena“ des Aratos von Soloi übersetzt. [48] Vgl. Plinius, Epistolae 7, 4, 1–4 und 7–8. [49] Quintilian, Institutio oratoria 10, 7, 7. [50] Alraun (mandragora) wurde schon in der Antike mit Wein vermischt als Schlafmittel verwendet. [51] Vgl. z. B. Cicero, Tusculanae disputationes 3, 25. [52] 2Kor 2,17. [53] Ebenso in Melanchthons „Adversus theologorum Parisiensium decretum pro Luthero apologia“, 1521 (CR 1,400). [54] Joh 16,14.[55] „Magistri nostri“ wurden an den Universitäten der vorhumanistischen Zeit die Doktoren der Theol. Fakultät genannt, Spottname für Vertreter scholastischer Gelehrsamkeit. [56] Gen 14,18: „Melchisedek, der König von Salem, bot Brot und Wein an …“. [57] Wenn man „Salem“ Akk. Sg. von „sal“ („Salz“) liest, ergibt sich: „Der König bot Salz, Brot und Wein an“. [58] 1Tim 2,15. [59] „Bonae litterae“: Terminus der Humanisten für die spezifisch humanistisch geprägte Beschäftigung mit Literatur und Sprache im weitesten Sinne. [60] Mglw. Anspielung auf Cicero, Pro Murena, wo Cicero die beiden Ankläger, Ser. Sulpicius Rufus (kleinlicher Winkeladvokat, 25) und den jüngeren Cato (verbohrter Stoiker und Moralist, 58 ff.), karikiert. [61] „Hians corvus“ ist eine sprichwörtlich gewordene Anspielung auf die Fabel von Fuchs und Rabe; Aesop 126; vgl. Horaz, Saturae 2, 5, 56. [62] 1Kor 14,10–12. [63] Platon, De re publica 3, 401d–403c.

Lobrede auf die neue Schule

In laudem novae scholae, 1526

Am 18. Oktober 1524 beschließt der Nürnberger Rat die Gründung einer neuen Schule.[1] Als von der Stadt besoldeter Rektor ist Melanchthon vorgesehen. Dessen ehemaliger Schüler in Wittenberg, der Patrizier Hieronymus Baumgartner, soll in einem Brief an ihn den Wunsch des Rates vortragen. Martin Luthers Aufforderung vom gleichen Jahr „An die Ratsherrn aller Städte deutschen Landes, dass sie christliche Schulen aufrichten und halten sollen“ stieß in Nürnberg auf günstige Bedingungen: Hier hatte der Humanismus schon lange Fuß gefasst, hier vollzog sich 1524/25 die schrittweise Einführung der Reformation.

Melanchthon lehnt im Januar 1525 den Ruf ab, bietet aber seine Hilfe bei der Auswahl geeigneter Professoren an. Auf die Bitte des Rates um Ausarbeitung einer neuen Ordnung für die geplante Schule kommt Melanchthon im November in Begleitung seines Freundes, des Gräzisten Joachim Camerarius, den er als Schulleiter empfiehlt, nach Nürnberg und legt seinen Plan für die „obere“ Schule vor, der sich am Lehrstoff der Artistenfakultäten, ergänzt durch Griechisch, orientiert. Als Räumlichkeit für die neue Schule, deren Bildungsprogramm die Lücke zwischen den eher bescheidenen Lateinschulen[2] und den Universitäten schließen soll, ist das ehemalige Kloster St. Egidien vorgesehen.

Die Einladung der Stadt, zur Eröffnung der Schule zusammen mit seiner Frau für einige Tage erneut nach Nürnberg zu kommen, nimmt Melanchthon an. Am 22. Mai 1526 informiert der Rat alle Bürger über die Eröffnung und fordert sie auf, begabte Kinder auf Kosten der Stadt in die neue Schule zu schicken. Am 22. Mai wird sie in St. Egidien durch eine Festrede Melanchthons feierlich eröffnet.[3] Anwesend sind neben den Mitgliedern des Rates und gebildeten Bürgern der 26-jährige Camerarius als Rektor und Griechischlehrer, der bekannte Dichter Eobanus Hessus, zuvor Lateinprofessor in Erfurt, als Lehrer für Latein und lateinische Dichtung, Michael Roting als Lehrer für Rhetorik und Dialektik sowie Johannes Schöner als Lehrer für Mathematik.[4]

Die neue Schule hatte wegen der unsicheren politischen Lage anfangs nur sehr wenige Schüler.[5] Melanchthon kam 1552 noch einmal nach Nürnberg und lehrte dort mehrere Wochen. Der Versuch, durch 30 Vorlesungen der Schule zu mehr Zulauf zu verhelfen, war nicht sehr erfolgreich. Trotz aller Schwierigkeiten überdauerte sie die folgenden Jahrhunderte. Von 1808 bis 1816 war Georg Wilhelm Friedrich Hegel Rektor der „Königlichen Gymnasialanstalt". Noch heute existiert sie als humanistisches „Melanchthon-Gymnasium", in dem alle Schülerinnen und Schüler neben Latein (und Englisch) auch Griechisch lernen.

Übersetzungsgrundlage: CR 11, 106–111 = MSA 3, 63–69.

Rede Philipp Melanchthons zum Lob der neuen Schule, gehalten in Nürnberg vor den gebildeten Bürgern und dem versammelten Rat (23. Mai 1526)

Euch, euren Kindern und dem ganzen Gemeinwesen Glück und Segen![6]

Hochgeehrte Herren, eurem Wunsch gemäß eröffnen diejenigen Männer die Schule, die ihr durch öffentlichen Beschluss hierher berufen habt, um ehrwürdige Fächer[7] zu unterrichten. Ich soll es euch verkünden. Denn da es ja auf der Bühne des Theaters üblich ist, dass sich der Prolog vor der eigentlichen Handlung zu der Absicht des Dichters oder auch zum Inhalt des Schauspiels äußert, so haben mich diese Männer hier unter Berufung auf die Freundschaft, die zwischen ihnen und mir schon sehr lange besteht, aufgefordert, zu dem Schauspiel, das von ihnen selbst aufzuführen ist, gewissermaßen den Prolog zu sprechen. Ihrem Willen nicht nachzukommen, stand mir nicht frei, obgleich mir mein Beginnen als Anmaßung ausgelegt werden konnte. Denn ich könnte ja den Eindruck erwecken, als entrisse ich mit meinem Reden besonders redegewaltigen Männern die Hauptrolle. Aber auch mit einem gewissen Risiko für mich selbst musste ich den mir sehr verbundenen Freunden gehorchen und diese Rolle übernehmen, die ich mir nicht selbst angemaßt habe, sondern die mir jene kraft ihrer Befugnis auferlegten.

Da es aber bei diesem Anlass erforderlich ist, dass wir euren Plan würdigen, den ihr im Hinblick auf die Gründung dieser Schule in Angriff genommen habt, so wünschte ich mir, dieser Auftrag würde von Redegewandteren ausgeführt, die angesichts ihres Ansehens in der Lage wären, diesen Plan ins rechte Licht zu setzen und der Bedeutung des Unternehmens in ihrer Rede gerecht zu werden. Angesichts meiner schwachen rednerischen Fähigkeiten muss ich fürchten, dass meine mangelhafte natürliche Begabung eure Verdienste schmälert, die einer keineswegs gewöhnlichen, ja beinahe schon göttlich zu nennenden Weisheit entspringen. Denn dass ihr die Bedeutung und den der Masse unbekannten und sehr weit jenseits des Blickfeldes der Menge gelegenen Nutzen der Wissenschaften erkannt habt, dass ihr entschieden habt, dass diese bewahrt und dem Untergang entrissen werden müssen, zumal in dieser Zeit, in der wir überall Gefahren ausgesetzt sind, dies ist in der Tat Zeichen einer geradezu göttlichen Weisheit.

Was anders nämlich verschafft denn dem gesamten Menschengeschlecht größere Vorteile als die Wissenschaften? Keine Kunst, kein Handwerk, wahrhaftig auch kein landwirtschaftliches Produkt, ja sogar nicht einmal die Sonne, die viele für die Urheberin des Lebens gehalten haben, ist in dem Grade notwendig wie die Kenntnis der Wissenschaften. Weil ohne Recht und Gesetz und ohne Religion weder staatliche Gemeinschaft aufrechterhalten noch Vereinigungen von Menschen zusammengeführt und regiert werden können, wird das Menschengeschlecht nach Art wilder Tiere umherstreifen, wenn die Wissenschaften untergehen. Denn durch sie werden gute Gesetze hervorgebracht und gute Sitten sowie Menschlichkeit geboren, durch die die Religion bis in unsere Zeit hinein fortgepflanzt worden ist und andauert.

Sollte jemand meine Worte unglaubwürdig finden, so mag er die Sitten und die Lebensweise derjenigen Völker betrachten, die keine Wissenschaft kennen, wie man es sich von den Skythen[8] erzählt: Diese haben keine durch Gesetze geordneten Staaten und keine Rechtsprechung. Als Recht gilt, was immer auch diejenigen getan haben, die entweder durch Körperkraft oder Anhängerschaft am mächtigsten sind. Nach außen hin gibt es keinerlei Handelsverbindungen mit den Nachbarn, keinerlei Austausch von Gütern. Das einzige Mittel gegen den Hunger ist für viele, als Räuber umherzuziehen, ja man erzählt sich, dass sie sich sogar vom Fleisch der Fremden ernähren. Innerhalb der Familie aber gibt es nicht nur keinerlei Zucht und Ordnung, sondern sogar die Empfindungen, die die Natur in gleicher Weise in den Herzen der Menschen entfacht hat – Treue zwischen den Ehepartnern, Liebe zu den Kindern sowie innige Verbundenheit mit den Verwandten und Freunden –, wurden durch barbarische Sitten ausgelöscht. Es gibt bei ihnen keine Kenntnisse über die Kindererziehung, ohne die es doch keine guten Menschen geben kann. Es gibt keine Bewunderung der Tugend, keine Vorstellungen von Anstand und Sittlichkeit, keine durch ehrenvolle Pflichten verknüpfte Freundschaften, keinerlei Gefühl für Menschlichkeit, es gibt schließlich keine richtigen Vorstellungen von Religion und von Gottes Wollen gegenüber den Menschen. Ganz von dieser Art und mehr oder weniger unmenschlich sind die ungebildeten, barbarischen Völker. Sie führen gewissermaßen das unzivilisierte Leben von Kyklopen[9].

Denn da die Sitten der Völker notwendigerweise dann in Barbarei entarten, wenn sie nicht durch die Wissenschaften zu Sittlichkeit, Menschlichkeit und Frömmigkeit angetrieben und angeleitet werden, so ist von euch eben dadurch vortrefflich und weise gehandelt worden, dass ihr in eure Stadt die angesehenen Wissenschaften – die Ernährerinnen aller Tugenden – gerufen habt und darauf bedacht seid, sie nach Kräften zu schützen und zu bewahren. Überdies verdient gerade in diesen harten Zeiten euer Entschluss besonderes Lob. Gerade jetzt droht die Gefahr, dass die Wissenschaften in den verhängnisvollen politischen Stürmen Schiffbruch erleiden. Denn durch Unwissenheit des Volkes veröden die Schulen. Einige törichte Prediger entfremden es den Wissenschaften. Viele von ihnen sind um ihren Bauch besorgt und verlegen sich auf einträgliche Gewerbe, nachdem sie die Hoffnung aufgeben mussten, sich von geistlichen Einkünften ernähren zu können, von denen sie glaubten, dass sie ihnen allein gehörten. Wenige bewundern die Tugend so sehr, dass sie meinen, man müsse sich ihr umsonst widmen!

Da nun die Wissenschaft in so großer Gefahr ist, hätte es sich gehört, dass alle Könige und die Vornehmsten der Gemeinwesen den bedrohten Wissenschaften Beistand leisten. Aber unsere Kleinkönige sind oft so arg ungebildet, dass sie den Wert der Wissenschaften nicht begreifen können. Oft sind sie so übel, dass sie meinen, es nütze ihrer tyrannischen Herrschaft, wenn alle Gesetze, die Religion und die öffentliche Erziehung ein für allemal beseitigt würden. Was soll ich erst über die Bischöfe sagen, die nach dem Willen unserer Kaiser sowohl die religiösen Angelegenheiten als auch die wissenschaftlichen Studien beaufsichtigen? Klöster und geistliche Stifte waren früher auch nichts anderes als Schulen. Damit die Lernenden reichlich Muße und Lebensunterhalt zur Verfügung hätten, wurden dort äußerst großzügige Einkünfte festgesetzt. Offenbar haben einst diese Menschen die Wissenschaften, besonders aber die theologischen, mit sehr großem Erfolg betrieben. Jetzt sehen wir aber, dass es nirgends gefährlichere Feinde der schönen Künste und Wissenschaften gibt als in den Klöstern und geistlichen Stiften.

In dieser bedrängten Lage also kam es euch in den Sinn, die aus ihren angestammten Wohnsitzen verbannten Wissenschaften gastfreundlich bei euch aufzunehmen und sie gleichsam zu euch nach Hause zu geleiten. Ihr sollt es nicht bereuen, dieses Schmuckstück den übrigen Kostbarkeiten eurer Stadt hinzugefügt zu haben, die schon bisher durch ihren Reichtum, ihre Bauwerke und die Fähigkeiten ihrer Handwerker in solcher Blüte stand, dass sie zu Recht mit jeder beliebigen der berühmtesten Städte des Altertums verglichen werden könnte. Auch hatte keine andere Stadt in Deutschland bis heute gelehrtere Bürger. Weil sie bei der Lenkung des Gemeinwesens die Kenntnisse der besten Wissenschaften anwandten, erreichten sie, dass diese Stadt alle übrigen Städte Deutschlands bei weitem überragt.

Wenn ihr aber nun hier eine Wohnstätte für die angesehensten Wissenschaften errichtet, so wird euer Ruhm bis ins Unendliche zunehmen. Denn wenn ihr damit fortfahrt, bei den Leuten das Interesse für das Lernen zu erwecken, dann werdet ihr euch hervorragende Verdienste zunächst um eure Vaterstadt, aber auch um Auswärtige erwerben. Wenn auf eure Veranlassung hin eure Jugend gut ausgebildet ist, wird sie eurer Vaterstadt als Schutz dienen.

Denn für die Städte sind nicht die Bollwerke oder Mauern zuverlässige Schutzwälle, sondern die Bürger, die sich durch Bildung, Klugheit und andere gute Eigenschaften auszeichnen. Die Spartaner sagten, die Mauern müssten aus Eisen, nicht aus Stein sein.[10] Ich aber bin der Meinung, dass eine Stadt nicht so sehr durch Waffen wie durch Klugheit, Besonnenheit und Frömmigkeit verteidigt werden sollte. Dann wird eure wohltätige Einrichtung auch auf das übrige Deutschland ausstrahlen, das allem Anschein nach – wenn nur Gott dem Unternehmen günstig gesonnen ist! – seine Jugend hierher zur Ausbildung und Unterweisung schicken wird und das diejenigen für ganz besonders geeignet zur Lenkung der Staaten halten wird, die in dieser Stadt gleichsam in spielerischem Wettkampf zur Tüchtigkeit erzogen und an sie gewöhnt worden sind. So wird der Name dieser Stadt, verbunden mit höchstem Lob und Ruhm, von den Gästen unter die Auswärtigen gebracht, und ihr werdet die von eurer wohltätigen Einrichtung überwältigten Herzen der Menschen an euch binden. Eine solche Meinung der Leute wird euch, wenn ich mich nicht täusche, mehr erfreuen als die Herrschaft über irgendwelche Gebiete.

Aber obwohl diese Stadt auf Grund ihrer vielen Vorzüge sogar mit Massilia und einigen anderen Städten des Altertums wetteifern könnte, ziehe ich es dennoch vor, euch nunmehr von denjenigen Städten Beispiele zum Vergleich vorzulegen, die man in unseren Zeiten als blühend preist. Die größte Wohltat für ganz Europa hat kurz vor unserer Zeit die Stadt Florenz vollbracht, als sie zuerst die aus ihrer Heimat vertriebenen Professoren der griechischen Wissenschaften bei sich einkehren ließ.[11] Die Stadt unterstützte sie nicht nur durch gastliche Aufnahme, sondern gab ihnen auch wieder die Möglichkeit zu wissenschaftlicher Betätigung, ermunterte sie zum Unterrichten und gewährte ihnen einen überaus großzügigen Lebensunterhalt. Im übrigen Italien beachtete niemand die aus Griechenland geflohenen Lehrer der Wissenschaften, und zugleich mit Griechenland hätten wir beinahe auch die griechische Sprache und Wissenschaft verloren, wenn nicht Florenz die hervorragenden griechischen Gelehrten in ihrer unglücklichen Lage unterstützt hätte. Hätte es die Florentiner nicht gegeben, die lateinische Sprache wäre, durch barbarische Ausdrücke verfälscht und verunreinigt, völlig verkommen. Von der griechischen Sprache gäbe es nicht einmal mehr irgendwelche Spuren. Zugleich wären die schriftlichen Denkmäler unserer Religion untergegangen, und es könnte nach dem Verlust des Griechischen niemand mehr auch nur die Titel der Bücher der Heiligen Schrift verstehen. In Rom mussten jene Flüchtlinge erbärmlich Hunger leiden, obwohl doch die päpstlichen Gelder vorzugsweise für Menschen in Not und auch für solche Menschen hätten verwendet werden müssen, die durch ihre Beschäftigung mit den Wissenschaften der Religion einen Dienst erwiesen.

Von Theodor Gaza – was für ein bedeutender Mann, bei Gott! – erzählt man: Als er dem Papst die von ihm ins Lateinische übertragenen Schriften des Aristoteles und des Theophrast anbot und sie ihm in Form eines recht aufwendig verzierten Buches überreichte, fragte der Papst, wie viel denn die Verzierung gekostet habe, und erstattete ihm nichts außer diesen Kosten. Für seine Mühen, die er bei der Übersetzung der sehr schwierigen Werke auf sich genommen hatte, wurde dem Autor kein Lohn gezahlt![12] Schon wegen des Beispiels für die Zukunft hätte ihm sogar für ein nicht in gleichem Maße nützliches Buch eine höhere Belohnung gegeben werden müssen. Aber auch die Nützlichkeit dieses Werkes konnte den Papst nicht dazu veranlassen, über einen üppigeren Lohn nachzudenken.

Nachdem aber die Wissenschaften wegen der wohltätigen Unterstützung durch die Florentiner wiederaufzuleben begannen, verbreitete sich von dort ihr großer Nutzen unter alle Völker. Überall wurden viele begabte Menschen dazu angeregt, sich mit hervorragenden Wissenschaften zu beschäftigen. Denn die Nachahmung der Griechen stachelte auch die lateinkundigen Menschen dazu an, diese Sprache zu erneuern, die beinahe völlig verfallen war. In den Städten wurden die öffentlichen Gesetze verbessert, ja es wurde sogar die Religion gereinigt, die durch das Geschwätz der Mönche verdeckt und niedergedrückt am Boden lag. Mögen auch die Meinungen der Leute hierüber auseinandergehen, so meine ich dennoch, dass tüchtige Männer die Bedeutung und das Wesen der Religion richtiger durchschauen und in diesen Zeiten für unser Gewissen stärkeren Trost bereithalten, als ihn kurz vorher noch die Mönche spendeten. Es kann also kein Zweifel darüber bestehen, dass sich Florenz um alle Völker hervorragende Verdienste erworben hat dadurch, dass es die Wissenschaften gleichsam aus dem Schiffbruch in den Hafen aufgenommen und so vor dem Untergang bewahrt hat.

Beschützt also auch ihr nach dem Vorbild dieser Stadt in diesen schlimmen Zeiten die schönen Künste, wo doch die Bischöfe, statt für die Wissenschaften zu sorgen, Krieg führen, wo die übrigen Fürsten meinen, dass diese Sorge ihrer nicht würdig sei, und wo ganz Deutschland in Aufruhr ist, zu den Waffen ruft und die Lage so ist, wie es in dem alten Vers heißt: „Die Weisheit wird aus unserer Mitte gejagt, mit Gewalt wird die Sache entschieden."[13] Diese Lage ist für unsere wissenschaftlichen Bestrebungen überaus hinderlich. Denn wenn – wie Cicero mit Recht sagt – im Kreise der Waffen die Gesetze schweigen,[14] um wieviel mehr müssen dann unsere Wissenschaften verstummen, die in friedlicher Ruhe geboren und genährt worden sind. In diesen Erschütterungen droht allen schönen Künsten und Wissenschaften der Untergang, sofern sie Gott nicht unterstützt und die Machthaber zur Einsicht kommen lässt, die wissenschaftlichen Studien zu erneuern. Ihr aber hört nicht auf, euer überaus ehrenvolles und heiliges Vorhaben mit Entschlossenheit zu verfolgen! Denn ihr könnt weder Gott einen gefälligeren noch eurer Stadt einen nützlicheren Dienst erweisen.

Da aber rechtes Tun meist von Neid verfolgt wird, so zweifle ich nicht daran, dass auch ihr mit ungerechten Urteilen bestimmter Leute werdet kämpfen müssen. Ein tatkräftiger Mann aber zeichnet sich dadurch aus, dass er solchen Neid gleichgültig hinnimmt. Vielleicht müsst ihr euch auch mit anderen Schwierigkeiten auseinandersetzen, die eure Pläne für den weiteren Ausbau der Schule offenbar verzögern könnten. Diese werdet ihr aber bewältigen, wenn ihr daran denkt, dass ihr in dieser Angelegenheit den Willen Gottes erfüllt. Denn die Religion und die heiligen Schriften können nicht überdauern, wenn ihr sie nicht mit Hilfe der Wissenschaften bewahrt. Außerdem fordert Gott, dass ihr eure Kinder zur Tugend und Religion erzieht. Wer keine Mühe darauf verwendet, dass seine Kinder so gut wie möglich unterrichtet werden, handelt nicht nur pflichtvergessen gegenüber Gott, sondern verbirgt hinter einem menschlichen Aussehen seine tierische Gesinnung. Folgenden Unterschied hat die Natur zwischen Mensch und Tier gemacht: Die Tiere geben die Sorge für ihren Nachwuchs auf, sobald dieser herangewachsen ist. Dem Menschen machte sie es aber zur Pflicht, dass er die von ihm in die Welt gesetzten Kinder nicht nur in frühester Kindheit ernährt, sondern dass er – sobald sie herangewachsen sind – ihre Gesinnung zur Sittlichkeit hin ausbildet. Daher besteht gerade in einer wohlgeordneten Bürgerschaft ein Bedarf an Schulen, in denen die Jugend, die Pflanzstätte der Bürgerschaft, ausgebildet wird. Denn wenn einer meint, dass man ohne Unterweisung zu einer wirklichen Tüchtigkeit gelangen könne, so täuscht er sich gewaltig. Und keiner ist zur Leitung des Staates hinreichend befähigt ohne Kenntnisse in den Wissenschaften, welche die ganze Methode enthalten, wie Gemeinwesen zu regieren sind.

Wenn ihr dies abwägt, werdet ihr euch weder durch Neid, noch durch andere Schwierigkeiten davon abbringen lassen, eure Mitbürger zum Lernen einzuladen. Was eure Professoren betrifft, so kann ich euch versichern, dass deren Gelehrsamkeit der von ihnen übernommenen Aufgabe gewachsen ist. Sie werden ihr Amt mit größter Zuverlässigkeit ausüben. Ich bete zu Christus, dass er dem Beginn eures sehr schwierigen Unternehmens seine Gunst erweise und euren Plänen ebenso wie dem wissenschaftlichen Eifer der Lernenden zu glücklichem Gelingen verhelfe.

Hier endet meine Rede.

[1] Zum Folgenden: Nürnberg – Geschichte einer europäischen Stadt/hrsg. von Gerhard Pfeiffer. München 1971, 146–158; 450 Jahre Melanchthon-Gymnasium: Festschrift und Jahresbericht 1975/76. Nürnberg 1976. [2] In Nürnberg gab es vier Trivialschulen: bei St. Sebald, St. Lorenz, St. Egidien und beim Hl. Geistspital (Trivium: Grammatik, Rhetorik, Dialektik). [3] Die Szene hielt der Karlsruher Kunstprofessor August Groh 1920/21 in einem Historiengemälde (Melanchthon-

haus Bretten) fest. [4] Albrecht Dürers „Vier Apostel", im Jahr der Schulgründung 1526 entstanden, tragen die Gesichtszüge an der Schulgründung beteiligter Personen: Der Evangelist Johannes ähnelt Melanchthon, Petrus ähnelt Roting, Markus dem Poeten Eobanus Hessus und Paulus dem Camerarius. [5] Hessus ging 1533 als Professor an die Universität Erfurt zurück, Camerarius nahm 1535 einen Ruf als Griechischprofessor an der Universität Tübingen an. [6] „[Quod bonum], faustum felixque sit." Im antiken Rom rituelle Gebetsformel für den privaten und öffentlichen Bereich; vgl. Cicero, De divinatione 1, 102; Livius, Ab urbe condita 1, 17, 10. [7] Das Lehrprogramm sah Dialektik, Rhetorik, freien Vortrag, Poesie, Geschichte, Mathematik und Griechisch vor. [8] Die Skythen, die hier als Exemplum für ein Volk ohne Wissenschaften herhalten müssen, waren ein ostiranisches Reiternomadenvolk, das im 8./7. Jh. v. Chr. in das Gebiet nördlich des Schwarzen Meeres, zwischen Karpaten und Don, einwanderte. Herodot, Historiae, äußert sich ausführlich zu ihrer Kultur, Religion und Lebensweise. Manche der „barbarischen" Züge, von denen Melanchthon spricht, finden sich auch schon bei ihm (bes. 4, 64–72). [9] In der griechischen Mythologie waren die Kyklopen („Rundaugen") Riesen mit (meist) nur einem Auge auf der Stirn. Bei Homer, Odyssee 9, 106 ff., sind die Kyklopen ein unzivilisiertes, menschenfressendes Volk von Riesen im Westen (Sizilien), die ohne Kultur und Gesetze jeder für sich (z. B. Polyphemos) in Höhlen wohnen; vgl. das Satyrspiel „Kyklops" des Euripides. [10] Sparta besaß – als einzige griechische Stadt – während der Zeit seiner Vormachtstellung in Griechenland (7. – Anfang 4. Jh. v. Chr.) keine Ummauerung, erst in hellenistischer Zeit wurde eine Stadtmauer errichtet. Die für ihre Tapferkeit und ihren militärischen Drill berühmt-berüchtigten Spartiaten verließen sich also mehr auf ihre Waffen als auf Verteidigungsanlagen. [11] Auf Grund der Bedrohung und schrittweisen Eroberung des Byzantinischen Reiches durch die Osmanen kam es nicht erst seit dem Fall Konstantinopels am 29. Mai 1453 zur Flucht griechisch-byzantinischer Gelehrter nach Italien, die den Anstoß zu einer intensiven Beschäftigung mit der griechischen Sprache und Literatur gaben. Florenz, in dem um 1440 die Platonische Akademie gegründet wurde, wurde unter den Medici (Cosimo und Lorenzo) bald zum Zentrum des Renaissance-Humanismus. [12] Gemeint ist wohl Papst Sixtus IV.; Gaza, der den Übersetzungsauftrag von dem humanistischen Papst Nikolaus V. erhalten hatte, soll die empfangenen 50 Dukaten entrüstet in den Tiber geworfen haben. [13] „Pellitur e medio sapientia, vi geritur res", Hexameter aus dem historischen Epos „Annales" des römischen Dichters Quintus Ennius, zitiert bei Cicero, Pro Murena 14, 30. [14] „Silent enim leges inter arma"; Cicero, Pro Milone 4, 11.

Wie man lernen und studieren soll

De instituendis duobus pueris (undatiert). Ratio studiorum 1554

Bei der reformatorisch-humanistischen Reform der Universitäten hatte Melanchthon nicht nur die Lehrinhalte, die personelle Ausstattung und die äußeren Strukturen im Blick, er bemühte sich ebenso um geordnete Studienabläufe, die ständige Beratung der Studenten und einen engen Kontakt zwischen Lehrenden und Studierenden. Bereits während seines ersten Rektorats 1523/24 verankerte er entsprechende Bestimmungen in einer neuen Studienordnung der Universität Wittenberg.

Die Vorschläge zur Gestaltung des Unterrichts zweier Knaben stammen vermutlich aus einem Brief, der nicht datierbar ist.[1] Sie zeigen deutlich, wie für Melanchthon jeder Unterricht individuell auf das Können und die Bedürfnisse der Schüler und später der Studenten abzustimmen war. Schritt für Schritt wurden diese an die Bildungsziele herangeführt, jede Überforderung vermieden.

Der vorgestellte Studienplan stammt wahrscheinlich von 1554 und lässt anschaulich den Ablauf einer Studienwoche von Montag bis Sonntag erkennen. Er ist ein charakteristisches Beispiel für die von Melanchthon geübte Studienberatung. Mit großer Wahrscheinlichkeit ist der Plan für Adrian Chelmicki[2] bestimmt, der mit Graf Stanislaus Gorka im Mai 1554 zum Studium aus Polen nach Wittenberg kam und sich Anfang 1557 für die Unterstützung ausdrücklich bei Melanchthon bedankte.[3]

Übersetzungsgrundlage: CR 10, 100 f. 99 f.

Zur Gestaltung des Unterrichts zweier Knaben

Ich glaube, dass die Erziehung der beiden Knaben bisher nicht gleich verlaufen ist. Wenn ich mich nicht täusche, kennt der eine bereits die Regeln der Grammatik, der andere jedoch nicht. Wenn das so ist, dann wird dieser zum Lernen der Regeln angehalten werden müssen. Früh am Vormittag soll er sich diese einprägen, danach sich mit dem ausgewählten Schriftsteller auseinandersetzen. Der andere, der bereits über Grammatik Bescheid weiß, soll sich auch mit diesem Schriftsteller, aber durch Deklinieren und Konjugieren, beschäftigen, um nichts zu vergessen – nur dann nicht, wenn die Ausbildung bereits so umfangreich ist, dass er jene Schulübung nicht nötig hat.

Als Grammatik wird die vorgeschlagen, die sie früher schon benutzt haben. Folgende Dichter sind zu interpretieren: möglichst früh Terenz, den sie auswendig lernen sollen. Dabei ist jede Überlastung unbedingt zu vermeiden. Es genügt, sich täglich 10 Verse von Terenz einzuprägen. Wenn die Schüler Terenz kennen, kann zur „Aulularia" des Plautus übergegangen werden.

Gegen Mittag sind einige Verse von Vergil zu bedenken. Sie erfahren die Regeln des Satzbaus, die sie nicht lernen sollen, wenn sie nicht vorher den Wortsinn auswendig gelernt haben. Die Regeln der Satzkonstruktion sollen gesucht werden, warum jene Rede damit übereinstimmt usw., wie der Aufbau der Rede und die Darstellung ihrer Gedanken erfolgt?

Am Freitag- und Sonnabendmittag sind über einige Wochen die „Briefe" des Cicero zu erklären, aber dazu sind leichte und anregende auszuwählen. Für den Schüler, der bereits Fortschritte gemacht hat, wäre es nützlich, Cato zu lesen, später auch etwas aus den „Colloqiua" des Erasmus. Überhaupt sollten sich alle Bemühungen darauf konzentrieren, möglichst umfassend die Grammatik zu lernen, was die Lehrer gewöhnlich vernachlässigen. Nach einigen Wochen soll dann der Schüler, der kundiger ist, zwei lateinische Briefe schreiben, für den anderen wird es ausreichen, einen zu verfassen. Wenn es günstig zu sein scheint, sollen sie sich dem Verfassen lateinischer Verse zuwenden.

Studienplan für Adrian Chelmicki aus Polen

Am Montag und Dienstag beginne frühmorgens mit einem Kapitel aus dem Alten Testament. Lies es in der Abfolge des Textes, um den Gang der Ereignisse zutreffend zu erkennen und um dich mit den Worten der Verse vertraut zu machen. Später am Montagvormittag ist Zeit für die „Briefe" und „Reden" des Cicero, am Dienstag dagegen für die anregende Lektüre über Terenz oder über einen anderen Dichter, um Stil und Sprache zu fördern. Die verbleibende Zeit am Vormittag widme der Vorlesung des Veit Örtel[4] und der über Dialektik. Am Nachmittag besuche die Vorlesung zu „De anima"[5] und zur Grammatik des Hebräischen. Die verbleibenden Stunden nutze teils zu Stilübungen, teils zu jeder nur möglichen Lektüre neuer und alter Schriftsteller, die Freude und Unterhaltung bereitet.

Den ganzen Mittwoch verwende für Griechisch und Ethik[6]. Diese Ordnung soll nicht sklavisch befolgt werden. Denn anregende Vorlesungen und eher trockene Stilübungen sollen sich so abwechseln, dass das Studium gewiss zu einem sicheren Abschluss geführt wird. Erwäge dabei, was du lernen willst, auf jeden Fall die Lehre der Kirche, die Dialektik, die Art und Weise des lateinischen Schreibstils, Griechisch, das Grundgerüst des Hebräischen, Ethik und Grundkenntnisse in der Naturlehre.

Am Donnerstag und Freitag beginne frühmorgens in der bereits beschriebenen Weise mit einem Kapitel aus dem Alten Testament. Die folgende Stunde gehört der Lektüre des Livius, am Donnerstag oder Freitag der Vorlesung über Vergil oder Ovid. Danach höre die Vorlesung des Veit Örtel und über einen Brief des Apostel Paulus, zur Nachmittagsstunde eine über die Grammatik des Hebräischen. Die verbleibenden Stunden verwende für anregende Vorlesungen und Stilübung. Ich wünsche, dass du dich, sobald du dich dazu in der Lage siehst, mit Arithmetik und Astronomie im Selbststudium oder in einer Lehrveranstaltung beschäftigst. Für das Studium sind klar begrenzte Gebiete beschrieben worden, nicht nur damit sich der Geist im Spiel mit dem Wissen entfalten kann, sondern damit die unterschiedlichen Teilgebiete der Wissenschaften behandelt werden und damit aus diesen das ausgewählt wird, was dem Lebensweg angemessen ist, den du zu gehen dich entschieden hast.

Sonnabend und Sonntag gehören der Lektüre des Römerbriefes und der „Loci communes". An einem jeden Tag aber, am Abend vor dem Schlafengehen, lies ein Kapitel aus dem Neuen Testament sowohl lateinisch als auch griechisch und überlege dabei mit abwägender Sorgfalt die eigentliche Bedeutung der Worte.

So erlangst du viel: in der Lehre der Kirche wie in der Kenntnis der griechischen Sprache.

Beim Verfassen von Briefen eifere dem alten lateinischen Stil nach. Schreibe aber nicht immer so, dass deine Briefe Predigten ähnlich sind, sondern eher so, dass sie tatsächlich eine von der Rhetorik bestimmte Briefform besitzen, vergleichbar mit den Briefen Ciceros als einem vertrauten Gespräch von Gelehrten, das persönliche Geneigtheit erfahren lässt.

[1] Nach Mitteilung von Heinz Scheible, dem ich für seine Unterstützung sehr danke, wird das Fragment in MBW 9 aufgenommen. [2] Zur Identifizierung von „Andreae Polono" in der Überlieferung mit Daniel Chelmicki vgl. MBW 7, 211 (Nr. 7228). [3] Vgl. MBW 8, 23 (Nr. 8090). [4] Die besondere Hervorhebung der Vorlesungen Örtels könnte auf den Wunsch Melanchthons zurückgehen, einzelne Studenten einem Dozenten im Sinne eines Tutoriats stärker zuzuordnen. [5] Anthropologie auf der Grundlage von „De anima" des Aristoteles. [6] Tugendlehre auf der Grundlage von Aristoteles und Cicero.

Vorschläge zur Leipziger Universitätsreform

Privilegia Academiae Lipsiensis 1540

An der Organisation, der Neu- und Umgestaltung von Schulen und Hochschulen im Geiste des Renaissancehumanismus und der Reformation hatte Melanchthon in einem kaum zu überschätzenden Maße Anteil. Seine Bemühungen umfassten zunächst seinen unmittelbaren persönlichen Einsatz für eine Reform der Universität Wittenberg, der besonders, aber nicht allein während der Jahre seines Rektorats wirksam werden konnte. Zum anderen vermittelte er den Befähigten unter seinen Freunden und Schülern Anstellungen an verschiedenen Bildungsstätten, die ihrerseits dort in seinem Sinne wirken konnten. Schließlich baten ihn Fürsten wie Professoren um seinen Rat zur Reorganisation ihrer Universitäten. Im Ergebnis entstanden zahlreiche Gutachten und Empfehlungen zur Erarbeitung neuer Statuten, Stellen- und Lehrpläne. So trug er maßgeblich dazu bei, das wissenschaftliche Profil von Universitäten wie Wittenberg, Tübingen, Frankfurt/Oder, Leipzig, Rostock, Heidelberg u. a. zu prägen und der Lehre und Forschung den Weg in die Neuzeit zu ebnen.

Über eine Reform der Universität Leipzig hat sich Melanchthon wiederholt geäußert. Das vorliegende Gutachten wurde für den Leipziger Juristen und sächsischen Rat Ludwig Fachs am 5. November 1540 in Worms geschrieben, und die Empfehlungen fanden bei der Reform der Leipziger Universität in den Jahren 1542 bis 1544, die wesentlich durch Caspar Borner und auch Joachim Camerarius bestimmt wurde, durchaus Berücksichtigung.

Übersetzungsgrundlage: CR 20, 637–640.

Die Universität Leipzig verfügt über Rechtsgelehrte und Ärzte, die eine hervorragende Gelehrsamkeit und Erfahrung besitzen. Deshalb fehlt es diesen Fakultäten nicht an tüchtigen Professoren. Ich höre, dass Mittel für die Besoldung fehlen. Es wäre aber nützlich, dass in einer so bedeutenden und so bekannten Stadt zuverlässige Rechtsgelehrte ständige Vorlesungen gewährleisteten. Dafür bedürfte es umfangreicherer Besoldungsmittel. Derzeit sollen auch andere Lehrkräfte ansehnliche Gehälter erhalten, selbst wenn sie nicht ständig lesen. Denn es ist auch an einigen anderen Universitäten üblich, dass bestimmte Professoren ständig lesen, andere freier sind. Es wäre tatsächlich von Nutzen, alle Einkünfte der Universität in einen gemeinsamen Fonds fließen zu lassen und danach die Gehälter nicht für Müßiggänger, sondern für die Lehrenden festzusetzen. Jetzt kommen nämlich die Einkünfte sehr einseitig den Magistern in den Kollegien zugute. Die Doktoren der Rechte und der Medizin bleiben dagegen unberücksichtigt.

In der Theologie sind drei Professoren notwendig. Jetzt lehren dort Ziegler und Scheubel. Bei diesen Anfängen gefällt mir, dass der eine Theologe die Aufgabe übernimmt, Hebräischkenntnisse zu vermitteln, die zweifellos benötigt werden, um die Sprache der prophetischen Bücher zu verstehen. Ich wünschte aber, dass ein dritter hinzukäme und dass nicht nur Vorlesungen, sondern auch Disputationen stattfinden, denn in der Theologie macht sich der kollegiale Diskurs über Urteile und Zeugnisse am dringlichsten erforderlich. Überhaupt ist der Nutzen der Disputationen vielfältig. Ich meine aber, dass sich an der Universität Leipzig selbst jemand finden ließe, der für diese Aufgabe geeignet ist. Wenn es gewünscht wird, werde ich einige Männer nennen, die geeignet sind und auch nach Leipzig ziehen könnten. Denn in dieser Zeit gestaltet sich das Umziehen für die meisten Leute schwierig, entweder wegen ihrer Familien oder weil sie von den Ihren zurückgehalten werden.

Professoren in der Theologie zu haben reicht nicht aus. Man muss auch Überlegungen anstellen, um armen Theologiestudenten mittels staatlicher Stipendien Unterhalt zu gewähren, weil die wohlhabenderen sich anderen Wissenschaften widmen. Den Kirchen werden daher die Pastoren fehlen, falls die Fürsten und die Staaten für die Unterstützung unbemittelter Theologiestudenten nicht Sorge tragen, damit aus diesem Kreise die Diener der Kirchen ausgewählt werden. So hat man aus ebendiesem Grunde vor der Zeit Kaiser Konstantins anfangs Kollegien eingerichtet. Als die Studien später in den Kollegien zu erlahmen begannen, hat man, um Ausbildungsstätten zu erhalten, Klöster gegründet. Darauf folgten die Hochschulen, weil die Mönche von der Pflege der Wissenschaften abließen. Heute nun sind, so gut es geht, die Universitäten im Besitz der Wissenschaften. Über die Mittel, die den Kirchen zu Gunsten von Studien und zur Versorgung der Pastoren gestiftet wurden, verfügen gleichwohl die Mönche. Da die Klöster aber jetzt umgewandelt werden, ist es nur recht und billig, dass die Güter wiederum zur Unterstützung von Kirchen und Schulen sowie zur Versorgung der Pastoren und armer Studenten überführt werden. „Auf eigene Kosten leistet niemand Kriegsdienst", sagt Paulus.[1] Und diese Mittel sind den Kirchen zur Besoldung von Lehrern und als Stipendien für Studierende zugeeignet worden. Dasselbe erklären die alten Bestimmungen.

Deshalb sollen sich redliche Männer, die im Staat über Einfluss verfügen, mit allen Kräften darum bemühen, dass von einem möglichst großen Teil des Klosterbesitzes Pfarrstellen und Schulen errichtet werden. Ich pflege oft im Scherz ein altes Verschen über solche Leute zu zitieren, die, vor Gericht angeklagt, mit den Richtern die Beute teilten, um sich freizukaufen. Der Sinn des Verses ist: Wer vieles gestohlen hat und ein wenig dem Richter gibt, entkommt: „Wer vieles stahl und wenig gibt, entgeht dem Recht."[2] So pflege ich bisweilen über diese Räubereien der Klöster zu sagen, wenn diejenigen, die diese Besitzungen innehaben, wenigstens einen geringen Teil davon zur Unterstützung von Kirchen und Schulen abzweigen würden, könnten sie auf Gnade hoffen. Man darf in der Tat keinesfalls mit den anderen Nachsicht üben, die sich diese Mittel einverleibt haben und es geschehen lassen, dass Pastoren mit ihren Familien an Hunger zu Grunde gehen, dass die Schulen verlassen werden und die wissenschaftlichen Studien ersterben.

Hingegen siehst du, welch großen Reichtum die Klöster ihr Eigen nennen. Wenn daher zu den jetzigen Einkünften der Universität drei- oder viertausend Gulden jährlich hinzukämen, könnten ansehnliche Mittel für die Doktoren und einige arme Studenten aufgewandt werden. Es wäre in der Tat verwunderlich, wenn man es nicht erreichen könnte, dass aus einer so üppigen Fülle so wenig einer Hochschule zugute kommt, die den besonderen Schmuck des gesamten Herzogtums darstellt. Du wirst dich also nach Kräften darum bemühen, dass der Universität von dort etwas zufließt.

In der Artistenfakultät habt ihr einige gebildete Magister; es ist aus vielen Gründen nützlich, für die vorhandenen, die befähigt sind, Sorge zu tragen. Dann sehen sich nämlich die Übrigen veranlasst, lieber an der Universität zu bleiben. Auch sind neue und fremde Leute dem Neid stärker ausgesetzt. Daraus resultieren Streitereien und Klüngelbildungen. Doch der Verbreitung des Ruhmes wäre es zuträglich, wenn irgendjemand hinzukäme, der die anderen überragt und kraft seiner Persönlichkeit die Stelle ausfüllen könnte. Für einen solchen Mann halte ich Joachim Camerarius in Tübingen; mit seiner Gelehrsamkeit wäre er für die Hochschule ein großer Gewinn, sein Lebenswandel ist durchaus ehrbar, und seiner Natur sind Parteiungen und Zwietracht zuwider. Ich denke auch, dass er sich überreden lässt, zu euch zu kommen. Er könnte der Leiter des gesamten philosophischen Studiums sein. Auch Micyllus und Sturm halte ich für geeignet. Aber Sturm wird man in Straßburg kaum freigeben. Ihr benötigt auch einen Professor für Mathematik. Da wird man Borner zu Rate ziehen müssen.

Auch die Ordnung der Vorlesungen müsste vorgeschrieben und eine bestimmte Anzahl regulärer Vorlesungen festgelegt werden, nämlich acht, oder ungefähr so viele: die Physik und Dialektik des Aristoteles, Elemente der Dialektik und der Rhetorik, wie z. B. die Dialektik des Johannes Caesarius, eine Poetikvorlesung, eine Rhetorikvorlesung über Quintilian und Cicero, ebenso abwechselnd eine in Ethik; zwei in Mathematik: In der einen sind die Grundlagen zu vermitteln und von Zeit zu Zeit zu wiederholen, wie die Arithmetik, die Bücher über die Himmelskugel und das zweite Buch des Plinius, in die zweite sollen die Theorien der Planeten und ähnliche Werke gehören; eine griechische Vorlesung; denn die hebräische obliegt einem der Theologen. Die Gepflogenheit des Disputierens und Deklamierens kommt zu diesen Vorlesungen zweckmäßigerweise hinzu. Es ist auch mit zu bedenken, dass den Kollegien einige Aufsichtspersonen und Leiter der darin wohnenden Jugendlichen vorstehen.

[1] 1Kor 9,7. [2] Im lateinischen Original ein griechischer jambischer Vers.

Rede über die Teile und Bewegungen des Herzens

De partibus et motibus cordis 1550

Die Rede „Über die Teile und Bewegungen des Herzens“ wurde am 30. Dezember 1550 von Jakob Milich bei einer medizinischen Promotion vorgetragen. Im folgenden Jahr erschien sie als Einzeldruck bei den Erben von Peter Seitz in Wittenberg.[1] In ihr stoßen wir auf eine allgemein wenig bekannte Facette in Melanchthons Schaffen.[2] Neben seinem medizinischen Hauptwerk, dem „Commentarius de anima“, der 1540 in der Erstfassung erschien,[3] verfasste Melanchthon 22 uns überlieferte Reden mit medizinischer Thematik. Sein Anliegen in Reden und Schriften zur Medizin ist es, die „ars medica“ in einen größeren Zusammenhang zur Theologie zu stellen. Die Medizin dient dabei als Mittel, um zur Erkenntnis Gottes zu gelangen. Melanchthons thematischer Vielfalt auf diesem Gebiet wird man damit jedoch noch nicht gerecht. Neben humanistischen Lobreden auf die Medizin im Allgemeinen wirft er in seinen Reden unter anderem Probleme städtischer Gesundheitsfürsorge und spezielle anatomische Fragen auf. Ein gutes Beispiel für Melanchthons detailliertes anatomisches Wissen bietet auch die vorliegende Rede, in der er sich nicht nur als Kenner der antiken Autoren Galen und Hippokrates ausweist, sondern auch aktuelle Diskussionen mit berücksichtigt.

1543 war Andreas Vesals „De humani corporis fabrica“ erschienen, sieben Bücher, die die Anatomie revolutionierten. Das Selbst-Sehen, die Autopsia, war grundlegend für Vesals Art, Anatomie zu betreiben. In den Jahrhunderten davor beschränkte sich die anatomische Ausbildung auf das Lesen antiker Autoren, vor allem aber auf Galens Anatomie, die größtenteils auf der Sektion von Tieren fußte. So hatten sich viele Fehler Galens über die Jahrhunderte hinweg erhalten. Melanchthons erste Fassung der Schrift über die Seele war noch ausschließlich der Galenschen Anatomie verpflichtet. Nachdem Melanchthon, der mit bedeutenden Medizinern seiner Zeit in brieflichem Kontakt stand und somit auf dem neuesten Kenntnisstand war, von Vesals Werk erfahren hatte, korrigierte er die Fehler der Galenschen Anatomie. Die zweite Fassung seines Lehrbuches, die als „Liber de anima“ bekannt ist und ab 1552 erschien, musste somit damals als hochaktuell gelten. In die uns vorliegende Rede sind bereits weite Textpassagen aus dem Manuskript für diese Neufassung mit eingearbeitet. Wir haben somit das erste rednerische Dokument für Melanchthons Vesalrezeption vor uns.

Die Löcher in der Herzscheidewand, die noch in der vierten Auflage der Erstfassung von Melanchthons Schrift über die Seele als deutliche Öffnungen beschrieben sind, gelten nun als unsichtbar. Dass das Blut dennoch – für uns heute schwer verständlich – durch diese Wand „schwitzen" muss, erklärt sich aus der Tatsache, dass noch kein tragfähiges Erklärungsmodell für den Blutkreislauf zur Verfügung stand. Die Theorie der Blutzirkulation im Körper folgt also auch in dieser Rede noch Galens Vorstellungen.

Ebenso verhält es sich mit der Lehre vom spiritus.[4] Der spiritus – griechisch πνεῦμα – dient einer antiken und bis in die frühe Neuzeit gültigen Lehre zufolge als Lebensantrieb, verteilt im Körper die lebensnotwendige Wärme und ermöglicht die Funktion des Gehirnes. Er entsteht in der linken Herzkammer als *spiritus vitalis* aus Blut und wird dann im Gehirn zum spiritus animalis modifiziert. In frommen Menschen vermischt sich dieser spiritus – so Melanchthon – mit dem göttlichen spiritus, dem spiritus sanctus und ermöglicht ihnen eine klarere Gotteserkenntnis.

Übersetzungsgrundlage: CR 11, 947–954.

Zu Beginn danke ich von ganzem Herzen dir, dem allmächtigen, lebendigen und wahren Gott, dem ewigen Vater unseres Herrn Jesus Christus, dem Schöpfer des Himmels und der Erde, der Menschen und der anderen Kreaturen, mitsamt deinem Sohn, unserem Herrn Jesus Christus, der für uns gestorben ist am Kreuz und wiederauferweckt wurde, deinem Wort und Ebenbild, und dem Heiligen Geist, der weise, gut, wahrhaftig, gerecht und rein ist, ein frommer Richter und Bewahrer deiner Kirche. Ich danke dir dafür, allmächtiger Vater, dass du uns bis hierher gnädig bewahrt hast, und ich bitte dich um deines Sohnes und deines Ruhmes Willen, nicht zuzulassen, dass in unseren Breiten die ehrbare Beschäftigung mit der Wissenschaft erlischt.

Um nun über ein Thema zu sprechen, das für die Jugend von Nutzen ist, habe ich bei dieser Gelegenheit die Beschreibung des

Herzens ausgesucht, die ich den Jungen, so gut ich es vermag, vorlegen will, damit deren Betrachtung einige nachdrücklich an den Plan Gottes und die Mäßigung der Affekte erinnert. Denn es ist euch bekannt, dass wir bei diesen Versammlungen einmal über diesen und ein anderes Mal über jenen Teilaspekt der Natur sprechen, weil wir infolge der großen Bandbreite der Natur nicht viele Teile gleichzeitig behandeln können. Erst neulich sprachen wir generell über die Lehre der Anatomie, und wir haben, um die Jüngeren dazu anzuhalten, sie zu betreiben, triftige Gründe vorgetragen, nämlich dass die Kenntnis der Anatomie für alle zur Erhaltung der Gesundheit und beim Bekämpfen von Krankheiten notwendig ist. Auf wunderbare Weise stärkt sie vollends in unserem Geist die Erkenntnis von Gottes Vorsehung. Denn dass ein so großes Kunstwerk wie der menschliche Körper, die Anordnung der einzelnen Körperteile und deren Funktionen, ferner das Wissen, die Zahlen, Gesetzmäßigkeiten, Schlussfolgerung, die Fähigkeit, eine Wahl zu treffen, zufällig entstanden sind und diese Natur des Menschen durch Zufall Bestand hat, ist doch wohl unmöglich.

Es existiert also ohne jeden Zweifel ein Schöpfergeist, der weise, gut, wahrhaftig, gerecht, wohltätig, rein und völlig frei ist, und alle Taten des Menschen erkennt und beurteilt. Weil wir bei der Betrachtung dieser bewundernswerten Ordnung und Kunstfertigkeit zur Gotterkenntnis gelangen, darf dieser Nutzen nicht geringgeschätzt werden. Um den Eifer der Jüngeren zu entfachen, muss man oft über dasselbe Thema sprechen. Und so will ich jetzt über das Herz sprechen, das Aristoteles den Lebensquell nennt, und das viele für den eigentlichen Wohnsitz der Seele halten. Wenn man aber auch keinen Körperteil völlig durchschauen kann, wenn wir vielmehr von außen alles soweit als möglich betrachten und einigermaßen die Struktur, die Eigenschaften und die Kräfte aus ihren Wirkungen beurteilen, darf man dennoch diese Lehre nicht verwerfen. Gott will, dass wir die Anfänge dieses Wissens in unserem Leben erlernen; später werden wir, wenn wir das Urbild der Natur selbst im göttlichen Geiste betrachten, nicht nur das Wesen der Dinge durchschauen, sondern auch die Überlegungen Gottes erkennen, warum es richtiger gewesen ist, das Herz so zu erschaffen.

Es ist sein Wille, dass wir uns auf diese Weisheit in diesem – ich möchte es einmal so nennen – Wehrdienst vorbereiten.

Die Beschaffenheit des Herzens ist viel undurchsichtiger als die der anderen Körperteile. Dass in der Leber die Verkochung der Säfte vonstatten geht und die Blutmasse entsteht, erscheint uns weniger verwunderlich, sind doch Fleisch und Blut miteinander verwandt. Wie Blümlein den Tau in ihre Natur verwandeln, sehen wir. Wie aber geschieht es, dass das Herz, durch einen plötzlichen Gedanken veranlasst, sofort in heftigste Bewegung gerät? Sei es durch Freude, Schmerz, Hoffnung, Furcht, Zorn, Liebes- oder Hassaufwallungen: Wie kann das Herz, das aus dichtem, festem Fleisch besteht, welches sich vom Wesen des Geistes und vom Licht unterscheidet, durch Gefühle in Bewegung geraten? Woher stammt diese Vielfalt an Regungen – nämlich Affekten – in einer einzigen, fleischähnlichen Masse? Wie können Lebensgeister (spiritus vitales) aus den Kräften dieser rohen Fleischmasse entstehen, Flammen, die an Leuchtkraft und Feinheit die Sonne übertreffen? Auch wenn wir die Ursachen dieser bedeutenden Vorgänge nicht aufzeigen können, wollen wir dennoch soweit vorgehen, wie wir dies vermögen.

Es finden sich in dem Teil des menschlichen Körpers, den man Brustkorb nennt, und der von dem knöchernen Thorax, dem knorpeligen Schwertfortsatz sowie der Magengegend, von der er durch das Zwerchfell getrennt wird, begrenzt ist, folgende Strukturen: Knochen, Bindegewebszüge – wie der, der die Rippen auskleidet –, das Mittelfell oder Mediastinum,[5] das Zwerchfell, des Weiteren die Herzhülle. Dann liegt das Herz selbst im Brustkorb mit der Aorta und seinen venösen Zuflüssen, ebenso die Lungen mit ihren Gefäßen, ferner noch einige Teile der Kehle und des Schlundes. Aber über all dies kann ich jetzt nicht sprechen.

Beginnen will ich also mit dem Teil, der Herzbeutel und Perikard heißt. Er schützt und bedeckt das Herz allseits und dient ihm gleichsam als Wohnsitz, in dem das Herz sicher befestigt liegt. Diese Hülle ist eine einfache Membran, nicht von Faserzügen durchflochten, sondern fest und stark, dem Aussehen nach ähnlich einem Fichtenzapfen. Sie ist innen, wo das Herz liegt, hohl.

Diese Membran entspringt von den Wänden der Venen und Arterien, die durch sie hindurchtreten. Sie hat feste bindegewebige Verbindung mit dem Mediastinum und dem Zwerchfell. Dieser Beutel dient dem Herzen als Schutz. Es ist darin so eingebettet, dass allseits ein kleiner Spalt zwischen Herz und Perikard bleibt, so dass es nicht am Perikard hängt, das eine nicht aus dem anderen entstanden sein kann. Man ist der Ansicht, dass sich entweder Wasser oder eine dem Tau ähnliche Flüssigkeit in diesem Kästchen befindet, die deswegen notwendig ist, damit das Herz während seiner fortwährenden Bewegung gleichsam bewässert ist. Es entsteht dabei nämlich eine derartige Hitze, dass das Herz schwach wird, wenn das Wasser verbraucht ist. Dies sei in Trauerperioden der Fall. So soll beispielsweise das Herz des Markgrafen Casimir,[6] das nach seinem Tode entnommen worden war, einer gedörrten Birne ähnlich gewesen sein. Das Herz, dieser Herr des Lebens, hängt also in diesem Kästchen, frei vom übrigen Körper, dem es das Leben schenkt. Nur durch Venen, die Arterie und durch Nerven steht das Herz mit dem Körper in Verbindung. Es nutzt sie wie Kanäle, um einerseits Gaben von anderen Organen zu empfangen und andererseits seine eigenen von hier aus zu verteilen.

Die Grundsubstanz des Herzens ist Muskelfleisch einer ganz besonderen Art, den Muskeln im übrigen Körper ganz unähnlich, sehr dicht und kompakt. Fasern beziehungsweise Zotten sind darin eingeflochten, die auf engstem Raum verworren sind, so dass sie nicht klar voneinander unterschieden werden können, wie das an anderen Körperteilen der Fall ist. Die Gestalt des Herzens ist am ehesten einer Pyramide ähnlich, aber mit einer recht breiten Grundfläche und einem Buckel. Platon schrieb im Scherz, dass die Figur einer Pyramide deswegen ähnlich sei, um – weil das Herz ein feuriges Wesen hat – an eine Feuerpyramide zu erinnern. Wenn auch darüber nichts behauptet werden kann, so hat der Schöpfer sicherlich nicht grundlos diese Form gewählt, die als eine der solidesten gilt und sehr gut zu den Herzbewegungen passt. Das Herz liegt folgendermaßen: Die Basis, in der sich die so edlen Kammern befinden, hält die Mitte der Brust, die Herzspitze hingegen zeigt etwas zur linken Körperseite hin, zum einen, um nicht an den Brustkorb anzustoßen, zum anderen, um für die linke Körperhälfte mehr Hitze zur Verfügung zu stellen, da die rechte Seite durch die Leberwärme begünstigt wird.

Es gibt zwei Herzventrikel, die auch Kammern oder Herzbucht heißen, zwischen denen eine Wand liegt. Sie ist dick und fest und auch mit den Augen gut zu sehen. Dass diese Wand daher zu Unrecht als dritte Kammer bezeichnet wird, ist klar ersichtlich. Man erkennt auch keine Löcher in dieser Zwischenwand, nein, das Blut „schwitzt" gleichsam durch allerengste Poren in den anderen Ventrikel. Die rechte Herzkammer hat die Aufgabe, das aus der Hohlvene einfließende Blut aufzunehmen. Dieses Blut wird dort bearbeitet und zweigeteilt. Ein Teil fließt zur Lunge und ernährt diese, der andere, feinere Teil schwitzt in die linke Kammer, wo er in Lebensgeister (spiritus vitales) umgewandelt wird. An der rechten Herzkammer sind zwei Venen befestigt. Zum einen freilich die untere Hohlvene (vena cava), die der Kanal für das aus der Leber stammende Blut ist. Aus dieser Vene entspringen nun an der Herzbasis ihrerseits dünne Ästchen,[7] einem Kranz ähnlich, die weniger feines Blut mit sich führen, womit vorzugsweise das Herz ernährt wird. Die andere Vene im rechten Ventrikel entspringt im Herzen selbst und heißt Lungenschlagader (vena arterialis), da sie festere Wände hat, Arterien ähnlich. Durch sie gelangt etwas feineres Blut in die Lungen, das austreten würde, wäre die Vene nicht fester gebaut.

Der linke Ventrikel ist weit vorzüglicher. Er ist die Werkstatt, in der die besondere Arbeit des Herzens geschieht. Seine Aufgabe besteht darin, aus dem so feinen Blut, das ihm aus dem rechten Ventrikel zuschwitzt, Lebensgeister zu bilden. Der Lebensgeist ist eine sehr helle, lebenspendende Flamme von gottähnlicher Beschaffenheit. Er bringt Wärme und Leben in den ganzen Körper und ist ein Instrument für ganz besondere Vorgänge. In dieser Herzkammer entspringen zwei ziemlich große Gefäße, eine Arterie, die Hauptschlagader (Aorta), welche das Stammgefäß für alle Arterien im ganzen Körper ist. Durch diese Gefäße rinnen dann wie durch ein Flussbett die besonderen Wohltaten des Herzens in alle Körperregionen. Denn offensichtlich erwärmt diese lebenspendende Flamme mit ihrer Hitze alle Gliedmaßen und fördert die Körperfunktionen. Man sagt, Aristoteles habe das Gefäß Aorta getauft, was im Makedonischen Vagina bedeutet. Denn da dieses Gefäß fester und dichter als die Venen ist, scheint es einer Vagina ähnlich zu sein. Die Äste, die dann von dieser Arterie entspringen, haben beinahe im ganzen Körper Verbindung zu Venen, mit denen sie in wunderbarem wechselseitigem Austausch stehen und sich die Aufgaben teilen. Die Arterien hauchen durch kleinste Öffnungen den spiritus in die Venen, um das Blut mit lebendigem Gluthauch zu erwärmen und aufzukochen, die Arterien ihrerseits gewinnen etliches an Blut aus den Venen, um die Lebensgeister zu befeuchten und zu vermehren.

Nun zu dem anderen Gefäß, das aus dem linken Ventrikel entspringt. Es ist die Lungenvene (arteria venosa),[8] die zur Lunge führt, um von dort zur Erfrischung des Herzens Luft heranzuführen, und gleichzeitig den Rauch, der durch die Verbrennungshitze bedingt ist, abzuleiten. Denn fände diese Hitzeabfuhr nicht statt, würde ein Lebewesen unverzüglich ersticken. Man kann dies bei Strangulierten beobachten.

Es gibt noch weitere, kleine Teile am Herzen, deren Erschaffung indes sehr wohl Gründe hat. Man findet zwei Herzohren, das rechte an der Stelle, wo die Hohlvene das Blut ins Herz einleitet. An dieser Einmündung findet sich ein kleines Häutchen, das Einbuchtungen und Krümmungen hat. In diese hinein ergießt sich ein Teil des Blutes, das das Herz zunächst aufnimmt, damit nicht durch zu heftige Spannungen die Hohlvene einreißt. Denn so wie der Schöpfer beim ganzen Aufbau des menschlichen Körpers Sorge dafür getragen hat, dass nicht plötzlich große Mengen umgeschichtet werden, er vielmehr überall Maßhalten und Gleichgewicht schätzt, und alles nach und nach, tröpfchenweise geschehen lässt, so hat er auch der arteria venosa ein linkes Herzohr beigefügt, damit die Luftzufuhr gleichmäßiger vor sich geht. Alle Gefäße besitzen auch kleine Türchen. Mit ganz zarten Häutchen, Deckelchen ähnlich, öffnen und schließen sich im rechten Ventrikel die untere Hohlvene und die Lungenschlagader.

Im linken Ventrikel verhält es sich bei der Aorta und der Lungenvene ebenso. Diese Häutchen, dreizackig genannt, weil sie einem Spieß mit drei Spitzen gleichen, erfüllen nicht nur den Zweck, einem zu starken Ein- bzw. Ausstrom entgegenzuwirken, sie sind des Weiteren auch Werkzeuge der Kontraktion, denn durch die Herzbewegung werden sie gespannt und spannen ihrerseits die Gefäßwände, wodurch sie Blut, Lebensgeist oder Luft, die sich in den Gefäßen befinden, in Bewegung setzen.

Ich habe in Kürze über den Aufbau des Herzens gesprochen, damit wir nun noch stärkere Bewunderung verspüren, wenn wir über Funktion und Bewegung Betrachtungen anstellen. Die erste und Hauptfunktion des Herzens ist es, dem restlichen Körper Lebensquell und Spender der belebenden Wärme zu sein – ob man das nun unterscheidet oder als ein und dasselbe ansieht, sei einmal dahingestellt. Ferner verteilt es den Lebensgeist und die erwähnte lebenspendende Wärme im ganzen Körper. Darum schreibt Aristoteles: „Das Herz ist für alle Körperteile der Ursprung des Lebens und teilt allen die zum Leben notwendige Wärme sowie dem Gehirn und der Leber das Pneuma zu." Die zweite Aufgabe des Herzens ist folgende: Die dort entstandenen Lebensgeister fungieren, sobald sie durch den Einfluss des Gehirns in das rechte Maß gebracht sind, als unmittelbare Hilfsmittel für die Gehirn- und Nerventätigkeit. Sie bringen Denkvorgänge, Sinneseindrücke und Bewegungen in Gang. Und was wäre Leben ohne Sinneseindrücke, Bewegung und Denken?

Die dritte, ureigenste Funktion des Herzens ist es, dass es nicht nur Sitz der Affekte, sondern auch Quelle und Ursache derselben ist. Wir bemerken es doch, dass Leben gewissermaßen Freude bedeutet, Traurigkeit indes Tod und Ursache für Verstörungen ist. Denn obgleich das Herz die angenehmen und unangenehmen Eindrücke dank der Nerven, die als sechstes Hirnnervenpaar[9] zum Herzen gelangen, empfindet, ist es dennoch sein eigenes Wesen, auf Grund dessen es Gemütsregungen hervorbringt, Freude empfindet und vor Schmerz vergeht. Denn zu den wichtigsten Dingen im Leben gehören Sinneseindrücke, Nachdenken, Bewegung, sich über angenehme Dinge zu freuen oder über Gegenteiliges

Schmerz zu empfinden. Die letzten beiden Punkte sehen wir als spezifische Eigentümlichkeit des Herzens an. Zu diesem Zweck also ist das Herz vorzugsweise geschaffen, dass es Wohnstatt Gottes sei und ganz von göttlicher Freude erfüllt.

Es versetzt uns in Erstaunen, wenn wir diese wunderbare Vielfalt des Werkes und Gottes Plan von außen wie durch dichten Nebel betrachten. Gleichzeitig schmerzt es uns, nicht ganz in die Natur hineinblicken und die Zusammenhänge erkennen zu können. Wenn wir dann aber im göttlichen Geiste das Urbild der Natur betrachten werden, wird uns das einen vollständigen Einblick in sein Werk und die Ursachen alles göttlichen Schaffens erlauben. Nun, da wir am Beginn unserer Betrachtungen stehen, wollen wir Gott als den Schöpfer erkennen, und es soll unser inniger Wunsch sein, zur völligen Erkenntnis zu gelangen. Nachdem wir über Zweck und Aufgaben des Herzens nachgedacht haben, müssen wir nun die Bewegungen voneinander abgrenzen.

Zwei Arten von Bewegungen gibt es, die dem Herzen durch dessen Natur bedingt zukommen, beziehungsweise seine Tätigkeiten darstellen, die Pulse und die Affekte. Beim Zittern jedoch handelt es sich um keine Tätigkeit. Es entsteht vielmehr auf ganz andere Art. Die Bewegung, welche Puls heißt, ist aus vielen Gründen notwendig. Denn weil das Herz der Abkühlung bedarf, führt ihm der Puls Luft zu und leitet diese auch wieder ab. Der spiritus schließlich könnte ohne Wärme und Bewegung nicht gebildet und ohne eine Bewegung nicht verteilt werden. Die Vermischung von Luft mit unseren Körpern ist etwas Wundersames. Wie wir uns von Stoffen ernähren, die aus vier Grundbestandteilen bestehen, da ja aus diesen unsere Körper zusammengesetzt sind, so schöpfen wir am meisten Luft, wenn wir uns im Freien aufhalten. Die Luft mildert dann den Lebensgeist, diese so hell leuchtende Flamme. Die Bewegung des Herzens ist ein abwechselndes Erschlaffen und Anspannen der Kammern. Sie liegt in der Natur des Herzens und wird weder vom Gehirn noch von Nerven gesteuert. Es sind vielmehr die eigenen Fasern des Herzens, die diese Bewegung steuern. Ich möchte jetzt nicht mehr viele Worte über diese Art der Bewegung machen. Die Jüngeren halte ich lediglich dazu an, sich über diesen lebenswichtigen Sachverhalt Gedanken zu machen, dass nämlich diese Bewegung zu dem Zweck erforderlich ist, dass Luft angesaugt und die Bildung und Verteilung der spiritus begünstigt wird.

Die andere Art von Bewegung des Herzens ist die Gemütsbewegung, der Affekt, der einer Erkenntnis folgt oder durch das Wissen um etwas erregt wird. Wie dies aber geschieht oder kraft welchen Vermögens das Gehirn und die Lebensgeister das Herz derart in Wallung bringen, dass so wechselhafte Bewegungen zustande kommen, vermag ich nicht zu sagen, nur dass es eben so in der Natur begründet liegt, dass ein solcher Einklang, eine derart gleiche Empfindung zwischen Gehirn und Herz besteht. Gott wollte, dass die Strahlen seiner Weisheit in unserem Gehirn leuchten, und dass mit diesen auch die Herzen in Einklang stehen und sich an der Erkenntnis Gottes freuen. Er selbst wollte in unseren Herzen wie in seiner eigenen Wohnung leben und uns mit seinem Licht und seiner Freude durchströmen. Wir erkennen dies leider weniger gut, weil die ursprüngliche Harmonie zwischen Hirn und Herz, wie Gott sie gab, gestört ist. Man streitet darüber, ob die eine Erkenntnis begleitenden Affekte wie Zorn, Liebe, Freude, Hoffnung, Furcht dadurch entstehen, dass das Herz durch Lebensgeister, die aus dem Gehirn stammen, angeregt wird. Für diejenigen, die behaupten, dass das Herz der eigentliche Sitz der Seelensubstanz ist, fällt eine Erklärung dafür leichter. Wir wollen indes mit der Erklärung zufrieden sein, dass es eine solche Verbindung zwischen Herz und Gehirn gibt, so dass das Herz die ihm aus der Überlegung zugebrachten Dinge entweder gern oder ungern annimmt.

Weil das Herz nun die Herrschaft innehat, Gemütsbewegungen aber den Gedanken folgen, wollen wir uns einmal überlegen, welcher Art diese Herrschaft ist. Ihr seht hier zwei Arten von Herrschaft im Menschen, wofür euch Beispiele aus der Staatenwelt zur Verfügung stehen. Jede Art von Herrschaft beruht entweder auf Überzeugung oder auf Zwang. Um es deutlicher zu sagen: Alle, die einen Befehl ausführen, befolgen entweder aus Zwang die Anordnung oder gehorchen freiwillig aus Überzeugung. So gehorchen in einem Staat die einen der Obrigkeit aus freien Stücken – sei es aus Achtung vor den Gesetzen, sei es aus Furcht –, andere erst, wenn sie im Kerker sitzen, da sie ja nun in Fesseln sich nicht mehr so bewegen können, wie sie dies gerne täten. Die erste der beiden Herrschaftsformen nennen wir eine „despotische"; sie nötigt die Menschen. Die andere heißt „politisch", und ihre Regierung beruht auf Überzeugungsarbeit. Beide finden sich auch im Menschen. Das Wissen, das im Gehirn angesiedelt ist, und die freie Wahl üben eine despotische Macht hinsichtlich der Ortsbewegung aus, sie erregen Nerven und aktivieren die Hilfsmittel der Ortsbewegung, und nach ihrem Willen und Gutdünken gehorchen Nerven, Muskeln und Sehnen ohne Eigensinn. Achilles vermochte es, seinen Händen zu befehlen, das Schwert wieder in die Scheide zurückzustecken, obgleich sein Herz zornentbrannt war, und hieß die Füße von Agamemnon zurückweichen.[10] So also steuert nicht die Erkenntnis die Herzen, sondern sie selbst wird durch Zuraten gelenkt. Sokrates hatte erkannt, wie Maßhalten die Körperkräfte erhält, Maßlosigkeit hingegen diesen abträglich ist. Er mied daher aus freiem Entschluss Trunkenheit. Wäre die Harmonie zwischen Gesetzen und dem Herzen nicht gestört, würden die Herzen immer freiwillig mit den Gesetzen übereinstimmen.

Wir wollen jetzt jedoch erkennen, dass Gott trotz dieser Schwäche der menschlichen Natur und der widerstrebenden Kräfte in ihr dank seiner einzigartigen, wohlmeinenden Güte dem Menschen diesen Teil Freiheit gelassen hat, mittels der despotischen Macht die äußeren Körperfunktionen in Zaum zu halten. Denn Gott will, dass man den Unterschied zwischen freier Entscheidungsfähigkeit und erzwungenem Entschluss erkennt. Er möchte, dass man von ihm weiß, wie völlig frei er entscheidet, nicht von stoischen Vorstellungen beengt, sondern dass er die, die ihn anrufen, retten und die Widerspenstigen strafen will. Er möchte, dass sich die Menschen diszipliniert in Zaum halten.

Dies alles kann man erkennen und beurteilen, wenn wir die despotische und die politische Macht im Menschen voneinander unterscheiden. Oft bemerkt man aber, dass das Herz wie ein Tyrann dem Gesetz widersteht, die despotische Macht des Gehirns behindert und die Disziplin untergräbt. Paris raubte, in Liebe entbrannt, Helena;[11] Antonius trieb Oktavian aus törichtem Ehrgeiz und aus Missgunst in einen Krieg.[12] Solche und schlimmere Wahnsinnstaten geschehen, wenn ein tyrannisches Herz von einem teuflischen Geist – wie er Gott verachtende Herzen befällt – besessen ist. In solchen Herzen geschieht viel Schlimmes. Wenn ein teuflischer Geist die Herzen beherrscht, ereignet sich Folgendes: Durch seinen Einfluss entfacht und vermehrt er schlechte Affekte und löscht im Gemüt das gesunde Urteilsvermögen aus. Die Herzen produzieren vergiftete Lebensgeister, die dann ihrerseits das Gehirn und andere Körperteile anstecken, wie das bei tollwütigen Tieren der Fall ist.

Dieses ungeheure Übel muss man sich gut vor Augen halten und große Sorgfalt darauf verwenden, die Gesundheit des Herzens soweit als möglich wiederherzustellen und zu erhalten, und zwar deswegen, damit es Sitz Gottes bleibt, wozu es ja ursprünglich dienen soll. Damit wir dieses Gut erkennen, erstreben und erlangen, müssen wir eifrig versuchen, uns die Lehre von diesen wichtigen Themen anzueignen, die Lehre von der Natur des Menschen, von unserer Schwäche, vom Willen Gottes und den Wohltaten des Sohnes Gottes.

Diese Natur des Menschen ist nicht zufällig, blindlings aus Atomen zusammengeflossen, wie Demokrit und Epikur sich das so dachten. Überall finden sich doch leuchtende Zeugnisse für die Existenz Gottes, Beispiele dafür, dass wir ihm am Herzen liegen, und dass das Herz des Menschen zu dem Zweck erschaffen ist, um Gott als Wohnung zu dienen. Wir werden dies schließlich dann vollends erkennen, wenn wir in der ewigen hohen Schule in Gott selbst das Urbild der Natur betrachten. Aber trotzdem möchte er, dass wir schon zeitlebens beginnen, seine so große Weisheit zu empfinden und zu begreifen. Und in seiner unermesslichen Güte gießt er seinen Geist in die Herzen derer, die ihn anbeten, damit dieser die spiritus unserer Herzen gesundhält. Auf keinen Fall will er, dass sein Platz von teuflischem Geist eingenommen wird. Daher hilft er uns um seines Sohnes willen gerne. Er lehrt uns nämlich ernstlich, es solle unser Bestreben sein, unsere Herzen von ihm lenken und leiten zu lassen.

Wir wollen uns also auf die Bitte verlegen und von Gott in ehrlichem Seufzen erbeten, er möge immer in unseren Herzen wohnen und in dieser seiner Wohnstatt die Herzen, die Lebensgeister, das Gemüt, das Gehirn und alle unsere Kräfte mit seinem Licht und seinem Geist lenken, damit wir die Wahrheit verkündigen und für uns und die ganze Kirche Heilsames wirken können.

[1] Die Erstdrucke siehe Köhn (Nr. 173 f.). [2] Kurzdarstellungen bei Wolfgang U. Eckart: Philipp Melanchthon y la medicina. Folia Humanistica 34 (1996), 311–333; Victor Fossel: Philipp Melanchthons Beziehungen zur Medizin. In: Zwanzig Abhandlungen zur Geschichte der Medizin – Festschrift Hermann Baas in Worms zum 70. Geburtstage gewidmet von der Deutschen Gesellschaft für Geschichte der Medizin und der Naturwissenschaften. Leipzig 1908, 33–40. [3] Vgl. Johann Rump: Melanchthons Psychologie (seine Schrift de anima) in ihrer Abhängigkeit von Aristoteles und Galenos dargestellt. Kiel 1896. [4] Vgl. Jürgen Helm: Die spiritus in der medizinischen Tradition und in Melanchthons Liber de anima. In: Günter Frank/Stefan Rhein (Hrsg.): Melanchthon und die Naturwissenschaften seiner Zeit, Sigmaringen 1998, 219–237. [5] Als Mediastinum oder Mittelfell bezeichnet man alles das, was zwischen den Lungen liegt (etymologisch: quod per medium stat). [6] Casimir soll während eines Feldzuges in Ofen (dem heutigen Budapest) an der Ruhr, also an enormem Flüssigkeitsverlust gestorben sein. Der beschriebene Befund scheint während der Einbalsamierung erhoben worden zu sein. [7] Die nach damaliger Lesart den Herzmuskel ernährenden Herzkranzvenen münden in den rechten Herzvorhof. Die Vorhöfe unterschied man damals aber noch nicht von den Herzohren. [8] Nach damaligem Verständnis wurde durch sie Luft von und zur Lunge transportiert. [9] Melanchthon meint damit den Vagusnerv, das – nach heutiger Zählung – 10. Hirnnervenpaar. [10] Agamemnon hatte Achilles dessen Kriegsgeschenk, die schöne Briseis, weggenommen, was zu „Achilles' Zorn" führte; vgl. Homer, Ilias I, 182 ff. [11] Der Raub der Helena löste den Trojanischen Krieg aus. [12] Im Mutinensischen Krieg (44/43 v. Chr.) zwang Oktavian den Antonius zum Rückzug nach Gallien und vereitelte so dessen Machtbestrebungen in Oberitalien.

Philosophie, Geschichte und Politik

Rede über die Philosophie

De philosophia 1536

Melanchthons Rede „über die Philosophie" ist der erste ausdrückliche und richtungsweisende Versuch einer systematischen Bestimmung des Verhältnisses Theologie – Philosophie bzw. Glauben – Vernunft im Protestantismus. Schon diese Tatsache verdeutlicht die herausragende Stellung dieser Schrift. Allerdings hatte Melanchthon bereits im Jahre 1527 mit seinem Kommentar zum Kolosserbrief und insbesondere mit seiner Auslegung des bekannten Pauluswortes „Gebt Acht, dass euch niemand mit seiner Philosophie und falschen Lehre verführe"[2], die in mehrfachen Sonderdrucken publiziert wurde, für nicht geringes Aufsehen gesorgt. Während er jedoch in dieser frühen exegetischen Schrift die Verhältnisbestimmung von der Seite der Theologie aus unternahm, mit dem Ziel, die Theologie auf die ihr eigentümlichen Offenbarungsgrundlagen zu gründen und sie von Vorgaben der Philosophie freizuhalten, geht er diese Problematik in „De philosophia" nun umgekehrt von der Seite der Philosophie aus an. Diese Deklamation verfasste Melanchthon nach einem langen Klärungsprozess, dessen historischer Kontext durch die Hinweise auf die innertheologischen Konfrontationen aus den ersten Jahren der reformatorischen Bewegung klar beschrieben sind: Es sind Jahre der Auseinandersetzung mit den Wiedertäufern, die er, weil sie in der Philosophie nicht gebildet sind, genauso Ungebildete nennt wie jene, die prahlerische Reden ohne Inhalt halten, weil sie keine Klarheit über das Verhältnis von Theologie und Philosophie besitzen. Am Ende dieses Klärungsweges, zu dem auch die für Melanchthon leidvollen Kontroversen über die menschliche Willensfreiheit zwischen Erasmus und Luther gehörten, war für ihn klar: „Die Kirche braucht die freie Bildung, und zwar nicht nur die Kenntnis der Grammatik, sondern auch vieler anderer Wissenschaften und das Wissen der Philosophie."[3] Die Notwendigkeit philosophischer Kenntnis im wissenschaftlichen Curriculum ist jedoch weit mehr als ein pädagogisches Postulat. Es geht Melanchthon um ein methodisches Wissen, das er auch für die Theologie, nicht zuletzt im Blick auf die vielfältigen Religionsgespräche, fruchtbar machen will. Darüber hinaus wirft diese Schrift ein wichtiges Licht auf das Philosophiegeschichtsverständnis eines der führenden Gelehrten des 16. Jahrhunderts, das irrtümlicherweise in der Forschung immer wieder als eklektisch bezeichnet wurde. Während im Mittelalter Philosophen weitgehend lediglich kommentiert wurden, begegnet hier ein Verständnis von Philosophiegeschichte als Geschichte von Schulen, Meinungen und Philosophen, die exemplarisch in Viten dargestellt und diskutiert wird.[4] Gerade in der Erforschung dieser neuentdeckten Geschichte der Philosophiegeschichte wird für die religiösen Auseinandersetzungen im 16. Jahrhundert geltend gemacht, dass sie das Interesse an der Philosophiegeschichte wenig begünstigt hätten. Jedoch gilt diese Einschätzung eher für Martin Luther, dessen Urteil über Aristoteles, der hundertmal dunkler sei als die heilige Schrift, letztlich zu der Vorstellung führte, dass die Philosophie ihre Geschichte etwa so durchlaufe, wie ein Verirrter seinen Weg sucht. Melanchthon hingegen diskutiert Positionen philosophischer Autoren und Schulen, um sie in den Wahrheitsanspruch der Theologie integrieren zu können.

Übersetzungsgrundlage: CR 11, 278–284.

Ich hoffe, euch allen ist mein Lebenswandel bekannt genug, um euch leicht davon zu überzeugen, dass ich mir diese Redethemen weder aus Unverschämtheit noch aus Vertrauen auf meine Begabung oder aus irgendeiner Vielgeschäftigkeit erneut gewählt habe. Denn da sie mir der rechtschaffende Mann Jakobus Milichus, Dekan unseres Kollegs, auftrug, der von mir wegen ehrenvoller Tugend und der Gemeinschaft der Studien und vieler Pflichten sehr geschätzt ist, trieb mich die Rücksicht auf meine Pflicht, so dass ich meinte, dem Verlangen eines Freundes genügen zu müssen. Ich bin auch nicht so sehr ein Suffenus[5] oder gefalle auf lächerliche Weise mir selbst, um zu ignorieren, dass es in dieser Schule viele gibt, die sowohl von Natur aus geeigneter als auch in der Lehre besser ausgerüstet sind als ich, eine Rede zu halten, und denen ich wahrhaftig reichlich Lob für Begabung und Bildung spende. Aber ich wollte nicht eigenwillig erscheinen und mich verweigern, da ein eng befreundeter Mensch diese Mühe von mir erbat. Ich will auch wirklich keine längere Entschuldigung verwenden; denn ich meine, mein Lebenswandel ist von euch zur Genüge geprüft worden. Und unser Anliegen ist insbesondere von jener Art, auf welche der kurze Vers passt:

„Des Redners Wandel überzeugt, nicht seine Rede.“

Außerdem ist in bester Absicht festgelegt worden, dass in solchen Festversammlungen sowohl über die Studien als auch über das Lob der Tugenden gesprochen werde. Um deshalb ein passendes Argument an dieser Stelle anzuführen und etwas über die Würde wie den Nutzen jener Wissenschaften zu sagen, welche die Philosophie umfasst, will ich in meiner Rede zeigen, dass die Kirche die freie Bildung benötigt, und zwar nicht nur die Kenntnis der Grammatik, sondern auch vieler anderer Wissenschaften und das Wissen der Philosophie. Wenn wir davon ausgehen, dass dies so sei und wenn auch andere Gründe zum Lehren einladen, so müssen trotzdem alle Menschen guten Sinnes in besonderer Weise und sehr eifrig auf dieses Ziel blicken, dass die Studien zur Unterstützung und Förderung der Kirche beitragen sollen. Nichts nämlich muss guten Menschen angenehmer sein als der Ruf der Kirche, nichts wertvoller sein als sie. Dieser Grund muss uns am meisten ermuntern und antreiben, mit größter Anstrengung des Geistes eine vollständige Lehre zu erreichen, um aus ihr für das Staatswesen und für die Kirche Nutzen ziehen zu können. Denn weder ist für uns Lehrer eine Rede über andere Sache würdiger noch ist irgendetwas nützlicher für die Guten und Eifrigen, als im Geiste das Ziel und gleichsam die Zielmarke im ehrenvollsten Lauf vor Augen zu haben, auf welche sich die eigenen Studien richten müssen.

Außerdem kann die Würde und Kraft jener Wissenschaften nicht besser begriffen werden, als wenn wir im Auge haben, wie sehr sie in der Kirche notwendig sind, mit welchen Dunkelheiten das Unwissen die Religion verschüttet, welche Verwüstung, welche grausame Zersplitterung der Kirchen, welche Barbarei und Verwirrung des ganzen Menschengeschlechtes es anrichtet. Erst wenn man dies bedenkt, wird man völlig einschätzen können, welche Kraft und Größe jene Wissenschaften und Lehren besitzen.

Auch wenn sich keine Rede ersinnen lässt, die diesen Dingen angemessen wäre, so müssen doch, weil Unwissende häufig verschrobene Meinungen hierüber ausstreuen, die Heranwachsenden ermahnt und gefestigt werden. Obgleich dies täglich in den Schulen durch die Lehrer geschieht, sollte eine Rede, die an dieser Stelle im öffentlichen Namen gehalten wird, ein noch größeres Gewicht haben. Dies ist nämlich die Meinung aller hochgelehrten Männer in dieser Versammlung, eine Meinung, die zu verachten höchst anmaßend wäre. Deshalb bitte ich euch, da ich zum Nutzen des Staatswesens wie auch euch zum Heil spreche und euch meine Rede die gemeinsame Auffassung aller wiedergibt, so freundlich zu sein, mir genau zuzuhören. Und wenn ihr diese Ermahnung gehört habt, bitte ich euch, die törichten Meinungen derer, die die freie Bildung in der Kirche für keineswegs erforderlich halten, nicht nur zu fliehen – wie die Gefährten des Ulysses die Sirenen mit verstopften Ohren umschifften[6] –, sondern jene gleichsam wie widerwärtige Seuchen und grässliche Ungeheuer zu verfluchen. Daneben soll man die Sorge um das Studieren verstärken und wecken, weil sich eure Studien auf Kirche und Staat erstrecken und aus ihnen eben nicht nur privater Nutzen und Vergnügen gewonnen wird.

Zunächst nämlich ist eine ungebildete Theologie überhaupt eine Ilias[7] der Übel. Es gibt in der Tat eine verworrene Lehre, in welcher die großen Dinge nicht geordnet entfaltet werden, wo dasjenige vermischt wird, was unterschieden werden müsste, dasjenige wiederum, was von Natur aus zu verbinden wäre, auseinandergerissen wird. Oft wird Widersprüchliches behauptet, nur Annäherndes hastig für Wahres und Eigentliches angenommen. Schließlich ist die gesamte Lehre abenteuerlich und jenem Bild bei Horaz ähnlich:

> „Wenn der Maler dem menschlichen Haupt den Hals eines Pferdes
> Anhängt und dazu noch bunte Federn ihm aufsteckt“[8].

Nichts hängt in ihr zusammen, weder die Anfangsgründe noch die Ableitungen oder das Ende können wahrgenommen werden. Eine solche Lehre kann nur unendliche Irrtümer hervorbringen, eine unendliche Zersplitterung, weil in einer solchen Verwirrung der eine dies, der andere das versteht, und während jedermann sein eigenes Trugbild verteidigt, entsteht Streiterei und Zwiespalt. Was zurückbleibt, sind schwankende Gewissen. Und weil keine Erinnyen[9] die Seele heftiger quälen als dieser Zweifel an der Religion, wird schließlich aus irgendeinem Hass heraus die gesamte Religion weggestoßen und es entstehen weltliche und epikureische[10] Gesinnungen.

Wenn demnach eine ungebildete Theologie nur von Übel ist, sollte man leicht einsehen, dass die Kirche vieler großer Wissenschaften bedarf. Denn zum Urteilen und zum richtigen und klaren Auslegen schwieriger und dunkler Dinge reicht es nicht aus, die gewöhnlichen Regeln der Grammatik und Dialektik zu kennen, sondern eine vielfältige Lehre ist nötig. Vieles nämlich muss aus den Physiken[11] genommen und vieles aus der Moralphilosophie muss auf die christliche Lehre bezogen werden.

Des Weiteren gibt es zwei Dinge, zu deren Erwerb es einer großen und vielseitigen Lehre und einer langen Übung in vielen Wissenschaften bedarf, nämlich die Methode[12] und die Redeform.[13] Denn niemand kann ein Meister der Methode werden, der nicht gehörig mit der Philosophie vertraut ist, zumindest mit jener Art von Philosophie, die nichts mit Sophistik zu tun hat, sondern die Wahrheit in einer geordneten und richtigen Weise aufsucht und offenlegt. Die in diesem Studium gut Geschulten haben sich eine Fertigkeit erworben, alles auf die Methode zurückzuführen, welche sie erkennen und anderen überliefern wollen; sie verstehen es, auch bei Religionsgesprächen methodisch vorzugehen, innere Zusammenhänge darzustellen, Unverbundenes zusammenzuziehen und dunkle und strittige Fragen zu erhellen.

Eine große und gedankenreiche Lehre muss sich aber auch auf den anderen Teil beziehen, nämlich auf die Redeform, wie alle nur einigermaßen in der Literatur Bewanderten wissen. Um aber jene Fertigkeit in der Methodenbildung zu erreichen, ist ein nicht geringeres Studium nötig. Sie kann jedoch denen nicht zuteil werden, die nicht vertraut sind mit mehreren Bereichen der Philosophie, in welchen die nicht Ausgebildeten, auch wenn sie die Dialektik streifen, allenfalls einem Schatten der Methode folgen. Doch auch sie häufen nicht öfter Fehlerhaftes und Sophistisches aufeinander als jene Gebildeten. Obwohl diese glauben, sie seien Meister der Methode, irren sie dennoch vom Weg ab und sind, um ein Wort Homers zu verwenden: „blinde Späher". Philosophie ist darüber hinaus nicht nur wegen der Methode notwendig, oder – wie Platon sagt – aus rednerischer Notwendigkeit.[14] Denn wie ich bereits zuvor gesagt habe, muss auch der Theologe vieles aus den Physiken entnehmen, wo es die Natur der einzelnen Bereiche erfordert, weshalb es denen, die eine solide Lehre anstreben, nicht genügen kann, einiges Wenige herauszulesen; vielmehr müssen sie die vollständige Wissenschaft – soweit dies möglich ist – erkennen. Eines großen Hilfsmittels ist der Theologe beraubt, der jene höchst gebildeteten Erörterungen über die Seele, die Sinne, die Ursachen des Strebens und der Leidenschaften, die „Kenntnis"[15] und den Willen[16] nicht kennt. Anmaßend handelt, wer sich als Dialektiker ausgibt, ohne jene Einteilungen der Ursachen zu kennen, die nur in den Physiken behandelt werden und die nur von den Physiken her erkannt werden können. Überhaupt gibt es sozusagen einen Kreis der Wissenschaften, in dem sie alle untereinander fest verbunden und verknüpft sind, so dass man, um einzelne Teile zu begreifen, vieles aus anderen entnehmen muss. Deshalb braucht die Kirche jenen gesamten Kreis der Lehren.

Ich meine nicht, jemand sei so geistlos, dass er nicht bemerkte, dass diejenigen, welche in der Moralphilosophie unterrichtet sind, viele Bereiche der christlichen Lehre gewinnbringender behandeln können. Denn da es ja viele Ähnlichkeiten gibt – etwa hinsichtlich der Gesetze und der politischen Lebensregeln sowie der Verträge und vieler Pflichten des Lebens –, werden wir durch die Philosophie nicht allein in Systematik und Methode unterstützt, sondern auch in der sorgfältigen Aneignung der Inhalte. Und wenn Dinge verschieden sind, kann ein Vergleich viel erhellen.

Darüber hinaus: Wer die Physiken vernachlässigt, behandelt die Moralphilosophie wie ein Lahmer, der Ball spielt. Schon die Geschichte, die genaue Zeitenberechnung, erfordert Mathematik.

Aber auch dieser Teil muss mit den Physiken verbunden werden. Ebenda hat nämlich das meiste in den Physiken seine Quelle. Und es ist eine Barbarei – um nichts anderes zu sagen –, jene wunderschönen Wissenschaften über die Bewegungen der Sterne zu verachten, die uns die Unterscheidung der Jahre und Zeiten ermöglichen, die Ankunft vieler großer Dinge ankündigen und uns in nutzvoller Weise ermahnen.[17]

Ich verkenne keinesfalls, dass die Philosophie einer anderen Art von Lehre zugehört als die Theologie; noch will ich beide so vermischen, wie ein Koch viele Suppen zusammenschüttet, sondern ich will, dass der Theologe im Umgang mit der Methode gefördert wird. Es wird nämlich notwendig sein, dass er vieles aus der Philosophie entlehnt. Wer dieser Rede kein Vertrauen schenkt, der betrachte die Theologie der Ungebildeten und erwäge bei sich, ob er meine, es sei dem Erdkreis zuträglich, dass eine solche verworrene sophistische und zweifelhafte Theologie in die Kirche eindringe. Und ungebildet nenne ich nicht nur diejenigen, die wie die Wiedertäufer keine Kenntnis von antiker Literatur und Wissenschaft haben, sondern auch jene geschmacklosen Schwätzer, die keine gesicherten Erkenntnisse vortragen, obwohl sie glänzende Reden schwingen. Weil sie einerseits mit methodischem Vorgehen nicht vertraut sind und andererseits die Grundlagen der Dinge nicht ausreichend erfassen – das ist das Ergebnis mangelhafter philosophischer Ausbildung –, können sie nicht recht erkennen, womit sich die Theologie beschäftigt oder inwieweit sie mit der Philosophie übereinstimmt.

Es ist hier nicht notwendig, jene Alten zu zitieren, welche die christliche Lehre mit höchst geschmacklosen Spitzfindigkeiten von innen her zerstört haben. Ich strebe nach einer gebildeten Philosophie, nicht nach jenen Spitzfindigkeiten, denen keine Inhalte zu Grunde liegen. Deshalb sage ich, dass man eine ganz bestimmte Art von Philosophie wählen muss, eine solche, die am wenigsten sophistisch ist und die Angemessenheit der Methoden berücksichtigt: Von dieser Art ist die aristotelische Lehre. Dieser Methode muss jedoch auch jener vorzüglichste Teilbereich der Philosophie, der über die Himmelsbewegungen, hinzugefügt werden. Die übrigen Lehrmeinungen sind voller Sophistik und absurder und falscher Meinungen, die auch den Sitten schaden. Denn jene Übertreibungen der Stoiker sind ganz und gar sophistisch, nämlich dass Gesundheit, Vermögen und Ähnliches keine Güter seien. Eine Erfindung ist auch die stoische Gelassenheit, falsch und schädlich die Meinung über das Schicksal.[18] Epikur philosophiert nicht, sondern reißt Possen, wenn er behauptet, alles sei aus Zufall entstanden: Er hebt die Erstursache[19] auf und steht insgesamt im Widerstreit zur wahren Lehre der Physiker. Auch die Akademie[20] muss gemieden werden, die sich an keine Methode hält und sich die maßlose Freiheit herausnimmt, alles umzustürzen. Die das zu tun sich bemühen, müssen notwendigerweise vieles nach Sophistenmanier zusammenklauben. Indessen kann auch jemand, der insbesondere Aristoteles als Führer folgt und eine einfache und keineswegs sophistische Lehre anstrebt, von anderen Autoren einiges übernehmen. Wie nämlich die Musen, nachdem sie in einen Sangeswettstreit mit den Sirenen getreten waren und diese besiegt hatten, sich Diademe aus deren Federn machten, so lasst uns auch in den Lehrmeinungen, auch wenn nur einer der Vorzug zu geben ist, dennoch zuweilen aus den anderen etwas Wahres herausnehmen, wodurch unsere Meinung hervorgehoben wird.

Über die Art der Philosophie und die Unterscheidung der Lehrmeinungen wird jedoch ein anderes Mal zu reden sein. Im Blick auf die Lebensführung scheint mir auch zuträglich zu sein, die Lehrmeinung aufzusuchen, die sich bemüht, nicht zu streiten, sondern die Wahrheit zu suchen, die außerdem gemäßigte Meinungen schätzt und nicht durch Blendwerke von Streitgesprächen und absurde Meinungen den Beifall der Ungebildeten zu gewinnen sucht. Die Gewöhnung an diese Dinge ist das Schlechteste, und wer sie auf die Heilige Schrift überträgt, beschwört ungeheure Stürme herauf. Jene einfache Philosophie aber, über die ich rede, bemüht sich zunächst darum, nichts ohne Beweis zu behaupten. So meidet sie leicht absurde Meinungen, weil diese keine Beweise besitzen, sondern lediglich durch sophistische Trugbilder verteidigt werden. Überhaupt nutzt der Kirche insgesamt die Bildung auch aus diesem Grund, weil Ungebildete zu waghalsig und zu nachlässig sind. Eine Lehre bietet einen Zügel und gewöhnt an die Sorgfalt. Den Gebildeten nämlich kommt vieles in den Sinn, was mit jenem Grund zusammenhängt, über den gesprochen werden muss: Sie sehen, wie leicht es ist, auszugleiten und getäuscht zu werden, und in den anderen Wissenschaften sind sie gewohnt, die Ursachen für die Schwierigkeiten zu ermitteln und das zu klären, was hinderlich zu sein scheint. Und die Studien wirken sich auf den Lebenswandel aus. Denn ebenjene Sorgfalt, die man auf die Untersuchung verwendet, bringt Bescheidenheit hervor. Ferner: Welche Gefahr Waghalsigkeit im Bunde mit Nachlässigkeit birgt, zeigen Beispiele zu allen Zeiten, in allen Staaten und selbst in der Kirche, welche von Ungebildeten, die ohne Überlegung niederreißen, sowohl früher oft zerfleischt wurde als auch heutzutage grausam zerfleischt wird.

Deshalb ermahne ich euch zuerst, verehrte Hörer, zu bedenken, dass sich eure Studien in Wahrheit auf Staat und Kirche erstrecken. Denn die Reinheit und Eintracht der Lehre bewahrt das Heil und die Einheit der Menschen und insbesondere der Kirche. Ferner beschwöre ich euch um der Ehre Gottes, die wir allen Dingen voranstellen müssen, und um des Heiles der Kirche willen, welche uns am meisten am Herzen liegen muss, dass ihr euch vornehmt, diese vorzüglichen Disziplinen, welche die Philosophie beinhaltet, zu bewahren und euch ihrer mit größerem Eifer zu befleißigen, damit ihr zu einer Lehre gelangt, in euch gefestigt und nützlich für die Menschen. Epaminondas[21] antwortete auf die Frage, was ihm im Leben als das Angenehmste widerfahren sei, er habe daraus das größte Vergnügen gezogen, dass er zu Lebzeiten der Eltern das Vaterland von der Knechtschaft befreit habe, als in einer ungeheuren Schlacht die Lakedaimonier besiegt wurden. Er bezeugte nämlich, dass beides ihm das größte Vergnügen bereitet habe, das Heil des Vaterlandes wie auch die Freude der Eltern über die Tapferkeit und den Siegesruhm ihres Sohnes. O dass wir doch so gegenüber der Kirche eingestellt wären, dass wir dies für das höchste Vergnügen hielten, die Kirche in Frieden gedeihen zu sehen, welche doch das wahrhaftigere Vaterland ist als jener Boden, als jenes Haus, das uns bei der Geburt aufnahm, und dafür einzustehen, dass die

Kirche, d. h. die himmlischen Engel und die gesamte Schar der Frommen, welche wir wie Eltern verehren und lieben sollten, aus unseren Wohltaten ein wahrhaftes Vergnügen ziehen. Auf der anderen Seite lasst uns keine Marter für grausamer halten, als die Kirche zerrissen, die Engel jedoch und die Schar der Frommen durch unsere Begierden der Trauer und dem Schmerz ausgesetzt zu sehen. Ich spreche hier nicht über Belohnungen, denn es geziemt sich, dass wir durch die Tugend selbst bewegt werden. Die Liebe zur Kirche und der Pflichtsinn müssen bei uns stark sein, weil wir es Gott schulden. Gleichwohl wird es auch an Belohnungen für die recht Lernenden nicht mangeln. Denn Gott hat gesagt: Die mich verherrlichen, werde ich verherrlichen. Und wenn wir Christen sind, müssen wir in dieser Hoffnung unsere Pflicht tun, um zu erfahren, dass sich Gott um uns sorgt und wir und unsere Nachkommen nicht Mangel leiden. Ja, ihr sollt sogar wissen, dass um unseretwillen und nicht wegen der Tyrannen oder derer, die fromme Studien hassen, diese ganze Welt von Gott bewahrt wird, die Sonne aufgeht und der Wechsel der Jahreszeiten bewirkt wird, auf dass die Äcker fruchtbar werden. Hier haben die Stoiker recht: Alles gehört Gott; die Philosophen aber sind Freunde Gottes; deshalb gehört alles den Philosophen. So lasst uns mit großem Eifer diese Studien der Wissenschaften verteidigen wie auch einsehen, dass uns an diesem Ort göttliche Fügung versammelt hat. Lasst uns unseren Dienst aus diesem Grunde und in größerer Sorgfalt tun und die Belohnungen für unsere Mühen von Gott erwarten.

[1] MSA 4, 230–243. [2] Kol 2,8. [3] CR 11, 279. [4] Vgl. weiter unten die Reden über Platon und Aristoteles. [5] Ein schlechter Dichter zur Zeit Catulls; vgl. ders., Carmina 22, 1 ff. [6] Dieses Bildwort bezieht sich auf eine Szene in Homers Odyssee (Ulysses-Odysseus). Nach der Abfahrt von der Insel der Kirke kam das Schiff des Odysseus an den Sirenen vorbei. Diese Nymphen betörten vorbeifahrende Seeleute mit ihrer Schönheit und mit Gesang und lockten sie ans Land, um sie zu töten. Wie ihm Kirke geraten hatte, verstopfte Odysseus seinen Begleitern die Ohren mit Wachs, sich selbst ließ er jedoch an den Mast des Schiffes binden, um die Nymphen zu hören, ohne ihrem Reiz zu erliegen. Im Mittelalter weitgehend unbekannt, wurde die Odyssee erst in der Renaissance wieder gelesen. [7] „Ilias“ steht hier als ein poetischer Begriff für eine ungeheure Ansammlung

von Kampf, Ungemach und Kriegsleid. [8] Die ersten beiden Verse aus Horaz: Ars Poetica. [9] Rachegöttinnen aus Hesiods „Theogonie", die den Frevler erbarmungslos verfolgen und ihn als personifiziertes schlechtes Gewissen bis zum Tode oder Wahnsinn quälen. [10] Gemeint ist weniger ein libertinistischer Lebenswandel als eine im Grunde atheistische Weltsicht. [11] Die Bücher zur Physik beinhalteten in gleicher Weise Naturphilosophie, Schöpfungslehre, Astronomie und Astrologie. Melanchthons eigene Physik erschien 1549 als „Initia doctrinae physicae". [12] Die Entwicklung einer wissenschaftlichen Methodologie für alle Disziplinen gehört zu einer der zentralen Interessen Melanchthons, die Thema seiner verschiedenen dialektischen Schriften sind. Gewöhnlich folgt er der Methoden- und Beweislehre des Aristoteles, passt sie jedoch dem gewandelten wissenschaftlichen Standard seit dem 16. Jahrhundert an. Wissenschaftsgeschichtlich gehören diese Schriften zu den wichtigsten Melanchthons. [13] Mit diesem Begriff der Redeform (forma orationis) verbindet sich der alte Streit zwischen Philosophie und Rhetorik, zwischen Vernunft und Sprache, Wissen und Redeübungen, der aus den Auseinandersetzungen mit der antiken Sophistik hervorgegangen war. Wie viele andere Humanisten vertritt Melanchthon eine Erneuerung der Rhetorik, nicht im Sinne stilvoller, aber inhaltsleerer Redeübungen, sondern der grundsätzlichen Sprachbezogenheit jeder Wissenschaft. [14] Phaidros, 264 b. [15] Die Theorie von den „natürlichen Kenntnissen" (notitiae naturales) in Melanchthons Philosophie geht auf Cicero zurück. Bei Melanchthon sind „Kenntnisse" letztlich die Präsenz göttlicher Eigenschaften im menschlichen Geist. [16] Melanchthon hat bekanntlich in der Folge des Streites um den freien Willen zwischen Luther und Erasmus eine vermittelnde Position eingenommen: Die Willensfreiheit wird von ihm in äußeren Dingen positiv akzeptiert. [17] Astronomie und Astrologie zählen zu den populärsten Wissenschaften des Spätmittelalters und der frühen Neuzeit. In der christlichen Tradition galt insgesamt: „astra inclinant, non necessitant" (die Sterne lenken, aber sie zwingen nicht). [18] Trotz großer Sympathie für Cicero hat Melanchthon die stoische Philosophie im Wesentlichen abgelehnt. Vor allem der Schicksalsglaube ist für ihn unvereinbar mit der Schöpfungstheologie, der Vorsehungslehre und der göttlichen und menschlichen Freiheit. [19] Die „causa prima efficiens" war von zentraler Bedeutung für die Ursachenlehre der aristotelischen Tradition. In der christlichen Aristotelesrezeption des Mittelalters wurde die Erstursache mit dem Schöpfergott identifiziert. [20] Bezieht sich auf die wachsende Bedeutung skeptizistischer Traditionen im europäischen Denken seit der Renaissance. [21] Feldherr der Thebaner, Begründer der Macht Thebens, siegte 362 v. Chr. bei Mantinea über die Spartaner und fiel in dieser Schlacht.

Rede über Platon

De Platone 1538

Diese Rede ist neben den beiden Aristotelesreden Melanchthons Versuch einer Würdigung des zweiten bedeutenden antiken Philosophen Platon. Neben der bereits für die Aristotelesreden bemerkenswerten Weise, Philosophiegeschichte zu betreiben, indem sie exemplarisch an der Vita des Philosophen diskutiert wird, sind es vor allem fünf wichtige philosophische Auffassungen Platons, die für Melanchthon und sein eigenes Philosophieverständnis von besonderer Bedeutung sind. Zum einen hat er den platonischen Gottesbegriff („Gott ist ein ewiger Geist, Ursache des Guten in der Natur")[1] in seine eigene theologische Philosophie integriert. Daneben ist es Platons Schöpfungsmythos aus dem „Timaios", der auch ein wichtiges Grundelement der naturphilosophischen Auffassungen Melanchthons wurde.[2] Drittens war wie für Platon auch für den Humanisten und Reformator klar, dass das eigentliche Ziel des menschlichen Lebens, der Philosophie und jeglicher Erkenntnis die Gotteserkenntnis ist. Viertens spielt die platonische Vorstellung von der individuellen Unsterblichkeit der menschlichen Seele eine wichtige Rolle für seine eigene theologisch-philosophische Auffassung der Unsterblichkeit der Seele.[3] Und schließlich wird Platon wegen seiner herausragenden Rhetorik viel Lob gespendet. Wie viele Humanisten ist auch Melanchthon darum bemüht, den klassischen Dauerkonflikt zwischen Rhetorik und Philosophie, zwischen Redeform und Wahrheit, zwischen Sprache und Wirklichkeit miteinander zu versöhnen. So wichtig auch platonisches Gedankengut für Melanchthons Denken ist, so irreführend wäre es, ihn nun – im Gegensatz zur Aristotelismusthese – einen Platoniker zu nennen. Wie sein Hinweis auf die Debatte zwischen Kardinal Bessarion[4] und Theodorus Gaza[5] und sein eigenes umfassendes Philosophieverständnis deutlich machen, ist Melanchthon wie auch mittelalterliche Autoren souverän im Umgang mit antiken Quellen: Antike Autoren werden in das eigene Lehrgebäude aufgenommen, soweit sie den eigentlichen theologischen Interessen entsprechen. Deshalb kam auch Melanchthon zu der Überzeugung, beiden ihren Platz einzuräumen.

Übersetzungsgrundlage: CR 11, 413–425.

Rede über Platon, gehalten von Konrad Lager, als er einigen Studenten den Magistertitel verlieh, im Jahre 1538

In einer sehr bedeutsamen Überlegung bei Thukydides[6] sagte der spartanische König Archidamus, es gehöre zur Disziplin seines Vaterlandes, dass die Bürger nicht versuchten, die Gesetze mit Schlauheit zu umgehen oder zu schwächen, sondern ihnen ohne Ausflucht gehorchten. Ich meine jedoch, dass die Achtung der Gesetze nicht nur bei den Lakedaimoniern,[7] sondern bei allen Gesellschaften überall auf der Erde von Segen ist. Und weil dies so ist, ist es für mich und für euch ehrenvoll, die in unseren Schulen aufgestellten Grundsätze zu bewahren, damit auch wir den Gesetzen folgen, die uns nicht ohne Grund von den Vorfahren überliefert wurden. Deshalb spende ich auch eurem Pflichtbewusstsein Lob, weil ihr der Erhaltung der öffentlichen Moral wegen hier versammelt seid, und ich bitte, dass ihr meine Rede mit wohlwollendem Herzen hört, insbesondere weil ich mir diese Themen nicht im Vertrauen auf meine Begabung ausgewählt habe, sondern weil uns die Verantwortung vor der Pflicht an dieser Stelle die Notwendigkeit zu sprechen nahelegt. Ich weiß nicht, wie es anderen geht; von mir selbst kann ich jedoch öffentlich bekennen, dass mir diese gelehrten Zusammentreffen und unsere Versammlungen aus vielen Gründen höchst angenehm sind. Es erfreut nämlich, diese Hüter des Staatswesens zu sehen, nämlich sowohl die älteren Leute, die durch ihren Ratschluss und ihre Autorität das Gemeinwesen regieren, als auch diese Blüte der Jugend, welche die Nachkommenschaft regieren wird, eine Nachkommenschaft, für die wir in unseren Versammlungen gut bitten und beten müssen, dass Gott ihr diese Zierden des Lebens erhalten möge: die Schriften, die Gesetze und die Religion.

Wenn ich die Professoren aller Disziplinen betrachte, kommt mir auch in den Sinn, welch großer Schmuck für das Leben ein vollständiger Chor der Wissenschaften ist. Deshalb habe ich daran erinnert, diese Versammlungen so zu feiern, dass sie uns an die himmlischen Gaben, an den Staat und an unsere Pflicht ermahnen. Was aber geziemt sich mehr in dieser Menge von gelehrten Leuten, als etwas über die guten Dinge zu sagen und zu hören? Weil es dabei die Rücksicht auf mein Amt verlangt, an diesem Ort eine Rede zu halten, wünsche ich sehr, euch genügen zu können. Es ist jedoch recht und billig, dass ihr den Redenden gegenüber Nachsicht übt, wenn sie schließlich die Mühe aufbringen, bei euch Anerkennung zu finden und Argumente für einen ehrenvollen und gelehrten Nutzen beizutragen. Daneben ist es überaus nützlich, die Historien von Gelehrten und hervorragenden Männern zu bewahren. Denn ihre Beispiele, Gefahren und viele verschiedene Ereignisse ermahnen uns über das Leben und den Lebenswandel, und ihre Meinungen formen die Urteilsfähigkeit der Studierenden. Ich stimme deshalb der Absicht jener zu, die früher an dieser Stelle die Historien der gelehrtesten Menschen vorgetragen haben. Und um sie nachzuahmen, habe ich eine Rede über Platon niedergeschrieben, um dessen Studien, Reisen und die Ratschläge im Staat kennenzulernen und auf irgendeine Weise zu sehen, welche Art der Philosophie es ist, die er behandelt, und welchen Nutzen sie für die Studierenden bietet. Ich unterlasse jedoch jene allgemeinen Lobreden, die aus einer noblen Herkunft oder aus Liebe zum Vaterland hervorgehen. Denn da ich diese Rede zum Nutzen der Studierenden halte, wird über die Art der Lehre ausführlicher zu sprechen sein.

Zuvor aber will ich kurz das Leben darstellen. Geboren wurde Platon in Athen, im März jenes Jahres, in dem der äußerst redegewandte Perikles starb,[8] im dritten Jahr des überaus unglückseligen Krieges, den die griechischen Stadtstaaten untereinander austrugen, den man den Peloponnesischen Krieg nennt. Mütterlicherseits stammt er von Solon ab.[9] Auf Grund seines umfangreichen Vermögens ist er großzügig ausgebildet worden und konnte in seiner Jugend die Wissenschaften, Arithmetik und Geometrie studieren. Denn diese Wissenschaften wurden den Knaben in Athen zuerst vermittelt. Und weil er von großer Begabung war, schrieb er, angetrieben durch seine Bewunderung für den ihm sehr vertrauten Euripides, Gedichte und Tragödien. Platon verbrachte nämlich die Jugend in einer Zeit des Staates, die nicht gerade friedvoll, aber auch nicht unglücklich war. Denn obgleich der Krieg unverhofft begonnen und man viele Niederlagen erlitten hatte, haben später dennoch ungefähr 20 Jahre lang viele glückliche Folgeerscheinungen das Gemeinwesen wieder aufgerichtet. Als später Platon durch seine Aufgaben im militärischen und bürgerlichen Bereich beinah im herangereiften Alter stand, verhinderte ein verändertes Schicksal des Gemeinwesens, dass er sich politisch betätigte; denn in seiner Heimat waren verderbliche Streitigkeiten unter den Bürgern ausgebrochen. Ihnen folgte eine Niederlage von außen, die den Athenern von Lysander[10] zugefügt wurde. Die Bürgerschaft verlor ihre Freiheit. Es war das Jahr, in dem Platon gerade dreiundzwanzig Jahre alt war. Damals wurde das Vaterland von den Lakedaimoniern und der Herrschaft der Dreißig in grausamer Knechtschaft unterdrückt.[11] Da Platon eine Sinnesart besaß, die vor Bürgerkrieg und Waffen zurückschreckte und die Wissenschaften liebte, meinte er, sich zurückziehen zu müssen. Denn er konnte weder dem zusammenstürzenden und niederbrennenden Vaterland helfen, noch konnte es für ihn unter dem grausamen Regiment der Dreißig und in den ununterbrochenen Unruhen Sicherheit geben. Jedoch soll er vor der Verwüstung seines Vaterlandes und dem Bürgerkrieg Militärdienst geleistet haben. Weil aber die Rekrutenzeit nur kurz war, muss man daran nicht weiter erinnern. In der Zurückgezogenheit hat er Euklid aus Megara gehört, und ich meine den, dessen Geometrie wir noch haben.[12]

Weil in dieser Zeit in Italien die Lehre der Pythagoräer blühte und er voller Bewunderung für Architas von Tarent war, segelte er nach Italien, wo er Architas und Timaios hörte, die über die Urgründe und die Ausgestaltung der Welt und über andere naturphilosophische Fragen diskutierten.[13] Von welcher Art diese waren, kann auf Grund des Buches, dem er den Titel „Timaios" gab,[14] eingeschätzt werden. Es geht darin nämlich um bestimmte Anfangsgründe der Natur, wie z. B. um den Ursprung der Welt, die doppelte Himmelsbewegung, die – wie er selbst gesagt hat – eine zehnfache Ordnung der Planeten bewirkt,[15] um die Reihenfolge der Elemente, das Werden des Menschen, die Natur der Säfte,[16] die menschlichen Körperteile, die Seele und um Gott, den Schöpfer der Natur. Dies alles ist in Kürze im „Timaios" enthalten, von dem Galen meint, dass die überlieferte Physik, selbst wenn die Arithmetik in gewisser Hinsicht rätselhaft ist, von Hippokrates[17] stammt. Diese Erörterungen sind von Platon mehr begonnen als vollendet worden. Denn weder wird die Gesetzmäßigkeit der Himmelsbewegungen dargelegt, noch bieten sie eine umfassende Anatomie. Trotzdem lobe ich die Anfangsgründe und ich bin der Ansicht, dass die Art der Physik nützlich ist, welche die Natur der Säfte und die Glieder des menschlichen Körpers beschreibt. Deshalb entlehnt Galen häufig platonische Beschreibungen. In Italien ist er aber so lange geblieben, bis Thrasybulos[18] das Vaterland wieder in die Hand bekam und Konon[19] nach der Zerschlagung der spartanischen Macht das zerrüttete Vaterland wieder aufrichtete.

Nachdem Platon zurückgekehrt war, begann er bei Sokrates zu hören, offenbar ergriffen von dessen politischen Dialogen. Sokrates hatte nämlich die schrecklichen Umwälzungen der attischen Bürgerschaft gesehen, welche ihm als begabtem Menschen, weil er über die Gewohnheiten der Menschen und die wunderbaren Vorfälle des Lebens nachsann, viel zu überlegen aufgab. Sokrates lebte aber nach der wiedererrichteten Freiheit des Vaterlandes und nach dem Sieg des Thrasybulos noch ungefähr dreißig Jahre.[20] Über die künftige Größe Platons prophezeite Sokrates sehr deutlich, als er sagte: er habe am Tag, bevor Platon zu ihm kam, geträumt, dass er einen Schwan im Schoß hielt, der daraufhin beim Aufstieg in die Höhe die lieblichsten Lieder von sich gab. Dieser Schwan, versichert er den Griechen, werde Platon sein.

Als dieser aber eine Zeit lang Sokrates gehört hatte, aber nicht zufrieden war mit jenen volkstümlichen Disputationen über das Leben und die Sitten, sondern meinte, dass eine Lehre über die Natur der Dinge hinzugefügt werden müsse, wandte er sich nach Ägypten. Reisegefährten waren Eudoxus und der Dichter Euripides. Ich zweifle nicht daran, dass sich dies durch Vorsehung ereignete, damit auf diese Weise die alte und kenntnisreiche Philosophie über die Himmelsbewegung weiterverbreitet würde. Auch wenn zuvor Thales einen gewissen Teil dieser Lehre den Griechen überliefert hatte,[21] war diese doch wieder ausgelöscht worden. Deshalb kommt Platon und Eudoxus in besonderer Weise das Verdienst zu, diese Lehre nicht nur aus Ägypten nach Griechenland zurückgebracht, sondern sie auch, um sie weiterzuverbreiten, Hörern überliefert zu haben. Eudoxus hat schließlich auch die Bewegungstafeln und die Jahreseinteilung hinterlassen. So wurde diese Lehre wiedererweckt und lange in den Studien der Griechen bewahrt, deren Würde und Nutzen wir – wie wir es sollten – hochschätzen, indem wir diesen ersten Autoren zweifelsohne Dank sagen. Auch ist es bewundernswert, dass sie nicht gezögert haben, so langwierige Reisen mit großer Mühe und Gefahr um der Wahrheitssuche willen auf sich zu nehmen. Wie leidenschaftlich waren ihre Seelen getrieben! Welcher Art war der Enthusiasmus, die der Erkenntnis würdigen Dinge aufzuspüren! Uns hingegen, die wir die durch göttliche Fügung geschenkten und mit großer Mühe wiedergefundenen Wissenschaften geringschätzen und zu Grunde gehen lassen, muss Scham erfüllen wegen unserer Trägheit!

Lassen wir uns also durch das Beispiel Platons ermuntern, zunächst die ehrenvollen Wissenschaften wahrhaft zu lieben und uns den damit verbundenen Gefahren und Mühen nicht zu verweigern. Dann mögen wir seiner Einsicht folgen. Wir wollen – wie er selbst es getan hat – den moralischen Erörterungen jene geheimnisvolle Lehre über die Himmelsbewegungen hinzufügen und dann sehen, zu welchem Zweck er sich diesen Wissenschaften zugewandt hat. Zusammenfassend sagt er einmal über den öffentlichen Nutzen: Dieses bürgerliche Leben benötigt die Zeitenfolge und die Jahresordnung. Aber für den Studierenden hat er in angemessener Weise folgendes Ziel gesetzt: dass uns die Erforschung der Natur zur Gotteserkenntnis führt und uns zeigt, dass dem Geist der Menschen durch göttliche Fügung ein gewisses Licht eingegeben sei, durch das das Leben geleitet wird, damit wir Gott gehorchen und die Seelen derer, die Gott erkennen, ihm Folge leisten. Nachdem sie aus diesem Leben scheiden, werden sie in einem wunderbaren Licht und ewig bei Gott leben. Das sind die Worte Platons in der „Epinomis“[22]. Ist dies, ihr jungen Männer, nicht erhaben ausgedrückt? Trotzdem will ich keinesfalls diese

Anschauungen mit dem Evangelium vermischen, aber sie sollen ihren Platz behaupten nach der Lehre der Vernunft, die – wenn sie richtig philosophiert, wenn sie die Spuren der Göttlichkeit in den Dingen aufsucht, wenn sie die Natur des menschlichen Geistes betrachtet – zu diesen göttlich gesetzten Zielen gelangt. Denn die Albernheiten Epikurs irren sehr vom Weg ab, heben die physischen Prinzipien auf, überdecken die Kenntnis Gottes, die dem Geist der Menschen eingeprägt ist.

Aber ich kehre zur Geschichte zurück. Nachdem Platon aus Ägypten zurückgekehrt war, war er bei der Verurteilung des Sokrates anwesend. Als er öffentlich für ihn zu sprechen begonnen hatte, wurde er durch das Geschrei der gegnerischen Partei gehindert. Obwohl er deshalb nicht gehört wurde und gezwungen war aufzuhören, erwies er in allen übrigen Diensten dem Sokrates die einem trefflichen Manne würdige Treue und Beständigkeit. Und mit welcher Würde er Sokrates verteidigt hätte, wenn es erlaubt worden wäre, zeigt die Apologie, welche erhalten ist, worin vieles äußerst Weise gegen die Anmaßung der Menschen gesagt wird, die Gott verachten und leugnen, dass es eine Vorsehung gibt. Daneben fügt er vieles über die Unsterblichkeit hinzu: Es sei dem Weisen höchst willkommen, aus diesem Leben hinüberzutreten zu jenen Männern, bei denen er über die höchsten Dinge verlässlicher belehrt werden könne.

Als die Ankläger nach dem Tod des Sokrates seinen Freunden nachstellten, kam Platon zur Einschätzung, dass er erneut fortgehen müsse. Er brach also nach Sizilien auf und kam zu dem Tyrannen Dionysius, dem Vater des jüngeren Dionysius, welcher einige Zeit später aus der Herrschaft vertrieben wurde. Es gab nämlich zahlreiche Handelsbeziehungen zwischen Sizilianern und Athenern, deren Gesetze und Studien die Sizilianer nachahmten. Der Tyrann selbst war von großer Begabung und erfreute sich an griechischen Studien. Es gab aber in Syrakus einen höchst angesehenen Bürger namens Dion. Dieser nahm Platon als Gast auf, um seine Erörterung über die Natur und das Staatswesen zu hören; aber wie es natürlich ist bei vielen nicht übereinstimmenden Dingen und bei Lebewesen untereinander, etwa bei Wein und

Schirlingssaft oder bei einem Schwan und Adler, so gibt es eine natürliche und unversöhnliche Abneigung zwischen tyrannischen und philosophischen Naturen. Weil also Platon in einigen Punkten die Gewalttätigkeit des Dionysius allzu unbefangen getadelt hatte, wollte ihn der Tyrann töten. Von Dions Bitten jedoch bewegt, gewährte er ihm das Leben, aber so, dass er ihn einem Spartaner als Sklaven übergab und befahl, ihn zu verkaufen. Nachdem Platon also nach Ägina weggebracht worden war, wurde er von Dion für dreißig Minen zurückgekauft, das entspricht 300 heutigen Kronen.

Als nach dem Tod des Vaters Dionysius der Jüngere die Herrschaft übernahm und insbesondere durch den Rat Dions geleitet wurde, wollte dieser die jugendliche Begabung des Dionysius zu Tugend, Gerechtigkeit und Selbstbeherrschung durch die Lehre und Autorität eines weisen Mannes lenken und meinte daher, Platon rufen zu müssen. Auch wenn Platon durch das frühere Beispiel belehrt war, dass es keine Freundschaft zwischen Philosophen und Tyrannen geben kann, kehrte er trotzdem, veranlasst durch die Aufforderung Dions, nach Sizilien zurück. Die nach der Gewohnheit des Hofes eingeholten Auspizien[23] waren ermutigend, und alle Bürger versprachen sich ein goldenes Zeitalter, nachdem Platon den Jüngling zu erziehen begann. Denn dieser hörte dem Philosophen zu, der mit großer Leidenschaft Erörterungen über Gott und die Unsterblichkeit anstellte, wie noch erhaltene Briefe bezeugen.

Es gehört nun aber zu den Grundlagen wahrhafter Tugend, an der richtigen Auffassung über Gott und die Unsterblichkeit der Seelen festzuhalten. Diese Philosophie geziemt sich für Könige. Die Förderung Platons ging so weit, dass jene grausame Art der Tyrannis völlig beseitigt wurde; der König zeigte sich in der Öffentlichkeit, hatte Umgang mit den Bürgern – nicht umgeben von der Schutzmannschaft eines Tyrannen, sondern von den gelehrtesten und edelsten Bürgern. Das Privatleben des Jünglings war nicht nur ohne Laster, sondern mit den vorzüglichsten Studien ausgefüllt. Im Reich geschah nichts auf grausame, nichts auf ungerechte Weise, nichts ohne den Ratschluss der guten Männer Dion und

Herakleides. Nicht so sehr das Wesen des Dionysius verdarb diese so günstigen Umstände als vielmehr der Neid, diese allgemeine Pest an den Höfen: einige schändliche Männer, die, um Freiheit bei ihren Verbrechen zu haben, den Zustand der Tyrannis herbeiwünschten und nach Vertreibung des Dion versuchten, die Zügel im Staat an sich zu reißen. Wie stark aber Betrügereien nicht nur in Palästen, sondern auch unter Privatleuten wirken, ist bekannt. Und weil Dion mit der Schwester des Dionysius verheiratet war, wurde dem König eingeredet, dem Schwager dürfe nicht zuviel Macht zugestanden werden, damit er nicht einst nach der Herrschaft strebe. Als schließlich die Betrügereien den Sieg davon trugen, wurde Dion aus dem Reich verjagt, obwohl sich Platon mit allen Mitteln vergeblich bemühte, dass nicht gegen einen solchen, mit höchster Tugend und Ansehen ausgestatteten Bürger ungerecht vorgegangen würde.

Als Dion vertrieben war, wuchs allmählich die Macht der Bösewichter, und der Sinn des Königs begann zu verkommen. Ungefähr zu dieser Zeit sagte Platon eine Finsternis voraus. Damals sprach Aristippos, der ebenfalls anwesend war, er werde über deren Bedeutung weissagen, und fügte im Scherz hinzu, dass sich zwischen dem König und Platon Feindschaft ankündige. Mit diesem Witz tadelte Aristippos die Veränderung am Hof. Aber jenes musste auch hinzugefügt werden: Dionysius stand im Begriff, die Herrschaft wegen seines schlechten Lebenswandels aufgeben zu müssen. Auch wenn der Tyrann versuchte, Platon mit allen Mitteln zurückzuhalten, hatte dieser dennoch zu Recht den Verdacht, wegen Dion in einiger Gefahr zu sein. Er riss sich von Dionysius los, so gut er nur konnte, und wurde nicht ohne Geschenk entlassen. Man überliefert nämlich, dass ihm achtzig Talente gegeben wurden, d. h. achtundfünfzigtausend Kronen.

Er kehrte also nach Athen zurück und lehrte dort. Zugleich hielt sich Dion dort auf und viele vornehme junge Männer aus Syrakus. Unter ihnen war auch Eudemus, ein Freund des Aristoteles. Nachdem er Platon abgeschüttelt hatte, begann der Tyrann, mit jedem nur denkbaren Frevel herumzuwüten. Die Frau des Dion zwang er, einen anderen zu heiraten. Dies war für Dion der

Grund, Krieg zu führen. In ihm unterstützten ihn insbesondere vornehme Bürger, die Hörer Platons waren. So vollzog Platons Schule an dem Tyrannen die gerechte Strafe. Denn wie Platon es vorausgesagt hatte, verlor der Tyrann das Königreich. Das Alter erreichte Platon nicht in Muße, sondern – was das Ehrenvollste ist – er trieb die Studien der besten Wissenschaften durch Lehren und Schreiben voran. Soweit die Geschichte eines Philosophen, die einen wahrhaft philosophischen Lebenslauf umfasst.

In Leidenschaft für das Studium bereiste Platon viele weitentlegene Gebiete, führte in seinem Vaterland die besten Wissenschaften ein, regte die Studien an und schlug sich mit Tyrannen herum; denn auch dies gehört zum Philosophieren. Er hinterließ nicht nur Schriften, sondern auch Schüler, welche die Nachwelt bildeten und die für das Leben nützlichen Wissenschaften bewahrten. Welche Lebensart ist dieser vorzuziehen? Oder welche Aufgabe im Leben ist für die Gemeinschaft der Menschen nützlicher als die Aufgabe zu lehren? Er hat deshalb zu Recht gesagt, dass Philosophen – auch wenn sie keine öffentlichen Ämter bekleiden und sich von politischen Beschäftigungen fernhalten – dennoch dadurch rechtschaffen sind, dass sie die für das Leben nützlichen Wissenschaften aufsuchen und weitervermitteln. Tatsächlich erwirbt nicht ein hoher Beamter, der irgendeinen Damm baut, bessere Verdienste um das Staatswesen als ein gelehrter Mann, der die Religionen leitet, der zeigt, was gerecht ist, der die Natur der Dinge offenbart und der die für Menschen notwendigen Heilmittel aufzeigt.

Auch wenn Platon deshalb nach seiner eigenen Absicht kein öffentliches Amt im Vaterland bekleidete, hat er sich dennoch um die Bürger, ja um die gesamte Nachwelt durch herausragende Pflichterfüllung aufs Höchste verdient gemacht. Er erwähnt selbst den Grund, weshalb er sich vom Staatsamt ferngehalten hat: Weil er den gegenwärtigen Zustand nicht billigte und dennoch meinte, er müsse geduldet werden, denn so wie die Sitten der Eltern müssten auch die des Vaterlandes ertragen werden, auch wenn das nicht vorteilhaft wäre. Ich glaube jedoch, dass zuallererst das Unheil des Vaterlandes und die Sklaverei die Gründe dafür gewesen sind, dass er sich nicht den Staatsgeschäften widmete. Darüber hinaus war die in großem Umfang betriebene Wissenschaft, die seinen Geist von den übrigen Beschäftigungen fernhielt, ein besserer Dienst für die Gesellschaft und die gesamte Nachwelt.

Nun einiges über seine Schriften: Zunächst ist seine Redekunst so groß gewesen, dass sie alle griechischen und lateinischen Redner, von denen Schriften existieren, bei weitem übertrifft. Niemandes Rede ist inhaltsreicher und glänzender. Bei einigen loben wir besonders die Eigentümlichkeit, bei anderen den Glanz und die Wonnen der Redefiguren. Platon sagt das, was er in angemessener Weise vorbringen will, so bezeichnend, dass man es sich nicht trefflicher denken kann. Da hingegen, wo er Glanz und Schmuck verleihen will, übertrifft er alle Redner in der breiten Vielfalt ausdrucksreicher Steigerungen und der Anmut der Redefiguren. Daher meinten einige, dass Jupiter, wenn er Griechisch sprechen wollte, sich der Redeweise Platons bedienen würde. Einige Zeit vor Platon gab es Rhetoren, Gorgias und Thrasymachos und einige andere, die die Jugend in der Sprechkunst ausbildeten. Denn man meinte damals, vornehmlich durch diese Disziplin die jungen Männer auf das politische Leben vorbereiten zu müssen. Weil jene Lehrer nichts anderes als rhetorische Bücher weitergaben und die Jugend an unnütze Geschwätzigkeit ohne eine Lehre von den Dingen gewöhnten, tadelt sie Platon wiederholt auf geistreiche Weise. Denn da für das Gemeinwesen nichts schädlicher ist, als dass sich jugendliche Begabungen an Sophistereien gewöhnen, entbrannte Platon zu Recht gegen die Rhetoren seiner Zeit, deren Redeschulen lediglich Sophisterei förderten.

Nachdem also deren Bestrebungen unterbunden waren, spornte er auch diejenigen an, die später die Rhetorik öffentlich vertraten, und ermunterte sie, zunächst die Sophistik zu meiden, die Beweisgründe nach wahrheitsgetreuer Methode aufzustellen und die Argumente aus den Quellen ihres Tätigkeitsbereiches zu schöpfen, und zwar keine fremden oder poetischen, sondern solche, die den Inhalten, über die zu reden ist, angemessen sind. Diese sind der Nerv der Rede, und ohne sie ist eine Rede, sei sie noch so schön und farbig, hohl und töricht. Und auch in der Ausdrucksweise folgten viele hervorragende Qualitäten, so die Würde und der Glanz, dieser Richtung: Deshalb übertrifft die Redekunst des Demosthenes bei weitem die Schriften der Älteren sowohl in den Inhalten wie auch insbesondere in der Ausdrucksweise. Die kleinen Reden des Gorgias bieten nur künstlichen Schmuck und Sentenzen ohne wahre Argumente, ohne Glanz und ohne Zusammenhang. Die Argumente des Lysias hingegen sind – auch wenn sie einen Zusammenhang aufweisen – trotzdem ohne Blut und Glanz. Und auch wenn der Zusammenhang und der Sinn für den Redeschmuck zunächst von Isokrates entlehnt scheint, der etwas älter war als Platon, ist dennoch einigermaßen klar, dass sich die Späteren an der Ausdrucksweise Platons orientiert haben. Selbst die Überlegung des Demosthenes beim Aufsuchen des Nervs und die ausdrucksreichen Steigerungsformen riechen zweifellos nach Platons Lehre. Denn Demosthenes hat nicht von weither Argumente herangeschafft, die nicht zum Vorhaben gehören, wie es die Sophisten tun, sondern er hat aus den Quellen seines Tätigkeitsbereiches die zugehörigen Erwägungen geschöpft, wie es einem gebildeten Mann ansteht. Diese hat er auf dialektische Weise – beinahe wie es in der Schule geschieht – mit großer Kunstfertigkeit verknüpft. Und er hat gewöhnlich mit großer Umsicht nicht die volkstümlichen Meinungen vorgebracht, sondern die „gelehrten", d. h. die durch eine ernsthafte Wissenschaft erarbeiteten.

Weshalb also sollen wir daran zweifeln, dass Demosthenes nicht nur in den rhetorischen Büchern, sondern auch in dieser höheren Wissenschaft bewandert war? Er selbst deutet ja an, dass er ein Hörer Platons gewesen ist, über dessen Philosophie er folgendes an einen Freund schreibt: „Ich sehe, dass du die Wissenschaft pflegst, auch die Platons, die aufrichtig schändlichen Vorteil und Betrügerei verabscheut und gebietet, als Ziel aller Handlungen die Tugend selbst und die Gerechtigkeit anzusetzen. Für die in dieser Lehre Unterwiesenen ist es ein Frevel, andere zu betrügen und nicht allen gegenüber gerecht zu sein." Das sind die Worte Demosthenes, mit denen er Platon ein ehrenvolles Zeugnis ausstellt. Es war keinesfalls selbstverständlich, die Mängel der früheren Sophistik des Gorgias und anderer zu sehen und den Studiengang eines ganzen Zeitalters zu verändern. Solches ist ein Zeichen großer und heldenmütiger Begabung.

Platon sah, dass den jungen Leuten Waffen zum Umsturz des Staates gegeben würden, wenn die Begabungen nicht gezügelt würden durch eine strengere Lehre, sondern es geradezu eine Auszeichnung bedeutete, die Gesetze und andere Rechtsgründe durch das Wort zu verwirren und zu zerschlagen. Deshalb ermunterte er die Griechen, eine andere Art der Lehre zu pflegen, nützlich für den Lebenswandel und den Frieden. Diese seine Meinung zeigt er sehr deutlich bei der Interpretation eines Orakels von Delos. Als die griechischen Stadtstaaten durch einen langwierigen und traurigen Krieg, den sie untereinander austrugen, mürbe geworden waren, befragten sie das Orakel in Delos um Rat, auf welche Weise man den Gott versöhnen müsse, damit er Griechenland von den gegenwärtigen Übeln befreie. Als hierauf der Gott erwidert hatte, der ganze Altar in Delos, der eine kubische Form hatte, müsse verdoppelt werden, fügten die Griechen einen zweiten Stein gleicher Größe hinzu und bildeten einen Quader mit größerer Länge als Breite. Später fragten sie, ob sie dem Orakel auf rechte Weise gefolgt wären. Apollo verneinte dies. Hierdurch erschüttert, vermuteten sie in dieser Verhüllung ein Geheimnis und glaubten, einen durch Begabung und Gelehrsamkeit ausgezeichneten Deuter des Orakels finden zu müssen. Sie überbrachten Platon also das Orakel, der ihnen deutlich machte, dass sie sich bei der Verdoppelung des Altars geirrt hätten, weil sie anstelle eines kubischen Altars einen Quader gebildet hätten. Er lehrte sie, auf welche Weise ein Kubus vergrößert werden müsse: indem man den Durchmesser des Würfels findet.

Außerdem ermahnte er die Griechen, dass dem Gott weder ein Steinaltar am Herzen liege, noch dass er durch einen Steinhaufen versöhnt werde; sondern mit dieser Hülle werde den Griechen gezeigt, dass sie sich um andere, bessere Studien bemühen sollten, nämlich um die Philosophie, welche hilft, die Gesinnungen auf Besonnenheit, Gerechtigkeit und Liebe zum öffentlichen Frieden zu lenken. Die Anregung zu diesen Studien war Platon jede Mühe wert. Und um die auf Beredsamkeit begierigen Jugendlichen zu ermahnen, dass die Redefertigkeit nicht zu öffentlichen Unruhen, sondern zu einem ehrenvolleren Nutzen führen müsse, sagte er: Ziel der Beredsamkeit sei nicht, dass sie die Menschen erfreue, sondern dass sie Gott Dank sage.

Wenn sich doch die Jugend diese Regel in die Herzen einprägen wollte, damit sie sich beim Nachdenken darüber, dass ihr als Ziel solcher Studien nur gesetzt ist, die Ehre Gottes zu verherrlichen, umso sorgfältiger auf dieses vortreffliche Werk vorbereite. Ferner soll sie auch im Auge haben, wie verwerflich es ist, die Beredsamkeit auf Schmarotzertum, auf possenhafte Lästerei, auf Verleumdung ehrwürdiger Wissenschaften und auf das Anstacheln von Hass gegen Christus zu richten. Die solches tun, um auf diese Weise einer teuflischen Denkart nachzueifern, dürfen also nicht Männer der Beredsamkeit, sondern müssen mit Recht Teufel genannt werden. Von diesen gibt es in unseren öffentlichen Zwistigkeiten nicht wenige, und es ist mehr als wahr, was Menander sagt:

> „Am schönsten ist das Leben für die Schlechten:
> Am besten gehts dem Schmeichler, nach ihm kommt
> Der Sykophant, zuletzt der große Schuft.“[24]

Und solche Seuchen fördern jene, die besonders in Schranken gehalten werden müssten. Aber vielleicht gehört diese Klage nicht hierher. Ich kehre also zurück zu meinem eigentlichen Vorhaben. Wie Horaz beim Lob Pindars sagt:

> „Eine kräftige Brise hebt den dirkeischen Schwan empor,
> sobald er, Antonius, seinen Flug hoch in die Wolken lenkt ...“[25].

So hat tatsächlich dieser Schwan, nämlich Platon, mit seinem göttlichen Gesang alle Redner in der Beredsamkeit besiegt. Überall bei Cicero, nicht nur in seinen philosophischen Schriften, sondern auch in den öffentlichen Reden finden sich schmückende Zitate, meistens Platon entnommen. Und in der Tat hat Cicero öffentlich bekannt, dass er in der Akademie Redner geworden sei. Daher werden auch wir von ihm viel Redeschmuck entlehnen können. Doch ich höre auf, über die Beredsamkeit zu sprechen, die durch Zeugnisse der höchsten Redner zur Genüge gerühmt worden ist. Ein unbeschreiblicher Schmuck am Menschen ist aber die Beredsamkeit.

Über die Dinge selbst und über die Art der Philosophie gibt es große Kontroversen unter den Gelehrten. Zunächst steht Folgendes fest: Platon hat kein umfassendes Lehrgebäude in geordneter Weise aufgestellt, sondern er hat in freieren Erörterungen hier und da gezeigt, was er für annehmbar hielt und was nicht. Es gibt nämlich – wie es bei einem genialen und redegewandten Menschen ist, der freilich von Natur aus spottsüchtig ist – viele ironische und ausgeschmückte Reden, wie z. B., wenn er scherzend darlegt, dass alle großen, um den Staat wohlverdienten Männer zu Recht von ihren Bürgern gestraft würden, da sie durch ihre Wohltaten die Begierden und Zügellosigkeiten des Volkes vergrößert hätten. Auch die „Politeia", worin er die gemeinsame Nutzung der Dinge entwirft, ist geradezu ironisch gestaltet. Er wollte nämlich die unbegrenzte Raubsucht der Machthaber geistreich und gewandt anprangern. Welch albernes Zeug haben Ungebildete über die Ideen ersonnen, weil sie die erhabenere Rede bei Platon nicht verstanden und nicht begriffen hatten, dass die Ideen von ihm selbst Abbilder und Kenntnisse der erforschten Gegenstände genannt werden, die man mit dem Geist wahrnimmt, d. h. die Definitionen selbst oder die Beweise. Da er diese Methode, die er so häufig rühmt, nur selten anwendet und auch beim Disputieren mitunter ziemlich frei abschweift, sie auch in Redefiguren sozusagen einhüllt und absichtlich verbirgt, da er schließlich nur selten ausspricht, wie sie verstanden werden müsse, stimme ich zu, dass den Jugendlichen viel eher Aristoteles vorgelegt werden muss, der jene Wissenschaften, die er überliefert, vollständig darlegt und eine einfachere Methode als Leitfaden verwendet, um den Leser zu leiten. Wie sie verstanden werden muss, hat er gewöhnlich dargelegt. Dafür, dass diese von den Lehrenden herausgefunden werden muss, sprechen viele gewichtige Gründe. Wie nämlich durch die Drachenzähne des Kadmos[26] eine reiche Saat von Kriegern aufgegangen war, die gegeneinander kämpften, so entstehen auch, wenn jemand zweifelhafte Meinungen sät, daraus unterschiedliche und schädliche Widersprüche.

Nicht lange vor uns gerieten Bessarion und Trapezuntios in Feindschaft miteinander, weil der eine Aristoteles und der andere Platon bevorzugte. Diesen Streit beendete Theodorus Gaza, indem er sagte, dass man jedem von beiden seinen Platz einräumen müsse: So werde die Platonlektüre sehr nützlich sein, wenn ein in Aristoteles richtig Unterwiesener hernach Platon lese. Denn wenn der Leser die aristotelische Methode anwendet, ordnet er jene Dinge, die bei Platon weitläufig verstreut sind, leicht in entsprechende Zusammenhänge ein. Und ich glaube, dass dies der Grund für Aristoteles gewesen ist, weshalb er die Methode so trocken verfolgte, um das, was er von Platon übernommen hatte, gesammelt und sinnvoll geordnet der Nachwelt als Ganzes zu überliefern. Auch wenn er manches feilen und korrigieren wollte, gibt es dennoch insgesamt keine große Verschiedenheit.

Für die Klugen ist es nicht schwer zu erkennen, wem von beiden in welcher Hinsicht der Vorzug gilt. Obgleich ich für töricht erklärt werden dürfte – da ich doch wagte, so wie Midas ein Urteil über Apollo und Pan fällte,[27] über die zwei hervorragendsten Philosophen zu urteilen –, ist es dennoch nützlich, der Jugend zu zeigen, was die Autoren, die gewöhnlich behandelt werden, vertreten.

Sehr ergiebig ist das, was Platon, geschmückt mit bewundernswertem Redeglanz, über die Verwaltung der Gemeinwesen schreibt. Und da er verschiedenartige Bücher geschrieben hat, die „Politeia" und die „Nomoi", phantasierte er in dem einen freier, im Buch über die Gesetze jedoch hat er einfach und ohne rätselhafte Andeutungen seine Auffassung dargelegt und Regeln aufgestellt, die zur Regierung von Gemeinwesen nützlich sind, aus denen gleichsam wie aus Quellen rechtsgelehrte Römer vieles geschöpft haben. Denn es ist klar, dass bei vielen Gesetzen die Autoren geradezu Worte von Platon abschreiben. Über den mit Gewalt vollzogenen Ehebruch befand Platon, dass eine Tötung des Ehebrechers erlaubt sei, nicht nur durch die, denen Gewalt angetan wurde, sondern auch durch den Vater, die Brüder oder die Söhne.

Dieses Gesetz, übertragen auf Räuber, räumt nicht nur dem Vater, sondern auch den übrigen Verwandten die Möglichkeit ein, einen Räuber zu töten. Die Erwähnung von Beispielen ist jedoch länger, als es hier die Zeit erlaubt. Ja, Rechtsgelehrte zollten dem Ansehen unseres Autors so viel Achtung, dass sie seine Worte sogar in Gesetzestexte einflochten, wie im Rechtstitel über die Markttage der Satz zitiert wird, der ein ehrenhaftes Geschäft billigt, sei es auch noch so kleinkrämerisch.

Übrigens zitiert Cicero sehr viele Auffassungen aus allen Dialogen Platons über den Wechsel und die Lenkung der Reiche. Vieles hat auch Aristoteles aus Platon herausgepflückt und methodisch entfaltet. Die Einteilungen der Gerechtigkeit, die äußerst nützlich sind, hat er Platon entnommen und sie stärker eingegrenzt als bei einer dialektischen Zielsetzung. Auch die Unterscheidung der Arten der Gerechtigkeit nach arithmetischer und geometrischer Proportion stammt von Platon. Bei Aristoteles findet sich jedoch eine umfassende Dialektik. Und die Bücher zur Physik sind gelehrter, sozusagen von ihren eigenen Fundamenten her begründet, und fortgeführt worden bis zur Beschreibung der Natur der Lebewesen. Auch die Schriften zur Ethik werden einfacher abgehandelt. Lasst uns also beide lieben, und auch wenn wir uns mit Aristoteles nicht ausführlich beschäftigt haben, lasst uns den anderen wegen der politischen Inhalte und wegen der Beredsamkeit lesen.

Platon hat seine bestimmten Passagen, an denen sich die Gebildeten erfreuen. Denn er setzt sich sehr ernsthaft mit der Unsterblichkeit der menschlichen Seelen auseinander, und als Ziel der Philosophie bestimmt er überall die Gotteserkenntnis, wie er in einem Brief gesagt hat: Wir philosophieren richtig, wenn wir erkennen, dass Gott der Vater der gesamten Natur, die Ursache und der Lenker ist, und wenn wir ihm dadurch gehorsam sind, dass wir gerecht leben. Dies allein, sagt er, sei eine gebildete Erziehung und die wahre Philosophie. Und weil er sah, dass dies von Atheisten verspottet wird, bestärkte er die Leser, indem er sagte, es genüge nicht so zu denken, sondern die Seelen müssten so gekräftigt werden, dass wir diejenigen verachten können, die uns wegen dieses Denkens verspotten. Er sieht nämlich, dass der

Philosoph diese Unerschrockenheit benötigt, damit er sich nicht durch Meinungen von Schlechtgesinnten von der richtigen Auffassung abbringen lässt.

Auch wenn ich also diese Gedanken Platons liebe und bewundere, muss trotzdem der Irrtum jener in aller Schärfe getadelt werden, die deshalb die platonische Philosophie mit dem Evangelium vermischen. Diese Vermischung von Lehrweisen müssen gelehrte Menschen verhüten und abwehren, und man muss sehen, welcher Platz der Philosophie zuzuteilen ist. Alle guten Wissenschaften sind Gaben Gottes, aber sie sollen jeweils an ihrem Ort bleiben. Die wahrhafte Philosophie, d. h. eine Philosophie, die nicht von der Methode und dem Beweisverfahren abirrt, ist eine Kenntnis des göttlichen Gesetzes. Sie erkennt Gottes Existenz an und beurteilt den bürgerlichen Lebenswandel; sie sieht, dass uns die Unterscheidungsfähigkeit zwischen Gut und Böse durch göttliche Fügung eingestiftet ist; sie geht davon aus, dass die schrecklichen Freveltaten von Gott bestraft werden, und sie hat auch gewisse Anzeichen für die Unsterblichkeit.

Sie erkennt und lehrt jedoch nicht dasjenige, was dem Evangelium eigentümlich ist, nämlich die Vergebung der Sünden, die umsonst gewährt wird auf Grund des Sohnes Gottes. Diese Kenntnis geht nicht aus dem Geist der Menschen hervor, im Gegenteil, sie liegt fern und außerhalb der Erwägung menschlicher Vernunft; doch hat sie der Sohn Gottes, der im Schoß des Vaters sitzt, offenbart, wie es anderswo ausführlich dargelegt wird. Deshalb ist Klugheit notwendig, um die Lehrweisen zu unterscheiden. Jene Törichten sind zu vertreiben, die das Evangelium mit Dunkelheit überschütten, die es sogar vergraben und vernichten, wenn sie es in platonische Philosophie umwandeln. Mehr noch müssen die getadelt werden, die, weil sie Platon nicht einmal verstanden haben und seine Redeform entstellen, abenteuerliche Meinungen hervorbrachten und sie in der Kirche ausstreuten, wie es Origenes[28] und nach ihm viele andere getan haben.

In schändlicher Weise ist nämlich die christliche Lehre in jener alten Zeit befleckt worden, indem sie in schimpflicher Weise mit der platonischen Philosophie vermischt wurde. Dies habe ich in

Kürze hinzugefügt; wie nämlich der Vergleich der Lehren für die Studenten etwas bringt, so liegt der Kirche am meisten daran, sich zu hüten, dass die Arten der Lehren vermischt werden.

[1] „Alii sunt, ut Plato, Cicero, qui moventur ratione, ut sentiant Deum esse aliquam mentem aeternam, sicut Plato dicit, causam boni" (CR 15, 103 u. ö.). Zu Melanchthons Versuch, den platonischen Gottesbegriff in seine theologische Philosophie zu integrieren, wie auch zu seinen singulären Äußerungen zum aristotelischen Gottesbegriff vgl. ausführlich Günter Frank: Die theologische Philosophie Philipp Melanchthons (1497–1560). Leipzig 1995, 211–225. [2] So in Melanchthons Naturphilosophie „Initia doctrinae physicae" (CR 13, 179 ff.). In der Forschung zur Frühen Neuzeit herrscht nahezu Übereinstimmung darin, dass wichtige Elemente aus Platons Schöpfungsmythos die aristotelische Naturphilosophie des Mittelalters überlagert und auf diese Weise zu jenem optimistischen Welt- und Menschenbild geführt haben, das ein wesentliches Kennzeichen der frühen Moderne darstellt. [3] Zu Melanchthons Vorstellungen über die Unsterblichkeit der menschlichen Seele vgl. seine Vorrede zu Johannes de Sacroboscos „Liber de sphaera" aus dem Jahr 1531 (CR 2, 530–537) und seine Anthropologie „Liber de anima" aus dem Jahr 1553 (MSA 3, 337–339). Eine ausführliche Würdigung der platonischen Unsterblichkeitsidee in den Schriften Melanchthons findet sich bei Günter Frank: Philipp Melanchthons Idee von der Unsterblichkeit der menschlichen Seele. Theologie und Philosophie 68 (1993), 349–367. [4] Um 1440 entstand die platonische Akademie in Florenz, deren Ziel eine Synthese von Griechentum und Christentum auf der Grundlage der platonischen Philosophie war. Die Platonrenaissance geht vor allem auf den griechischen Philosophen Georgios Gemistos Plethon (gest. 1450) zurück, der in seiner Schrift über den „Unterschied der aristotelischen und platonischen Philosophie" Platon mit dem Christentum auszusöhnen versuchte. In seinem „Vergleich der Philosophen Platon und Aristoteles" aus dem Jahr 1455 versuchte Georgios Trapezuntios nun wiederum umgekehrt nachzuweisen, dass auf Platon alle Häresien zurückzuführen seien, während eigentlich Aristoteles der christlichen Lehre entspreche. Dagegen versuchte Kardinal Bessarion, ein Grieche und Schüler Plethons, die Sache Platons zu verteidigen. Seine Schrift „In calumniatorem Platonis" war die erste eingehende Arbeit über Platon, die dessen Denken dem Abendland erschloss. [5] Theodorus Gaza, der Freund Kardinal Bessarions, setzte sich mit der aristotelischen Philosophie, mit Teleologie und Determinismus auseinander. [6] Gilt mit seiner „Geschichte des Peloponnesischen Krieges" neben Herodot als Begründer der Geschichtsschreibung. [7] Antiker Name für die Bürger, die auf dem Staatsgebiet Spartas lebten. [8] Perikles starb 429 v. Chr. an der Pest. [9] Der Urgroßvater seines Urgroßvaters Dropides war der Bruder Solons, des großen Staatsmannes und Gesetzgebers von Athen. [10] Infolge seines Sieges musste Athen im Jahre 404 v. Chr. kapitulieren. [11] Mit der Kapitulation wurde

Athen zur Annahme der Oligarchie (Herrschaft der Dreißig) gezwungen. [12] Im Jahre 1533 besorgte Melanchthons Freund Simon Grynaeus eine neue Edition der „Elementa" Euklids. Sein Wissenschaftsverständnis wurde nicht nur für Melanchthons dialektische Schriften, sondern für die Wissenschaftsgeschichte der Frühen Neuzeit insgesamt von großer Bedeutung. [13] In der platonischen Tradition wurde Gott als Handwerker oder Architekt verstanden, der aus der transzendenten Ideenwelt die sichtbare Welt schuf. [14] Der „Timaios", entstanden vor 347 v. Chr., war Platons philosophischer Mythos über die Konstituierung und Schaffung des Kosmos. [15] Werden und Vergehen der Natur wurden von Platon nach 10 Bewegungen eingeteilt: 1. Rotation, 2. gleitende Bewegung, 3. rollende Bewegung, 4. Wachstum, 5. Schwund, 6. Zugrundegehen, 7. Entstehen, 8. Vergehen, 9. Bewegung durch anderes insgesamt, 10. Selbstbewegung. [16] Die hippokratisch-galenische Medizin basierte auf der Humoralpathologie (Vier-Säfte-Lehre) aus der Schrift des Hippokrates „Die Natur des Menschen". [17] Galt schon zur Zeit Platons als bedeutendster griechischer Arzt. Sein bis heute erhaltenes „Corpus Hippocraticum" gilt als umfassendste medizinische Literatur der vorhellenistischen Zeit. [18] Einer der Anführer der Opposition gegen die Herrschaft der Dreißig. [19] Er schlug als persischer Admiral die spartanische Flotte bei Knidos (394 v. Chr.) [20] Da Thrasybulos 404/03 v. Chr. die Herrschaft der Dreißig stürzte und Sokrates 399 v. Chr. starb, ist diese Zeitangabe entsprechend zu berichtigen. [21] Er hinterließ keine Schriften; die Schrift, auf die Melanchthon hier anspielt, ist vermutlich die „nautische Astronomie", die ihm seit Diogenes Laertios zugeschrieben wurde, die sich aber später als Werk des Phokos von Samos erwies. [22] Pseudoplatonische Schrift aus dem überliefertem „Corpus Platonicum". [23] In der Antike üblicher Brauch, um den Willen der Götter, etwa durch Beobachtung des Vogelfluges, zu erkunden. [24] Melanchthon verbindet offensichtlich den Kommentar des Scholiasten zu Euripides, Hippolyt, 426, und Menander, Theophorumene frg. 223. [25] Horaz, Oden 4,2,25–27. [26] In der griechischen Mythologie Gründer und erster König Thebens. Nachdem er einen vom Kriegsgott Ares/Mars entsandten Drachen besiegen konnte, riet ihm die Göttin Athene/Minerva, die Zähne des Drachen auszubrechen und in die Erde zu säen. [27] Hirtengott; forderte Apollo zu einem musikalischen Wettstreit heraus; obwohl alle Zuhörer Apollo den Sieg zusprechen wollten, rief Midas laut, dass Pans Flötenspiel den Preis verdiene. [28] Origenes aus Alexandrien versuchte wie sein Lehrer Clemens, eine Synthese aus der griechischen Philosophie und dem Christentum herzustellen.

Rede über Aristoteles

Oratio de vita Aristotelis 1537

Über Aristoteles aus Stagira hat Melanchthon neben dieser Rede aus dem Jahre 1537 noch eine weitere im Jahre 1544 verfasst. An dieser Stelle ist die erste Rede wiedergegeben, weil sie aus dem gleichen Zeitraum stammt wie die Reden „über die Philosophie“ und „über Platon“. Mit den beiden Würdigungen des Stagiriten verbindet sich eine lange und dominierende Tradition in der Forschung, Melanchthon als Aristoteliker zu bezeichnen.[1] Schon in seinen Tübinger Studienjahren verfolgte er den Plan einer gereinigten Aristotelesausgabe.[2] Frühzeitig bemühte er sich um die aristotelische Rhetorik und Dialektik.[3] Auch seine späteren, äußerst erfolgreichen systematischen Hauptschriften wie die theologisch-philosophisch-medizinische Anthropologie,[4] die Naturphilosophie[5] und seine Schriften zur Dialektik,[6] Rhetorik[7] und Moralphilosophie[8] zeigen eine starke Abhängigkeit von Aristoteles. In der Rede von 1537 werden die wichtigen Gesichtspunkte seiner Hochschätzung des Aristoteles deutlich. Neben seiner tugendhaften Lebensführung ist es vor allem die aristotelische Wissenschaftslehre, die Melanchthon – stark verändert – für alle Bereiche der Wissenschaft fruchtbar machen will: Alles Wissen basiert auf ersten Prinzipien, die ähnlich wie die geometrischen Beweise unverrückbar feststehen und von allen Menschen erkannt werden können. Nicht zuletzt wird Aristoteles gelobt auf Grund der Vollständigkeit der Lehre in Dialektik, Physik und Ethik wie auch seiner Rhetorik, wenngleich Melanchthon darin Platon den Vorzug gibt. Das aristotelische Wissenschaftsverständnis ist für ihn von besonderem Gewicht in den theologischen Lehrstreitigkeiten seiner Zeit und im Aufbau seiner eigenen Reformtheologie. Im Laufe der innertheologischen Auseinandersetzungen zwischen den reformatorischen Bewegungen wie auch mit der römischen Kirche und Theologie hat Melanchthon in wachsendem Maße gesehen, dass die Theologie ohne die vielfältigen philosophischen Teildisziplinen, insbesondere der aristotelischen Tradition, nicht auskommt. So überwältigend auch die Dominanz aristotelischer Themen in seinem Denken erscheint, so ist es dennoch irreführend, Melanchthon einen Aristoteliker zu nennen.[9] Der Reformator ist zunächst und vor allem Theologe.[10] Wie bei den mittelalterlichen

Autoren werden philosophische Theorien in das theologische Lehrgebäude aufgenommen, soweit sie den Interessen der Theologie entsprechen. Von hier aus lehnt er neben anderem die aristotelische Auffassung von der Ewigkeit der Welt ab und integriert demgegenüber den bereits bei Augustinus christlich getauften platonischen Schöpfungsmythos aus dem „Timaios" wie auch die Unsterblichkeitsidee Platons in seine Theologie. Schließlich gibt diese Rede einen Einblick in die Art der Philosophiegeschichtsschreibung in der 1. Hälfte des 16. Jahrhunderts. Die Hochschätzung für die Antike und die philologische Exaktheit im Umgang mit den antiken Quellen führten zu einer veränderten Auffassung der Philosophiegeschichte, in der verschiedene philosophische Autoren außerordentlich positiv gewürdigt werden. Diese Hochschätzung ist in Melanchthons Philosophiegeschichtsschreibung ausgeführt als Geschichte von Schulen, Meinungen und Philosophen, die exemplarisch in Viten wie „de Aristotele" oder „de Platone" dargestellt und diskutiert werden.

Übersetzungsgrundlage: CR 11, 342–349.

Euer zahlreiches Erscheinen zu dieser Promotionsfeierlichkeit ist mir äußerst angenehm, und ich freue mich ebenso über euer Pflichtbewusstsein, wie ich auch besonders die Einsicht billige, dass ihr zu erkennen gebt, gut über diesen öffentlichen Brauch zu denken, welcher euch – auch wenn diese Festversammlung gewisse jugendliche Spielereien aufweist – doch auch zeigt, dass die akademischen Grade selbst durch einen sehr ehrwürdigen Beschluss eingeführt wurden, um eine Lehrordnung vorzuschreiben und die Jugendlichen zu einem bestimmten System der Studien einzuladen. Zweifellos kommt es in dieser Schule vor, dass sich diejenigen, die einen Grad erstreben, sorgfältiger den Studien der Philosophie widmen; aus diesem Grunde sollten wir die akademischen Grade bereitwillig aufrechterhalten. Darüber hinaus geziemt es einer Seele, die dem Menschlichen nicht abgeneigt ist, diese Harmonie der Ordnungen, die auch für das Staatswesen von größtem Nutzen ist, hochzuschätzen und zu lieben. Was ist schließlich schöner als ebendiese zahlreiche Anwesenheit bei solchen Versammlungen, zu denen Menschen zusammenkommen, die sich durch Begabungen, Lehre und Tugend ausweisen, um zu hören, mit welchen Studien sich die Jugend beschäftigt und welche Fortschritte sie macht, und in der die Jugend an viele große Dinge erinnert wird, deren Kenntnis für das Leben äußerst nützlich ist. Wenn Gladiatorenkämpfe abgehalten oder ausländische Waren und Tiere zur Schau gestellt würden, welch ein Menschenauflauf entstünde in der ganzen Stadt? Und in Wahrheit gibt es kein schöneres Schauspiel als eine Zusammenkunft guter und gelehrter Männer. Denn ein Staatswesen hat keinen größeren Schmuck. Da nichts bewundernswerter ist als die Tugend, ist es für einen guten Geist ein großes Vergnügen, solche Männer anzuschauen, die durch außerordentliche Tugend glänzen. Deshalb ist es ehrenwert, dass ihr von jenen zynischen Meinungen abweicht, die in geschmacklosester Weise einen solchen Brauch tadeln. Nichts aber geziemt sich mehr bei einer Zusammenkunft von Gebildeten, als über gute Dinge zu sprechen und sie zu erörtern.

Weil mir zudem im Augenblick die Rücksicht auf meine öffentliche Pflicht auferlegt, über diese Dinge zu sprechen – wenngleich ich sehe, wie viel man hier zu Recht von mir in Bezug auf das Lob der Beredtsamkeit erwartet – und da es sich für mich wie auch für die Übrigen geziemt, diese Sitte zu bewahren, will ich meine Mühe dennoch dem Staatswesen zugutekommen lassen. Andererseits wird an eurer Menschenfreundlichkeit liegen, mit meiner Rede zufrieden zu sein, worum ich euch wieder und wieder bitte. Selbst wenn an diesem Ort häufig über die Würde der Wissenschaften und bestimmter Tugenden gesprochen wurde, habe ich geglaubt, an die Geschichte erinnern zu müssen, nämlich an das Leben des Aristoteles. Nicht nur erfreut eine Vielfalt von Tätigkeiten und Ereignissen die Seelen, weil viel Vergnügen aus der Geschichte gezogen wird, sondern auch weil es aus vielen Gründen nützlich ist, die Ratschläge, Worte und Taten großer Männer zu kennen.

Die Seele wird nämlich zur Tugend angeregt, wenn sie deren Beispiele betrachtet. Daneben werden wir an viele Dinge erinnert. Wie ein Herrscher viele Ratschlüsse eines Scipio oder Caesar nachahmen kann, so können auch wir durch diese Studien vieles richtiger beurteilen, indem wir die Klugheit und Vernunft der gelehrtesten Menschen beim Aufsuchen und Überliefern der Wissenschaften genau betrachten. Viel trägt ein Vergleich hervorragender Meister zur Schärfung und Bildung der Urteilskraft bei. Ich möchte also über Aristoteles sprechen, nicht wie es in Lobreden geschieht, sondern ich werde kurz dasjenige vortragen, was wir über sein Leben zuverlässig wissen. Darauf werde ich einiges über die Art seiner Philosophie und Schriften ergänzen, um die Jugendlichen darüber zu belehren, welche Art von Philosophie am ehesten zu billigen und anzustreben ist. Und ich werde zeigen, in welcher Hinsicht es von Nutzen ist, mit der aristotelischen Denkart und Methode vertraut zu sein. Ich meine nämlich, dass es ohne sie in keinem Bereich je einen Meister der Methode geben wird. Es kann auch nicht ausbleiben, dass diejenigen vieles Falsche auf sophistische Weise vermischen, denen jener Weg zu lehren unbekannt ist, den Aristoteles zeigt. Fernerhin: Wie viel an Irrtümern und Verwirrungen bringt diese Sophistik in Kirche und Staatswesen hervor? Den Sagen nach begegnete Ixion, als er Juno begehrte, einer Wolke in der Gestalt von Juno; die daraus Hervorgegangenen werden Kentauren genannt. So bringen auch die Ungelehrten aus falschen und sophistischen Meinungen verderbliche Kirchenparteiungen hervor. Aber darüber wird später zu reden sein; denn zunächst muss kurz das Leben erzählt werden:

Aristoteles wurde in Mazedonien geboren. Sein Vater war Arzt des Königs Amyntas. Nach den Zeugnissen vieler steht fest, dass seine Familie von Hippokrates[11] abstammt; denn dessen Nachkommen lebten in Thessalien und waren über lange Zeit im Besitz der Heilkunst, weil die Eltern diese Wissenschaft ihren Kindern gewissermaßen von Hand zu Hand nacheinander weitergaben. So wurde auch Aristoteles durch den häuslichen Umgang in der Kindheit mit der besten und reinsten Lehre des Hippokrates bekannt, von der seine Schriften an vielen Stellen zeugen. Bisweilen entlehnte er nicht nur Überzeugungen, sondern auch Worte von Hippokrates. Und ich meine sogar, dass die gesamte Lehre des Aristoteles dadurch einfacher und methodischer ist, weil er als Kind mit der Philosophie des Hippokrates vertraut gemacht wurde. In jener Zeit gab es nämlich auch andere Naturphilosophen, die sich Demokrit zum Vorbild nahmen, dessen Lehre voll unglaublicher Meinungen und verworrener Gedankengänge war. Wäre Aristoteles ihnen gefolgt, hätte er niemals seine äußerst geistvolle Methode und eigentümliche Form erlangt. Welch große Sorgfalt und Kunstfertigkeit in jener häuslichen Erziehung den Nachkommen des Hippokrates zuteil wurde, lässt sich aus dem erschließen, was Galen sagte: Zunächst habe es deshalb keine anatomischen Schriften gegeben, weil sie durch die häusliche Einrichtung bekannt gewesen seien. Die Nachkommen des Hippokrates hätten gewöhnlich die Körper von Tieren und Menschen zu Hause auseinandergenommen und einzelne Körperteile den Kindern von klein auf zum Anschauen vorgelegt. Und da Aristoteles von der Wiege an nicht an hohles und verworrenes Wortgezänk gewöhnt war, sondern an die Erkenntnis der Dinge und an das Ergründen von Ursachen, verfolgte er aus dieser kindlichen Gewohnheit heraus zwei ehrenwerte und für einen gelehrten Mann besonders würdige Tugenden, nämlich die Sorgfalt im Aufsuchen der Methode und die Liebe zur Wahrheit; Studien gehen nämlich in den Charakter über. Deshalb bringt Sorgfalt im geordneten und angemessenen Darstellen unklarer Dinge einen gewissen Eifer und Liebe zur Wahrheit während des ganzen Lebens hervor.

Als er siebzehn Jahre alt war, wurde er nach Athen geschickt, um Platon zu hören, dessen Begabung und Lehre damals in höchstem Lob glänzte. Da Aristoteles von Natur aus für alle wissenschaftlichen Gebiete geeignet war, war es von großem Segen, dass seine Begabung zunächst in der häuslichen Einrichtung angeregt und vorbereitet worden war. Außerdem stand ihm jener vorzügliche Lehrer zur Seite, der seine überaus glückliche Natur verfeinerte. Dies hat – wie ich jedenfalls glaube – Gott so gesteuert, damit wir einen vollkommenen Meister für jenes Gebiet der Philosophie haben, in dem sich Aristoteles bemüht hat. Platon aber hat er zwanzig Jahre lang gehört, d. h. ungefähr bis zu seinem vierzigsten Lebensjahr. Vorerst hielt er keine Vorlesungen, aber er hat sich selbst in allen wissenschaftlichen Disziplinen eifrig bemüht. Er hat alle Autoren untersucht, gelesen und überdacht, und zwar so sehr, dass er von Platon wegen seiner umfänglichen Belesenheit und Gelehrsamkeit „Leser“ genannt wurde. Hier kommt man nicht umhin, Aristoteles wegen seiner Klugheit zu bewundern, der so lange seinem Meister anhing und nicht meinte, dessen Lehre könne aus dem Stegreif geschöpft werden. Auch der sittliche Ernst ist zu loben, dass er erst spät zu lehren begann. Denn zu Platons Lebzeiten hielt er keine Vorlesungen. Über seine Begabung existieren auch viele ehrenvolle Zeugnisse Platons. Er nannte Aristoteles einen Philosophen der Wahrheit; und als er ihn mit Xenokrates verglich, sagte er, Aristoteles bedürfe des Zügels, Xenokrates aber der Sporen. Hätte andererseits Aristoteles nicht ausgezeichnet über seinen Lehrer gedacht, dann hätte er nicht geglaubt, ihn so lange hören zu müssen. Auch wird erzählt, dass er Platon ein Denkmal gesetzt und ein Epigramm hinzugefügt habe, welches noch vorhanden ist und in dem er Platon mit sehr prächtigen Lobreden schmückt. Denn schon allein dieser eine Vers deutet an, wie viel er von ihm hielt, wenn er sagt: „Keine künftigen Zeitalter werden einen solchen Mann hervorbringen.“

Dass jedoch unkundige Menschen glauben, zwischen beiden habe eine gewisse Rivalität bestanden, weil Aristoteles bisweilen mit seinem Meister im Widerspruch stand, ist eine törichte Meinung. Denn wie im Senat häufig die engsten Freunde ohne persönliche Beleidigungen im Widerspruch sind, wenn sie ihre Auffassung vortragen, so haben auch gute und gelehrte Männer verschiedene Meinungen ohne persönliche Feindschaft. Aber über diese Verschiedenheit der Meinungen werde ich ein wenig später reden. Als nach dem Tod Platons das Haus des Aristoteles bereits von den berühmtesten Männern in dem Verlangen, die Studien voranzutreiben, aufgesucht wurde, trat der mazedonische König Philipp an ihn heran und übertrug ihm die Erziehung seines Sohnes. Wenn König Philipp, der besonders scharfsinnig über Begabungen urteilen konnte, nun aber nicht die Lehre und den Lebenswandel des Aristoteles gebilligt hätte, hätte er ihm gewiss nicht einen Sohn von edelster Begabung anvertraut, auf dem solche Hoffnung lag. Deshalb muss man diesem Zeugnis Philipps über Aristoteles das höchste Gewicht beimessen. Der Zögling selbst hätte, da er eine heldenhafte und herausragende Begabung besaß, gewiss nicht den Meister so sehr geliebt, wenn dieser nicht die Ehrwürdigkeit und die Annehmlichkeit des Lebenswandels mit der Lehre verbunden hätte. Oft aber hat Alexander öffentlich gesagt, dass er Aristoteles nicht anders liebe als einen Vater.

Aristoteles aber blieb ungefähr acht Jahre bei Alexander. In dieser Zeit vermittelte er ihm sowohl andere Teilbereiche der Philosophie als auch die Heilkunst. Und ich glaube, dass man in dieser Sache nicht so sehr das Glück des Aristoteles bewundern sollte, weil es ihm zufiel, einen König zu erziehen, der unter allen einzigartig war und bei weitem am begabtesten und den das Schicksal zur Herrschaft über die Welt ernannte. Vielmehr glaube ich, dass man seine Klugheit loben muss, weil er dem Jüngling Dinge vermittelt hat, die dessen stürmische Natur in Liebenswürdigkeit umgewandelt haben und von denen er selbst meinte, dass sie für einen Regierenden von großem Nutzen und großer Schönheit seien. So sagte nämlich Alexander, er wolle sich lieber in der Wissenschaft als durch die Größe der Macht auszeichnen. Später aber setzte Alexander nach Asien über.

Aristoteles kehrte nach Athen zurück und begann zu unterrichten. Da er begriff, dass die Beredsamkeit mit der Wissenschaft von den Dingen verbunden werden müsse, teilte er die Studien am Morgen der Philosophie und die am Abend den rhetorischen Übungen zu. Als Einziger hat er den Zusammenhang aller Wissenschaften gesehen. So hat er die Physik auf geometrischen Beweisen aufgebaut und begründet. Deswegen behandelte er alle Wissenschaften, schrieb über die Natur der Dinge, über Ethik, die Unsterblichkeit der Seelen und über die Himmelskörper. Vieles hat er für Alexander verfasst, damit der Sieger die Gemeinwesen durch Gesetze, Recht, Gerichtsbarkeit und Disziplin festigte. Hier hat er jene goldenen Bücher über die Geschichte der Lebewesen geschrieben, wobei nicht nur die Sorgfalt des Aristoteles zu bewundern, sondern auch die Freigebigkeit Alexanders zu loben ist. Denn auch das ist königlich, einen Staat durch Künste und Literatur zu schmücken. Da nämlich durch private Kosten die Naturen der Lebewesen nicht erkundet werden können, schickte Alexander achthundert Talente an Aristoteles, d. h. 480.000 Kronen, damit er Jäger mieten und Tiere halten konnte, um deren Natur beobachten zu können. Auch wenn einige seiner berühmten Schriften verlorengegangen sind, glaube ich dennoch, dass diejenigen, welche erhalten und zumindest für den Unterricht besonders geeignet sind, durch göttliche Fügung erhalten wurden, damit die Nachwelt besser unterrichtet werden kann.

Nachdem man in Griechenland angefangen hatte, die neueren Philosophen, Stoiker, Epikuräer und Mitglieder der Akademie zu bewundern, obwohl ihre Lehren voller Torheiten und Sophistereien waren, und die ältere und gebildetere Lehre vernachlässigt wurde, entzog man die Schriften des Aristoteles dem Studium. Seine Bücher wurden in den Bibliotheken einiger Weniger von Alter und Fäulnis zerfressen. Dieser große Schatz wäre geradezu verlorengegangen, wenn uns nicht das Kriegsglück Sullas diese Bücher, welche wir haben, hinterlassen hätte.[12] Dieser hatte im Krieg die Bibliothek an sich gebracht, eine Beute, auf die damalige Feldherren besonders aus waren, um gute Schriften zu retten. Da es dort viele nahezu vergessene Bände des Aristoteles gab, sorgte er dafür, dass überall in Griechenland Bücher dieses Autors gesammelt wurden, und ließ diese, von Andronikos verbessert, veröffentlichen. Gleichwie dem Aristoteles zu Lebzeiten der höchste König Freund war, brachte nun der äußerst glückliche Feldherr Sulla den beinahe Ausgelöschten wieder ans Licht. Dennoch gibt es bis jetzt in den erhaltenen Büchern Spuren dieses Schadens, an denen sich zeigt, dass hier und da kleinere Sätze verstümmelt wurden. Als nun aber Aristoteles wieder zu Ansehen gekommen war, verloren die neueren Lehren allmählich an Beachtung, denn die bedeutendsten Geister widmeten sich der alten Lehre.

Aber ich kehre zur Lebensgeschichte zurück. Er lehrte in Athen dreizehn Jahre. Durch den Ruhm seiner Lehre hat er nicht nur die Stadt berühmter gemacht, sondern auch bei Antipater,[13] der in Mazedonien regierte und der in einzigartiger Weise Aristoteles als Lehrer hochschätzte, große Wohltaten für die Bürger durchgesetzt. Später jedoch wuchsen die Spannungen zwischen den Athenern und Antipater, und so war er selbst in Athen nicht mehr sicher.

Denn da neidische Menschen hofften, ihn, der schon wegen seiner Freundschaft zu Antipater verhasst war, leicht niederdrücken zu können, haben sie gegen ihn eine Anklage wegen Gottlosigkeit ersonnen; denn er widerlegte die unglaubhafte Vielzahl von Göttern und behauptete, dass es einen einzigen, ewigen und unendlichen Geist gebe, der Ursache aller Dinge sei, und zitierte jenen Vers Homers: „Nichts Gutes ist die Vielherrschaft, einer sei der Herr."[14]

Aus Furcht vor einem ungerechten Gerichtsprozess floh er nach Chalkis, das Antipater günstig gewogen war. Weder diese falsche Anklage noch die Flucht verdunkeln den Ruhm eines philosophischen Mannes. Vielmehr bringt diese Art von Gefahren, die allen gemeinsam ist, die sich verdient machen um das Menschengeschlecht, einen großen Zuwachs seines Ruhmes. Bereits das Bekenntnis zur Wahrheit selbst ist sehr ehrenvoll; an dieser aber in Gefahren festzuhalten und sich durch keine Drohung oder Folter von der richtigen Auffassung abschrecken und abbringen zu lassen, dieser sittliche Ernst und eine solche Beständigkeit machen die besondere Würde eines philosophischen Mannes aus. Es ist deshalb für Aristoteles ruhmvoll, unter jene höchsten Männer gezählt zu werden, die wegen ehrenhafter Anschauungen und richtiger Einsichten von Intriganten verspottet oder bedrängt wurden. Und da Intriganten zu allen Zeiten einen unversöhnlichen Krieg gegen die Wahrheit führen, so wollen wir unsere Seelen durch die Beispiele jener vortrefflichen Männer aufrichten und es nicht dahin kommen lassen, dass wir durch die Ungerechtigkeit der Menschen von der Pflicht abgebracht werden. Wie man erzählt, ist er zuletzt in jener Zurückgezogenheit im klimakterischen dreiundsechzigsten Jahr seines Lebens gestorben.[15]

Auch wenn sein Lebenswandel aus seinen Äußerungen hervorscheint, kann er ebenso eingeschätzt werden aus dem großen Wohlwollen, das ihm Könige und Fürsten entgegenbrachten, ein Wohlwollen, was sich nur aus seiner einzigartigen sittlichen Würde erklären lässt. Auch sein Testament macht deutlich, wie liebevoll er gewesen ist: In großer Sorge nämlich vertraute er Antipater Ehefrau und Kinder an. Es gibt eine Fülle von menschlichen Zügen in dem Testament, die ich übergehe, um nicht ausschweifend zu sein. Wie herausragend das uns vor Augen stehende Bild eines Philosophen oder eines Menschen ist, der in den Studien lebt und diese zum gemeinsamen Nutzen anwendet, werdet ihr einsehen können, wenn ihr mit ganzem Herzen seine Geschichte betrachtet, ebenso die Kraft und den Antrieb seiner Begabung, seine erstmals entwickelte Unterrichtsmethode, die Abfolge seiner Studien, seinen unendlichen Studieneifer, seine Gewissenhaftigkeit und Gewandtheit im Lehren, die Mühe des Verfassens so vieler ausgezeichneter Schriften, seine sittliche Würde und Menschlichkeit und schließlich auch die Ungerechtigkeiten, die er von den Intriganten erlitt. Wem würde es keine Freude machen, in einem einzigen Mann so viele heldenhafte Tugenden vereint zu sehen und zu betrachten? Da er nämlich in dieser Art ein vollkommener Meister gewesen ist, scheint es offenkundig, dass er durch göttliche Fügung mit einer heldenhaften Natur versehen war.

Bis hierher habe ich über das Leben gesprochen, viel kürzer, als es die Sache verlangte; nun aber will ich über seine Philosophie sprechen. Dieser kommende Teil der Rede aber wäre viel länger, wenn es nicht der Mangel an Zeit verhinderte. Auch Schulmeinungen wären zusammenzutragen, ebenso wäre etwas über Platon zu sagen, aber ich werde dies nur kurz berühren. Platons Beredsamkeit ist so groß, dass er ohne Zweifel alle bei weitem übertrifft, deren Schriften wir haben. Auch sind in seinen Schriften viele sehr weise Gedanken verstreut; aber er hat keine Wissenschaft vollständig und geordnet überliefert. Darüber hinaus ist der größte Teil der Werke ironischer Natur, welche Redeweise geeigneter ist zum Spott als für die Lehre. Athenaeus schreibt, dass Cheron, ein Hörer Platons, der die Tyrannis in seinem Vaterland errichtet hatte, jene widerspruchsvollen Erörterungen über einen gemeinsamen Nutzen von Gütern und Frauen nachgeahmt habe; er habe nämlich das Gesetz beantragt, dass Herren und Sklaven alles Vermögen und alle Ehefrauen gemeinsam gebrauchen sollten. So verwirrten die schlecht verstandenen Ironien Platons einen törichten Menschen ganz und gar. Aristoteles hingegen wollte sich um den Nutzen für die Studierenden sorgen und die Schulen fördern. Auch diese Gesinnung bei einem Philosophen ist großen Lobes würdig.

Umfassend hat er die Dialektik, die Physik und die Ethik dargestellt. Und er wendet zwei Dinge an, die zur Klarheit in der Lehre beitragen: die Methode und die Eigentümlichkeit eines wissenschaftlichen Schlussverfahrens. Es ist also nützlich, dass die Heranwachsenden an den aristotelischen Umgang gewöhnt werden. Jene platonische Freiheit im Disputieren bringt unsichere und widerspruchsvolle Meinungen hervor, nicht anders als bei leichtfertigen Malern, die aus Spaß Chimären und Kentauren malen.

Wie sehr aber Aristoteles die anderen Lehrrichtungen in der Sache selbst übertraf, kann man an der Tatsache erkennen, dass keine andere Dialektik für würdig angesehen wurde, zur Nachwelt zu gelangen, außer der aristotelischen, weil sie die Physik in sehr kluger Weise aus geometrischen Anfangsgründen herleitet. Wie angenehm ist es, dass es eine Mäßigung der Affekte gibt, weil einer die Natur der Tugend begreift? Mit dieser Einsicht macht er sehr ernsthaft deutlich, dass die Seele das ganze Leben hindurch an das rechte Maß gewöhnt werden müsse.

Aber an Aristoteles wird die Unverständlichkeit getadelt, von der allerdings gesagt wird, dass er sie selbst beabsichtigt habe, weil er seine Bücher angeblich nach Schriften für die allgemeine Öffentlichkeit und nach solchen für seine Schüler unterschied. Nach meinem Urteil ist dies mit ganz anderer Absicht geschehen: Der sehr vorausschauende Mann sah, dass eine solche Methodik nicht erfasst werden kann, es sei denn von entsprechend Gebildeten. Deshalb hat er gesagt, sie seien nicht zur Veröffentlichung bestimmt, nämlich nicht für jene Toren, die sie in die Hand nehmen, ohne durch andere Wissenschaften vorbereitet worden zu sein. Groß sind Eleganz und Klarheit der Rede in vielen Büchern. Zuweilen wird seine Erörterung durch die trockene Darstellungsform, die er aber wegen der Methode beibehält, etwas unverständlich, aber hat man die Methode erkannt, werden jene Dunkelheiten vertrieben. Kallimachos[16] bittet die Grazien,[17] ihre von duftenden Salben benetzten Hände in seinen Elegien zu waschen, damit diese durch Grazie und Anmut Dauer erlangen. So groß ist aber der Reiz der Inhalte und der Rede in den meisten Schriften des Aristoteles – in den Büchern über die Lebewesen, die Politik und die Ethik, in Briefen und an vielen anderen Stellen –, dass man zu Recht meinen kann, die Chariten hätten eine Salbe von ihren Händen hineingeträufelt, um mit den Worten des Kallimachos zu sprechen.

Was aber will es erst heißen, dass man seine Bücher als eine wahre Bibliothek ansehen kann? Das meiste nämlich aus den alten untergegangenen Werken zitiert er, und auf Grund derartiger Exzerpte, glaube ich, wird Aristoteles von Cicero als „Goldfluss" bezeichnet. Wie viele Worte Platons interpretiert er, wie im fünften Buch der Ethik, wo er von Platon den Vergleich der Proportionen übernimmt, sich ihm aber geistreicher widmet.

Aber ich höre auf, denn alles zu verfolgen, würde zu lange dauern. Dies meinte ich, von ihm erzählen zu müssen, nicht nur damit ihr Aristoteles mehr liebt, sondern auch damit ihr erkennt, warum man ihn lieben und in den Händen behalten muss. Und so bin ich durchaus der Meinung, dass es zu einer großen Verwirrung der Lehren kommen muss, wenn Aristoteles vernachlässigt wird, der einzig und allein der Meister der Methode ist. Auf keine andere Weise kann einer an die Methode gewöhnt werden, wenn er sich nicht sorgfältig in dieser Art der aristotelischen Philosophie übt. Deshalb ermahne ich euch, nicht nur euretwegen, sondern auch wegen der gesamten Nachwelt, diese vorzügliche Art der Lehre sorgfältig zu pflegen und zu erhalten. Platon sagte, jener Feuerfunke, den Prometheus vom Himmel holte, das sei die Methode. Und wo dieser Feuerfunke fehlt, würden die Menschen geradezu in Ungeheuer verwandelt werden. Wenn nämlich der wahre Umgang mit der Lehre beseitigt wird, unterscheidet die Menschen tatsächlich nichts von Ungeheuern. Damit wir also diesen Feuerfunken bewahren, muss diese Art der Lehre, die Aristoteles überliefert hat, mit größtem Eifer erhalten werden.

[1] Melanchthon bezeichnet sich in einem Brief aus dem Jahre 1537 als Peripatetiker und Anhänger der aristotelischen Lehre vom Mittelweg; CR 3, 383 (Nr. 1588). [2] Vgl. dazu die „Postfatio" zu den „Institutiones Graecae Grammaticae" von 1518 (CR 1, 24–27) und seine Wittenberger Antrittsvorlesung „De corrigendis adolescentiae studiis" vom August 1518 (s. o.). [3] So forderte er im Widmungsbrief zu

seiner ersten Rhetorik ausdrücklich zum Studium der aristotelischen Dialektik und Rhetorik auf. [4] „Liber de anima", 1553 (CR 13, 5–178, teilweise auch in MSA 3, 307–372). [5] „Initia doctrinae physicae", 1549 (CR 13, 179–412). [6] Etwa die „Compendaria dialectices ratio", 1520 (CR 20, 711–764). [7] „Elementorum Rhetorices libri duo", 1531 (CR 13, 417–506). [8] „Philosophiae moralis epitomes libri duo", 1546 (StA 3, 152–301), „Ethicae doctrinae elementorum libri duo", 1550 (CR 16, 165–276). [9] Die Problematik der Aristotelismusdeutung ist ausführlich diskutiert bei Günter Frank: Die theologische Philosophie Philipp Melanchthons (1497–1560), Leipzig 1995, 16–23. [10] Siegfried Wiedenhofer: Formalstrukturen humanistischer und reformatorischer Theologie bei Philipp Melanchthon, Berlin 1976. [11] Griechischer Arzt. [12] Die Verzeichnisse der aristotelischen Schriften bei Diogenes Laertius, der maßgeblich zur Überlieferung der antiken Tradition ins Abendland beigetragen hat, gehen u. a. auf die Aufzeichnungen des Andronikos von Rhodos zurück, die er in Sullas Bibliothek und in anderen römischen Bibliotheken gemacht hat. Die Schriften des Aristoteles fielen Sulla bei der Belagerung Athens im Jahre 86 v. Chr. in die Hand. [13] Makedonischer Feldherr und König. [14] Homer, Ilias 2, 204. [15] Nach griechischer Vorstellung ist das menschliche Leben durch kritische Abschnitte alle sieben Jahre, insbesondere im 63. Jahr gekennzeichnet. [16] Gelehrter und Dichter im 3. Jh. v. Chr., Leiter der Bibliothek in Alexandrien. [17] Die drei Chariten, Göttinnen der Anmut (der Glanz, der Frohsinn und die Blüte), gehörten zum Gefolge der Göttin Aphrodite.

Billigkeit und strenges Recht

De aequitate et iure stricto 1542

Die „Billigkeit", wie man das lateinische „aequitas" bzw. das griechische „ἐπιείκεια" übersetzte, und ihr Verhältnis zum „strengen Recht" gehörten im 16. Jahrhundert zu den häufiger verhandelten Stoffen, wenn es galt, die Grundlagen des Rechts herauszustellen. Dass dieses Thema der Rechtsphilosophie sogar durch Redeübungen innerhalb der Artistenfakultät im Bewusstsein gehalten wurde, zeigt, wie brisant es gewesen ist. Der Prozess des Überganges von landschaftlich unterschiedlich gehandhabter Rechtspraxis zum einheitlich angewendeten römischen Recht war noch nicht beendet und stieß durchaus auf Widerstände; auch Luther war den altgewohnten Landrechten mit ihrem auf wiederkehrende Fälle zugeschnittenen Brauch wohlgesonnen, da er hier die von ihm hochgeschätzte Billigkeit eher in Anwendung sah. Melanchthons Rede stellt insofern eine interessante Variante des Themas dar, weil er sich von gewissen grundsätzlichen Aussagen der „Nikomachischen Ethik" des Aristoteles, der wichtigsten Quelle für die Epikie, abzugrenzen scheint, sofern diese die Tendenz zu willkürlicher Rechtsanwendung erlaubt. Insbesondere geht es Melanchthon um den Schutz des Bürgers, etwa seines Besitzes oder seiner Ehe, vor drohender Fürstenwillkür. Die geschriebenen Gesetze enthalten seiner Meinung nach selbst in genügendem Maße das Element der Billigkeit, so dass ihre sinnvolle Anwendung so etwas wie Rechtsstaatlichkeit garantiert.

Übersetzungsgrundlage: CR 11, 550–555, im Vergleich mit dem Text aus „Selectarum declamationum Philippi Melanthonis, quas conscripsit et partim ipse in schola Witebergensi recitavit, …", Bd. 1. Argentorati 1559, 271–279, abgedruckt bei Guido Kisch: Melanchthons Rechts- und Soziallehre, Berlin 1967, 269–273.

Ihr kennt den überaus ehrenhaften und aus gewichtigem Anlass in die Universitäten eingeführten Brauch, der uns bei diesen Zusammenkünften oft über die Tugendlehre sprechen lässt. Denn was ist Menschen angemessener, zumal uns, deren Urteil und Beispiel auch das Leben anderer anleiten muss, als gemeinsam Gott, Tugend und ehrbare Wissenschaft zu erörtern und bald uns selbst, bald andere zu tugendhaftem Handeln aufzurufen. Nun aber erfordern es Zeit und Umstände, dass wir uns dieser Übungen noch viel umsichtiger und sorgsamer annehmen und sie verteidigen. Denn nachdem man die Zügel der Zucht hat schleifen lassen, sehen wir die Sitten des Volkes mehr und mehr verwildert und die Gesetze ebenso verachtet wie Sittenlehre und Religion. Darum muss der Kampf noch schärfer und heftiger geführt werden, damit nicht auf die Preisgabe von Wissenschaft, Gesetz und Religion Gottesvergessenheit, zügellose Ausschweifung und fortdauernde Schandtat folgt. Um diesen Übeln erfolgreich zu wehren, ist jede Art von Bildung, Kultur und Schulübung dringlich. Aber von den Mächtigen werden sie – ganz gegen deren Pflicht – nur mäßig unterstützt. Darum ist es wünschenswert, dass wir diese Dinge, so gut wir können, mit vereinten Kräften verteidigen.

Häufig ist an diesem Ort sehr ernsthaft über die Würde der Gesetze gesprochen worden. Und es ist überaus nützlich, in den Herzen der Menschen die Liebe zur öffentlichen Ordnung und eine echte Ehrfurcht vor den Gesetzen zu wecken und sie zu nähren und zu stärken. Und darum sollen Menschen jene unverrückbare Lehre im Herzen tragen: Gott ist wahrhaftig der Schöpfer und Hüter der öffentlichen Ordnung, und die Weisheit und Güte Gottes gegen das Menschengeschlecht werden an der öffentlichen Ordnung nicht weniger augenfällig als an der Fruchtbarkeit der Erde und anderen Wohltaten, mit denen unsere Leiber auf göttliche Weise erhalten werden.

Was also ist die Verachtung dieser Lebensordnung anderes als eine Kriegserklärung an Gott? An den Gott, der unablässig durch alle Zeiten beispielhaft bewiesen hat, dass er den Verächtern der Gesetze Zügel anlegt? Was sind die fortdauernden Verbrechen von Räubern, die furchtbaren Kriege aller Zeiten anderes als Rufe Gottes, durch die er bekundet, dass er die Verachtung seiner selbst wie seiner Gesetze straft? Und doch sind die Herzen der Menschen wie von Eisen. Lassen sie sich doch von so schrecklichen Beispielen kaum bewegen. Euch aber, die ihr die Tugendlehre schätzt, steht es sicher gut an, vom Ruf Gottes und den Beispielen des göttlichen Zorns ergriffen zu werden. Aus dieser Erinnerung wollte ich hier Nutzen ziehen und euch ein hervorragendes Argument vorlegen, das euch einmal mehr zur Liebe der Gesetze ermuntern soll. Wer dadurch nicht angerührt wird, der sollte nicht durch Worte geleitet, sondern wie ein Wahnsinniger an den Füßen gefesselt und in Ketten gelegt werden. Und gewiss wird der ewige Gott, der Urheber der politischen Ordnung und Wächter über die Gesetze, solche Leute in Fesseln legen.

Weil ihr jedoch diese Predigten täglich in den Schulen und Kirchen hört, habe ich von einer weitläufigeren Rede Abstand genommen und werde einiges Wenige über das Gesetz „Man hat für gut befunden, …“ aus dem dritten Buch des Rechtscodex sagen, das „Von den Prozessen“ genannt wird. Die Erörterung selbst zielt auf Verteidigung und Lob des geschriebenen Rechts. So lautet das Gesetz: „Man hat für gut befunden, dass in allen Dingen der geschriebenen Gerechtigkeit und Billigkeit Vorrang einzuräumen sei gegenüber dem strengen Recht.“[1]

Manche sagen, dass die Worte dieses Gesetzes einander widerstreiten. „Geschriebenes Recht“, sagen sie, sei das, was im Geschriebenen, was in den Worten des Gesetzes selbst enthalten sei, analog zum strengen Recht des römischen Gesetzes, nach welchem ein Mensch zu töten ist, der gegen ein Verbot des Diktators verstößt. Als der Diktator Papirius[2] abwesend war, verstieß Quintus Fabius,[3] der Anführer der Reiterei, gegen diese Verfügung. Er hatte sich verlocken lassen, eine sich bietende Gelegenheit für die gute Sache auszunutzen. Und er siegte. Was wird Papirius hier tun, wenn er die geschriebene Billigkeit befolgen soll? Oder: Was unterscheidet strenges Recht von geschriebener Billigkeit? Papirius sprach, kein Sieg sei höher zu gewichten als die Bewahrung militärischer Disziplin. Um also die Disziplin zu bekräftigen und den Worten des Gesetzes zu entsprechen, befiehlt er, den Reiterobersten hinzurichten.[4] Wenn also, wie es dieses Beispiel zeigt, keinerlei Unterschied zwischen geschriebener Billigkeit und strengem

Recht besteht, scheint die Aussage dieses Gesetzes im Rechtscodex absurd und müßig zu sein.

Aristoteles hat die Billigkeit ein wenig anders erörtert. Denn er bezeichnet sie als „ungeschriebene maßvolle Milderung“, die freilich ehrenhafter und sinnvoller Abwägung folge.[5] So gesehen gehörte es sich im genannten Fall, dass der Diktator Papirius vom Todesurteil absah. Denn der Reiteroberst hatte weder aus Ehrgeiz noch aus Leichtsinn gekämpft. Er hatte entschieden, dass er sich dann gegen den wirklichen Nutzen des Gemeinwesens und den wahren Willen des Diktators verginge, wenn er eine Gelegenheit ungenutzt vorbeigehen ließ, die der Diktator, wäre er am Ort gewesen, keinesfalls versäumt hätte.[6]

Aristoteles hat also dem weisen Richter die Gewalt verliehen, das geschriebene Recht zu mäßigen und – es will scheinen, als schwäche er zu sehr die Autorität der Gesetze – gesagt, dass sie wie bleierne Richtmaße den Umständen anzupassen sind.[7] Dies geschieht vielleicht auch häufiger, als es nützlich ist. Denn auch Celsus beklagte, dass man sich unter dem Vorwand des Billigen und Guten oft auf gefährliche Weise irre. So steht es im Gesetz „... über die Verbindlichkeit der Worte“[8]. Eine solche Freiheit erlaubt es den Mächtigen, überlässt man es ihnen, vom geschriebenen Recht nach eigener Willkür abzuweichen. Denn geistreiche Menschen vermögen leicht dem Anschein nach glaubhafte Gründe zu ersinnen, wenn es um Handlungen geht, die mit dem Wollen der Menschen zusammenhängen, von Natur aus in hohem Maß unbeständig sind und wegen der Vielfalt der Fälle und Umstände unterschiedlich behandelt werden können.

Darum muss man den Ernst der Athener loben, welche im Gesetz festlegten, die auserwählten Richter schwören zu lassen, ihre Urteile gemäß den Gesetzen zu fällen, d. h. nicht nach eigener Willkür und nicht auf Grund von selbstersonnener Milderung. Die Erfahrung lehrt, dass das Leben auf geschriebenes Recht nicht verzichten kann. Aber ihr sollt euch nicht nur durch Erfahrung, sondern weit mehr durch den göttlichen Willen bewegen lassen. Gott will, dass das Leben durch geschriebenes Recht regiert werde. Ist es aber erlaubt, nach eigener Willkür davon abzuweichen, dann wird aus Recht leicht private Einflussnahme. Davon gibt es eine Fülle böser Beispiele. Deshalb meine ich, so wie uns Gott befohlen hat, der Obrigkeit zu gehorchen, die ihr Amt rechtmäßig ausübt, so muss man auch der Stimme der Gesetze folgen. Die Architekten drücken es recht schön aus: Man soll den Stein gemäß der Regel, nicht die Regel gemäß dem Stein anwenden. Das ist eher nachvollziehbar als das Wort des Aristoteles vom bleiernen Richtmaß. Zu Recht befiehlt also unser Text im Gesetz „Man hat für gut befunden, …", der geschriebenen Billigkeit[9] zu folgen. Und das wollen wir festhalten: Billigkeit im höchsten Maße ist immer das, was in einem Gesetz, das nach ernsthafter Beratung verabschiedet worden ist, festgelegt wurde.

Warum unterscheidet also jener Text zwischen geschriebener Billigkeit und strengem Recht, was offenbar nichts anderes ist als die Worte des geschriebenen Gesetzes? Ich jedoch verstehe hier „strenges Recht" im Sinne einer böswilligen Deutung. Die Juden hielten fest an den Worten des geschriebenen Sabbathgebotes, nach denen keine niedere Arbeit zu geschehen hatte.[10] Deshalb herrscht bei ihnen am Sabbath auch jetzt noch abergläubische Ruhe. Nicht nur, dass sie an diesem Tag nicht kochen und kein Feuer im Kamin machen; sie reiben sich nicht einmal den Schlaf aus den Augen! Als Begründung geben sie an, dass diese Handlungen nicht hinsichtlich ihres Ausmaßes, sondern nur hinsichtlich der Worte der Gesetze zu bewerten sind. Eine bestechende Rede, die oft Sinn macht! Jedoch entbinden diese ängstlichen Spitzfindigkeiten um die Worte nicht selten unsinnige Meinungen und hindern Menschen daran, ihre wirklichen Pflichten wahrzunehmen.

Richtiger ist es also, wenn ein Gesetz einen bestimmten, sich gewöhnlich ereignenden Fall beschreibt. Ein solcher Fall muss im Rahmen des Gesetzes, das Anwendung finden soll, erwogen werden, sodass man zu einer Auslegungsnorm kommt. Ein Gesetz, welches Diebe mit dem Todesurteil belegt, versteht unter Dieben hinterhältige Wegelagerer, deren Lebensalter und Lebensgewohnheit Berücksichtigung finden muss. Ein anderer Sachverhalt tut sich auf, wenn ein Junge, dem noch nicht ganz klar ist, dass ein

Diebstahl etwas sehr Hässliches ist, aus jugendlicher Torheit ein fremdes Gut wegnimmt, oder wenn irgendein ehrbarer Mensch aus reiner Nachlässigkeit ein fremdes Gut nicht zurückerstattet. Es ist offensichtlich, dass genanntes Gesetz nichts zu diesen beiden Fällen sagt. Das „strenge Recht" wäre also ein böswilliges Recht, wollte man die Worte des Gesetzes auf einen Fall anwenden, der seiner ursprünglichen Intention fernliegt. Die ursprüngliche Intention des Sabbathgesetzes war es, niedere, d. h. ständig anfallende Tätigkeiten zu verbieten, die von den gottesdienstlichen Handlungen abhielten. Demnach ist „strenges Recht" dann böswillig, wenn es die übrigen Fälle, d. h. häuslich notwendige Tätigkeiten einbezieht, die nicht von den gottesdienstlichen Handlungen abhalten.

Und so enthält unser Text einen Grundsatz, der für das Leben, die Sitten und den Frieden nützlich ist. Wenn er befiehlt, der geschriebenen Billigkeit zu folgen, verbietet er Gewaltherrschaft und legt den Mächtigen Zügel an, damit sie die Dinge nicht nach eigener Willkür beurteilen. Denn Gott will, dass auch die Führer selbst am Gesetz festhalten; Gott will nicht, dass ihre blinden Begierden herrschen; Gott will, dass Leben, Leib, Vermögen und Ehestand der Bürger geschützt sind. Demnach darf nichts vom Besitz der Bürger genommen werden, wie viel immer bei Hofe verschwendet werden kann. Demnach darf nicht entgegen der geschriebenen Billigkeit gegen Leib und Leben ehrbarer Bürger gewütet werden. Gott sieht alles und ist ein Rächer, der die ungerechten Schandtaten der Mächtigen mit scharfem Schwert bestraft. Es steht geschrieben: „Die Herrschaft wird des Unrechts wegen von einem Volk auf ein anderes übertragen."[11]

Andererseits begegnet unser Text einem weiteren Übel, das unter dem Vorwand des Geschriebenen die Gerechtigkeit untergräbt: der spitzfindigen und böswilligen Ausdeutung. Denn in unserem Text versteht man „strenges Recht" im Sinne eines böswilligen Rechts, mit welchem die geschriebene Billigkeit stets im Kampf liegt. Und es kommt nicht selten vor, dass man unter dem Vorwand des Geschriebenen sein Spiel treibt und aus Gesetzen, die im vortrefflichsten, dem göttlichen Ratschlag gründen und ihm entsprechend angenommen wurden, Tragödien macht, die schon oft große Reiche zerrüttet haben. Anhand des Gesetzes „Man hat für gut befunden, …“ habe ich dargestellt, was die Spitzfindigkeit unserer Zeit anrichtet. Das Ergebnis ist: Man muss die Dinge nach den geschriebenen Gesetzen beurteilen. Dabei darf nicht eingeräumt werden, dass eigene Willkür Milderung erdichtet. Dagegen ist daran festzuhalten, dass jenes der Billigkeit am nächsten kommt, was das Gesetz wirklich meint, und dass freilich die Gesetze nicht böswillig ausgedeutet werden dürfen.

Ihr seht also, welch schwierige und bedeutungsvolle Aufgabe es ist, bei so biegsamen Dingen die einfache Wahrheit festzuhalten und zu bewahren. Darum mögen die Hüter des Rechts vor allem gute Menschen sein, solche, die Wahrheit und Gerechtigkeit lieben und sich zudem durch Gelehrsamkeit, Wachheit und Übung auszeichnen. Denn auch gute Menschen werden zuweilen vom bloßen Anschein, dass etwas rechtens sei, übertölpelt. Also ist aller Eifer nötig, damit wir unser bloßes Meinen fest innerhalb der Grenzen der Wahrheit halten. Welches Amt unser Stand bei der Leitung des Gemeinwesens versieht, ist offensichtlich: Durch unseren Ratschlag und Antrag werden Entscheidungen, Verträge, ja, so gut wie alle Friedensschlüsse gelenkt. Dieser Dienst fordert menschlicher Weisheit bei weitem mehr ab, als sie aufbringen kann. Aber Gott hilft denen, die ihn tun. Von uns werden Glaube, Sorgfalt, Eifer und Gleichmut verlangt. Wenn wir das leisten, wird Gott den Rechtschaffenen beistehen, ihre Ratschläge leiten und guten Ausgang geben.

Darum, Studenten, ermahne ich euch, die Schwierigkeit dieser Aufgabe im Herzen zu erwägen, damit euch der Umfang öffentlicher wie persönlicher Gefahr zu interessiertem Lernen und zur Mäßigung ruft und erweckt. Gott ruft durch Eltern und Obrigkeit diejenigen, die für diese Aufgabe ausersehen sind, zur Leitung des Gemeinwesens. Das ist eine heilige Sache, die größte, schwierigste und gefährlichste von allen! So gilt es denn, alle Kräfte anzuspannen, damit wir dieses bedeutsame Tun nicht unheiligen Sinnes angehen. Wir müssen auf die Größe dieser von Gott eingesetzten Aufgabe sehen, müssen Gottesfurcht, Mäßigung und ausgewogene Bildung mitbringen, nicht zu vergessen den Eifer, heilsam zu wirken.

Dass ihr so handelt, das wirke der ewige Gott und Vater Jesu Christi, der uns frei macht.

Hier endet meine Rede.

[1] Codex Justinianus lib. 3 tit. 1 const. 8, die beiden Kaiser Konstantin der Große und Licinius an Dionysius, 15. Mai 314. – Melanchthons Zitat weist gegenüber dem Text des Codex eine wichtige Abweichung auf: Dort steht nichts von „geschriebener" Billigkeit. [2] Lucius Papirius Cursor bzw. Mugilianus, röm. Diktator 325 v. Chr. [3] Quintus Fabius Maximus Rulianus, Magister equitum, 325 v. Chr. [4] Die Geschichte spielt zur Zeit der beginnenden Samniterkriege 320–270 v. Chr.; vgl. Titus Livius, Ab urbe condita lib. 8 cap. 30–35. [5] Vgl. Aristoteles, Nikomachische Ethik 5, 10 (14), 1137b. [6] Vgl. ebd; Melanchthon vergleicht hier das aristotelische Argument vom zeitweilig abwesenden Gesetzgeber, der beim Erlass des Gesetzes nicht alle denkbaren Fälle im Auge haben konnte und nach dessen ursprünglicher Absicht die Berichtigung der Gesetze erfolgen muss, mit der von Livius berichteten Abwesenheit des Diktators Papirius. [7] Ebd. [8] Digesten 45. 1.91.3. [9] Dazu, dass dies gar nicht im Gesetz steht, siehe oben Anm. 1. [10] Vgl. Ex 20,10. [11] Wahrscheinlich in Anlehnung an Dan 2,21.

War Caesars Ermordung rechtlich begründet?

An iure C. Caesar est interfectus 1533

Themen der Moralphilosophie wie der Jurisprudenz hat Melanchthon seine Aufmerksamkeit öfter zugewandt. Mit der Frage nach der Rechtmäßigkeit der Ermordung Caesars griff er ein Problem von sehr weitreichender Bedeutung auf, nämlich die Kontroverse über Recht oder Unrecht des Tyrannenmordes überhaupt. Als „tyrannos" bezeichneten die antiken Griechen den Einzelherrscher, der allein oder mit Verbündeten die politische Macht usurpiert hatte; die entsprechende Herrschaftsform hieß „tyrannis". Vom 7. Jahrhundert v. Chr. bis in die Zeit des Hellenismus kehrte sie in Griechenland öfter wieder. In der Geschichte Roms schien sie sich insbesondere in Caesars Alleinherrschaft zu verkörpern. Tyrannenherrschaft war in der Antike zwar nicht a priori gleichbedeutend mit der Entfaltung von persönlicher Willkür, unmenschlicher Grausamkeit und Zynismus, manche Alleinherrscher wirkten vielmehr durchaus zielstrebig und erfolgreich zum allgemeinen Wohl. Dennoch galt die Tyrannis gemeinhin als verwerflich und die Tötung eines Tyrannen, auf welchem politischen Motiv sie auch immer gründen mochte, als patriotische Tat. Die sittliche und moralische Rechtfertigung des Tyrannenmordes wurde zuerst in der Sophistik problematisiert, dann auch in den Deklamationen der Rhetoren kontrovers behandelt. In Rom geschah dies namentlich durch den Älteren Seneca und durch Quintilian. Für die Behandlung dieser Streitfrage in seiner akademischen Abhandlung aus dem Jahre 1533 fand Melanchthon daher in der antiken Literatur sowohl ausreichend historischen Stoff als auch genügend moralische und juristische Argumente, um eine jede der beiden Positionen für sich plausibel erscheinen zu lassen.

Übersetzungsgrundlage: CR 10, 698–700.

In Festreden dieser Art hat man hier oft zum Ruhme der vortrefflichen Wissenschaften gesprochen. Unsere überaus fachkundigen Lehrer hielten es deshalb – ich glaube, um dem Überdruss zu begegnen – für angebracht, dass ich eine Streitfrage behandle, die den Erörterungen der Philosophen entstammt. Die studierenden jungen Männer sollten an ihr erkennen, dass in dem Teil der Philosophie, welcher der Jugend zuerst vermittelt wird, die Quellen der gesamten Lehre von der Tugend, von dem rechten oder unrechten Handeln, liegen und von dort das meiste auf höchst gewichtige Sachverhalte in den Staaten übertragen wird. Lässt sich aber zum Preis der Wissenschaften etwas Ehrenvolleres sagen oder denken, als dass sie eine Tugendlehre enthalten und die Menschen sowohl zu gesittetem Verhalten als auch zur Unterscheidung aller sittlichen Pflichten befähigen?

Wäre ich doch – so wie die Lehrer durch die Neuartigkeit des Gegenstandes den Überdruss beheben wollten – mit einem so großartigen Rednertalent begabt, dass ihr mir ohne Unwillen zuhören könntet! Doch da ihr, hochangesehene Männer, uns zu Ehren hierher gekommen, werdet ihr bei eurer Bildung gern geneigt sein, auch dieser Bitte nachzukommen, und euch meinen Vortrag mit Wohlwollen anhören; so erkennen alle, dass euch nicht allein unsere Ehrung, sondern auch diese Wissenschaften, mit deren Titeln wir heute geschmückt werden, am Herzen liegen.

Mir ist nun als Thema die Streitfrage vorgegeben worden: *„War Caesars Ermordung rechtlich begründet?“*

Einst, als jene Ereignisse geschahen, waren darüber die bedeutendsten und weisesten Männer untereinander geteilter Meinung. Ich bin nun nicht so töricht, mich in einer so gewichtigen Problematik gewissermaßen zum Areopagiten[1] und Richter zu machen, ich möchte vielmehr einige Argumente pro und contra zusammentragen.

Die Ansicht nämlich, er sei zu Unrecht ermordet worden, gründet sich auf folgende Überlegungen: Die Träger öffentlicher Ämter gelten nach göttlichem wie menschlichem Recht als unantastbar und unverletzlich; ja selbst wenn sie sich einer Verfehlung schuldig machen, bedeutet es doch Aufruhr, die Waffen gegen diejenigen zu ergreifen, denen allein nach göttlichem Willen Waffen anvertraut worden sind. Kein Verbrechen aber wiegt schwerer als der Aufruhr, denn nichts zerstört die Gemeinschaft der Menschen nachhaltiger. Wenn man nun Caesar auch tadeln kann, weil er den Bürgerkrieg begonnen hat, so war doch er allein Imperator und jedenfalls ein auf gesetzlichem Wege erwählter Magistrat, nachdem die Republik in diesem verhängnisvollen Krieg zu Grunde gegangen war. Die gegen ihn gerichtete Gewalt bedeutete daher offenbar Aufruhr und Hochverrat, zumal es nach seiner Beseitigung zur Anarchie zu kommen drohte, und diese ist in der Tat eine Tyrannis ohne Ende. Wenn aber nach seinem Tode die Anarchie drohte, ist unschwer einzusehen, dass allein Caesar der höchste Amtsinhaber jenes Reiches war. Die Gewalt, die sich gegen ihn richtete, war mithin unrechtmäßig. Und diese Meinung ist durch Gottes Urteil gutgeheißen worden. Alle Mörder wurden nämlich bald darauf wegen Hochverrats bestraft, und Caesars Freunde erlangten wiederum die Macht im Staate. Ich will hier unerwähnt lassen, mit welcher Milde er selbst seinen Sieg nutzte, mit welcher Behutsamkeit er den im Bürgerkrieg zusammengebrochenen Staat wieder herzustellen suchte, indem er ihn durch Recht, Gesetze und Urteile gründete und befestigte.

Brutus hingegen verteidigte die Gegenposition mit dem Argument, das Naturrecht erlaube den Tyrannenmord. Die Natur stattet uns nämlich zur Abwehr des Unrechts und zur Verteidigung der menschlichen Gemeinschaft mit Waffen aus. Mit Fug und Recht wird deshalb jedenfalls die Auffassung vertreten, dass Tyrannen getötet werden dürfen. Denn wenn man entgegnet, Magistrate dürften nicht verletzt werden, so wird den Inhabern der Gewalt deswegen nicht auch eine grenzenlose Freiheit eingeräumt, sondern die Natur hat die Grenzen dieser Pflichten festgeschrieben. Wer wollte nämlich den Harpagus tadeln, weil er, als ihm Astyages seinen Sohn zum Mahle vorgesetzt hatte, die abscheuliche Untat des Tyrannen rächte?[2] Wie viel Ruhm schmückt den Thrasybulos, weil er in Athen die Dreißig Tyrannen stürzte, welche sich die Macht angemaßt hatten, Bürger ohne Gerichtsverfahren hinrichten zu lassen![3] Das römische Heer entzog den Dezemvirn die Herrschaft, als Appius unter dem Schein des Rechts eine freigeborene Jungfrau zur Unzucht zu zwingen suchte und der Vater die Keuschheit seiner Tochter nur schützen konnte, indem er sie tötete. Wer käme hier nicht zu dem Urteil, dass den Dezemvirn die Gewalt zu Recht genommen wurde?[4] In der Schweiz legte ein österreichischer Landvogt einem Jungen einen Apfel als Ziel auf den Kopf und befahl dem Vater des Knaben, mit einem Pfeil auf dieses Ziel zu schießen; das gelang jenem auch glücklich, er traf den Apfel, und sein Sohn blieb unversehrt. Doch darin handelte er durchaus klug und rechtmäßig, dass er den zweiten Pfeil auf den Tyrannen schoss. Denn befragt die innersten Empfindungen der Natur, die bei weitem mehr gelten als geschriebene Gesetze! Sie befehlen uns in der Tat, nicht nur von unserem Haupte, sondern auch von anderen, deren Schutz die Natur uns anvertraut hat, Unrecht abzuwehren. Vortrefflich äußerte sich daher Trajan. Als er dem Kommandanten der kaiserlichen Leibwache, wie es Sitte war, das Schwert überreichte, sprach er: „Gebrauche das Schwert für mich, wenn ich Gerechtes befehle; befehle ich jedoch Unrecht, dann töte mich!“[5]

Als Tyrann gilt aber nicht nur jemand, der, wenn er sich im Besitz der Herrschaft befindet, wider alles Recht gegen die Bürger grausam wütet, oder der auf eigene Faust gegen sein Vaterland Krieg führt, sondern auch derjenige, der durch Gewalt und Volksaufruhr die Verfassung und Form des Staates verändert. Caesar nun hatte sein Vaterland mit Krieg überzogen. Mochte er später als Sieger auch Milde walten lassen und sich bemühen, mit Hilfe von Entscheidungen und Gesetzen im Reiche den inneren Frieden zu festigen, so veränderte er dennoch die alte Staatsform und gebot wie ein König in ebenjener Bürgerschaft, die geschworen hatte, eine Königsherrschaft nicht zu erdulden.[6] Brutus war deshalb der Auffassung, dass Caesars Ermordung zu Recht geschah.

Da mit dieser Untersuchung aber zahlreiche sehr gewichtige Probleme verknüpft sind – das Recht des Magistrats, ferner bis zu welchem Punkte die Verteidigung gegen einen Magistrat gestattet ist, die Tyrannis und die Anarchie, alles Fragen, deren Erörterung für eine pflichtgemäße, sittlich gute Lebensführung von sehr hohem Nutzen ist –, bitte ich meinen Lehrer, Magister Milich, in dieser Streitfrage eine Entscheidung zu treffen. Wenn er dies tut, wird er jener Fülle von Verdiensten, die er um mich hat, noch eine größere Wohltat hinzufügen und den Zuhörern zweifellos einen Gefallen erweisen.

Hier endet meine Rede.

[1] Areopagit: Richter im Areopag, einem Gremium im antiken Athen, das lange Zeit die Aufgaben des Staatsgerichtshofes versah. [2] Ausführlich darüber handelt der griechische Historiker Herodot, Historiae 1, 117–129. [3] Thrasybulos beendete 403 v. Chr. in Athen die Willkürherrschaft der Dreißig Tyrannen und stellte die demokratische Ordnung in der Polis wieder her. [4] Dezemvirn, lat. decem viri, hießen im antiken Rom aus „zehn Männern" bestehende Kollegien von Beamten oder Priestern, die für besondere Aufgabenbereiche gebildet wurden; die berühmte Sage vom Tode der Verginia steht bei Livius, Ab urbe condita 3,44,2 – 3,50,11. [5] Die Episode hat der antike Historiker Cassius Dio 68,16,1 (2) überliefert. [6] Nach der Vertreibung des Königs Tarquinius Superbus im Jahre 507/06 v. Chr. aus Rom hatten die Bürger gelobt, nie wieder eine Königsherrschaft zu dulden; Livius, Ab urbe condita 2,1,9.

Rede über Johannes Reuchlin aus Pforzheim

De Capnione Phorcensi 1552

Der Originaltitel der Rede lautet „Oratio continens historiam Ioannis Capnionis Phorcensis". Capnio war der Humanistenname Reuchlins, der seinem Namen zeitlebens in treuer Anhänglichkeit an seine Vaterstadt Pforzheim den Zusatz Phorcensis beifügte. Die Rede wurde im Jahre 1552 vorgetragen von Martin Simon aus Brandenburg, dem damaligen Dekan der Philosophischen Fakultät der Universität Wittenberg – möglicherweise am 30. Juni, dem dreißigsten Todestag Reuchlins. Melanchthons Rede ist die erste Reuchlin-Biographie, die wir besitzen. Das zentrale Ereignis in Reuchlins Leben, den Judenbücherstreit (1510–1520), hat er bereits selbst aufmerksam verfolgt und dabei nach seinen Möglichkeiten für seinen Mentor Partei ergriffen.

Viele Charakteristika von Melanchthons Darstellung erklären sich aus der Situation, in der die Rede gehalten wurde. Reuchlins Leben und Wirken sollte in einer durch Krieg und Pest bedrohten Zeit als historisches Exemplum die angefochtenen Gemüter aufrichten. In der vorliegenden Rede deutet nichts mehr darauf hin, dass Reuchlin einunddreißig Jahre zuvor wegen Melanchthons Anschluss an Luther mit seinem einstigen Schützling gebrochen hatte. Reuchlin erscheint auf Grund seiner Verdienste um die Verbreitung der griechischen und hebräischen Sprache und wegen seines Kampfes gegen die ausführlich geschilderten Machenschaften der Kölner Theologen im Gegenteil als wichtiger, ja unmittelbarer Wegbereiter der Reformation: Reuchlin hatte nach Melanchthons Auffassung unter großem Beifall gegen den betrügerischen Jakob Hoogstraten gestritten und dadurch den Boden für Luthers anschließenden Kampf gegen Johannes Tetzel bereitet. Die Nachwelt ist diesem Bild weitgehend gefolgt.

Übersetzungsgrundlage: CR 11, 999–1010.

Von Natur aus geschieht es, dass wir bei der Betrachtung gegenwärtiger Ereignisse nicht allein nach ähnlichen Begebenheiten der Vergangenheit suchen, sondern aus den jeweiligen Anfängen auch ähnliche Entwicklungen folgern, wie sie der Überlieferung nach damals eingetreten sind. Weil nunmehr in dieser Gegend ein grauenvoller Krieg entbrannt ist und zugleich die Pest sich auszubreiten begonnen hat, erinnere ich mich daher nicht nur des Orakels: Kommen wird ein dorischer Krieg und mit ihm die Pest,[1] sondern fürchte auch anderes Unheil, wie es in jenem innergriechischen Kriege eingetreten ist: den Untergang der Städte, der Gesetze und der Wissenschaft. Ihr seht, dass jedes dieser beiden Übel, der Krieg und die Pest, sich jetzt durch fast ganz Deutschland ausbreitet. Unserer Stadt aber droht der Stand der Gestirne in diesem Herbst in besonderem Maße. Denn auf Grund vieler alter Beobachtungen weiß man genau, dass die Pest hier vor allem dann wütet, wenn Saturn in den Bereich des Löwen oder Wassermannes eintritt, und sie von größerer Wildheit ist, wenn sich Saturn und Mars im Löwen und Wassermann gegenüberstehen. Auch im Quadrat mit Löwe, Skorpion und Stier bringt Saturn unserer Stadt die Pest, allerdings eine weniger heftige. Wenngleich aber diese jedem Einzelnen drohende Gefahr uns in Unruhe versetzt, so empfinden doch alle rechtschaffenen Menschen in dieser Gegend einen noch weitaus größeren Schmerz wegen des ganz und gar verworrenen Kriegsgetümmels, das, sofern nicht Gott den Frieden wiederherstellt, eine für die Nachgeborenen abscheuliche Verwüstung anrichten wird.

Ich bitte daher Gottes Sohn, unseren Herrn Jesus Christus, der für uns gekreuzigt und auferweckt worden ist, den Bewahrer seiner Kirche, dass er unsere Leiden lindert, die Reste der Kirche unter uns bewahrt und nicht zulässt, dass die Wissenschaft und das Streben nach Gelehrsamkeit untergehen. Obgleich nun zwar der Schmerz zwangsläufig allen übrigen Gedanken im Wege stehen muss, verrichten wir dennoch gleich Ruderern im wilden Sturm unsere gewohnten Arbeiten. Wir tun dies zumal deshalb, weil wir nach Gottes Willen hoffen sollen, dass die Kirche, die ihre Bildungsstätten verlassen muss,[2] nicht ganz und gar untergehen werde, mögen auch große Schwierigkeiten auf sie zukommen. Daher wollten wir auch jetzt unsere Pflicht gegenüber diesen rechtschaffenen Männern, die nach einem öffentlichen Zeugnis der Gelehrsamkeit verlangen, nicht vernachlässigen.

Es ist nützlich, wenn die Lernenden von vielen Beispielen gelehrter Männer Kenntnis haben, denn solche Vorbilder vermitteln sowohl hinsichtlich des methodischen Lernens als auch in Hinsicht auf die Künste selbst zahlreiche Anreize. Aus diesem Grunde wurden zu Zusammenkünften wie dieser schon oft historisch verbürgte Erzählungen angeführt. Ich habe daher nun beschlossen, die Geschichte Reuchlins vorzutragen. Seiner zu gedenken muss umso willkommener sein, als er, um zum Studium der für die Kirche ganz offensichtlich unverzichtbaren hebräischen Sprache anzuregen, als erster von allen Lateinern eine lateinisch geschriebene hebräische Grammatik und ein Wörterbuch herausgegeben hat. Dadurch lud er in Deutschland und auch anderswo viele Menschen nicht nur zur Aneignung der hebräischen Sprache, sondern auch zu einer sorgfältigeren Betrachtung der Schriften der Propheten ein. Ferner wird in dieser Geschichte deutlich, wie jenes Zeitalter beschaffen war und durch welcher Menschen regen Fleiß das Sprachstudium in Italien, Frankreich und Deutschland seinen Aufschwung nahm. Es wird auch angenehm sein, unsere Gedanken für eine Weile von den gegenwärtigen elenden Zuständen ablenken zu lassen zur Betrachtung jenes goldenen Zeitalters, in dem zu gleicher Zeit so viele gelehrte Männer gelebt haben, denen auf Grund ihrer Einmütigkeit sowohl das Leben als auch die Studien von größerer Süße waren und die ihre Mühe liebevoll darauf verwandten, Licht in die Wissenschaften zu bringen und ihnen Glanz zu verleihen.

Zu Beginn möchte ich aber kurz über des Mannes Heimat und Jugend sprechen. Oberhalb von Speyer[3] liegt eine berühmte Stadt: Pforzheim. Mag Reuchlin ihren Namen auch scherzend von einem griechischen Ahnherrn herleiten, so bedeutet dieser doch in Wirklichkeit „Tor zum Herzynischen Wald"[4]. Sie ist nämlich für diejenigen, die aus Richtung Speyer kommen, der erste Zugang zum Schwarzwald. Durch diese Stadt fließt die Enz, ein Fluss von mittlerer Größe, der überreich ist an Fischen, in besonders großer Zahl aber „Phagri“ hervorbringt, die in unserer Sprache Eschen heißen. Zwei weitere Flüsse münden bei der Stadtmauer in die Enz: die Würm und die Nagold, in welchen in reicher Zahl Goldforellen leben. Die Lieblichkeit des Ortes erhöhen dort, wo es in den Schwarzwald hineingeht, Ufer, Wiesen und die benachbarten Berge sowie auf der anderen Seite fruchtbare Äcker und Gärten. Wie es noch viele andere Vorzüge dieser Stadt gibt, so fand auch die dortige Lateinschule stets größeren Zulauf als in den anderen nahegelegenen Städten.

Hier wurde in einem ehrbaren Elternhaus Reuchlin geboren. Er hatte einen Bruder, der Dionysius hieß, und eine Schwester, eine ehrbare Frau, die vor noch gar nicht langer Zeit verstorben ist.[5] Da die Eltern auf Moral und Gelehrsamkeit großen Wert legten, sorgten sie dafür, dass ihren Kindern eine gute Schulbildung zuteil wurde. Weil aber der erstgeborene Johannes sich durch eine schöne Stimme auszeichnete, wurde er nach dem Erlernen der musikalischen Grundlagen im Collegium der Stadt den jungen Männern beigesellt, die, wie es an vielen Orten Sitte war, in der Kirche vorsangen.

Danach ließ man ihn zu den Musikern an den badischen Hof kommen, wo er, da er die Grammatik besser gelernt hatte als die anderen, sofort dem jungen badischen Markgrafen als Begleiter zur Seite gestellt und einige Zeit später mit ihm nach Paris geschickt wurde. Dies waren die Anfänge seiner jugendlichen Studien, die offenkundig vom einzigartigen Ratschluss Gottes gelenkt waren. Zumal zu der Zeit, als die deutschen Universitäten noch recht bäuerisch waren, bedeutete es nämlich ein unvergleichliches Glück, an jene vorzüglichste Universität des Erdkreises zu kommen, die damals sogar den italienischen Hochschulen den Rang ablief.

Einige Zeit zuvor war nämlich Gregorios Tifernas nach Paris gekommen, der von sich aus an den Rektor herantrat, der Universität seine Hilfe in der Vermittlung der griechischen Sprache antrug und gemäß einer im päpstlichen Recht bestehenden Verordnung forderte, ihm ein Gehalt auszuzahlen. Obgleich der Rektor sich über die Kühnheit des Fremden wunderte, legte er dem Senat dessen Antrag dennoch zur Entscheidung vor. Dort wurde das Ansinnen des Tifernas gelobt, man setzte ein Gehalt für ihn fest und hieß ihn, Griechischunterricht zu erteilen. Auf diese Weise wurde die griechische Sprache nach vielen Jahrhunderten wieder nach Paris zurückgebracht.

Dem Tifernas aber war Georgios Hermonymos aus Sparta nachgefolgt, und diesen hörte Reuchlin als junger Mann. Von ihm lernte er auch, die Formen der Buchstaben anmutig zu zeichnen, wurde durch seinen Eifer darin zahlreichen Leuten bekannt und verdiente sich so auch etwas Geld. Viele nämlich baten um eine von seiner Hand kopierte Elementargrammatik, ferner auch um Kopien von Seiten aus Homer und Isokrates, die in den Vorlesungen behandelt wurden. Unterdessen übte er sich zugleich in der lateinischen Sprache und in der Dialektik des Aristoteles, die er derart gründlich studierte, dass er noch als alter Mann lange Aristotelespassagen wortwörtlich auswendig hersagen konnte. Nachdem er sich also in Paris über mehrere Jahre lang durch den Verkehr mit äußerst gelehrten Männern eine gute Bildung angeeignet hatte und bereits auf die zwanzig zuging, kehrte er nach Deutschland zurück. Als er dann in Basel mit dem Magistergrad der Artistenfakultät ausgezeichnet worden war, begann er, dort die lateinische und die griechische Sprache zu lehren, und stieß dabei bei Älteren und Jüngeren auf ungewöhnlich großes Interesse.

Zur selben Zeit gelangte auch der hochgelehrte Friese Wessel Gansfort nach Basel. Er war aus Paris vertrieben worden, weil er einige Irrtümer der Theologen scharf angegriffen hatte. Die Begabung, Bildung und Würde dieses Mannes pflegte Reuchlin sehr zu rühmen; dass er dabei richtig über ihn geurteilt hat, kann man jetzt besser begreifen, nachdem die Schriften Wessels herausgegeben worden sind. Denn ihr Inhalt zeigt, dass er eine herausragende philosophische Bildung besaß und seine Aussagen über Gnade, Gerechtigkeit aus Glauben, Buße, den Unterschied zwischen Gesetz und Evangelium, die Vollmacht der Bischöfe, den Unterschied zwischen dem Dienst am Evangelium und der weltlichen Obrigkeit ganz mit der Lehre Luthers übereinstimmen. Der junge

Reuchlin brachte dem alten Wessel aber eine umso größere Ehrerbietung entgegen, als er ihn bereits zuvor in Paris kennengelernt hatte und auf Grund ihres vertrauten Umganges die Grundlagen der hebräischen Sprache von ihm lernte. Reuchlin selbst erzählte auch, dass Wessel ihn dazu angehalten habe, sich als junger Mann noch länger in der griechischen Sprache zu üben.

Dazu bestand in Basel Gelegenheit, da er dort die griechischen Bücher, die Nikolaus von Kues zur Zeit des Konzils dorthin hatte bringen lassen, einsehen und abschreiben konnte.[6] Zu dieser Zeit richteten auch die Brüder Amerbach ihre Druckerpresse ein. Als diese sahen, dass Nachfrage nach einem lateinischen Wörterbuch bestand, stellte Reuchlin das Buch mit dem Titel „Breviloquus" zusammen, das damals, als man auf diesem Gebiet noch keine besseren Bücher besaß, großen Absatz fand und für die Studien von Nutzen war.

Weil er aber das Studium der Rechtswissenschaft aufgenommen hatte, das, wie er wusste, in Frankreich in größerem Umfang betrieben wurde, begab er sich nach Orleans. Obgleich seine Mühe dort insbesondere dem Erlernen dieser Wissenschaft galt, regte er auch die Jugend von Adel an, die lateinische Sprache richtig zu erlernen, und legte die Briefe Ciceros aus, lehrte manchmal auch Griechisch. Da seine Hörerschaft aus einer großen Zahl von Adligen bestand, die ihm freigebig Lehrgeld zahlten, zog er einen beträchtlichen finanziellen Nutzen aus seinen Studien. Nachdem er aber in Poitiers seinen akademischen Grad erworben hatte, kehrte er nach Deutschland zurück. Nach Tübingen zu gehen luden ihn die Nähe zu seiner Heimat und die Berühmtheit der jungen Universität und des Hofes ein, denn sowohl an der Universität als auch bei Hof gab es eine große Zahl von gebildeten und tüchtigen Männern, von denen in Frankreich einige die Freunde Reuchlins gewesen waren.

Er wurde aber recht schnell an den Hof gerufen. Und das kam so: Eberhard im Bart, der vortreffliche Fürst, hatte zu dieser Zeit beschlossen, nach Rom zu reisen, wohin ihn die schon älteren Johannes Naukler, Petrus Jakobi aus Arlon und Gabriel Biel begleiten sollten. Diese baten dringlich darum, dass Reuchlin ihnen beigesellt werden möge, da er bereits fremde Völker kennengelernt habe, Übung im mündlichen und schriftlichen Gebrauch des Lateinischen besitze und seine Aussprache außerdem weniger schauderhaft sei. Dies waren die Anfänge von Reuchlins Diensten am Hof. Dem Fürsten war nämlich sein Einsatz ungemein willkommen, merkte er doch, dass die Rede Reuchlins von den bedeutendsten Männern bereitwilliger angehört wurde als die anderer, die an der heimatlichen Aussprache festhielten.

Nicht lange nach seiner Rückkehr wurde er als Gesandter zu Kaiser Friedrich III. geschickt, unter dessen Ärzten sich der Jude Jakob ben Jehiel Loans befand.[7] Nachdem Reuchlin ihm bei den verschiedenen Zusammentreffen am Hof beharrlich ein ums andere Mal Fragen über die hebräische Sprache gestellt hatte und Jehiel sah, dass es ihn heftig nach dieser Sprache verlangte, nahm er sich seiner in aller Freundschaft an und unterwies ihn, solange die Gesandtschaft dauerte, zuverlässig in deren Grammatik. Als man dann am dortigen Hof überlegte, welches Geschenk man dem Unterhändler, wie es Sitte ist, zukommen lassen sollte, erreichte Reuchlin durch diesen seinen Lehrer, dass er mit einer äußerst anmutig und fehlerfrei geschriebenen hebräischen Handschrift beschenkt wurde, welche die Bücher Mose und andere Schriften der Propheten enthielt. Der alte und weise Kaiser zeigte sich erfreut über das eifrige Streben des deutschen Mannes und fügte daher den übrigen Gaben diese wunderschöne Handschrift, die nicht für dreihundert Gulden hätte erworben werden können, hinzu. Brennend vor Eifer, mit Kenntnis der grammatischen Grundlagen und mit einer hebräischen Bibel wohlversehen widmete er daher all die Zeit, die ihm seine Beschäftigung bei Hof übrigließ, der Lektüre der Propheten. Derart lernte er die Lehre der Kirche genauer kennen und übte sich zugleich in der Sprache. Und als er bereits nicht mehr unerfahren im Hebräischen war, bot ihm eine neuerliche und nicht schwierige Gesandtschaftsreise nach Rom die Möglichkeit, dort einen Juden zu hören, der in seiner Sprache eine vollkommene Bildung besaß: Abdia, wie er selbst ihn nennt.

Bevor ich aber von dieser Gesandtschaft spreche, müssen einige Veränderungen am Württemberger Hof angesprochen werden, die auch Reuchlin nicht wenig in Mitleidenschaft zogen und exemplarische Lehren für viele Gelegenheiten beinhalten. Eberhard, der erste Herzog von Württemberg, hatte testamentarisch festgelegt, dass nach seinem Ableben der junge Ulrich sein Nachfolger werden sollte, dem er allerdings noch festgesetzte Vormünder und Lenker an die Seite stellte. Entgegen diesem Testament trat aber ein anderer die Nachfolge an, dessen Wesensart der verständige und tüchtige Fürst Eberhard schon zuvor nicht gebilligt hatte.[8] Und wirklich täuschte den Fürsten seine Vorahnung bezüglich jenes Menschen nicht. Denn nachdem dieser die Macht an sich gerissen hatte, hielt er sich einen Augustinermönch als Gehilfen für alle Begierden. Weil der nun sehr wohl bemerkte, dass bei Kaiser Maximilian die Entfernung jenes Nachfolgers von der Regierung betrieben wurde, war er all denen feindlich gesonnen, die diese Angelegenheit verfolgten, ganz besonders aber Reuchlin. Als er bereits beschlossen hatte, ihn ins Gefängnis zu werfen, floh Reuchlin auf eine Warnung hin an den pfälzischen Hof, wo zu jener Zeit ihm sehr eng verbundene Freunde lebten: der Wormser Bischof Johannes von Dalberg, der Kanzler Dietrich von Plieningen, Rudolf Agricola und Johannes Vigilius. Ihr seht die Unterschiede zwischen den Fürsten und die Gefährdungen tüchtiger Männer, die nicht selten unter Stöhnen jenes Wort wiederholen:

> „Wie arg ist's doch, o Zeus und all ihr Götter,
> der Sklave eines halbverrückten Herrn zu sein.“[9]

So lebte Reuchlin im Exil, allerdings an dem zumindest damals blühenden pfälzischen Hof, in den Tagen des außerordentlich tüchtigen Kurfürsten Philipp, als sich dort zur gleichen Zeit viele gelehrte Männer aufhielten, von denen jeder Einzelne eine bedeutende Universität hätte schmücken können. Der vertraute Umgang mit solchen Freunden ließ ihn das Exil als weniger schmerzlich empfinden. Dort verfasste er für Philipp von der Pfalz einen historischen Abriss, in dem die Abfolge der Königreiche wiedergegeben wurde. Seine Quellen waren Herodot und Xenophon und für die spätere Zeit andere gute Schriftsteller, welche die

Geschichte der Makedonen und der Römer aufgezeichnet hatten. Dort schrieb er die Komödie „Capitis caput“, die voll war von bitterem Witz und Bissigkeit gegenüber dem Mönch, der ihm nach dem Leben getrachtet hatte. Auch eine zweite Komödie veröffentlichte er dort, einen französischen Stoff voll heiteren Witzes, in der er besonders die Spitzfindigkeiten und Schliche vor Gericht aufs Korn nimmt.[10] Diese sei nach seiner eigenen Erzählung aus folgendem Anlass geschrieben und aufgeführt worden: Nachdem er das andere Stück über den Mönch verfasst hatte, verbreitete sich die Kunde, dass eine Komödie aufgeführt werde, was zu jener Zeit sehr ungewöhnlich war. Als Dalberg die Verhöhnung des Mönches gelesen hatte, riet er von deren Herausgabe und Aufführung ab, da sich zu jener Zeit auch bei Philipp von der Pfalz ein Franziskaner namens Castellus aufhielt, der auf Grund seines Einflusses und seiner üblen Machenschaften den edlen und verständigen Männern bei Hofe verhasst war. Reuchlin erkannte die Gefahr und hielt die Komödie zurück. Weil aber inzwischen nach einer Aufführung verlangt wurde, gab er ein zweites gefälligeres Stück heraus und sorgte dafür, dass es von begabten jungen Männern, deren Namen dort noch verzeichnet sind, aufgeführt wurde.

In der Folgezeit gab es dann am pfälzischen Hof Überlegungen wegen einer Ehe zwischen Ruprecht und der Tochter Herzog Georgs von Bayern. Und weil man wollte, dass diese Ehe vom römischen Papst offiziell gebilligt werde, wurde Reuchlin als Gesandter nach Rom geschickt. Da er sich dort länger als ein Jahr aufhielt und über Muße und ausreichend Geld verfügte, nahm er voller Eifer Unterricht bei jenem oben erwähnten Juden Abdia und gab ihm als Lohn für seine Unterweisung einen Golddukaten pro Stunde. Dort lernte er so viel, dass er diese Sprache später richtig weitergeben konnte.

Damals hörte er in Rom auch Johannes Argyropulos, der gerade eine öffentliche Thukydidesvorlesung hielt. Über den Beginn dieses Zusammentreffens erzählte Reuchlin selbst Folgendes: Als er vor Beginn der Vorlesung mit dem bei Gesandten üblichen kleinen Gefolge in den Hörsaal gekommen sei und dort viele Adlige, auch bereits betagte Männer und sogar einige Kardinäle saßen, grüßte er Argyropulos ehrerbietig, beklagte die Verbannung der Griechen und gab an, er verlange sehr nach dessen Unterweisung. Argyropulos fragte, was für ein Landsmann er denn sei und ob er Griechisch verstehe. Dieser antwortete, er sei Deutscher und nicht ganz unbewandert in der griechischen Sprache. Also hieß ihn Argyropulos einen Teil einer Rede aus Thukydides vorlesen und dessen Sinn angeben. Reuchlin las mit klarer Stimme vor und ließ seine Übersetzung folgen. Und da die Aussprache alles andere als ungeschliffen war und der Sinn richtig und mit treffenden Worten wiedergegeben wurde, merkte Argyropulos, dass er wahrhaftig keinen Anfänger in der griechischen Sprache vor sich hatte und rief seufzend aus: „Durch unsere Verbannung ist Griechenland über die Alpen geflogen." So sah der schon bejahrte Mann voraus, dass die Kenntnis der griechischen Sprache, die sich damals weit zu verbreiten begann, allen Wissenschaften Licht bringen werde, auch bei unseren noch recht rohen Völkern.

Reuchlins vor dem Papst gehaltene Rede über die Ehrerbietung des Pfälzers und der alten Adelsfamilie der Herzöge von Bayern gegenüber der Kirche liegt in einer von Aldus Manutius gedruckten Ausgabe vor.

Als er von Rom nach Deutschland heimgekehrt war, herrschte auch am württembergischen Hof wieder Ruhe. Durch ein Edikt des Kaisers gezwungen, hatte nämlich jener Nachfolger Eberhards die Herrschaft abgegeben; der Mönch war weit weg in andere Länder – oder sagen wir besser: zum Henker – geflohen. Auch war die Regierung auf Geheiß des Kaisers bereits dem jungen Herzog Ulrich übergeben worden, dem jedoch durch Weisheit und Sittsamkeit herausragende Männer an die Seite gestellt waren: Gregor Lamparter, die beiden Naukler und einige andere. Diese riefen Reuchlin in die Heimat zurück. Wenngleich auch der Pfälzer ihn nicht gern entließ, so widersetzte er sich Reuchlins sehr ehrenwertem Wunsch dennoch nicht, als dieser ihm sagte, er wolle wegen der Verbreitung der hebräischen Sprache zu Frau und häuslicher Muße zurückkehren und dem Hof fernbleiben.

Als nach seiner Rückkehr in die Heimat im Anschluss an den Krieg mit Bayern ein Schwäbisches Bundesgericht unter der Maßgabe eingerichtet wurde, dass dessen Richter viermal im Jahr in Tübingen zusammenkommen und sich Doktoren unter denselben befinden sollten, da wurde auch Reuchlin gewählt und vertiefte sich, mit diesem einen Amte zufrieden, in seine Studien.[11] Als Erster von allen schrieb er in lateinischer Sprache und mit großer Klarheit eine hebräische Grammatik mit Wörterbuch und fügte später auch grammatische Kommentare zu einigen Psalmen hinzu, damit die Regeln durch viele Beispiele verdeutlicht würden.[12] Durch diese Werke hat er sich nach allgemeinem Urteil um die Kirche und die gesamte Nachwelt wohlverdient gemacht. Einerseits lud er nämlich viele zum Erlernen der hebräischen Sprache ein, andererseits leistete er Unterstützung für die Kenntnis der Quellen der prophetischen Lehre und ihr Studium. Über den Umstand, dass viele später umfangreichere Schriften herausgegeben haben, freue ich mich und bekenne, dass ihnen Dank gebührt. Aber ich meine doch, diese selbst und viele andere gestehen ein, dass entweder sie selbst oder ihre Lehrer die Samen dieser Gelehrsamkeit von Reuchlin empfangen haben.

Obgleich an dieser Stelle ausführlich dargelegt werden könnte, wie notwendig die Kenntnis der hebräischen Sprache ist und eine wie ehrenhafte und fromme Arbeit ihre Verbreitung darstellt, meine ich dennoch, dass es bei einer ganz offenkundigen Angelegenheit keiner langen Rede bedarf, zumal da angesichts der Kürze der Zeit kaum die Geschichte des Mannes selbst zu Ende erzählt werden kann. Unter all den Gaben, mit denen Gott die Kirche ausstattete, befindet sich, wie ihr wisst, auch das Verständnis derjenigen Sprachen, die zum Studium der Quellen notwendig sind. Daher lässt Gott es nicht zu, dass die hebräische und griechische Sprache ganz und gar zu Grunde gehen. Und so sind wir der Auffassung, dass das Studium dieser Sprachen durch den einzigartigen Ratschluss Gottes angeregt wird, und sind denen dankbar, durch deren Mühen viele in ihnen unterwiesen werden.

Jetzt komme ich zu Reuchlins letztem Kampf, der den Büchern der Juden galt. In ihm wäre er von den verleumderischen Mönchen überwältigt worden, hätte Gott ihn nicht beschirmt und wäre nicht durch eine schicksalhafte Veränderung der Umstände die Tyrannei der Mönche ins Wanken geraten. Weil es offensichtlich war, dass Reuchlin zu Unrecht von den Mönchen angegriffen wurde, und ihn viele Gebildete in Deutschland und Italien durch ihre persönlichen Bemühungen, Stellungnahmen und Schriften verteidigten, entzündete sich ein gewaltiger Hass gegenüber den Mönchen. Der trug später nicht unbeträchtlich dazu bei, dass die Schriften gegen die abergläubischen Kultgebräuche, die das Rückgrat der Mönchsherrschaft waren, umso begieriger aufgenommen wurden.

Hinsichtlich dieser Geschehnisse gibt es zahlreiche herausragende Parallelen. Besonders in der Geschichte der Kirche geschieht es häufig, dass die Gerechten und Verdienstvollen von allen Seiten mit Verleumdungen bedrängt und dadurch schließlich überwältigt werden, wie ja der Sohn Gottes, Propheten, Apostel, der Heilige Stephanus und viele andere getötet worden sind. Auch im Hinblick auf die Lenkung des Staates fehlt es nicht an ähnlichen Beispielen, wie etwa dem Tod eines Palamedes, eines Sokrates oder eines Phokion. Und dennoch kommt später die Wahrheit zum Vorschein, heißt es doch: Die Zeit aber bringt die Wahrheit ans Licht.[13] Oftmals aber erregen die Verleumder, Winden gleich, im Staate starke Unwetter, die hernach unaufhörliche Veränderungen und Zerwürfnisse bewirken. Über diese Übel kann ich mich kurz fassen, da unsere Zeit überreich an solchen Beispielen ist. Um aber nichts allzu Grässliches zu sagen: Als die Mönche Reuchlin zu Unrecht angriffen, so wie Anytos und Meletos den Sokrates, da schirmten ihn um seiner Gelehrsamkeit willen viele rechtschaffene und gelehrte Männer, deren Ansehen dem Wüten der Mönche vor Kaiser und Papst Schranken setzte. Damit aber auch die Jüngeren wissen, welcher Art diese Auseinandersetzung gewesen ist, will ich vom wahren Anlass dieses Streits berichten.

In der Stadt Köln lebte ein betrügerischer Jude, der fälschlich vorgab, den christlichen Glauben angenommen zu haben, und ein Vertrauter des „Inquisitor" genannten Mönches Hoogstraten und seiner Anhänger war. Diesen setzte er auseinander, man könne den Juden unter dem Schein der Ehrbarkeit und ohne großen Aufwand viel Geld abnehmen, wenn der Kaiser ein Edikt erließe, auf dass die Juden alle ihre Bücher ins Rathaus zu bringen hätten, ein jeder in seiner Stadt, damit von den Inquisitoren sämtliche Bücher außer der Bibel als für den christlichen Glauben verderbliche Schriften verbrannt würden. Jener Betrüger wollte aber keineswegs, dass man dies auch tatsächlich so durchführe, wusste er doch, dass die Juden ihre Bücher sogleich gegen große Summen zurückkaufen würden. Daher suchte er die Angelegenheit sich dahingehend entwickeln zu lassen, dass die Juden Geld anböten. Diese Beute wollte er dann an sich nehmen, um sie unter den Inquisitoren und den in diesen Plan Eingeweihten zu verteilen. Ganz gewiss waren dies die Triebkräfte der ganzen Unternehmung.

Die Mönche bemühten sich also um ein kaiserliches Edikt und schoben religiöse Motive vor. Das Edikt wurde tatsächlich erlassen, und in Frankfurt ließ man die Bücher ins Rathaus schaffen. Da inzwischen viele Juden betroffen und diese ganz und gar nicht weltfremd waren, wandten sie sich auch an ihre Gewährsmänner am Kaiserhof, die die Sache dahingehend gestalteten, dass der Kaiser Gutachten von Leuten einholte, die in der hebräischen Sprache bewandert waren. So wies man denn Reuchlin an, seine Ansicht schriftlich niederzulegen. Dieser vermochte in seinem abgeschiedenen Stuttgarter Gärtchen nicht einmal zu erahnen, in welcher Art und Weise man diese Angelegenheit betrieben hatte. Er sorgte sich indes um den Erhalt der Sprache und wollte nicht, dass Bücher grammatischen und medizinischen Inhalts zu Grunde gingen. Also schrieb er ein im Vergleich sehr viel milder ausfallendes Gutachten. Er machte Unterschiede zwischen den Büchern: Die Schriften, die ausdrücklich gegen Christus gerichtet waren, empfahl er zu verbrennen und nannte ihre Titel. Die Grammatiken aber und die anderen ehrwürdigen Themen gewidmeten Bücher empfahl er aufzubewahren, damit die für die Kirche notwendige Sprache nicht ganz vernichtet werde. Er sprach sich für das Hinzuziehen von Sprachgelehrten aus. Da dem Kaiser diese gerechtere Stellungnahme mehr zusagte als die der anderen Gutachter, wurden die ins Frankfurter Rathaus gebrachten Bücher den Juden zurückgegeben, und der Inquisitor ging nach Vereitelung seines Betruges davon wie ein Rabe mit offenem Schnabel.

Nun aber wütete in dem Mönch eine bittere Leidenschaft. Nachdem er das Schreiben Reuchlins gelesen hatte, pflückte er sich daher in böswillig verfälschender Weise einige Aussagen heraus, verdrehte geschickt ihren Sinn und klagte Reuchlin unter grässlichen Beschuldigungen der Häresie an. In Mainz holte er ein paar Leute aus seinem Lager zusammen und verbrannte Reuchlins Buch.[14]

Dies waren die Anfänge jenes Kampfes. Hernach veröffentlichte Reuchlin eine hübsche an den Kaiser gerichtete lateinische Rede.[15] Auf Grund einer Appellation verteidigte er sich vor einem rechtmäßigen Gericht und vor dem Papst. Der Papst wies den Bischof von Speyer an, sich mit dem Fall zu befassen. Dieser bestimmte verständige und weise Männer zu Richtern: Georg von Schwalbach, Thomas Truchsess, die Theologen Wolfgang Capito und Jodocus Gallus, einen Gastfreund des Erasmus.[16] Nachdem deren Urteil zu Gunsten Reuchlins ausgefallen war, apellierten die Mönche erneut an den Papst. In Rom hatte Reuchlin noch weitaus hervorragendere Anwälte als in Deutschland. Dem Gericht stand der venezianische Kardinal Grimani vor, der in der lateinischen, griechischen und hebräischen Sprache außerordentlich gelehrt war. Dieser zog den Petrus Galatinus hinzu, dessen Schriften erhalten geblieben sind. Viel galt bei diesem Kardinal und bei den anderen auf Grund seines Einflusses auch der gebildete und liebenswürdige alte Jakob Questenberg aus dem sächsischen Freiberg, der Reuchlin in aller Treue zu schützen suchte. Auch Erasmus legte Papst Leo und den wichtigsten Kardinälen diese Angelegenheit noch einmal besonders ans Herz.

Nachdem inzwischen in Deutschland die Schriften Reuchlins ihre Leser gefunden hatten, standen viele den Mönchen aus Hass auf deren Verleumdungen noch feindseliger gegenüber. Hutten blies für den Bund der Reuchlinisten gleichsam das Kriegshorn. Nunmehr steigerte sich die Raserei der Mönche sogar noch. In ihren Versammlungen lärmten sie gegen Reuchlin, Erasmus und Hutten. Sie veröffentlichten Holzschnitte, verteidigten mit wertlosen Begründungen ihre abergläubischen Bräuche, die lediglich ein Haschen nach ruchlosen Einkünften sind, schließlich verschlimmerten sie durch ihre abgrundtief dumme Handlungsweise nur noch die üble Angelegenheit und brachten noch viel mehr Leute gegen sich auf. Nachdem die Gemüter der Menschen auf diese Weise bereits Feuer gefangen hatten, erregte Tetzel einen anderen, größeren Brand und veranlasste den empörten Luther, die Betrügereien des Ablasshandels zurückzudrängen. Als nun unter diesen Umständen auch noch die Lehre von der Buße entwickelt und die abergläubischen Anschauungen scharf angegriffen worden waren, gerieten das Ansehen und der Einfluss der Mönche weiter ins Wanken. Und weil die Gemüter in Rom nunmehr von dieser neuen Sorge beherrscht waren, wurde es völlig still um die Sache Reuchlins, wie es oft geschieht gemäß dem Ausspruch: „Ein Unglück löst das andere ab". So wurde Reuchlin schließlich von der Gefahr befreit. Gegen Ende seines Lebens lehrte er wegen des Krieges in Schwaben auf Einladung des bayerischen Herzogs Wilhelm als Professor an der Universität Ingolstadt die griechische und hebräische Sprache und wurde anschließend auch nach Tübingen berufen. Doch schon hatte er das siebzigste Jahr überschritten und erkrankte an der Gelbsucht. Und als er nach und nach ganz ermattet war, verstarb er 1521 in seinem Haus in Stuttgart.[17]

In seinem Testament vermachte er neben anderen frommen Verfügungen seine hebräischen und griechischen Bücher dem Pforzheimer Stift unter der Auflage, dass sie dort in einem Kirchenraum öffentlich aufbewahrt würden und von allen eingesehen werden könnten. Obgleich nun heute, nachdem die Druckereien die Bibliotheken allerorts gefüllt haben, die Bewunderung für diesen Schatz geringer geworden ist, muss dennoch die Absicht Reuchlins gelobt werden, da er nicht wollte, dass die Bücher von den Erben verstreut, sondern an einem festgelegten Ort verwahrt würden, wo sie auch in Zukunft noch sehr vielen von Nutzen sein konnten. Es befinden sich dort aber auch Handschriften, die in den Druckerwerkstätten noch nicht erschienen sind, nämlich das Werk Kaiser Mark Aurels, das schon im Altertum erwähnt wurde, eine Rede des Maximus von Tyros und, um von den übrigen Schriften zu schweigen, noch anderes.

Auch gibt es dort eine Geschichte des Konzils von Ephesos, die eine Veröffentlichung verdiente, denn sie gibt an, wer das Konzil einberief, wer den Vorsitz hatte, wie es geordnet war und welche Männer ihre Positionen darlegten.[18] Die Reden vieler Teilnehmer sind vollständig wiedergegeben. Und wie es von jenem hochgebildeten Altertum, in dem so viele Kirchenväter ihre Bekenntnisschrift herausgegeben haben, nicht anders zu erwarten ist, wird in ihnen sorgfältig ausgeführt, welcher Art die Verbindung der göttlichen und menschlichen Natur beim von der Jungfrau geborenen Sohne Gottes ist. Als nämlich Nestorius die zwei Naturen voneinander trennte und behauptete, die göttliche Natur habe der menschlichen gleichsam wie eine Gefährtin nur hilfreich zur Seite gestanden, so wie Gott dem Abraham, Mose, Petrus, Paulus und den anderen Frommen, da wurde er durch treffende Auslegungen widerlegt, und es wurde der Unterschied verdeutlicht zwischen der Annahme der menschlichen Natur beim Sohn Gottes und der Gegenwart, in der Gott Mose, Petrus, Paulus und den anderen Wiedergeborenen zur Seite stand. Es wird auseinandergesetzt, welcher Art die Einheit der Person ist, da offensichtlich die angenommene Natur bei dem, der sie annimmt, dergestalt aufrechter halten wird, dass sie sich in nichts auflösen müsste, wenn sie von dem, der sie annimmt, nicht mehr aufrechterhalten würde. Dafür werden alle möglichen Gleichnisse angeführt: Wie der menschliche Körper sich auflöst, wenn er von der Seele verlassen wird. Dieses Gleichnisses bedient sich auch Iustinus, fügt aber dennoch hinzu, dieses Beispiel sei nicht ganz passend. Jenes Buch berichtet ferner, dass das Konzil von Kaiser Theodosius dem Jüngeren einberufen worden sei, dass jedoch die Leitung bei Bischof Cyrill von Alexandria gelegen habe, nicht beim Bischof von Rom. Und dass Stellungnahmen nicht nur von den Bischöfen abgegeben worden seien, sondern auch von anderen Priestern, deren Namen dort aufgeführt werden. Nützlicherweise sind dort ebenfalls Quellen vorhanden, in denen die Urteile der alten Kirche über äußerst gewichtige Streitfragen angeführt werden.

Ebenso gibt es in der Stiftskirche einen großen Haufen alter Bücher, die in hebräischer Sprache geschrieben worden sind. Einen gewaltigen Schatz bildet dabei aber ein einziger Kodex, der in prachtvoller und ganz fehlerfreier Schrift die Bücher Mose und die Propheten enthält. Ich habe bereits zuvor von ihm gesprochen. Folglich gebührt Reuchlin dafür, dass er diese Bücher an einem öffentlich zugänglichen Ort für die Nachwelt aufbewahren ließ, Dank.[19]

Ich hoffe, ihr habt seine hier vorgetragene Geschichte mit Freude zur Kenntnis genommen, denn sowohl auf Grund seiner inneren Vorzüge als auch auf Grund seiner Verdienste gebührt es sich, dass die Erinnerung an ihn gewahrt bleibt. Dem Staate hat er im Rat und vor Gericht gedient. Die für die Kirche unverzichtbare hebräische Sprache machte er weithin bekannt. Seine Lebensführung war maßvoll. Gegenüber Bedürftigen und besonders gegenüber Studenten war er wohltätig. Er war ein Mann von größter Redlichkeit, ganz ohne Neid und Eifersucht. Daher wurde er allerorten von den gelehrtesten Männern hochgeschätzt. Von dem Venezianer Ermolao Barbaro, bei dem er sich als Gesandter während seiner Teilnahme an der Krönung Maximilians die ganze Zeit aufhielt, erhielt er nach eigenen Worten den aus der deutschen Namensform abgeleiteten Namen Capnio.[20] Pico della Mirandola stellte ihm, da er die hebräische Sprache beherrschte, viele Fragen zur Überlieferung der alten Lehre, welche man Kabbala nennt.[21] Einzigartig war das Glück jener Zeit, in der er lebte, einzigartig die damalige wechselseitige Verbundenheit der Gebildeten und ihr Glanz. Nun ist ein anderes, ein ehernes Zeitalter gefolgt, in dem sich diejenigen wie die Brüder des Kadmos untereinander bekämpfen,[22] die auf Grund der Ähnlichkeit ihrer Interessengebiete und des Bandes der Religion eigentlich eng verbunden sein müssten.

Dich aber, den Sohn Gottes, unsern Herrn Jesus Christus, rufe ich an, der du den ewigen Vater gebeten hast, uns eins sein zu lassen in ihm, und zu dir bete ich: Lindere die uns alle betreffenden Leiden wie auch die jedes Einzelnen, bewahre und sammle die Kirche unter uns und kehre die Herzen der vielen um zur wahren und heilbringenden Eintracht.[23]

[1] Thukydides, Historiae II, 54. [2] Auf Grund der Pestepidemie verlagerte die Universität Wittenberg den Vorlesungsbetrieb 1552 zeitweilig nach Torgau. [3] In den zeitgenössischen Landkarten nahm der Süden den oberen Teil der Karte ein. Das südlich von Speyer gelegene Pforzheim stand dadurch auf der Karte weiter oben. [4] Reuchlin hatte den Namen „Pforzheim" zu Beginn seiner 1494 erschienenen Schrift „De verbo mirifico" von Phorkys, einem in der „Ilias" erwähnten Anführer der Phryger, hergeleitet. Die Etymologie „Porta Hercyniae" ist gleichfalls nicht haltbar. Der Name der Stadt geht auf lateinisch „portus" (Hafen) zurück. [5] Bei Reuchlins früh verwitweter Schwester Elisabeth wohnte Melanchthon, als er 1508/1509 selbst die Pforzheimer Lateinschule besuchte. [6] Die von Reuchlin benutzten Handschriften stammten vielmehr aus der dem Basler Dominikanerkloster vermachten Sammlung des Kardinals Johannes von Ragusa. [7] Die Gesandtschaft nach Linz unternahm Reuchlin in Wirklichkeit erst 1492, nach seiner zweiten Italienreise. [8] Obgleich Graf Eberhard im Bart verschiedene Versuche unternommen hatte, Eberhard den Jüngeren dauerhaft von der Regierung fernzuhalten, war dessen Anspruch auf die Nachfolge nach dem Esslinger Vertrag von 1492 und dem Herzogsbrief von 1495 durchaus legitim. [9] Aristophanes, Plutus 1 f. [10] Die 1497 in Heidelberg uraufgeführten „Scaenica progymnasmata", nach einer der Hauptfiguren heute zumeist „Henno" genannt. [11] Richter des Schwäbischen Bundes wurde Reuchlin bereits 1502, nicht erst nach dem Landshuter Erbfolgekrieg von 1504/05. Er hatte dieses Amt bis 1513 inne. [12] „De rudimentis Hebraicis", 1506; „In Septem psalmos poenitentiales interpretatio", 1512. [13] Menander: Sentenzen 11. [14] Bei der von Hoogstraten kritisierten Schrift Reuchlins handelt es sich nicht um dessen 1510 erstelltes Gutachten „Ratschlag, ob man den Juden alle ihre Bücher nehmen, abtun und verbrennen soll", sondern um den 1511 erschienenen „Augenspiegel", der neben dem Gutachten auch Reuchlins polemische Auseinandersetzung mit den Anschuldigungen seines Gegners Pfefferkorn enthält. Diese Schrift wurde 1514 in Köln verbrannt. [15] „Defensio contra calumniatores suos Colonienses", 1513. [16] Über Kontakte des Erasmus mit Jodocus Gallus (Jost Galtz) ist sonst nichts bekannt. Vielleicht liegt eine Verwechslung mit Johannes Gallinarius vor. [17] Tatsächlich starb Reuchlin am 30. Juni 1522 im Alter von 67 Jahren. [18] Diese im Folgenden näher beschriebene Handschrift mit den Akten des ephesinischen Konzils von 431 n. Chr. hatte Reuchlin aus dem Basler Dominikanerkloster erhalten. Nach seinem Tod gelangte der bedeutende Codex nach zahlreichen weiteren Stationen schließlich über Wilna nach St. Petersburg. [19] Die Handschriften und Drucke aus Reuchlins Bibliothek wurden im Laufe der Jahrhunderte zerstreut und zum größten Teil vernichtet. Durch zwei in der Vatikanischen Bibliothek in Rom erhaltene Verzeichnisse ließen sich jedoch ihre Bestände an griechischen und hebräischen Büchern weitgehend rekonstruieren. [20] Die aus dem griechischen „kapnion" („kleiner Rauch") abgeleitete latinisierte Namensform beruht auf der Interpretation von Reuchlins Namen als Diminutivum von Rauch („Räuchlein"). [21] Bezieht sich wohl nicht auf den bereits 1494 verstorbenen Giovanni Pico della Mirandola, den Reuchlin 1490 in Florenz

kennengelernt hatte, sondern auf dessen Neffen Gianfrancesco, der seit 1505 mit Reuchlin in Briefkontakt stand. [22] Kadmos, der Gründer Thebens, hatte auf Geheiß der Göttin Athena die Zähne eines von ihm erschlagenen Drachens in die Erde gesät. Aus ihnen wuchsen bewaffnete Männer hervor, die sofort miteinander zu kämpfen begannen und sich gegenseitig töteten, bis nur noch fünf übrig blieben. [23] Bei der Darstellung von Reuchlins Leben unterlaufen Melanchthon eine Reihe von Fehlern: falsche Datierungen, Unstimmigkeiten in der Abfolge der Ereignisse, unzutreffende Angaben über den geschichtlichen Hintergrund, auf die in den Fußnoten zur vorliegenden Übersetzung nur vereinzelt eingegangen werden konnte. Der Reuchlin-Biograph Ludwig Geiger hat die betreffenden Stellen in einer gesonderten Studie im Einzelnen beleuchtet: „Ueber Melanchthons Oratio continens historiam Capnionis: eine Quellenuntersuchung" (Frankfurt am Main 1868). Manches verschweigt Melanchthon willentlich. So wird z. B. nicht gesagt, dass Reuchlin im Judenbücherstreit am Ende juristisch unterlag, um den paränetischen Charakter der Rede nicht zu gefährden. Reuchlins kabbalistisch-philosophische Hauptwerke „De verbo mirifico" und „De arte cabalistica" bleiben ungenannt, weil Melanchthon der Kabbala, einer esoterisch-spekulativen Ausrichtung der jüdischen Mystik, sehr distanziert gegenüberstand. Über das enge und wechselvolle Verhältnis zu Reuchlin informiert Heinz Scheible: Reuchlins Einfluss auf Melanchthon. In: Reuchlin und die Juden/hrsg. von Arno Herzig; Julius H. Schoeps …, Sigmaringen 1993, 123–149.

Rede über Herzog Eberhard von Württemberg

De Eberhardo Duce Wirtebergensi 1552

Graf Eberhard im Bart, der erste Herzog von Württemberg, ist bis heute der populärste Landesherr Württembergs. Von dessen politischen Leistungen und menschlichen Tugenden konnte Reuchlin seinem jungen Verwandten Philipp Melanchthon viel erzählen, da er selbst von 1482 bis 1496 als Jurist und Diplomat am Stuttgarter Hof wirkte. Bereits die Zeitgenossen rühmten an Eberhard seinen Einsatz um die Einheit Württembergs – es bestand seit 1442 aus zwei Landesteilen, die 1482 wieder vereinigt wurden –, seine Frömmigkeit, die in einer Pilgerfahrt nach Jerusalem ihren sichtbaren Niederschlag fand (1468), seine Bemühungen um das Bildungswesen, insbesondere durch die Gründung der Universität Tübingen 1477 und sein persönliches Bildungsinteresse, das sich etwa in Aufträgen zur Übersetzung antiker Geschichtswerke ins Deutsche dokumentierte. Die große Beliebtheit Eberhards illustriert Melanchthon mit einer Anekdote, die er wohl von Reuchlin, einem Augenzeugen des Wormser Reichstags 1495, erzählt bekam und die nach Melanchthon in den schwäbischen Legendenschatz Einzug hielt: Bei einem Festmahl auf dem Reichstag kam es unter den Fürsten zu einem Streitgespräch über den Reichtum ihrer Länder. Eberhard schlug alle anderen mit dem Hinweis, dass er im Schoß eines jeden seiner Untertanen unbesorgt schlafen könne. Die Gedenkrede auf Herzog Eberhard hielt Johannes Schneidewein am 31. Mai 1552.

Übersetzungsgrundlage: CR 11, 1021–1030.

Wie das Schiff des Paulus mitten in reißenden Fluten, trotz gebrochener Rahen und Ruder, durch göttliche Hilfe bis in den Hafen bewahrt wird,[1] so bewahrt Gott zweifellos, was unter dem großen Wüten von Teufeln und Menschen, die das Menschengeschlecht gänzlich zu vernichten trachten, an politischer Ordnung und menschlicher Gemeinschaft, an Erziehung, Unterweisung, an Gesetzen und Urteilen übriggeblieben ist. Und keinen Zweifel gibt es daran, dass die Stimme der Gesetze wirklich die Stimme Gottes ist, welche das menschliche Leben leitet. Von ihr heißt es: „Durch mich regieren die Könige und setzen die Ratsherren Recht."[2] Und gerade wie das Schiff um des Paulus willen nicht vernichtet wird, so bewahrt Gott einen Teil des Menschengeschlechts, um dem Sohn Gottes die Kirche als Erbe zu sammeln.

Weil dies unumstößlich wahr ist, muss man es sehr betrauern, dass nur ganz wenige Menschen die Bewahrung des politischen Lebens, die Gesetze und Urteilssprüche als wirkliche Werke Gottes anerkennen, die seine Gegenwart in der Regierung wie auch in unseren Familien unter uns bezeugen, und dass zu wenige diese göttlichen Gaben lieben und ehren. Viele entfernen Gott aus dem Regiment und sind der Meinung, alles werde durch den Zufall bestimmt. Gesetze, Rechtssprüche und Strafen hassen sie wie den Kerker und meinen, das seien durch Willkür der Mächtigen erdachte Fesseln.

Aber auch wenn immer wieder viele in blinder Wut Gott und seine Taten erschreckend verachten, so hat uns doch Gott auf diesen Posten gestellt, damit wir diese Verblendungen standhaft tadeln und die Wahrheit ans Licht bringen, damit es Zeugnisse über ihn gibt und damit einige, die geheilt werden können, durch unsere Ermahnungen zur Tugend gelenkt werden. Deshalb wiederholen wir oft diese eindeutig wahre Lehre, die bekräftigt, dass die ganze politische Ordnung Weisheit Gottes, göttliches Werk und Zeugnis seiner Gegenwart in unserer Mitte ist. Sie umfasst die meisten uns heilsamen göttlichen Wohltaten und ist vor allem wegen ihres Urhebers zu ehren und achtungsvoll zu schützen. Auch ist die politische Ordnung deshalb zu lieben, weil es dem Menschen besonders zukommt, die Weisheit zu verstehen und zu lieben und sie von Verblendungen und Lügen zu unterscheiden. Aber die Menschen werden mehr durch Nützlichkeitsdenken motiviert. Was aber ist denn nützlicher für das Leben als diese bürgerliche Gemeinschaft? Denn das Leben der Menschen kann ohne das Zusammenwirken vieler Dienste und ohne gemeinsame Verteidigung überhaupt nicht aufrechterhalten werden. Kräfte der

Gesellschaft sind aber Gesetze, Amtsgewalten, Gerichtsbarkeit, Strafen. Und Wächter über diesen Nutzen ist auch Gott selbst: Denn auch dann, wenn verbrecherische und gewalttätige Menschen nicht durch die Autorität der Behörden in Schranken gehalten werden können, ist Gott selbst als Rächer da und straft die Verbrechen. Damit zeigt er zugleich auf, dass er gerecht ist und dass das Menschengeschlecht nicht vernichtet und zerstört werde, wie Gottes Sohn sagt: „Wer das Schwert nimmt, wird durch das Schwert umkommen."[3] Und ohne Zweifel gilt die Regel: Schreckliche Verbrechen ziehen schreckliche Strafen in diesem Leben nach sich.

Weil es nun deutlich ist, dass die politische Ordnung Gottes Werk ist und der Nutzen zu Tage liegt, so lasst uns unseren Geist erwecken zur Betrachtung dieses hohen Gutes und zur Liebe zu ihm und es zulassen, dass unsere Begierden durch dieses hohe göttliche Maß gezügelt werden. Oft auch, wenn wir die Verblendung der Menschen sehen, die diese Ordnung stören, wollen wir – wie es Paulus im Schiff tat – Gott, den Schöpfer des Menschengeschlechts, bitten, dass er die Vernichtung unserer Gemeinwesen, unserer Familien, unserer Wohnungen, Kirchen und Schulen durch die Fluten nicht zulasse.

Deshalb bitte ich dich, allmächtiger Gott, ewiger und einzigartiger Vater unseres Herrn Jesus Christus, Schöpfer des Himmels und der Erde, der Menschen und aller Kreaturen in Einheit mit deinem Sohn, unserem Herrn Jesus Christus und dem Heiligen Geist, der du weise bist, wahrhaftig, gut, gerecht und ein Rächer, der du rein und einzig frei bist, dass du um deines Sohnes, unseres Herrn Jesus Christus willen, der für uns gekreuzigt und auferweckt wurde, immer die ewige Kirche unter uns sammeln und regieren mögest und um ihretwillen diese Herbergen und unsere bescheidenen Wohnungen sowie Gesetze und Zucht bewahren und schützen wollest.

Diese Bitten sind unter tiefem Seufzen täglich zu wiederholen. Auch wenn unser Schiff von mächtigen Fluten geschüttelt wird, sie werden dennoch nicht vergeblich sein. Denn bekannt ist das Schwurwort: „Amen, Amen, ich sage euch: Was ihr den

Vater bitten werdet in meinem Namen, das wird er euch geben."[4] Diese Ermahnung zur Ehrfurcht, die wir der politischen Ordnung schulden, habe ich jetzt nur kurz wiederholt, weil auch sonst oft darüber geredet wird. Und dennoch kann sie bei diesen Zusammenkünften, bei denen vor allem die Geltung der Gesetze zu würdigen ist, nicht gänzlich ausgelassen werden. Jetzt werde ich das Beispiel eines gerechten und heilschaffenden Fürsten bringen, der die Gesetze und die Gelehrten als deren Hüter mit größter Ehrerbietung hochhielt. Ich werde nämlich die Geschichte des Fürsten Eberhard, des Herzogs von Württemberg, erzählen, der, weil er durch Weisheit und Gerechtigkeit herausragte, als erster aus diesem Herrscherhaus, das doch durch sein Alter und seine Leistungen höchst berühmt war, mit der Herzogswürde ausgestattet wurde. Wundert euch übrigens nicht, dass von einem fremden Fürsten die Rede ist. Denn die Tugend aller, wo sie auch sind oder waren, ist lobenswert (so wie die Unmoral hassens- und tadelnswert ist), und die Beispiele betreffen alle. Außerdem haben wir ihn an dieser Universität nicht als einen ganz Fremden anzusehen. Denn da er die Tübinger Universität gründete, von der sich unsere wie eine Kolonie herleitet, gebührt es uns, auch sein Gedächtnis dankbar zu bewahren.

Ich habe überdies auch einen gewissen privaten Grund für diese Aufgabe. Hervorragend war nämlich die Tüchtigkeit des Grafen von Stolberg, des Vaters der jetzigen Grafen. Ihn, seinen Neffen, hat Eberhard so erzogen und wie Chiron oder Phoenix den Achilles an Gerechtigkeit und andere Tugenden gewöhnt, dass er nachher zum Wohl seines Landes regierte. Und weil Graf Botho auf diesen Mann als ein Vorbild schaute, erzählte er viele Aussprüche und Taten von ihm, weshalb sich noch jetzt die Unsrigen am Gedächtnis jenes Fürsten erfreuen.

Ich wünschte aber, wir hätten seine Geschichte ausführlicher. Und obschon die wenigen mir bekannten und für das Leben nützlichen Beispiele es verdienen, schriftlich festgehalten zu werden, so ist es doch besser, dass es eine verkürzte Geschichte gibt, als dass der Name eines so bedeutenden Fürsten ganz in Vergessenheit gerät. Und ich zweifle nicht, dass euch allen dieses Gedenken angenehm sein wird. Denn wenn es auch immer nur wenige aufrichtige Leute gibt, so ist doch um der Ehre Gottes willen die Tüchtigkeit zu feiern. Und wenn Menschen, die nicht völlig widernatürlich sind, diese ehrenhaften Beispiele betrachten, lernen sie die Tüchtigkeit besser verstehen und werden von Liebe zu ihr entflammt.

Bevor ich aber über den Ursprung des Herrscherhauses spreche, will ich den heutigen Umfang des württembergischen Herrschaftsgebietes beschreiben. Es ist fast viereckig, und die Südseite erstreckt sich von den Donauquellen bis nach Ulm. Die „Sylva Martiana“ – wie sie[5] die Schriftsteller mit verfälschtem Namen nennen – bildet von den Donauquellen an bis zur Stadt Porta Harciniae (im Volksmund „Pfortzen“[6]) die Westseite. Die nördliche Seite verläuft von Porta Harciniae bis an den Neckar, dazu kommen die benachbarten Höhen des Fränkischen Waldes. Der Kocher, bis zu seinem Ursprung, macht beinahe die ganze vierte Seite aus. Fast überall trägt das Land Getreide und Wein, und groß ist die Einwohnerzahl der Städte und Dörfer. Die Art der Menschen ist gefällig; sie leben kultiviert, und wenn sie gerecht regiert werden, sind sie nicht widerspenstig.

Die Burg befindet sich nicht weit von Esslingen; sie heißt Wirteberga. Von daher stammt die alte Benennung der Grafen. Die Städte reichten einst an den äußersten Rändern teils bis an das Herzogtum Franken, teils bis an das Herzogtum Schwaben. Der mittlere Teil, der fruchtbarste, gehörte den württembergischen Grafen seit der Zeit des Kaisers Heinrich V. Bei diesem war nämlich der an Klugheit und Tapferkeit herausragende württembergische Graf Werner Heerführer. Er besaß die Burg Groningen, und von ihm stammen nacheinander die Grafen ab, die in diesem Herrscherhaus erwähnt werden. Die alte Bezeichnung dieses Gebietes bei Ptolemaeus ist ohne Zweifel „Charitini“, was sich offenbar von einem deutschen Wort herleitet, das „Gärten“ bedeutet und darauf hinweist, dass auch schon die Alten die Fruchtbarkeit und Lieblichkeit dieses Gebietes gerühmt haben. Es war aber, wenn es zwei Brüder gab, vor Eberhard üblich, das Land so aufzuteilen, dass der eine Stuttgart und die übrigen, dem Frankenland näher gelegenen Städte innehatte, der andere Urach und das benachbarte Tübingen. Diesen rauheren Teil besaß Graf Ludwig, der die Schwester des Pfalzgrafen Friedrich zur Frau hatte und dessen Name deshalb berühmt ist, weil er unweit Heidelberg in einem Gefecht drei Fürsten gefangennahm. Von diesen hochedlen Eltern stammten Eberhard und Mechthild, die spätere Frau des Landgrafen von Hessen, und Elisabeth, die der Graf von Stolberg heiratete.

Aber ich will jetzt über Eberhard reden. Nachdem sein Vater eines zu frühen Todes gestorben war, lenkten seine Mutter und hervorragende Männer aus dem Ritterstand sowohl das Land als auch den Jüngling. Die Mutter war von vorbildlicher Tüchtigkeit und erzog ihre Töchter mit größter Strenge. Der heranwachsende Sohn wurde von Johannes Nauclerus erzogen, einem angesehenen Mann, über den ich später noch mehr sagen werde und von dem noch jetzt Aufzeichnungen existieren. Er selbst berichtet, die Vormünder hätten verhindert, dass der Jüngling in der lateinischen Sprache unterwiesen wurde. Vielleicht sollte er sich nicht lange mit dem Studium der Wissenschaften aufhalten. Nauclerus schreibt, dass Eberhard oft – weil er doch später Reichstage und auswärtige Nationen zu besuchen haben würde – mit deutlicher Äußerung des Schmerzes diese Anordnungen der Vormünder missbilligt und gesagt habe, niemand brauche die Kenntnis der Lehre und der Sprachen nötiger als ein Fürst. Und später holte er höchst gelehrte Männer an seine Seite, um, wie ich später noch ausführen werde, von ihnen genau und so viel er nur konnte die Lehre der Kirche wie auch die Grundlagen der Rechtswissenschaft und Geschichte zu erlernen.

Der Jugendzeit entwachsen, reiste er gleich zu Beginn seiner Regierung nach Jerusalem. Zum einen trieb ihn das Interesse, die Spuren des Gottessohnes zu sehen, die jener Gegend eingeprägt sind, Spuren, die deutliche Zeugnisse der göttlichen Lehre bewahrt haben; zum anderen wünschte er, die Gemeinwesen und die Sitten anderer Regionen sowie die Ansichten erfahrener Männer kennenzulernen. Auf dieser Pilgerfahrt lernte er nicht nur viel, sondern im Bestehen von Gefahren und Mühsalen wuchs auch seine Tapferkeit. Und da er in allen Überlegungen und Handlungen schon umsichtiger und ernster geworden war, liebte und bewunderte er nach seiner Rückkehr sein Vaterland umso mehr. Doch die Anfänge seiner Regierung fielen in reichlich traurige Zeiten. Sein Verwandter, Graf Ulrich, führte, angetrieben von Markgraf Albrecht,[7] einen unglücklichen Krieg mit dem Pfalzgrafen Friedrich. Dass Eberhard sich enthielt, an diesem Krieg teilzunehmen, erreichte seine Mutter, eine Frau von besonderer Klugheit und Kraft. Währenddessen brachte auch Karl von Burgund Deutschland in Unruhe, und Mahomet[8] trug nach der Eroberung Konstantinopels und der Verwüstung Griechenlands den Krieg nach Ungarn herüber. Etwas später geriet Maximilian[9] durch geschickte französische Manöver in Gefangenschaft.

In dieser allgemeinen Gefährdung für das Reich schloss sich Eberhard keiner Partei an. Vielmehr galten ihm zwei Fürstenpflichten als vorrangig: sich Kaiser und Reich anzuschließen, um das öffentliche Wohl des Vaterlandes zu schützen (wie bei belebten Wesen die einzelnen Glieder dem ganzen Leib Beistand zu leisten versuchen); sodann sich auch um das Wohl der Untergebenen zu sorgen. Deshalb hielt er auch dem Kaiser Friedrich die Treue und unterstützte ihn wie auch danach den Maximilian mit Hilfstruppen. Er selbst führte mit großem Aufwand ein Heer nach Belgien, um Maximilian zu befreien. Und da er sparsam war, bestritt er die Kosten dafür auch ohne große Belastungen für das Volk.

Nach der Befreiung Maximilians herrschte endlich eine gewisse Ruhe in Deutschland. Eberhard war durch sein Alter und die Praxis erfahrener geworden und regierte seit dem Tod seines Verwandten beide Teile der Grafschaft. Nun war er vor allem darauf aus, sich mit weisen und gebildeten Männern zu umgeben, um ihre Ratschläge zu wichtigen Angelegenheiten zu hören. Er hatte nämlich den Kaiserhof wie die Regierung von Venedig und die Höfe der sächsischen Herzöge Ernst und Albrecht gesehen, wo man gelehrte Männer zu den Regierungsgeschäften heranzog. Deshalb stellte auch er den Adligen Gelehrte zu Seite, unter denen Petrus Arlunensis und Johannes Nauclerus und nach ihnen Johannes Reuchlin hervorragten.

Damit das ganze Land von Gelehrsamkeit glänze und in der Kirche die Lehre von Gott heller leuchte, gründete er in Tübingen im Jahre 1477 die Universität, zu der er viele gelehrte Männer der Theologie, des Rechts und der anderen Wissenschaften berief. Als Rechtsgelehrte waren dort Uranius, der auch aus Italien zu Rate gezogen wurde, und der dem Kaiser Maximilian sehr vertraute Gregorius Lamparter. Berühmte Theologen waren Gabriel Biel, Konrad Summenhart und Wendelin Steinbach, der dem Herzog Eberhard sehr vertraut war. Sie alle waren von reiner und lauterer Gesittung. Und Steinbach erkannte als fleißiger Leser der Heiligen Schrift und der Bücher des Augustinus, dass in den Schriften des Thomas von Aquino, des Duns Scotus und ähnlicher Theologen viele Irrtümer enthalten seien, und bot in seinen Vorlesungen recht freimütig eine unverfälschtere Gnadenlehre dar. Er war der Beichtvater des Fürsten, wenn dieser die Absolution begehrte, und unterrichtete ihn über die Wohltaten des Gottessohnes, nachdem er auch in einer deutschen Schrift eine Zusammenfassung der Lehre gegeben hatte. Reuchlin stellte eine fortlaufende Geschichte der Monarchien zusammen und ebenso, zur Orientierung in der Rechtsprechung, die Grundzüge des bürgerlichen Rechts. Obwohl Eberhard das Latein nicht beherrschte, besuchte er doch die Disputationen der Theologen wie die der Rechtsgelehrten: Er erkundigte sich zuvor bei seinen Leuten, über welches Thema die Disputation veranstaltet werden sollte, und wenn etwas angekündigt wurde, das der Überlegung würdig schien, ließ er es sich ins Deutsche übersetzen. Manchmal legte er auch selbst seine Gedanken im Kreis der Gelehrten vor, damit eine Streitfrage besser geklärt werden konnte.

Weilte er in Tübingen, dann entließ er das Gefolge gewöhnlich auf die Burg. Er selbst kehrte in dem kleinen, der Kirche benachbarten Haus des Nauclerus ein. Dieser Mann war nicht nur hervorragend gebildet, sondern auch von höchster Redlichkeit und – wie Reuchlin von ihm sagte – von überaus seltener Rechtlichkeit im Urteil. Wenn sie vor Tagesanbruch aufgestanden waren und das Morgengebet gesprochen hatten, wurden die ersten drei Stunden den Beratungen gewidmet. Dabei waren Schreiber zugegen, denen aufgetragen wurde, Antworten vorzuformulieren. Danach gingen sie in die Kirche. Nach dem Gottesdienst frühstückten sie gemeinsam zu gewohnter Stunde im Haus des Nauclerus, und dazu wurden zwei oder drei Männer, teils Gelehrte, teils Adlige, geladen. Dabei wurde nicht großartiger aufgewartet, als es dort bei normalen Bürgern zugeht. Aber die Gespräche waren voller Weisheit, wie es bei solchen Männern zu erwarten ist, und handelten von Kirche, Theologie, öffentlicher Verwaltung und drohenden Gefahren.

Vom Frühstück an war Eberhard frei für Audienzen, für alle, die ihn sprechen wollten oder Bittschriften brachten. Er antwortete freundlich und gab ihnen Termine, an denen sie die Antworten erbitten konnten. Baten Arme um Getreide oder Holz, dann beauftragte er zuverlässige Männer, dafür zu sorgen, dass man ihnen so viel gebe, wie er befahl. Denn wenn er auch Sparsamkeit liebte und beachtete, so war er doch gegen die Armen wohltätig. Anschließend nahm er sich ein klein wenig Zeit, um zu ruhen oder zu schlafen. Darauf ging er zum Vespergebet, bei dem er meist Schriften über die Lehre der Kirche las. Sodann kam man vor dem Abendessen wieder zu Beratungen zusammen, oder es wurden die zuvor formulierten Schriftstücke vorgelesen. Das Abendessen wünschte er in heiterer Atmosphäre, begleitet von geistvollen Gesprächen einzunehmen, um die Last der Sorgen zu erleichtern und ruhiger schlafen zu können. Dies war die Hofhaltung in jener kleinen Behausung des greisen Gelehrten. Sie glich an Bescheidenheit, Nüchternheit und Sauberkeit den Zusammenkünften der Eremiten Paulus und Antonius.[10] Und sie zeichnete sich durch Nützlichkeit aus; denn durch die Überlegungen dieser Männer wurde die ganze Gerichtsbarkeit gelenkt und Gerechtigkeit, Friede und Zucht bewahrt.

Sobald die Regierungsweise im Lande festgelegt war, reiste Eberhard nach Rom. Als aber dort in einer Kirche direkt neben ihm ein Kardinal ermordet wurde, reiste er alsbald ab. Unterwegs wurde er in Florenz ehrenvoll von Lorenzo de Medici empfangen. Sehr bewunderte er die Weisheit dieses Mannes und seinen Ernst in allem Reden und Tun. In Mantua heiratete er die Tochter des

Markgrafen, deren Mutter eine Deutsche war, eine Tochter des Markgrafen von Brandenburg. Obgleich sie ihm außer einer einzigen Tochter keine Kinder gebar, lebte er immer liebevoll mit ihr, und Doktor Steinbach bestätigte, dass er die eheliche Treue und Reinheit niemals verletzte.

Für gemeinsame Reichsangelegenheiten steuerte er Geld bei und entsandte pflichtgemäß Soldaten, sooft es nötig war, löste jedoch selbst keine Kriege aus. Denn obwohl ihn häufig Zorn über Unrecht erfüllte, stellte er das Wohl des Volkes darüber. Und wie er privat wie beim Regieren streng auf die Gerechtigkeit achtete, so war er gegenüber der Räuberei wachsam und unerbittlich scharf. Vor seiner Regierungszeit trieben sich wegen der Schwäbischen Kriege im ganzen Land viele Räuber umher; er aber schaffte es in kurzer Zeit durch eigene Anstrengung und nicht ohne Gefahr für sich selbst, dass kein Gebiet weniger von Räuberei heimgesucht wurde. Denn er begab sich selbst mit ausgewählten Reitern an verdächtige Orte, nahm so manches Mal unter großer Gefahr die Ertappten gefangen und sorgte dafür, dass sie der Strafe zugeführt wurden. Hierbei fürchtete er weder den Hass verwandter Adliger noch ließ er es zu, dass sie durch parteiischen Einspruch der Strafe entzogen wurden.

Oft mischte er sich zur Zeit der Frankfurter Messe unter die Reiter, die auf dem Weg dorthin waren, und zeigte sich den Kaufleuten in den Städten, damit sie seine Wachsamkeit kennenlernten. Er grüßte sie auch und ließ sich berichten, wenn ihnen unterwegs oder in den Unterkünften irgendein Unrecht geschah. Diese übertriebene Bereitschaft zum Dienen mag heutzutage als wenig königlich anmuten. Aber jene hervorragenden Männer waren durch Gerechtigkeit und Tugend groß, nicht durch Hochmut nach Art der Perser. Nur einmal überhaupt begann er einen Krieg und griff mit einem rechtmäßig aufgebotenen Heer eine unweit Ulm gelegene Burg[11] an, die ihren Namen den hochfliegenden Raben verdankt. Nach der Eroberung zerstörte er sie, um sie nicht den Räubern als Schlupfwinkel zu überlassen.

So wurde er von den Seinen wie auch von den Reichsstädten und den benachbarten Fürsten geliebt. Über das Wohlwollen, das er im Volk genoss, berichtete man folgende, auf ihn selbst zurückgehende Erzählung: Als auf dem Reichstag zu Worms[12] die Herzöge von Sachsen diejenigen von Bayern, der Pfalz und ihn selbst zum Mahl geladen hatten und dabei alle die Vorzüge ihrer Länder rühmten – die einen die Erzlager, die anderen ihre Städte, ihr Getreide, ihren Wein –, saß Eberhard als schweigender Zuhörer dabei, bis endlich Herzog Albrecht von Sachsen meinte: „Warum fordern wir nicht auch den Herzog von Württemberg auf, von seinem Land zu reden?“ Da antwortete dieser bescheiden: „Ich weiß, dass eure Häuser durch Macht, Einfluss und Reichtum hervorragen und ich mit euch keinen Wettstreit führen kann; aber ich bin mit dem zufrieden, was ich habe, und weiß, dass ich Gott Dank schulde. Aber einer Sache darf ich mich wohl rühmen: Ich kann gefahrlos auf offenem Feld und unbewacht im Schoße eines jeden meiner Bürger schlafen.“[13] Was er damit sagen wollte, war deutlich.

Seine Beliebtheit bei Fürsten und Städten wuchs dadurch, dass er selbst bei den Gerichtstagen für viele die Prozesssachen führte. Da er beredt war und Gelehrte um sich hatte, vermochte er das Recht seiner Partei überzeugend darzulegen, und viele, die sein Redetalent kannten, übertrugen ihm gern ihre Rechtssachen. Hatte er diese übernommen, erbat er sich von den Gelehrten Argumentationshilfen, Redeschmuck, Beispiele, Geschichten und andere Erzählungen, die zu seiner Aufgabe passten. Sodann legte er alles mit solcher Beredsamkeit dar, dass man ihm mit Bewunderung zuhörte. Da also die Erziehung an seinem Hof voller ehrenhafter Beispiele war, sandten viele Grafen ihre Söhne zu ihm. Ihnen hörte er selbst gelegentlich zu, wenn sie den Katechismus und Gebete aufsagten. Und wenn sie die Lehrsätze nicht richtig wiederholten, mahnte er sie nicht nur mit seinem Tadel an ihre Pflicht, sondern befahl auch, sie durch andere Strafen zu züchtigen. Dabei prägte er den jungen Männern den Satz ein: „Der Anfang der Weisheit ist die Furcht vor dem Herrn.“[14]

Auch wenn ich die Geschichte Eberhards nicht vollständig festhalte, so könnte ich doch vieles hinzufügen, was von ihm weise gesagt oder getan wurde. Aber nun zum letzten Akt seines Lebens:

Maximilian holte zu Anfang seiner Regierung[15] oft Eberhards Rat ein. Und da er befand, dass es ehrenhaft für das Reich sei, wenn ein solcher Mann in den Fürstenversammlungen seine Meinung sagte, und dass die Größe seines Gebietes den Aufwendungen von Herzögen gewachsen sei, verlieh er dieser Familie jene Würde. Als man das erwog und weise Männer zu bedenken gaben, dass damit dem Land eine große Last auferlegt würde, siegte doch Maximilians Wille wie auch das Interesse am öffentlichen Nutzen: Man hielt es für billig, dass ein solches, fast in der Mitte Deutschlands gelegenes Gebiet bei den gemeinsamen Aufgaben des Reiches eine größere Belastung ertrug.

Mit dem 52. Lebensjahr erkrankte Eberhard an einer von Steinen ausgehenden Blasenentzündung und starb schließlich auf Grund ihrer Heftigkeit. Erwähnenswert ist der Bericht über seinen Todeskampf: Drei Tage lang sah man ihn mit sich selbst so sehr ringen, dass er nicht sprechen konnte. Seine Freunde fragten ihn trotzdem, ob er durch den Empfang des Leibes des Herrn gestärkt werden wolle. Durch Kopfnicken bejahte er. Und als er ihn ehrfürchtig empfangen hatte, richtete er sich, wie aus dem Sterben sich emporringend, in seinem Bett auf, dankte Gott mit klarer Stimme, erbat die Vergebung aller Sünden und die Gabe des ewigen Heils um Christi willen. Dann befahl er sich Gott mit den Worten: „Ich weiß, Herr Jesus Christus, du Sohn Gottes, dass du willst, dass wir an dich glauben. Und weil du sagst: ‚Kommt her zu mir alle, die ihr mühselig und beladen seid, ich will euch erquicken‘,[16] so rufe ich dich an, befehle mich dir und erwarte von dir das ewige Heil. Meine Fehler in der Regierung und andere Vergehen wollest du mir vergeben.“

Danach unterredete er sich drei Tage lang ruhig mit seinen Freunden und gab einige Aufträge. Bei dem Sterbenden war der Doktor der Theologie Wendelin Steinbach, ein lauterer Mann, von dem ich weiß, dass er diese Geschichte als ein einzigartiges Beispiel oft zu erzählen pflegte. Wir sehen hier die Zeichen eines wahrhaft von Gott erleuchteten Geistes, daher sagen wir mit Fug und Recht, dass sein Tod in Wahrheit der Weg zur himmlischen Kirche gewesen ist.

Wenn wir solche Geschichten von guten und heilschaffenden Fürsten hören, sollten wir vieles bedenken. Einmal dies: Da die Herrschaft Gottes Werk ist, so wird auch mancher heilschaffende Fürst mit dieser Würde versehen, damit nicht dieses ganze Werk Gottes vergeblich eingesetzt ist. Sodann wollen wir Gott danken, dass er um seiner Ehre und um der Erhaltung des Menschengeschlechts willen nicht zulässt, dass das wohlgeordnete Gemeinwesen ganz zersprengt und unter solch großem Teufelswüten all seine Lebenskraft vernichtet wird. Und weil er zuweilen einigen Gebieten treue und erfolgreiche Hüter der Gesetze, der Gerechtigkeit und des Friedens zuteilt, so wollen auch wir mit heißen Gebeten darum bitten, dass er auch unsere Wohnstätten beschütze und uns heilschaffende Fürsten gebe. Denn ganz und gar wahr ist folgender Satz: „Wenn der Herr die Stadt nicht behütet, so wacht der Wächter umsonst."[17]

Damit beende ich meine Rede.

[1] Vgl. Apg 27. [2] Spr 8,15. [3] Mt 26,52. [4] Joh 16,23. [5] Nigra sylva: Schwarzwald. [6] Pforzheim. [7] Markgraf Albrecht von Baden. [8] Sultan Mehmet II. [9] Erzherzog Maximilian von Österreich; vgl. unten Anm. 15. [10] Vgl. Athanasius, Vita S. Antonii. [11] Möglicherweise die Burg Hohenkrähen, die allerdings nicht bei Ulm, sondern im Hegau bei Hohentwiel gelegen ist. Ein geographischer Irrtum? [12] Im Jahre 1495. [13] Bei Christian Gottlieb Barth: Geschichte von Württemberg, so wiedergegeben: „Ich kann in dem Schoß eines jeglichen meiner Untertanen im Feld oder Wald gar allein kühnlich und sicher schlafen". [14] Ps 111,10. [15] Als deutscher König seit 1486, römischer Kaiser seit 1493; vgl. oben Anm. 9. [16] Mt 11,28. [17] Ps 127,1.

Rede über Kurfürst Friedrich den Weisen von Sachsen

De Friderico Duce Saxoniae Electore, 1551

Die nachfolgende Rede wurde zwar von Melanchthon selbst verfasst, jedoch – einem Brauch der Zeit entsprechend – von dem Rechtsgelehrten Johannes Trutenbal anlässlich einer uns nicht näher bekannten akademischen Feier an der Wittenberger Universität im Jahre 1551 gehalten. Es handelt sich um eine der insgesamt weit mehr als hundert „Declamationes", welche Melanchthon in seinem akademischen Leben abfasste, eine Festrede also, in welcher es dem Autor naturgemäß sowohl auf historische Authentizität angekommen sein dürfte, als auch darauf, die Zuhörer mittels wohlgesetzter Worte von seinen rhetorischen Fähigkeiten zu überzeugen.

Wenn Melanchthon in einer Zeit großer Schwierigkeiten auf Grund der Niederlage im Schmalkaldischen Krieg und der Wirren um das Interim eine Rede verfasste, in der er zum einen die große Frömmigkeit Friedrichs des Weisen, des ersten und wichtigsten Schutzherrn der lutherischen Lehre, betonte und zum anderen diesen auch in vielerlei Hinsicht gleichsam zum Instrument des göttlichen Willens stilisierte, so wird man dies – über den unmittelbaren Anlass der Rede hinaus – zweifellos auch als ein, wenn auch in verklausulierter Form vorgetragenes, erneutes Bekenntnis des Autors zu den Zielen der Reformation werten dürfen.

Übersetzungsgrundlage: CR 11, 962–975.

Es gibt inmitten der größten Schmerzen einen Trost, nur eine Zuflucht, nämlich im Geist die Zeugnisse über Gott zu betrachten, und ganz fest zu bekennen, dass es eine Kirche Gottes gibt und dass wir, in dieser geborgen, Gott am Herzen liegen und dass allein ihretwegen das Gastrecht, die Wissenschaften, die Ordnung, die Gesetze und andere Grundlagen der menschlichen Gemeinschaft bewahrt werden. Auf diesen Trost gestützt aber wollen wir inmitten dieser riesigen Katastrophen der Weltreiche aushalten und in ebendieser Hoffnung eine für das Leben nützliche Lehre verbreiten und es nicht zulassen, dass uns, nur weil in dieser allgemeinen Unordnung des Lebens viele Dinge gegen die göttliche Ordnung geschehen, unsere innere Überzeugung von der Existenz der göttlichen Vorsehung erschüttert wird. Im Gegenteil, mit beiden Händen wollen wir festhalten an den berühmten und unveränderlichen Zeugnissen für Gott, nämlich an der herrlichen Ordnung der Natur selbst, an der Gestalt und Lage des Himmels, der Luft, des Wassers, der Erde, der Bewegung der Sterne, der Fruchtbarkeit der Erde sowie an den Vorstellungen des menschlichen Verstandes, die doch die Samen der Künste sind, und an der Unterscheidungsfähigkeit der Menschen zwischen ehrenhaften und schändlichen Dingen, auf deren Basis unsere Gesetze mit Weisheit aufgestellt worden sind, zuletzt auch an den Strafen, die nach ewiger Ordnung die grausamen Verbrechen begleiten als untrügliche Zeichen für die Gegenwart und Gerechtigkeit Gottes unter den Menschen. Zuallererst aber sollen die Auferstehung der Toten, andere bekannte Zeugnisse der Kirche sowie das von Gott selbst in unseren Herzen entzündete wahre göttliche Licht diese innere Zustimmung in uns erwecken. Deshalb wollen wir, bestärkt durch die wahre Erkenntnis Gottes, ihm selbst gehorsam sein und hoffen, dass er die Reste seiner Kirche inmitten so großer Fluten dennoch erretten wird, und dass er sie bewahre, darum wollen wir ihn mit innigsten Bitten anflehen. Diesem Gott aber, dem ewigen Vater unseres Herrn Jesus Christus, dem Schöpfer des Menschengeschlechts und seiner Kirche, sage ich Dank, weil er bisher diese Universität so milde bewahrt hat, und dass er diese auch weiterhin in seiner Obhut haben und lenken möge, darum bitte ich ihn von ganzem Herzen!

Weil es nun aber üblich ist, bei diesen Zusammenkünften entweder über ein Gebiet der Wissenschaften zu sprechen oder aber erinnerungswürdige Beispiele aus der Historie zu zitieren, so habe ich zu diesem Anlass die Geschichte des Kurfürsten Friedrich von Sachsen ausgewählt, der in dieser Stadt die Universität eingerichtet hat. Dies aber tat ich zunächst, weil erst kürzlich an dieser Stelle über seinen Bruder gesprochen worden ist,[1] und ich glaubte, dass auch die Geschichte Friedrichs selbst hinzugefügt werden müsse, die ebenfalls viele erwähnenswerte Beispiele enthält. Des Weiteren mag es auch als ein Zeichen der Dankbarkeit verstanden werden, sich gern an denjenigen Fürsten zu erinnern, der an diesem Ort als Erster die Studien aller Wissenschaften anregte. Schließlich aber ist es auch für diejenigen, die später nach den Ursprüngen der Verbesserung der kirchlichen Lehre forschen werden, nützlich zu wissen, ob lediglich unruhestiftender Same im Volk verstreut gewesen oder ob auch die Überlegung und Zustimmung einiger gelehrter Männer hinzugekommen ist.

Umso lieber spreche ich nun auch über diesen Fürsten, weil ich damit zugleich auch durch Gottes Gnade sechs sehr gelehrten Männern ein öffentliches Zeugnis ihrer Rechtskenntnis ausstellen kann, zumal wir ja wissen, dass dieser Fürst mit seiner Stimme häufig gegen die Rohheit, Anmaßung und Dummheit derjenigen angegangen ist, die fordern, dass die Menschen ohne geschriebenes Recht, allein nach dem Ermessen der Mächtigen regiert und in ihren Streitigkeiten geschlichtet werden. Und ebendiesem standen nun – auf gleiche Weise wie dem Augustus ein Trebatius und Alexander Severus ein Ulpian[2] – als sehr enge Vertraute diejenigen Rechtsgelehrten zur Seite, die hier damals die größte Bildung und Redegabe besaßen, nämlich die Doktoren Mogenhofer, Henning Goede, Hieronymus Schurff und Brück. Dass Friedrich sich mit diesen großartigen Männern über die wichtigsten Dinge beraten hat, wird sowohl durch deren eigene Schriften wie auch andere Zeugnisse bewiesen. Und so ist denn auch der vertraute Umgang mit diesen Männern ein eindeutiges Zeichen für die Weisheit und Gerechtigkeit des Fürsten selbst. Allzuwahr ist der Satz: Ein jeder ist so wie sein Umgang.

Wenn mir auch die Vergegenwärtigung des altehrwürdigen Geschlechts der sächsischen Fürsten einige Freude bereiten würde, weil es nämlich viele nützliche Vorbilder enthält, so will ich diese dennoch wegen der Kürze der Zeit hier übergehen.

Wie ihr wisst, entstammten Friedrich und Johann der Verbindung des untadeligen Fürsten Ernst und seiner Gemahlin aus der bayerischen Herzogsfamilie.[3] Beider Söhne Kindheit verlief nun, weil sie von den Eltern die guten Anlagen ererbt hatten und zudem durch die häusliche Zucht streng erzogen wurden, in bescheidenen Verhältnissen. Friedrich aber erlernte schneller die lateinische Sprache und Schrift und fand mehr Gefallen an der Wissenschaft, wie ja auch schon die Konstellation seiner Gestirne, die Zwillinge im Horoskop und Jupiter und Merkur im Steinbock, auf einen lernbegierigen und an der Wissenschaft interessierten Geist hindeuten.[4] Der Vater starb schon im besten Mannesalter an einer Krankheit, die sich durch seine unermüdliche Arbeit noch verschlimmert hatte.[5] Er war gerade dabei, ein Verteidigungsheer gegen die ungarischen Truppen aufzustellen, die König Matthias als Vergeltung für den Feldzug ausschickte, den Herzog Albrecht von Sachsen gegen ihn in Österreich geführt hatte. Zu dieser Zeit waren die Söhne von Ernst noch Jünglinge, aber Friedrich, etwas älter, stand schon im 22. Lebensjahr. Dieser konnte nach seinem Regierungsantritt, weil er sich auf weise Ratgeber stützte, einmal Beschlossenes mit großem Eifer durchsetzte und sich durch keinerlei Trägheit oder Vergnügung in der Organisation des Krieges beeinträchtigen ließ, sondern stets auf die peinliche Einhaltung des Bündnisses mit den benachbarten Fürsten achtete, das Vaterland erfolgreich verteidigen und auch den Nachbarn bei der Vertreibung des Ungarnheeres helfen. Dies war das erste Probestück, in welchem sich Friedrichs Begabung und sein Fleiß für alle sichtbar offenbarte.

Nachdem nun an dieser Grenze des deutschen Reiches der Friede wiederhergestellt worden war, brach er – in der Überzeugung, dass Menschen durch Aufenthalte in der Fremde gebildet werden – gemeinsam mit seinem Onkel, dem großmütigen Herzog Christoph von Bayern, nach Palästina[6] auf. Während dieser Reise traf er in der österreichischen Stadt Linz auf seinen Großonkel, den Kaiser Friedrich, bei dem er sowohl als Verwandter wie auch wegen dessen Wohlwollen gegenüber den sächsischen Fürsten liebenswürdige Aufnahme fand.[7] Als der kluge, schon betagte Mann bemerkte, dass Friedrich über außerordentliche Charaktereigenschaften verfügte, rief er ihn häufig zum Gespräch, ermahnte ihn zu Anstand und gab dem Abreisenden als Erinnerungsstück eine goldene, mit einem großen Diamanten verzierte Kette. Dabei befahl er ihm, ihn bei seiner Rückkehr erneut zu besuchen, und versprach ihm ein noch großartigeres Geschenk. So wurde der junge Mann von dem greisen Kaiser entlassen mit einem ganz ähnlichen Segenswunsch, wie Telemach ihn bei seinem Abschied von Nestor empfing: „Du wirst großen Anteil an der Tugend haben, mein lieber Sohn."[8]

Doch der edle Greis starb noch vor der Rückkehr Herzog Friedrichs. Eigentlich müsste ich nun an dieser Stelle eine lange Erzählung über diese Reise einflechten, darüber nämlich, wie ehrenvoll Friedrich vom Senat in Venedig empfangen wurde und welche Gefahren er zu überwinden hatte. Der Herzog von Bayern ist nämlich auf dieser Fahrt an einer Krankheit gestorben. Aber ich will auf andere Dinge zu sprechen kommen.

Dennoch ist die Umsicht des Fürsten eines großen Lobes würdig, weil er nämlich wollte, dass die Betrachtung jener Gegenden und Städte nicht nur für ihn selbst, sondern auch für alle Übrigen bei dem Studium der Geschichte von Nutzen sei. Deshalb sorgte er dafür, dass schöne Tafeln, auf denen Trümmerstücke jener alten Städte geordnet sind, angefertigt und Inschriften über die wichtigen Dinge, die sich an den einzelnen Orten zugetragen haben, hinzugefügt wurden. Dies war nämlich einstmals die Sitte kluger Männer gewesen, von Reisen nicht etwa eine neumodische Filzkappe oder einen Helmbusch, sondern Bilder der betreffenden Gegenden und Monumente, die für die Erforschung der Geschichte bedeutsam sind, sowie Heilmittel gegen Krankheiten mitzubringen. Eben von diesen Dingen aber brachte Friedrich viele aus Palästina, Zypern, Rhodos, Methone, Korfu und aus Venedig mit.

Nach seiner Rückkehr folgten zwei Kriege im Deutschen Reich, nämlich der helvetische[9] und der bayerische.[10] Hierbei versagte Friedrich sich dem Kaiser zwar nicht, musste allerdings im bayerischen Krieg wegen der engen Verbindung der Kurfürsten mehr Sorge und Mühe darauf verwenden, den Zorn Maximilians zu besänftigen. Und nachdem sich der Kaiser schließlich beruhigt hatte, wagte es Friedrich bei einer Zusammenkunft in Köln als

Einziger, den Pfalzgrafen zu Maximilian zu führen, damit jener ihn unterwürfig um Frieden anflehte. Damit soll Friedrich den Kaiser nicht wenig beleidigt haben, weil er sich nach dessen Ansicht gegenüber seinem Feind nicht zornig genug gezeigt hätte. Jedoch hatte Friedrich für sein Verhalten einen sehr ehrenwerten Grund. Er dachte an die Zwangslage der Kurfürsten und wollte nicht, dass die altehrwürdige Macht des Pfalzgrafen völlig zerstört und seine hochedle Familie vernichtet würde. Und so kam er dieser Pflicht gegenüber dem Freund sehr maßvoll nach: Er wollte nämlich, dass dieser als Bittflehender komme, damit der Autorität des Kaisers kein Abbruch geschehe. Es gilt nämlich noch immer der alte Spruch: „Einem Bittflehenden darf keine Gewalt angetan werden, er soll als unverletzlich gelten!“[11]

Er hatte aber bereits damit begonnen, sein Land mit Bauwerken auszustatten, und wusste wohl, dass die wahren und größeren Schmuckstücke des gemeinsamen Lebens in der Verbreitung der Wissenschaften und Künste sowie in den Gesetzen und der inneren Ordnung bestehen. Deshalb holte er Gelehrte aller ehrenwerten Wissenschaften von anderen Universitäten nach Wittenberg und richtete unsere Kollegien nach den üblichen Bestimmungen ein, wobei Plan wie Durchführung gleichermaßen zu loben sind. Es gibt heute überall gute gelehrte Männer, die bekennen, dass sie die für das Leben nützlichen Wissenschaften in diesem Kreis von Gelehrten erlernt haben, einige die Philosophie, andere die Rechtswissenschaft und wieder andere die Medizin. Auf die Theologie gehe ich erst später ein.

Nach der Begründung der Universität kam es zu dem Krieg mit Venedig.[12] In dieser Zeit hielt sich Friedrich einige Jahre fern der Heimat auf, weil er einen Teil der Truppen im Heer Maximilians befehligte. Dieser Kriegsdienst war voller Mühe und Gefahr, und zwar nicht allein im Heerlager, sondern auch bei den Beratungen, bei denen – wie es ja an Höfen stets Parteiungen und Rivalitäten gibt – übelwollende Männer ihm auf vielfältige Weise zu schaden versuchten. So habe ich selbst von Friedrich mit eigener Hand geschriebene Antwortschreiben gesehen, in welchen er die böswillig falschen Anklagen widerlegte, mit denen einige versucht hatten,

Maximilian zu einer feindseligen Haltung ihm gegenüber zu bewegen. Nach Aufdeckung dieser Intrigen – man hatte dem Kaiser unerhörte Verdächtigungen eingeflüstert – mussten Maximilian und alle Übrigen die Klugheit, Redlichkeit und Mäßigung Friedrichs inmitten dieser großen Gefahren vollständig anerkennen. Auch wenn hierbei die Seele des Kaisers verletzt wurde, besaß er doch genügend Lebenserfahrung, um zu wissen, dass es allgemeine Übel bei jeder Regierung gibt, Neid und Intrigen. Davon hatte er selbst viele Beispiele gesehen und von Älteren gehört: dass Palamedes durch die Ränke des Odysseus bedrängt worden war[13] und der äußerst verdienstvolle Themistokles von Leobotes.[14] Und er hatte den Ausspruch Salomos gelesen: „Die Verleumdung verstört auch den Weisen und bricht die Kraft seines Herzens."[15] Weil er aber gerecht war, erinnerte er sich an das Wort: „Es sollen beide Seiten gleichermaßen gehört werden."[16] Und ebenso hatte er vernommen, dass Alexander der Große immer wenn jemand in seiner Abwesenheit angeklagt wurde, sein Ohr abwandte.[17] Also forschte Maximilian sorgfältig nach den Ursprüngen jener Angelegenheit und nahm Friedrich, nachdem er die Haltlosigkeit der Anschuldigungen erkannt hatte, mit noch größerem Wohlwollen wieder auf.

Nachdem dieser aber nach Hause zurückgekehrt war, erregten die Mainzer Stiftsherren große Unruhen in Erfurt, die wohl, wenn sie nicht durch die kluge Lenkung Friedrichs gedämpft worden wären, zu einem großen Krieg in dieser Gegend geführt hätten.[18] Er seinerseits jedoch reizte, weil er die Gerechtigkeit, Mäßigung und öffentliche Ruhe in Deutschland über alles liebte, niemanden, sondern ertrug sogar großes Unrecht. Drohten ihm andere, so zeigte er sich von solcher Weisheit und Standhaftigkeit, dass er die haltlosen Angriffe jener Leute allmählich durch Geschicklichkeit zunichte machte, wobei er seine Hoffnung stets auf das alte Wort stützte: „Viele schwere Krankheiten werden durch Ruhe und Enthaltsamkeit kuriert."[19]

Aber ich will nun auf die Kirche zu sprechen kommen. Nachdem nämlich einmal die Streitigkeiten über die rechte Lehre entbrannt waren, suchten zunächst Maximilian, dann aber auch Karl und die Päpste, Friedrich davon abzuhalten, Luther Gelegenheit zu geben, seine Lehre zu verbreiten. Auch viele andere gab es, die dem Kurfürsten dasselbe rieten. Und auch ihm waren, weil er klug war und auf Grund seines Alters alle Gefahren für Regierungsgeschäfte bereits aus eigener Erfahrung kannte, die Grundsätze zur Vermeidung von Umwälzungen durchaus bekannt. Aber als weiser Mann, der Gott mit wahrhaftiger Frömmigkeit verehrte, wusste er doch, dass der Ruhm Gottes allen öffentlichen und privaten Gefahren übergeordnet werden müsse. Und ebenso galt es ihm als sicher, dass es eine schreckliche und unverzeihliche Gotteslästerung bedeuten würde, sich der einmal erkannten Wahrheit zu widersetzen.

Eben in dieser Ansicht wurde er durch göttliche Eingebung noch bestärkt, so dass er durch keinerlei Drohungen und Schrecken dazu verleitet werden konnte, sich der Wahrheit entgegenzustellen. Und dennoch beanspruchte er nicht, das Urteil über die Lehre allein zu fällen, sondern er suchte auch die Einschätzungen von vielen erfahrenen und gebildeten Männern, namentlich die der Fürsten, in Erfahrung zu bringen. In diesem Zusammenhang könnte ich nun viele nennen, will hier jedoch nur auf Erasmus zu sprechen kommen.[20] Diesen nämlich rief er in Köln zu sich und eröffnete ihm freundlich, warum er ihn herbeigeholt habe: Nachdem die Streitigkeiten nun einmal entstanden seien, wolle er lieber, dass ihn die Erde verschlinge, als dass er falschen Meinungen anhinge. Wenn Luther aber zu Recht die Irrtümer anprangere und die Quellen der wahren Lehre aufzeige, dann werde er sich selbst nicht der Wahrheit widersetzen, auch wenn er sich der damit verbundenen Gefahren für ihn wie für seine Schutzbefohlenen durchaus bewusst sei. Er wolle aber die Entscheidung darüber nicht für sich allein beanspruchen, sondern stattdessen das Urteil gebildeter und erfahrener Männer einholen und diesem gern Folge leisten. Er bat Erasmus, ihm seine Meinung über die ganze Sache frei heraus zu sagen.

Erasmus begann, geistreich wie er war, mit einer ironischen Bemerkung. Zwei große Sünden habe sich Luther zuschulden kommen lassen: Er habe die Bäuche der Kleriker und die Krone des Papstes angegriffen.[21] Dann aber führte er seine Meinung genauer aus: Luther prangere die Irrtümer zu Recht an, deren Richtigstellung für die Kirche dringend notwendig sei. Und er fügte hinzu: Auch der Hauptinhalt der Lehre Luthers sei wahr, auch wenn er sich wünsche, dass manche Punkte weniger ungeschliffen erörtert würden. Dies war das Ergebnis der Unterhaltung.

Einige von uns aber haben auch den Brief des weisen und rechtschaffenen Bischofs Laurentius von Würzburg gelesen, der dasselbe an Herzog Friedrich schrieb und noch hinzufügte, dass er zuvor die Urteile vieler gebildeter Männer erfragt habe. Man darf also nicht glauben, dass der weise alte Mann bei einer so wichtigen Angelegenheit lediglich auf Grund eines Irrtums oder etwa leichtfertig die Verbreitung der Lehre gestattet hätte. Und natürlich las auch Friedrich selbst damals täglich die Schriften Luthers und auch die vorzüglichen Veröffentlichungen des Erasmus und dachte häufig über die Ursprünge all dessen mit großem Ernst nach.

Friedrich lebte in einer Zeit, in der zwei höchst wichtige Entscheidungen anstanden: die Erneuerung der Kirche und die Wahl des Kaisers. Aber wenn auch keine Weisheit von Menschen oder Engeln die Größe dieser beiden Angelegenheiten jemals ganz durchschauen kann, so werden gebildete Leute doch einsehen, dass diese Dinge für das Leben der Menschen von größter Bedeutung sind. Und je verständiger einer ist, desto mehr mag er fühlen, wie schwierig die Beratungen darüber sind. Diese so große Last aber wurde nun zu ein und derselben Zeit auf die Schultern eines einzigen Mannes gelegt. Ich will dies hier nicht besonders hervorheben, obschon ich am ganzen Körper erzittere, wenn ich nur von fern den Mann betrachte, der diese gewaltigen Bürden zu schultern hatte. Aber wie die Leitung der Kirche, so ist auch die Regierung des Reiches eine göttliche Angelegenheit. Und Gott selbst lenkt die Herzen der Regierenden zu heilbringenden Plänen und unterstützt sie, wenn er der Kirche und dem Menschengeschlecht Hilfe bringen will. Und so wurde denn damals auch Friedrichs Herz bei der Lösung beider Probleme durch göttliche Hilfe gelenkt und bestärkt.

Nun wissen wir wohl, dass dieser Fürst keinesfalls hochmütig war, sondern dass er stets seiner eigenen Weisheit misstraute und deshalb inmitten dieser gewaltigen Gefahren durch häufige Gebete von Gott Hilfe erbat und zugleich auch die Ansichten der bedeutendsten Männer erfragte. Doch wenn die Geschichte der Kaiserwahl auch viele verschiedene Beschlüsse und Ereignisse enthält – denn auch die Meinungen der Gelehrten liefen einander zuwider, gar nicht zu sprechen von den Parteiungen und Rivalitäten – und es der Nachwelt von Nutzen wäre, sie ganz zu kennen, so will ich jetzt doch etliche Dinge aus gutem Grund übergehen und nur dieses eine sagen: dass Friedrich damals nämlich gleichsam der Nestor in diesem Rat gewesen ist, und dass, weil Gott sein Herz lenkte, die meisten Dinge von ihm weise getan und bedacht worden sind.

Friedrich wusste nämlich, dass die Ansichten der Kurfürsten voneinander abwichen, und erkannte zugleich, dass deren Streitigkeiten den Ausgangspunkt für erbitterte Kriege bilden würden, wenn nicht einer mit der Zustimmung aller zum Kaiser gewählt würde. Zugleich sah er voraus, auf welche Seite sich welche Kräfte schlagen würden. Deshalb führte er ein neues Verfahren ein. Er riet nämlich dazu, dass zunächst alle Kurfürsten einzeln durch einen religiösen Eid auf dieser gemeinsamen Sitzung verpflichtet werden sollten, keine Wahl gutzuheißen oder zu verkündigen, solange nicht einer durch die Stimmen aller unter allgemeiner Zustimmung gewählt worden sei, einer, dem allein sich alle als einem legitimen Herren anschließen würden, damit nicht durch ein unterschiedliches Abstimmungsverhalten ganz Deutschland gespalten werde.

Es folgten Verhandlungen, wie es sie unter weisen Männer und in diesem höchsten von Menschen gebildeten Gremium wohl keine würdigeren geben mag, in welchen schließlich durch die einheitliche Entscheidung aller Karl gewählt wurde.[22] Damit war Deutschland von der Furcht vor schrecklichen Streitigkeiten und furchtbaren Kriegen befreit.

Bis zum heutigen Tage können sich viele noch daran erinnern, dass Friedrich sich bei diesen Debatten nicht nur durch seine Wachsamkeit, sondern auch durch Bescheidenheit auszeichnete sowie durch sein Beharren bei der besten Meinung, wobei er selbst von jeglichem Ehrgeiz und privaten Wünschen frei war und lediglich das Wohl des Reiches im Auge hatte. Und auch später, als Karl nach Deutschland gekommen war, um den Frieden und die Einheit unter den Fürsten herzustellen, hatte Friedrich große Mühen auf sich zu nehmen. Eben dadurch aber erlahmten allmählich auch seine Körperkräfte. Und in der Tat waren seine Krankheiten kein geringerer Beweis für seine Sorgen und inneren Unruhen. Denn wenn ihm auch schmerzhafte Nierensteine entfernt worden waren, so hatte er doch große Schmerzen in den Seitenweichen, weshalb die Ärzte auch, als sie später die Milz betrachteten, in dieser einen Stein, größer als eine Eichel, fanden.[23]

Wie aber seine letzten Jahre auf der einen Seite überschattet waren von Sorgen und Mühen wegen der Kirche und der vielen schwierigen Angelegenheiten des deutschen Reiches, so war auf der anderen Seite sein häusliches Leben voll von ehrwürdigen Beispielen. So befanden sich an seinem Hof ständig die wegen ihrer Weisheit und Tüchtigkeit berühmten Gelehrten Fabian von Feilitzsch, Friedrich Einsiedel, Johannes von Minckwitz und Brück, und häufig wurden auch Hieronymus Schurff und andere herbeigeholt, ein Rat also, der auch einem großen Königreich zur Ehre gereicht hätte. Mit diesen Männern führte er vertraute Gespräche über Glaubenspraxis und politisches Handeln voller Bildung und Klugheit und in sehr angenehmer Atmosphäre.

Doch neben seinen anderen großen Tugenden, also der Klugheit, die er durch Literatur und Gespräche mit Gelehrten noch steigerte, der Gerechtigkeit, der Wahrheitsliebe, dem Festhalten an richtigen Ansichten und der Wohltätigkeit, verfügte Friedrich auch noch über eine einzigartige Selbstbeherrschung und Freundlichkeit, wie man sie auch bei Laelius und Augustus[24] lobt.

Und gerade wie ein alter Dichter einmal über die Liebenswürdigkeit, die allen menschlichen Handlungen so wohl zu Gesichte steht, geschrieben hat, sie sei „die alles Menschliche schmückende Anmut"[25], so ließ auch Friedrich bei all seinen Gesprächen und Handlungen ebendiese Liebenswürdigkeit einfließen, die durch seine Bildung noch gesteigert wurde. Er hatte sich nämlich eine Zusammenfassung der Geschichte erstellen lassen, in welcher die

Abfolge aller Epochen und Herrschaften verzeichnet war, und diese hatte er stets bei sich, um auch in den schwierigsten Gesprächen Beispiele daraus zitieren zu können. Und häufig sagte er, dass er nicht nur um des Vergnügens willen in den Historien lese, sondern dass er daraus auch Rat zu vielen Angelegenheiten schöpfe, und dass die Kenntnis der Geschichte nicht allein für die Regierenden, sondern auch für alle übrigen Menschen notwendig sei.

Ja, ich selbst habe noch die von seiner eigenen Hand geschriebenen kleinen Zettelchen gesehen, die er an den Wänden befestigt hatte, damit sie ihm stets vor Augen stünden, wie zum Beispiel der Ausspruch Senecas über die Selbstherrschung: „Nichts ist groß, was nicht zugleich auch friedlich ist“[26], oder die Sentenz Plutarchs: „Wie die Sonne, wenn sie einmal den höchsten Stand erreicht hat, langsamer voranschreitet, so müssen auch auf dem Gipfel der Macht alle Dinge beständiger und mit größerer Mäßigung getan werden.“[27]

Friedrich wusste nämlich, dass dem Menschen nichts so naheliegt, wie zu träumen und zu irren. Und eben darum wollte er, dass zuallererst das Gesetz Gottes als Richtschnur an alle Entschlüsse angelegt werde, und danach erst die Stimmen anderer Gesetze, welche gemäß dem Urteil weiser Herrscher festgelegt worden sind. Diejenigen aber, die allzu heftig auf ihren eigenen Meinungen beharrten, waren ihm zuwider. Deshalb erfreute er sich auch sehr an dem folgenden Ausspruch, der dem Simonides zugeschrieben wird und den er zufällig in einer Schrift Plutarchs gelesen hatte: „Die bloße Meinung tut der Wahrheit Gewalt an.“[28]

Ebenso war er gebildet in der Lehre der Astronomie. Deren Grundbegriffe hatte er bei dem Arzt Mellerstadt gelernt, mit dem ihn deswegen von Kindheit an bis ins hohe Alter eine große Freundschaft verband und der ihn auch auf der Reise nach Palästina begleitet hatte.

Wie ihr wisst, war es für die alten Könige und Fürsten durchaus üblich, sich eingehend mit der Medizin zu befassen, wie wir es über Chiron, Achilles und Alexander wissen.[29] So erlernte auch Friedrich mit großem Eifer von den Gelehrten Mellerstadt und Pistoris alles Wissenswerte über die Ursprünge der Heilkunst, die

Ursachen von Krankheiten und ihre Heilmittel. Viele Versuche übernahm er dabei auch von Maximilian und dessen Ärzten. Eben deshalb bereitete er auch Jahr für Jahr viele Heilmittel von eigener Hand zu. Weil ihm bewusst war, dass es durchaus eines Fürsten würdig sei, für die Gesundheit der Menschen Sorge zu tragen, gab er diese freiwillig sowohl den Vornehmen wie auch den Nichtadeligen. Dabei kurierte er insbesondere geschwächte Glieder und Wunden mit großem Geschick, wofür ich wohl etliche aufsehenerregende Beispiele anführen könnte.

Als in seinen letzten Jahren aber in dieser Gegend die Heilige Schrift wieder mehr an Bedeutung gewann, verwandte er so viel an Zeit, wie er den Staatsgeschäften entziehen konnte, für die Lektüre frommer Bücher und Erzählungen, durch die er, wie er versicherte, gebildet und zur wahren Gottesverehrung angehalten werde. Dabei beklagte er häufig in freundschaftlichen Gesprächen die Finsternis der Kirche so eindringlich und beschrieb die Unterschiede der Lehren so treffend, dass offenbar wurde, wie intensiv er sich mit diesen Betrachtungen der wichtigsten Dinge befasste.

Weil er aber von Natur aus ernst und in der Rede zurückhaltend war und die Leitung der Staatsgeschäfte ihm zudem nur wenig Zeit übrigließ, erfreute er sich durchaus nicht an vorwitzigen und nutzlosen Gesprächen, bei denen sich viele, wie er wohl sah, nur darum bemühten, ihren Scharfsinn unter Beweis zu stellen. Stattdessen suchte er nach einer Lehre, die für das Leben nützlich sei. Diese versuchte er sowohl bei der Verehrung Gottes wie auch in seiner eigenen Lebensführung umzusetzen.

Er hatte veranlasst, dass in vortrefflichen Schriften ausgesuchte Themen für ihn dargestellt wurden, damit er sie immer wieder lesen konnte. Dies tat er in der Kirche, wo er in die Lektüre innige Gelübde und Stoßseufzer für sein eigenes Heil und das der ganzen Kirche wie auch für das Wohl seines Landes und des Reiches einstreute. Dieselben Schriften empfahl er auch seinem Bruder Johann und seinen Ratgebern.

Bei der Rechtsprechung war er, auch wenn ihm ungerechtfertigte Härte zuwider war, doch keineswegs nachgiebig. Insbesondere Straßenraub bestrafte er so streng, dass er Todesurteile auch über einige Männer verhängte, die aus adligen und reichen Familien stammten. Und keine Furcht, keine Gunst und keine Parteilichkeit konnten ihn jemals dazu bewegen, gegen die Gerechtigkeit zu handeln.

Streitigkeiten, die an seinen Hof getragen wurden, prüfte er mit großem Eifer und entschied sie weise, nachdem er die Sachlage mit Rechtsgelehrten besprochen hatte. Bei den Formulierungen der Vergleiche vermied er mit großer Sorgfalt doppeldeutige und hochtrabende Urteilssprüche, weil er der Ansicht war, dass aus solchen eher Streitigkeiten und Hass neu entstünden, als dass sie beseitigt würden.

Weil er von Natur aus in allen Dingen die Mäßigung liebte und Verschwendung hasste, hielt er mit Bedacht auch seinen Hofstaat klein. Gleichzeitig jedoch zeigte er sich wohltätig gegenüber armen und bedürftigen Menschen, wobei er freilich weder geizig noch verschwenderisch war, sondern weise darauf achtete, dass er den Bedürftigen tatsächlich half. So kontrollierte bei allen Angelegenheiten die Klugheit seine Herzensgüte, damit er weder aus Grobheit noch aus allzu großer Milde falsch handelte. Und in der Tat war seine ganze Regierung ein Beispiel für die Verwirklichung des folgenden Grundsatzes, welcher in der Antike sehr geschätzt wurde: „Güte gemischt mit Einsicht“[30], gerade so, wie man es von Arat, Augustus und anderen vergleichbaren Herrschern erzählt.[31]

Seinen Zorn unterdrückte er soweit wie möglich, und wenn er doch einmal die Flammen der Empörung in sich aufsteigen fühlte, so zog er sich in die Einsamkeit zurück und fällte keine Entscheidung, bis sich die Zorneswallungen wieder gelegt hatten. In diesem Zusammenhang zitierte er häufig das Sprichwort: „Der Zorn eines Mannes ist der Gerechtigkeit Gottes im Wege.“[32]

Gegen Rachegelüste war er schon durch seine Ehrfurcht vor Gott, ebenso durch seine Liebe zur öffentlichen Ruhe wie auch durch seine natürliche Herzensgüte gefeit. Dabei betonte er bisweilen, dass zu allen Zeiten Kriege häufig auf Grund von persönlichem Hass und aus blinder Rachsucht und somit ohne gerechtfertigte Gründe entstanden seien. Deshalb war er der Ansicht, dass man nicht selten private Kränkungen um des öffentlichen Friedens willen hinnehmen müsse. Deswegen lobte er auch Fabius[33] und zitierte den Ausspruch: „Niemals stand das Gerede ihm über dem Wohl für das Ganze.“[34]

Besonders zuwider aber war ihm Ruhmsucht, von der er sagte, sie sei nichts als Tollheit. Er wusste nämlich genau, wie schwierig sich auch die unbedeutendsten Regierungsgeschäfte gestalteten, wie groß die Schwankungen des menschlichen Geistes waren, wie überraschend die Wandlungen des Schicksals und wie wenig zuverlässig schließlich die Wünsche der Menschen, ohne deren Zusammenhalt keinerlei große Taten vollbracht werden können. Deswegen bekannte er sich zu dem Ausspruch: „Du hast ein Sparta empfangen, nun schmücke es aus!“[35], und ebenso lobte er Paulus, der nicht nur ein herausragender Verkünder des Evangeliums gewesen sei, sondern zugleich auch ein weiser Mahner, weil er nämlich die Bürger allgemein zur Wahrung der Ruhe angehalten habe und jeden Einzelnen dazu, sich auf seine eigenen Angelegenheiten zu konzentrieren.

Obgleich Friedrich nach der Wahl Karls noch fast sechs Jahre lebte, so wurde er doch häufig in dieser Zeit von gefährlichen Krankheiten befallen. Schon bald nach der Zusammenkunft in Frankfurt hatte er den ganzen Herbst hindurch so an einer schlimmen Krankheit zu leiden, dass man annahm, er habe sich vergiftet. Doch was auch immer die Ursache der Krankheit gewesen sein mochte: Das in seine Füße gesunkene Gift verzehrte ihn schließlich so sehr, dass die Haut von seinen Fußsohlen abplatzte und diese aussahen wie blutiges Fleisch. Unter wie großen Schmerzen er damals tatsächlich gelitten hat, mag man daraus ersehen, dass er selbst sagte, keinem seiner Feinde zürne er so sehr, dass er ihm die gleichen Qualen wünsche.[36] Endlich aber – auf welche Weise auch immer – war er doch wieder genesen, und sogleich folgten weitere Reisen und Verhandlungen über das Reich. Nachdem so sein Körper allmählich durch Arbeit, Sorge und Krankheit völlig geschwächt worden war, starb er schließlich an einem Steinleiden.[37] Weil aber sein Geist bis zum letzten Atemzug gesund war und durch den Glauben und das Gebet zu Jesus Christus, den Sohn unseres Herrn, gestärkt wurde, ertrug er diese Qualen mit

Gleichmut und schied, die ewige Kirche vor Augen, nicht ungern aus den Mühsalen des irdischen Lebens.

Vor seinem Tod aber hatte er Spalatin befohlen, in großen Buchstaben die folgenden Sätze niederzuschreiben: „Gott hat die Welt so sehr geliebt, dass er seinen einzigen Sohn gab“[38], ebenso: „Es ist der Wille des Vaters: Jeder, der an seinen Sohn glaubt, hat das ewige Leben“[39] usw. Diesen Sprüchen aber hatte Spalatin noch weitere hinzugefügt. Diese Seite ließ Friedrich so an einer Holztafel befestigen, dass er sie stets vor Augen hatte. Beständig bat er Gott wegen seines Sohnes um Vergebung seiner Sünden und fühlte, wie er durch das Vertrauen auf den Gottessohn innerlich gestärkt wurde. Und als er schließlich gemäß dem Evangelium die Absolution erteilt bekommen hatte und durch das Abendmahl gestärkt worden war, sprach er ein Bekenntnis voller Frömmigkeit. Er sagte: „Ich glaube von ganzem Herzen, dass die ewige Kirche von Gott um seines Sohnes willen unter den Menschen gesammelt wird und dass die Glieder der Kirche Gottes in Wahrheit alle diejenigen sind, die sich an die Stimme des Evangeliums halten und unseren Herrn Jesus Christus, Gottes Sohn, gemäß der Lehre, wie sie in den Schriften der Apostel und Propheten und in den Glaubensbekenntnissen festgelegt ist, anerkennen und die Gott im Vertrauen auf seinen Sohn anrufen. Diejenigen Ansichten aber, welche auch immer mit dem Evangelium und den Sakramenten im Widerstreit liegen, weise ich energisch zurück wie auch die Irrtümer in den Kirchen dieses Herrschaftsgebietes, an dessen Spitze du mich gestellt hast. Doch dir, ewiger Gott und Vater unseres Herrn Jesus Christus, der du dich uns mit größtem Wohlwollen eröffnet hast, der du – zusammen mit deinem Sohn, unserem Herrn Jesus Christus, und dem Heiligen Geist – Himmel und Erde, sowie das Menschengeschlecht und deine Kirche geschaffen hast, du weiser, gütiger, wahrhaftiger und gerechter, reiner, freier und barmherziger Richter, dir sage ich meinen Dank dafür, dass du dich dem Menschengeschlecht offenbart hast, dass du deinen Sohn geschickt und dir eine Kirche gegründet hast und dass du mich zur Gemeinschaft deiner Kirche berufen und schließlich mich und das Vaterland so milde beschützt hast. Und flehentlich bitte ich dich, dass du um deines Sohnes, unseres Herrn Jesus Christus, willen, den du nach deinem unergründlichen Rat als Mittler eingesetzt hast, mir alle meine Sünden vergibst und mich um seinetwillen durch den Heiligen Geist zum ewigen Leben bereitest. Dir vertraue ich mich selbst, die Kirche, meinen Bruder Johann und mein Land an. Ich vertraue darauf, dass diese meine Worte und meine Seufzer von dir erhört werden um des Sohnes willen, der sagte: ‚Um was auch immer ihr den Vater in meinem Namen bittet, das wird er euch geben!'[40] O Jesus Christus, Sohn Gottes, der du für uns am Kreuz gestorben und wieder auferstanden bist, du Mittler, der du gesagt hast: ‚Niemand wird meine Schafe aus meinen Händen rauben',[41] dir vertraue ich mich an, sprich du für mich beim ewigen Vater, sei du mein Schutz gegen seinen Zorn; steh du mir bei und heilige mich durch deinen Heiligen Geist! Und ich vertraue darauf, dass ich von dir erhört werde, weil du gesagt hast: ‚Kommet zu mir, alle die ihr mühselig und beladen seid; ich will euch erquicken.'"[42]

Nachdem er dieses Gebet mit heller Stimme einige Tage hindurch häufig im Beisein vieler berühmter Männer wiederholt hatte, erlöste Gott seine Seele endlich aus ihrer hinfällig gewordenen irdischen Hülle. Wenn nun Friedrich auch zahlreiche, hohe Tugenden besaß und seine Regierung für die Kirche und das Vaterland heilsam war und er selbst auch Gott in aufrichtigem Gebet verehrte und sich am Ende seines irdischen Lebens dem Sohne Gottes empfahl, so wollen wir doch zuallererst Gott selbst danken, dass er dieser Gegend einen so heilbringenden Fürsten schenkte und dass er dessen Herz zu wahrhaftiger Frömmigkeit entflammte. Und so wollen wir diese seine Tugenden bewundern und dankbar seine Mühen preisen, und Gottes Wille möge es sein, dass auch jenen, durch die er Wohltaten schenkt, Gnade gewährt wird.

Wenn auch jedem andere Beispiele gefallen und meine bescheidenen Kräfte nicht ausreichen, die herausragenden Vorbilder nachzuahmen, so gibt es doch viele Tugenden, die allen gemeinsam sein sollten und deren Betrachtung jedem einzelnen Menschen zu seinem eigenen Nutzen ans Herz zu legen ist. Dazu also sind nach göttlichem Willen die historischen Ereignisse aufgeschrieben worden, und gerade deshalb hält Gott zu allen Zeiten die traurigen und erfreulichen Schauspiele vor Augen, damit sie als Ermahnungen für die ganze Menschheit dienen. Und aus diesem Grunde sollten wir uns auch die Geschichte Friedrichs oft vergegenwärtigen.

Viele Dinge könnten nun an dieser Stelle auch über sein Testament[43] gesagt werden, in dem sich ebenfalls viele Zeichen seiner Weisheit, seiner Ehrfurcht vor Gott, der Liebe zu seinem Bruder und seines Verantwortungsgefühls gegenüber seinem Land erblicken lassen. Am Anfang seines Vermächtnisses zitiert er nämlich ein Bekenntnis, das übereinstimmt mit jener Anrufung, welche er vor seinem Tode häufig mit lauter Stimme wiederholt hatte, und er fügt noch ein weiteres Gebet hinzu. Im folgenden Abschnitt übergibt Friedrich seinem Bruder die Regierungsgeschäfte, wobei er ihm namentlich die Kirchen anvertraut und ihn ermahnt, dafür Sorge zu tragen, dass der Ruhm Gottes verherrlicht und das Volk auf rechte Weise belehrt werde. Dabei solle Johannes nicht daran zweifeln, dass der Sohn Gottes ebendiese Kirchen, in denen die Stimme des Evangeliums unverfälscht erklinge, immer schützen werde.

Ebenso verbietet Friedrich in seinem Testament ungebührliche Begräbniszeremonien in diesen Kirchen. Gleichzeitig aber befiehlt er, für bedürftige Menschen Sorge zu tragen, und gibt den Auftrag, ihnen anlässlich seines Begräbnisses eine gewisse Geldsumme sowie Kleidungsstücke zu geben. Zu diesen Gaben aber fügte er noch ohne jedes Aufheben ein weiteres nützliches Geschenk hinzu. Es hatte nämlich ein Jahr vor seinem Tod, genauer gesagt im Februar 1524, ein schreckliches Zusammentreffen aller Planeten im Zeichen der Fische gegeben, in dessen Folge überall die Flüsse über die Ufer getreten waren, die Äcker überflutet und die Ernten zerstört hatten. Friedrich aber hatte schon bei seinem Regierungsantritt um des öffentlichen Wohls willen große Kornspeicher anlegen lassen. Als es dem Volk an Getreide fehlte, befahl er, eine bestimmte Anzahl von Scheffeln daraus zu einem niedrigen Preis zu verkaufen. An die Bauern aber hatte er leihweise Getreide zur Ernährung ihrer Familien und für die neue Aussaat verteilen lassen unter der Bedingung, dass sie ihm nach der nächsten Ernte ebenso viel an Getreide zurückgäben. Ebendieses Getreide, an die drei- oder viertausend Scheffel, machte er nun testamentarisch denjenigen, die es leihweise erhalten hatten, zum Geschenk und verbot, dass es jemals zurückgefordert werde.

Durch solche Wohltaten hatte er auch schon vorher sein väterliches und ungeziertes Wohlwollen gegenüber den Seinen häufig zum Ausdruck gebracht. Dabei ging es ihm jedoch stets um den wahren Nutzen des Volkes, nicht darum, den Menschen wichtigtuerisch ein eitles Bild von Großzügigkeit vor Augen zu stellen, wie dies bei Schauspielen oder verschwenderischen Banketten häufig geschieht.

Ich habe diesen kurzen Bericht von Friedrichs Leben deshalb gegeben, weil das Wissen über die Taten von guten Herrschern sowie über ihr Denken in den wichtigsten Fragen für viele Menschen von Nutzen ist. Es mag aber auch als ein Zeichen der Dankbarkeit verstanden werden, sich an der Erinnerung an diejenigen verdienstvollen Männer zu erfreuen, deren Weisheit, Bescheidenheit, Güte und Liebe zum Vaterland uns auch in den Wirren unserer eigenen Zeiten noch dazu bewegen kann, häufiger über sie nachzudenken. Und gerade so, als hätte Friedrich ebendiese Schwierigkeiten vorausgeahnt, kam er in seinen letzten Jahren des Öfteren auf die begrenzten Zeiträume von Herrschaften zu sprechen, und seufzend beklagte er die Wankelmütigkeit der menschlichen Natur, die durch die Einwirkung des Schicksals ständigen Veränderungen unterworfen ist und durch große Tollheiten Strafen für viele Unschuldige heraufbeschwört. Und er wiederholte die Zeitenabfolge der bisherigen Geschichte, wobei er sagte, wie kurz oder lang die Zeitspanne einer jeden Regierung und Dynastie gewesen sei, und dass sich noch nirgendwo eine Herrschaftsform länger als fünfhundert Jahre behauptet habe.

So waren es beinahe fünfhundert Jahre vom Auszug aus Ägypten bis zu König Salomo und nahezu ebenso viele von der Regierung Salomos bis zur babylonischen Gefangenschaft, von dort aber nur ein wenig mehr bis zur endgültigen Zerstörung Jerusalems. Zu diesen Beispielen zog er als Vergleich noch die Veränderungen im Römischen Reich und die gegenwärtigen Reiche hinzu. Zur Zeit Otto III. sei das Deutsche Reich als das würdevollste und erhabenste unter den auserwählten Imperien errichtet worden und beinah zur selben Zeit seien auch das ungarische und das polnische Reich begründet worden, die sich bisher fünfhundert Jahre gehalten hätten. Friedrich sagte, er befürchte große Katastrophen, weil diese Reiche sich nun alle gemeinsam jener Zeitgrenze – den fünfhundert Jahren – näherten, und in diesem Zusammenhang zitierte er auch zuweilen den Vers: „Ach, welch nichtiger Anlass richtet Großes zu Grunde!“[44]

Doch habe er den Trost, dass er ohne jeglichen Zweifel glaube, dass es Gott gebe, dass dieser sich unter den Menschen wahrlich seine ewige Kirche erschaffe und dass er, damit es ihr nicht an Herbergen fehle, einige christliche Gemeinwesen bewahren werde. Und die Kirche Gottes, so versicherte er, sei ebenjener Zusammenschluss, in der die Stimme des Evangeliums unverfälscht erklinge.

Doch wenn er auch noch viele andere Zeugnisse anführte, die bestätigen, dass die Kirche auch in diesem irdischen Leben bis zur Auferstehung der Toten bestehen werde, so erfreute er sich doch besonders an dem kurzen Satz, der sich bei Jesaja findet: „Ich aber werde Euch auch im Greisenalter und in der Zeit der grauen Haare führen.“[45] Und zum Himmel aufblickend bat er Gott mit innigen Gebeten, die Kirche auch in diesem seinem Land und auch das Vaterland selbst zu erhalten und im Deutschen Reich keine türkische oder barbarische Verwüstung zuzulassen.

Diese Vorahnungen und Gebete Friedrichs wollen wir im Gedächtnis behalten. Gerade weil wir schon so viele Wunden spüren und uns offenbar noch größere Wirrnisse drohen, wollen auch wir Gott um eine Milderung des Unheils bitten und unablässig beten, dass auch wir in diesem kraftlosen und wahnwitzigen Greisenalter der Welt von dem Sohn Gottes, unserem Herrn Jesus Christus, getragen werden.

Hier endet meine Rede.

[1] Die von Melanchthon verfasste Rede über Kurfürst Johann den Beständigen war vom dem Juristen Laurentius Lindemann anlässlich einer Promotionsfeier am 9. Dezember 1550 gehalten worden. [2] C. Trebatius Testa stand als Jurist im Dienste des römischen Kaisers Augustus, mit dem ihn auch eine persönliche Freundschaft verband. Von Trebatius sind uns namentlich zwei Schriften (De religione und De bello civili) bekannt, mit denen er den Princeps bei dessen umfangreichem Reformprogramm unterstützte. Der aus Tyros in Phoinikien stammende Jurist Domitius Ulpianus avancierte als praefectus praetorio unter dem damals noch unmündigen Kaiser Alexander Severus, für den er sogar eine Zeit lang die Staatsgeschäfte führte, und später als dessen consiliarius, vorübergehend zum einflussreichsten Mann im Römischen Reich und führte in dieser Position diverse Reformen auf dem Gebiet des Rechtswesens durch. Jedoch wurde diesem segensreichen Tun Ulpians schon nach wenigen Monaten durch seine Ermordung durch die Prätorianer ein jähes Ende gesetzt. [3] Herzog Ernst heiratete Elisabeth von Bayern. [4] Nach einem Brief seiner Mutter an Herzog Wilhelm wurde Friedrich am 17. Juni 1463 kurz vor 13 Uhr im Torgauer Schloss geboren. [5] Hier irrt Melanchthon. Kurfürst Ernst starb am 26. August 1486 im Alter von 45 Jahren auf Schloss Colditz, nachdem er auf der Jagd in der Nähe von Schweinitz vom Pferd gestürzt war. [6] Die Wallfahrt Friedrichs nach Palästina ist auf das Frühjahr bis zum Herbst 1493 zu datieren. [7] Dieses Treffen mit dem Kaiser lässt sich nicht genau datieren. Da es jedoch auf der Hinreise Friedrichs ins Heilige Land stattfand, wird man es im März bzw. April 1493 anzusetzen haben. [8] Vgl. Homer, Odyssee 3, 375. [9] Kaiser Maximilian führte 1499 den „Schwaben- oder Schweizerkrieg". [10] Die bayerisch-pfälzische Fehde von 1504. [11] Der Ursprung dieses Verses konnte nicht ermittelt werden. [12] Die militärischen Auseinandersetzungen Maximilians 1508 mit dem Fernziel einer Kaiserkrönung in Rom gegen die Stadt Venedig. [13] Odysseus versuchte, sich durch Vortäuschen von Wahnsinn der Teilnahme am Trojanischen Krieg zu entziehen, wurde jedoch von dem aus Nauplia stammenden und wegen seiner Erfindungsgabe berühmten Palamedes entlarvt. Bald darauf fiel dieser einer von Odysseus aus Rachsucht oder Neid angezettelten Intrige zum Opfer. Das Schicksal des Palamedes galt als Musterbeispiel eines „Justizmordes". [14] Themistokles wurde von Leobotes aus innenpolitischen Gründen wegen angeblichen Hochverrats angeklagt und zum Exil verurteilt, so dass er gezwungen war, den Rest seines Lebens am Hofe seines ehemaligen Feindes, des Perserkönigs, zu verbringen. [15] Vgl. Pr 7,8. [16] Das griechische Pendant zu dem berühmten „audiatur et altera pars" (Seneca, Medea 2,2,199) bei Lukian: Calumniae non temere credendum 8 bzw. Hermotinus 30. [17] Plutarch, Alexander 42. [18] Die sächsischen Fürsten hatten mit dem unter dem Mainzer Erzbischof stehenden Erfurt einen Schutzvertrag abgeschlossen. [19] Nicht nachweisbar. [20] Erasmus von Rotterdam hatte dem Wittenberger Hof durch Briefe vom 17. Oktober 1518 bzw. dem 14. April 1519 frühzeitig seine grundsätzliche Übereinstimmung mit Luther in der Ablassfrage signalisiert. Zu dem persönlichen Treffen zwischen Friedrich und Erasmus kam es allerdings erst am 5. November 1520. [21] Dieser Ausspruch

des Erasmus von Rotterdam findet sich auch in den Erinnerungen Spalatins (Georg Spalatin: Annales Reformationis, Leipzig 1718, 29), der bei dem Treffen selbst als Dolmetscher zugegen war. [22] Die einstimmige Wahl Karls V. zum Deutschen König wurde am 28. Juni 1519 durch die Kurfürsten vom Lettner der St. Bartholomäuskirche in Frankfurt am Main herab dem Volk verkündet. [23] Steinleiden und Gicht, unter der Friedrich auch litt, gehörten damals zu den häufigsten Krankheiten. [24] Vgl. Cicero, Laelius de amicitia; Sueton, Augustus, 51–56.66. [25] Vgl. Dionysios von Halikarnassos, Antiquitates Romanae 8, 61. [26] Vgl. Seneca, De ira 1,21,4. [27] Die genaue Stelle im Werk Plutarchs lässt sich auf Grund einer eigenständigen Umformulierung des ursprünglich griechischen Textes ins Lateinische nicht ermitteln. [28] Vgl. Simonides frg. 2, 93. [29] Der Kentaure Chiron, Sohn des Kronos, der der Nymphe Philyra in Rossgestalt beigewohnt hatte, wurde in der griechischen Mythologie als Heilgott verehrt. Nach Homer weihte Chiron auch Achilles in die Heilkunst ein. Zum Interesse Alexanders des Großen an der Medizin, welches diesem durch seinen Erzieher, Aristoteles, vermittelt worden war: Plutarch, Alexander 8, 19. [30] Vgl. Stobaios, Anthologium 3,37,2,2. [31] Aratos von Sikyon befreite im Alter von 20 Jahren seine Heimatstadt von der Tyrannis und schloss sie dem achaiischen Bund an, in welchem er zwischen 245 und 213 16mal das Strategenamt bekleidete. Die Herrschaft des Augustus über das Römische Reich, zusammengefasst mit dem Begriff der „Pax Augusta", galt Zeitgenossen als ein Paradebeispiel der Kunst weiser und gütiger Staatslenkung. [32] Das Vorbild zu dieser Sentenz findet sich beinahe gleichlautend in Jak 1,20 (Vulgata). [33] Offenbar meint Melanchthon den römischen Feldherren Q. Fabius Maximus Verrucosus, bekannt unter seinem Beinamen „Cunctator" (der Zögerer). [34] Cicero, De officio 1, 84. [35] Anspielung auf das sparsam eingerichtete Sparta; angeblich an die Wand von Friedrichs Schlafzimmer geschrieben. [36] Ein fast acht Wochen anhaltender Gichtanfall, der jede Bewegung zu einer schmerzhaften Tortur werden ließ. [37] Friedrich starb am 5. Mai 1525 im Schloss Lochau (Annaburg). Bei der Sektion seines Körpers wurden drei verschieden große Steine in seiner Galle und ein die Harnwege blockierender Nierenstein gefunden. Zusätzlich hatten sich Milz und Leber krankhaft verändert. [38] Vgl. Joh 3,16. [39] Vgl. Joh 3,36. [40] Vgl. Joh 15,16 (ähnlich auch Joh 14,13–14); 16,23 bzw. 26. [41] Joh 10,27 f. [42] Vgl. Mt 11,28. [43] Insgesamt verfasste Friedrich drei Testamente, und zwar 1493, 1517 und 1525. Dabei lassen sich die für die großen historischen Entwicklungen der Reformationszeit bezeichnenden Unterschiede zwischen diesen gut erkennen. [44] Das vermutlich antike Vorbild zu dieser Sentenz lässt sich nicht ermitteln. [45] Vgl. Jes 46,4.

Lob Frankens

Encomium Franciae 1539

Melanchthons Lob Frankens ist ein typisches Beispiel einer akademischen Deklamation, d. h. eine jener Übungsreden, die seit 1523 wieder zum festen Bestandteil des Lehrbetriebes an der Universität Wittenberg und dann auch andernorts wurden. In den wöchentlichen Berichten an den kurfürstlichen Kanzler findet sich unter dem 9. November 1538 die Deklamation eines „Mattheus Francus" mit dem Titel „Vom Frankenland" verzeichnet. Dabei handelt es sich sicher um die dann im März 1539 bei Krafft Müller in Straßburg unter dem Titel „Encomium Franciae" erschienene Rede, als deren Autor „M. Irenaeus" angegeben wird. Sowohl „Mattheus Francus" als auch „M. Irenaeus" stehen für Melanchthons jüngeren Schüler und Freund Matthäus Friedrich aus Würzburg. Eine zeitgenössische handschriftliche Eintragung bezeugt auf einem Exemplar des Erstdruckes von 1539 Melanchthons Autorschaft. Seit 1541 findet sich das Lob Frankens in den einschlägigen Sammelausgaben der Reden Melanchthons. Es ist bereits im Erstdruck von 1539 zusammen mit einem einleitenden Brief erschienen, durch den Friedrich die vorliegende Rede dem einflussreichen Würzburger Kanoniker Daniel Stiebar von Buttenheim als Dank für erwiesene Gastfreundschaft bei einer Reise mit Joachim Camerarius widmet.

Schon der Titel weist darauf hin, dass es sich um einen Vertreter der bereits in der Antike entstandenen und auch im Mittelalter gepflegten Gattung des Städte- bzw. Länderlobes[1] handelt. Solches Lob konnte als epideiktische Rede oder Beschreibung oder auch in poetischer Form vorgetragen werden, wobei sich ebenfalls schon in der Antike verhältnismäßig feste Gattungsgesetze ausgebildet hatten, die vorgaben, welche Punkte angesprochen werden sollten. Dabei werden z. B. Ursprung und Geschichte, Erklärung des Namens, landschaftliche Beschaffenheit, Charakter und Tätigkeiten der Bevölkerung, berühmte Einwohner u. a. m. genannt.

Nach einer konventionellen Einleitung folgt eine sehr ausführliche Besprechung der Geschichte Frankens, die auch Ansätze zu historischer Kritik einschließt. Hierbei versteht Melanchthon unter der Geschichte

Frankens die des germanischen Stammes der Franken und ihrer Siedlungsgebiete. Die eigentliche Region Franken in Mittelalter und Neuzeit, die erst durch die sekundäre Ansiedlung fränkischer Bevölkerung seit dem 6. Jahrhundert ihren Namen erhalten hat, deutet Melanchthon als Rest des einst großen fränkischen Reiches. Erst in der zweiten Hälfte seiner Rede konzentriert er sich auf das heutige Franken und seine Bewohner, wobei Mainfranken bis zum heute hessischen Frankfurt den Schwerpunkt bildet. Ein Katalog von Landessöhnen, die in Wissenschaft und Literatur Bedeutendes geleistet haben, nimmt breiten Raum ein, bevor das „Lob Frankens" mit einem Epilog endet. Dieser Aufbau der Rede zeigt, dass Melanchthon sich der Tradition der Schulrhetorik und ihrer Regeln verpflichtet weiß, ohne jedoch sklavisch von ihr abzuhängen. Gerade der historische Schwerpunkt der Rede und der abschließende Katalog berühmter Franken mit ihren Humanistentugenden machen das Lob Frankens zu einem typischen Zeugnis des deutschen Humanismus.

Übersetzungsgrundlage: CR 11, 383–397.

Dem durch den Adel seiner Herkunft, Tugend und Würde hervorragenden Daniel Stibarus entbietet M. Irenaeus seinen Gruß.

Als ich neulich in Geschäften in meine Heimat gekommen war, wobei ich Joachim Camerarius, einen hervorragenden und Dir sehr zugetanen Mann, begleitete, wurde ich von Dir so liebenswürdig aufgenommen, dass ich tief in Deiner Schuld zu stehen glaubte. Weil ich deshalb wollte, dass es ein Zeichen meiner Anhänglichkeit an Dich gebe, meinte ich, gerade Dir die vorliegende kleine Rede vom Lobe Frankens widmen zu sollen. Ich glaubte, sie werde Dir darum nicht unwillkommen sein, weil ich weiß, dass Du diesen Übungen und literarischen Studien besonders gewogen bist.

Nichts aber ist für diese Deine Stellung und Deinen Rang, weil Du in der Leitung des Staates tätig bist, angemessener, als die geistige Beschäftigung der Bürger anzuregen und die Wissenschaften zu schützen und zu fördern. Auf Dich blickt die Jugend in der Heimat, und sie glaubt, dass Dein Einfluss den Studenten der Wissenschaften ein starker Hort ist. Denn Du weißt selbst am besten, welche Barbarei, eine wie große Öde auf die Nachwelt zukäme, wenn nicht Männer von Deiner Art, die sich durch Tugend und Autorität auszeichnen, den Wissenschaften Hilfe brächten. Deshalb schicke ich Dir also diese kleine Rede, um Dir zugleich die Schirmherrschaft über meine Studien anzuvertrauen. „Nichts ist einem jeglichen angenehmer", spricht Homer, „als seine Heimat"[2]; deswegen spendet jeder dem Preis seiner Heimat Beifall.

Aber weil eine so schlichte Rede der Erhabenheit des Gegenstandes in keiner Weise entspricht, werden vermutlich viele den Entschluss zu ihrer Veröffentlichung tadeln. Und ich will dies gar nicht voll Ehrgeiz verteidigen, sondern wünsche nur jenes, dass meine vorliegende Übung und die Ehrerbietung durch die Widmung Deinen Beifall finden. Lebe wohl.

Auch wenn ich fürchte, dass ich nicht bescheiden genug zu handeln scheine, weil ich mich vor diese hochgeehrte Versammlung durch und durch gelehrter Jünglinge führen lasse, obwohl ich weder hinsichtlich meiner wissenschaftlichen Bildung noch meiner Beredsamkeit so unterwiesen bin, dass ich etwas eurer Ohren Würdiges vorzubringen vermöchte, bitte ich euch dennoch, dass ihr nicht glaubt, ich hätte aus Vertrauen auf mein Talent diese Last auf mich genommen, sondern vielmehr aus Pflichttreue, weil ihr wisst, dass wir durch das Geheiß der Lehrer, dem sich zu widersetzen für uns schimpflich ist, genötigt werden, an diesem Ort aufzutreten.

Da aber ebendieser Brauch des Deklamierens uns die Möglichkeit gibt, über mannigfache Gegenstände zu sprechen, glaubte ich jedenfalls, weil mir durch das Geheiß der Lehrer diese Rolle übertragen worden ist, ich würde nicht unpassend handeln, wenn ich über Altertümer und Ruhm meiner Heimat, nämlich Frankens, einiges zusammenstellte.

Aber obgleich ich sah, dass die Geschichte unseres Volksstammes um vieles länger ist, als dass sie in einer einzigen Rede auseinandergesetzt werden könnte, wollte ich dennoch meine Mühe lieber darauf verwenden, das Lob meiner Heimat zusammenzustellen, als auf irgendeinen anderen Gegenstand, weil ich wusste, dass dieser ganze Brauch des Deklamierens zu dem Zweck von den Lehrenden eingeführt worden ist, dass der Geist der jungen Leute geübt und auf Größeres vorbereitet werde. Zum einen nämlich ist, glaube ich, niemand so gefühllos und hart, dass er nicht erkennt, dass jedes eifrige Bemühen um das Lob der Heimat eines guten Mannes höchst würdig ist, wie auch der Dichter sagt: „Und es ist eine fromme Mühe, die großen Taten des Vaterlandes zu berichten."[3] Ferner, da ja um vieler Vorteile willen mit höchstem Eifer die Geschichte anderer Länder erforscht wird, um wieviel mehr sollten wir uns bemühen, unsere eigene kennenzulernen. Denn diese ergreift unsere Herzen in höherem Grade, weil das Erbe des Ruhmes unserer Vorfahren, ebenso wie das von anderen Dingen, uns betrifft. In höherem Grade aber werden wir von unseren eigenen Gütern ergriffen als von fremden. Am allerwenigsten dürfen wir folglich die Beispiele aus unserer eigenen Geschichte vernachlässigen, zumal ja viele Fürsten der Franken sich in jeglicher Art von Tugend so hervorgetan haben, dass sie mit den herausragendsten Königen der Alten verglichen werden können. Auch deshalb ist es nützlich, die Angelegenheiten der Vorfahren zu kennen, weil in der gegenwärtigen Verfassung des Reiches vieles nach der neueren Geschichte beurteilt zu werden pflegt, in öffentlichen Rechts- und Religionsstreitigkeiten.

Aber zu Beginn bitte ich euch um Verzeihung, falls ich eurer Erwartung Genüge zu tun nicht imstande bin. Die Darlegung unserer Geschichte ist nämlich schwierig. Denn wenn ich über griechische oder römische Geschichte spräche, wieviel Mühe würden mir da höchst beredte und weise Schriftsteller abnehmen, weil ich von ihnen sowohl Inhalt wie Stil der Rede entlehnen könnte. Was unsere eigene Geschichte angeht, muss man die Inhalte von weit her, aus verschiedenen, kunstlosen Autoren zusammensuchen. Dann muss ich noch bei der Stilisierung Schweiß vergießen; denn ihnen fehlt der literarische Glanz, und meist ist Achtbares in unwürdiger Weise durch die Geschmacklosigkeit der Autoren entehrt.

Weil ich diese Schwierigkeiten vorhersah, überlegte ich lange bei mir, ob ich dieses Thema zu Ende bringen sollte; aber die Liebe zur Heimat hat gesiegt und mich dazu gebracht, Folgendes, wie auch immer es beschaffen sein mag, zusammenzustellen. Und ich tat es umso lieber, weil ich spürte, dass ich ein wundersames Vergnügen aus der Behandlung dieses Gegenstandes und dem Nachdenken über die Tugend unserer Vorfahren zog; wenn ich bedenke, wie weit sich die deutschen Fürsten unseres Zeitalters von dieser entfernt haben, kann ich nicht umhin, das Unglück unserer Zeit zu beklagen. Denn ihre Vorfahren haben nicht nur durch Machtmittel, die unserem Zeitalter nicht fehlen, sondern vielmehr durch Edelmut, überlegtes Planen und Eintracht die Grenzen des Reiches ausgedehnt, barbarische Völker bezwungen und so ganz Europa befriedet. Sie haben den Frieden durch Gesetze, Bildung und Religion befestigt und gefördert, und so groß war die Bewunderung für ihre Weisheit, Gerechtigkeit und Tapferkeit, dass fremde Völker keinen anderen Königen ihr Heil anvertrauen wollten als unseren. Aus diesem Grunde übertrug Italien den berühmten Augustus-Titel für den obersten Herrscher von den Griechen auf die Unsrigen. Es wollte, dass diese die Leiter in der allgemeinen Versammlung aller Könige und die vornehmlichen Hüter nicht nur aller Königreiche, sondern auch der Kirche seien. Was kann irgendwelchen Königen Rühmlicheres zuteil werden als diese Einschätzung? Diese Ehre verteidigen wir jetzt so schwach, dass wir nicht nur nach außen den früheren Besitzstand des Reiches nicht behaupten, sondern sogar die Türken in Deutschland und unter unseren Augen ungestraft Raubzüge unternehmen lassen. Unterdessen geben sich die meisten entweder aus Trägheit Vergnügungen hin oder richten ihre Pläne, behindert durch ihre persönlichen Leidenschaften, nicht nach dem Gemeinwohl aus, was für Fürsten und Helden die größte Schmach bedeutet. – Diese Klagen hat mir der Schmerz abgenötigt, auch wenn ich wusste, dass sie nicht zum Beginn einer Rede passen.

Weil es sich aber schickt, dass wir Deutsche echte Brüder[4] und in gegenseitiger Liebe verbunden sind, hoffe ich, dass auch euch das Lob Frankens nicht unwillkommen sein wird; denn dieser

Stamm gereicht dem gemeinsamen deutschen Namen zu großer Ehre und hat vieles vollbracht, wodurch er das Ansehen Deutschlands gehoben hat. Und ebenso werde ich die Unsrigen in ihrem Lobpreis in der Weise verherrlichen, dass ich keineswegs fremdem Ruhm Abbruch tue, sondern vielmehr vom Lobpreis Frankens einiges auf andere Stämme übertragen werde.

Ich für meine Person habe nicht viel gegen die Bestrebungen derer einzuwenden, die unbekannte Ursprünge auf hochberühmte Helden zurückführen oder sogar auf eine Art von himmlischem Walten, wie sie es selbst nennen. Denn die Nachwelt mag um der Heimatliebe willen glauben, die Königreiche seien durch göttliche Fügung begründet, und so mit größerer Sorgfalt die von den Vorfahren überkommenen Gesetze bewahren und denken, dass auch die Könige selbst, weil angeblich von göttlichem Stamme, eine gewisse Art von Göttlichkeit besäßen. Denn ich bin auch selbst der Ansicht, dass die Königreiche durch göttliche Fügung begründet werden und dass noch kein Volk oder König ohne himmlischen Anstoß und Inspiration Staaten gegründet, durch Gesetze und Verfassung befestigt und für das Wohl der Nachwelt segensreich Vorsorge getroffen hat. Dies sind nämlich himmlische Wohltaten, welche Gott durch die vortrefflichsten Helden dem Menschengeschlecht zuteil werden lässt, wie sowohl die Heilige Schrift lehrt als auch die weisesten Philosophen bekennen. So waren die Spartaner, weil sie Könige hatten, die von Hercules abstammten, sorgsam darauf bedacht, dass diesen niemand nachfolgte, der aus einem anderen Geschlecht hervorgegangen war. Hercules war auch der Ahnherr des makedonischen Königsgeschlechtes. Aber ich übergehe die Beispiele aus der Geschichte, die unzählbar sind.

Weil aber die Franken so großen Erfolg hatten und in Gallien ein Königreich gegründet haben, das durch seine Gesetze und Einrichtungen alle Reiche der ganzen Welt bei weitem übertrifft, und es heutzutage kein anderes Königreich gibt, das älter ist, keines, wo derselbe Stamm den Besitz seiner Herrschaft und gleichsam den Thron seiner Ahnen länger behauptete: Was sollten wir daran zweifeln, dass dieser Stamm durch göttliche Fügung aufgestiegen und durch Heldentugend und Erfolg um so zahlreiche Nachkommenschaft vermehrt worden ist? Auf Grund dieser Überlegung haben, glaube ich, manche Leute den Ursprung der Franken auf Hektor zurückgeführt.[5] Aber diese Legenden wollen wir übergehen, eines jedoch festhalten: Gott hat dieses Volk herrlich geführt, als es seine Herrschaft errichtete und große Taten vollbrachte; und in diesem Volk sind immer wieder Helden aufgetreten, deren Tugend und glücklicher Erfolg einzigartig waren. Heldische Naturen sind aber der Ursprung echten Adels.

Wenn das Vaterland überhaupt eine gewisse Empfehlung mit sich bringt, so sollt ihr wissen, dass die ältesten Franken in Germanien kein fremder, sondern ein echt germanischer Stamm sind. Es gibt aber gewisse charakteristische Gaben, wie bei anderen Völkern, so auch bei den Germanen. Man glaubt, sie seien freimütig, edel, redlichkeits- und wahrheitsliebend, charakterfest, hielten ihre Versprechen, seien ehrerbietig gegen Heiliges; sie zeichnen sich durch Tapferkeit aus und haben ihre Freude vor allem am Kriegsruhm, verabscheuen Grausamkeit und schändliche Leidenschaften.[6] Wenn es also einen bestimmten Vorzug gibt, den das Volk der Germanen gemeinsam hat, trüge schon ihr Vaterland den Franken einigen Ruhm ein. So ähnlich waren sie nämlich den anderen Germanen, dass auch sie durch bestimmte Tugenden die übrigen Völker übertrafen.

Aber in welcher Gegend sie ursprünglich saßen, muss jetzt ausgeführt werden. Wie nun aber bei einem Prozess um die Ziehung von Grenzen der Streit durch richterliche Zuerkennung beigelegt wird, wenn unzweifelhafte Grenzen nicht aufgezeigt werden können, so schreiben die meisten den Stammsitz von Völkern, wenn ihre Herkunft unbekannt ist, der Gegend zu, wo diese Völker durch ihre Taten größere Berühmtheit erlangt haben. Bekanntlich streiften die Franken nach Beginn des Krieges gegen die Römer weithin in Niedergermanien umher. Deshalb hat man ihnen Wohnsitze in der Nachbarschaft der Sigambrer und Chauken, d. h. der Gelderländer und Friesen, zugeschrieben. Und so sollen sie zur Zeit Konstantins Batavien besetzt, Seeräuberei auf dem Meer getrieben und weit und breit die Küsten Galliens verheert haben. Aber sie scheinen mir später ganz in die Nähe Belgiens herabgezogen zu sein, und ich stimme denen beinahe zu, die ihnen einen festen Wohnsitz am germanischen Rheinufer südlich von Köln in dem Gebiete zuweisen, das die Chatten besaßen, sei dieses Hessen oder auch das südlich angrenzende Gebiet, wie aus Ptolemaios hervorgeht,[7] welches jetzt den Namen Franken trägt. Von dort dehnten sie die Grenzen ihres Reiches aus und besetzten dann zum Teil das Ufer des Mains, zum Teil überschwemmten sie das Gebiet der Ubier und Belgien, von wo sie, häufig zurückgetrieben von den römischen Kaisern, endlich dennoch nach Gallien vorstießen. Denn als erster Kaiser stieß Aurelian mit den Franken bei Mainz zusammen, als sie sich noch nicht weit von ihrem Ursprungsland entfernt hatten.[8] Deshalb ist es glaubhaft, dass die Franken ursprünglich in einer nicht weit von Mainz entfernten Gegend saßen. Danach zogen sie in der Gegend von Köln weit umher, drangen in Westfalen ein. Daher verbindet Marcellinus mit den Franken die Chamaven,[9] die bekanntlich ein Teil der Westfalen gewesen sind.

Aus Ausonius geht hervor, dass diese Stämme nicht fern voneinander siedelten, wenn er sagt:

> „Anrücken werden Gewalten, vor denen Chamaven und Franken
> Und auch Germanen erzittern: Dann bist du die richtige Grenze."[10]

Nachdem sie von dort vorgerückt waren, geboten sie über die Völker bis zur Elbe. Deshalb sagt Claudian:

> „Jenseits des Flusses lässt weiden ganz ohne Empören des Chauken
> Längst der Belger sein Vieh, und gallische Rinder durchstreifen
> Nach dem Gang durch die Elbe weithin die Berge der Franken."[11]

Auch Julian stieß mit den Franken bei Jülich zusammen.[12] Deshalb schreiben wir diesem Stamm einen Wohnsitz südlich der Ubier zu, sei es im Gebiet der Chatten, sei es in deren Nachbarschaft. Danach zog er nördlich von Köln weit herum. Ein Teil der Franken hieß Salinger; das ist ein jüngerer Name für diejenigen, welche vom Main zu den Saalequellen vorrückten, darauf in Thüringen eindrangen und mit den Thüringern lange Kriege führten. Denn Ptolemaios setzt die Tyriohemer[13] in der Gegend der Saale an. Dass diese Thüringer sind, bezeugt schon allein ihr Name.

Des Weiteren scheint ihr Name nicht der für einen einzigen Stamm gewesen zu sein, sondern für viele, die sich verbanden, um die Freiheit Germaniens zu verteidigen: Denn heutzutage bezeichnet man bekanntlich als Franken einen Freien,[14] von unserem Ausdruck „die freien ancken", d. h. freie junge Männer, so wie wir heute die Soldaten „freie knecht" nennen. Mögen sie nun ein einziger Stamm gewesen sein oder die besten Krieger aus vielen Völkern, so ist doch offenbar, dass sie die Begründer der Freiheit waren, in der Nähe des Rheins und der Ubier, und Leute von hervorragender Tapferkeit und Gerechtigkeit, die das Römische Reich, welches zu jenen Zeiten ansonsten Ruhe hatte und vom ganzen Erdkreis gefürchtet wurde, mit Waffen zu reizen wagten. Und obwohl sie so oft zurückgeschlagen wurden, wichen sie dennoch niemals mit gebrochenem Mut dem Glück und der Tapferkeit der Kaiser. Kein Volk hat mit vortrefflicheren Kaisern gekämpft als die Franken. Denn welches Zeitalter hatte streitbarere Führer, als es Aurelian, Probus, Diokletian, Maximian, Konstantius und Konstantin gewesen sind?[15] Andere Provinzen, die sich im Aufruhr befanden, wurden durch deren Tapferkeit und Erfolg ohne Schwierigkeit wieder zur Pflicht gerufen; die Franken dagegen, auch wenn sie besiegt waren, haben sich niemals das Sklavenjoch gefallen lassen, haben niemals ihre Waffen abgegeben. So groß war ihre Vaterlandsliebe, so stark ihr Hass auf die Knechtschaft.

Wie groß die Tapferkeit unserer Vorfahren also war, kann man unstreitig daraus entnehmen: Ebenso wie die Römer gegen die Karthager mit wechselndem Erfolg ungefähr vierzig Jahre lang, aber mit Unterbrechungen, um die Vorherrschaft kämpften,[16] so haben auch die Franken die Römer, als diese schon die Herren des ganzen Erdkreises waren, mit Waffengewalt mehr als hundert Jahre lang in Atem gehalten, von Aurelian bis zu Theodosius, so lange bis sie nicht nur ihre Freiheit wiedergewannen, sondern auch sich des belgischen und keltischen Galliens bemächtigten und dann nach dem Tod des Theodosius dort eine Herrschaft zu errichten begannen. Und es bedeutete keine geringere Schwierigkeit, den Besitz dieser Teile Galliens gegen die Begehrlichkeit wilder Völker – Burgunder, Alemannen und Hunnen – zu verteidigen, als es zuvor bedeutet hatte, dieses Gebiet den Römern zu entreißen. Deshalb hätten sie, wenn sie sich nicht durch Tapferkeit, Erfahrung im Militärwesen, Geduld bei Strapazen, schließlich auch durch Gerechtigkeit und Manneszucht ausgezeichnet hätten, so schwere Kämpfe in so vielen Jahren nicht bestehen können.

Ich habe diejenige Ansicht vom Ursprung der Franken und der Entstehung des fränkischen Königreiches wiedergegeben, die bei den Gebildeten die meiste Zustimmung findet. Weil sie aber nicht nur in Belgien eingedrungen, sondern auch von Mainz vorgerückt waren und so die benachbarten Ufergebiete des Mains besetzt hatten, war diese Gegend der eigentliche Wohnsitz der Franken in Obergermanien, die sie gegen die Alemannen, welche Schwaben und das Gebiet der Helvetier besaßen, nicht ohne sehr heftige Kämpfe behaupteten. Deshalb trägt jene bekannte Burg der Franken, die den Alemannen gegenüberliegt, heute noch den Namen Frankens.[17] Dies ist der Grund, warum das Gebiet am Main auch jetzt noch Franken heißt.

Aber Aventinus leugnet, dass die Franken am Main Neusiedler gewesen sind, und vertritt die Meinung, sie seien die ersten Ahnherren ihres Stammes. Ihr Gebiet sei die wahre Heimat des Stammes der Franken,[18] weil Strabon die „Brenchoi" zwischen Norikern und Vindelikern lokalisiert, wo auch nach dem Zeugnis des Sueton „Brenci" ansässig gewesen sind.[19] Von dort sind sie, wie er glaubt, ein wenig vorgerückt bis zu den Ufern des Mains und dann in den Kriegen gegen die Römer nach Belgien verschleppt worden. Diese Ansicht lasse ich gern gelten und will unseren Mitbürgern durchaus die Ehre erweisen, sie für Ureinwohner[20] zu halten und nicht für Kolonisten aus anderen Stämmen. Aventinus behauptet sogar, bei Ptolemaios[21] sei für „Brenni", die er zwischen Norikum und Vindelizien ansiedelt, „Brenchoi" zu lesen.[22]

Man beruft sich auch auf Parthenios, einen Autor aus alter Zeit, der sagt, die Franken seien ein Alpenvolk.[23] Aber größerer Ruhm gründet auf der Tugend als auf der Herkunft. Weil also die

Geschichte zeigt, dass die Tugend des Stammes der Franken herausragend war, wollen wir mit diesem Ruhm zufrieden sein und nun einmal davon ablassen, über den Ursprung dieses Stammes Untersuchungen anzustellen.

Nachdem sie Gallien erobert hatten, schlossen sie mit den Römern unter Justinian[24] einen Bündnisvertrag, weshalb sie das Land nicht nur nach Kriegsrecht, sondern auch auf Grund eines Vertrages besitzen. Und durch ihre Tapferkeit und Treue brachten sie es fertig, dass die Römer das Bündnis mit den Franken nicht gereute. Denn Attila wurde durch den Einsatz fränkischer Hilfstruppen in einer ungeheuren Schlacht besiegt[25] und aus der Provinz Gallia Narbonensis verjagt, die der kaiserliche Feldherr Aetius noch hielt. Die Geschichtsschreibung also bezeugt, dass die Franken damals Bundesgenossen des Römischen Reiches, nicht tributpflichtige Vasallen waren.

Zum Ruhm der alten Franken tritt auch dies noch hinzu: Sie nahmen die christliche Religion voll Eifer an und übten sie mit großer Frömmigkeit aus, nachdem sie die christliche Lehre von der rechten Verehrung Gottes gehört und durch die Unterweisung erkannt hatten, dass barbarische Kulte und Götzendienst voll von gräulichem Frevel sind. Sie wurden aber nicht ohne himmlische Wunderzeichen zum Glauben gerufen; denn Chlodwig, der als erster ihrer Könige das Christentum annahm, soll durch folgendes Wunderzeichen darin bestärkt worden sein.[26] Er hatte eine christliche Ehefrau. Sie ermunterte ihn eifrig zur Erkenntnis des wahren Gottes und erklärte, dass es für einen König nichts Tugendhafteres gebe, als in wahrer Frömmigkeit Gott zu verehren. Auch wenn sie an sein Herz rührte, konnte sie ihn dennoch nicht sogleich dazu bewegen, dass er sich taufen ließ. Chlodwig aber führte einen sehr mühsamen Krieg gegen die Alemannen, und als in der Entscheidungsschlacht, die südlich von Köln stattfand, die Schlachtreihe der Franken in Unordnung geriet und wankte, schien der Sieg den Alemannen zuzufallen. Da hob Chlodwig vor den Augen des Heeres seinen Schild zum Himmel, rief Christus an, bekannte Gott und betete, er möchte zeigen, dass er diejenigen erhört, die ihn anrufen, und die Feinde zu Boden werfen. Und er legte das Gelübde ab, sich und sein Heer sofort nach Erlangung des Sieges taufen zu lassen. Darauf rief er die Fliehenden zurück. Also bezeugte Christus, dass er denen hilft, die zu ihm um Hilfe flehen, und stärkte den Soldaten wieder den Mut; und nachdem der Kampf von neuem entbrannt war, erlitten die Alemannen eine so schwere Niederlage, dass sie sich unterwarfen und begannen, den Franken Untertan zu sein. Dies war der Anfang des christlichen Glaubens bei den fränkischen Königen, ungefähr um das Jahr 470 n. Chr.[27] Daran jedenfalls haben sie sodann mehr als tausend Jahre lang mit so großer Beharrlichkeit festgehalten, dass sie der christlichen Kirche im Wechsel der Zeitläufte häufig ein starker Schutz waren, und deshalb wurden sie „allerchristlichste Könige“ genannt. Aber nicht nur mit Waffen haben sie den Glauben verteidigt, sondern ihn noch mehr durch Schulen und Verbreitung der Wissenschaften in Gallien und Germanien gefördert.

Soweit habe ich von den Anfängen des fränkischen Reiches und gewissermaßen seiner ersten Periode gesprochen. In der folgenden haben sie hierauf den erworbenen Besitz nicht nur bewahrt, sondern sogar vermehrt, und nicht nur ihre Macht wuchs, sondern es trat auch das bedeutendere Bemühen um zivile Gegenstände wie Theologie, Philosophie, Recht und Ordnung hinzu. Während sie deshalb ohne Mühe durch Gerechtigkeit und Milde den inneren Frieden des Reiches bewahrten, führten sie nach außen die zur gemeinsamen Verteidigung Europas notwendigen Kriege. Karl Martell schlug die Sarazenen dadurch, dass er eine riesige Menge von ihnen vernichtete, so weit zurück, dass sie damals einen Teil Spaniens verloren.[28] Pippin brachte Italien den Frieden und errichtete in Paris einen Gerichtshof, der „Parlement“ heißt;[29] es gibt kein weiseres und besser organisiertes Gericht auf der ganzen Welt. Karl der Große, der von diesen vortrefflichen Männern stammte, vermehrte den Ruhm seines Großvaters und seines Vaters noch. Denn er befriedete Italien nicht nur mit Waffengewalt, sondern gab nach dem Sieg über die Langobarden diesen auch Rechte und Gesetze, damit Italien künftig Ruhe habe.

Weil somit deutlich wurde, dass die fränkischen Könige sowohl durch die Größe ihres Reiches als auch durch ihre Tapferkeit alle übrigen Könige in Europa übertrafen, und weil ganz Europa und besonders Italien, aus dessen Besitz die Griechen von den Langobarden verdrängt worden waren, eines Hüters des allgemeinen Friedens bedurfte, rief die römische Kirche aus gutem Grunde Karl zum Kaiser aus, um ihm die Verteidigung Italiens und der Kirche anzuvertrauen. Welch klarerer Beweis aber lässt sich für die Tugend der Franken erbringen als das Urteil fremder Völker, die nicht nur Hilfe von den Franken erbaten, sondern auch glaubten, unter deren Herrschaft ihre eigene Freiheit erhalten zu können? Daher müssen die Unsrigen im Ruf großer Gerechtigkeit gestanden haben. Vermutlich ist jenes griechische Sprichwort „Den Franken habe zum Freund, aber nicht zum Nachbarn!“[30] nicht ohne Witz gesagt. Denn die Griechen fürchteten die wachsende Macht der Franken. Aber dennoch weigerte sich Italien keineswegs, die Franken nicht nur zum Freund und Nachbarn, sondern wegen ihrer Tapferkeit und gerechten Herrschaft auch zum Herrn zu haben.

Wie Karl aber an Kriegsruhm den bedeutendsten Feldherrn gleichkam, so glich er durch sein Verhalten im Frieden den besten Kaisern. Er stellte die Universität von Bologna, die vormals von Theodosius begründet worden war, wieder her und errichtete selbst zwei weitere neu, zum einen in Italien die Universität von Pavia, zum anderen in Gallien die von Paris, um das schon fast erloschene Studium der Künste und Wissenschaften wieder anzuregen und durch Gelehrsamkeit Religion und Staat zu schützen und zu fördern.[31] Es ist aber offensichtlich, wie hervorragend er sich um den ganzen Erdkreis durch die Einrichtung dieser Schulen verdient gemacht hat, durch deren besonderes Bemühen schon 700 Jahre lang die Wissenschaften erhalten worden sind. Darin liegt der wahre Ruhm eines vortrefflichen Herrschers, den Frieden wiederherzustellen und Religion, Gerechtigkeit und Bildung zu schützen, zu fördern und an die Nachwelt weiterzugeben. Wie weit von diesem Ideal sind jene Heere entfernt, die in diesen unseren Jahren Italien durch schreckliche Verwüstung zerfleischt haben[32] und Kriege nicht mit dem Ziel führen, um danach religiöse Einrichtungen und wissenschaftliche Bestrebungen anzuregen, sondern um ewige Barbarei und Öde zu hinterlassen! Wieviel glücklicher war da die Herrschaft der Franken, die für das Wohl aller Völker Sorge getragen und es unternommen haben, Religion und Wissenschaften mit großer Sorgfalt voranzubringen.

Es folgt die dritte Periode der Franken, als Gallien von Germanien losgerissen wurde.[33] Nach dieser Zeit gab es dennoch Herzöge der Franken in Deutschland, die die angestammten Wohnsitze der Franken an beiden Mainufern und in einem großen Teil des Rheinlandes besaßen. Denn unser Franken war früher bedeutend größer, nun bildet es nur ungefähr die Form einer Treppe, deren Nordseite sich in ost-westlicher Richtung von den Saalequellen bis zur Mündung des Mains in den Rhein erstreckt. Die Südseite verläuft von der Mainmündung zur Altmühl und wird im Süden größtenteils von einem Waldgebiet umgeben, das nach seiner Öde benannt wird.[34] Die Ostseite erstreckt sich von der Altmühl zu den Saalequellen entlang den Sudeten. Es liegt aber nicht weit entfernt von seinen Nachbarn aus alter Zeit, die Strabon erwähnt hat.[35] Denn auch heute noch berührt es im Süden das Gebiet der Vindeliker und grenzt ungefähr im Osten an Norikum. Seine Hauptorte liegen am Main, nämlich Bamberg, Würzburg und Frankfurt. Dieser Landstrich am Mainufer bewahrt auch heute noch den Namen Franken. Früher hieß ein Gutteil der Ufer des Rheins von Speyer bis Köln „Herzogtum Franken“[36]. In Mainz ist nämlich einer von den ältesten Herzögen mit Namen Meingos[37] begraben, und Konrad, der den Dom von Speyer erbaut hat, besaß nicht weit von Speyer entfernt eine Pfalz zu Limburg.[38]

Aber auch diese dritte Periode der Franken brachte hochberühmte Kaiser hervor: Heinrich von Bamberg, der Belgien wiedererlangte und die Sarazenen aus Italien vertrieb; Konrad holte darauf Burgund und den Teil des Reiches zurück, der Arelat heißt, und besiegte die Ungarn.[39] Seine Nachfolger wurden durch die Ränke der Bischöfe von Rom in Bürgerkriege verwickelt,[40] vollbrachten aber dennoch herrliche Taten. Heinrich IV. soll öfter in offener Schlacht gefochten haben als Caesar.

Als später das Herzogshaus ausgestorben war, übertrugen unser Adel und die Städte, um weder fremde Herren hinnehmen zu müssen, noch die eigene Freiheit zu verlieren, die Oberherrschaft größtenteils auf die Bischöfe. Deren Herrschaft war lange Zeit ziemlich gerecht und der Freiheit weniger abträglich. Ein Teil des Gebietes begann auch den Burggrafen von Nürnberg untertan zu sein, wohl ebenso der Herkunft dieses Geschlechtes wie seiner Tüchtigkeit wegen. Denn die Burggrafen stammten von den Welfen ab.[41] Im Vergleich zu ihnen ist kaum ein Adelsgeschlecht in Deutschland älter, und ihre Tüchtigkeit kam ihrem Adel gleich. Ich könnte nämlich viele von ihnen anführen, die herrliche Taten vollbracht haben, aber ich übergehe die Übrigen. Doch Albrechts Tapferkeit und Erfolg war so groß, dass man ihn mit dem Beinamen „deutscher Achill" feiert.

Aber in unseren Leuten ist das Streben nach Tüchtigkeit keineswegs erloschen, auch wenn das Schicksal die Herrschaft über Europa auf andere Stämme übertragen hat. Denn die fränkische Ritterschaft steht an Erfahrung im Kriegswesen, Disziplin, Tapferkeit und Bewaffnung den übrigen deutschen Stämmen, die durch ihre Ritter stark sind, in nichts nach. In den Städten aber gründen die Gerichte auf Gesetz und Recht, das Volk selbst liebt von Natur aus Aufrichtigkeit, Treue, Gerechtigkeit und Edelmut, besonders aber pflegt es sich durch häusliche und öffentliche Zucht an Tüchtigkeit und alle Pflichten wahrer Menschlichkeit zu gewöhnen. Und weil die Herzen gänzlich ohne Falsch sind, dürfte man anderwärts kaum festere Freundschaften finden.

Wenn aber auch angesichts der so tiefen Verkommenheit der öffentlichen Moral allenthalben Laster grassieren, so hält doch, wo die Trägheit geringer ist, die Gewöhnung an Arbeit und Mühe viele Laster im Zaum und härtet die Menschen ab, so dass sie weniger nach verbotenen Lüsten und Luxus verlangen. Beide Mainufer sind aber ungemein fruchtbar und wohlbestellt, weshalb sich die Franken intensiv dem Ackerbau widmen. Von dieser Arbeit abgehärtet, verachten sie den Luxus, und größtenteils ist es so, wie es der Dichter formuliert: „Unsere Jugend ist geduldig in Mühen und nur an weniges gewöhnt."[42] Einige treiben auch Großhandel, aber häufiger Handel für den häuslichen Bedarf, der für das Leben notwendig und der Würde des Menschen angemessen ist. Denn was ist löblicher und für das Leben nützlicher, als dass Menschen durch den gegenseitigen Austausch notwendiger Güter miteinander in enge Verbindung treten? Eine Menge derartiger Güter gewährt uns die Fruchtbarkeit des Bodens, der so viel Getreide hervorbringt, dass wir auch unseren Nachbarn einen Anteil zukommen lassen. Wein wächst reichlich bei uns, weshalb er weithin in ferne Gegenden ausgeführt wird. Für ihn bringen die Unseren Salz und Metalle zurück. Obgleich man auch bei uns zuweilen auf Gold- und Silberadern stößt, beuten die Unseren sie dennoch nicht aus,[43] weil sie sich mit der Landwirtschaft begnügen. Nur Eisen schürfen und verhütten sie, weil es für die Bedürfnisse des Lebens eher notwendig ist und in unserer Gegend in beträchtlicher Menge vorkommt. Die äußersten Randgebiete sind rauher, deshalb ernähren sich ihre Bewohner meistenorts von der Viehzucht.

Nürnberg aber – ich glaube nämlich, dass auch diese Stadt mit Fug und Recht zu Franken gezählt wird[44] – steht in voller Blüte, sowohl wegen der Vielzahl seiner hervorragenden Künstler, als besonders durch den Großhandel, der aber dem Handel für den häuslichen Bedarf nicht unähnlich ist; denn es führt die Werke der Künstler aus, und ohne diesen Handel stünden den Künstlerwerkstätten die Mittel nicht hinreichend zu Gebote. Deshalb wurde auch diese Art Großhandel von Platon gutgeheißen[45] und durch Gesetzeskraft in den Digesten[46] aufs nachdrücklichste gebilligt. Im Gebiet von Bamberg ist die Lieblichkeit und Fruchtbarkeit der Gärten erstaunlich, in denen zwar nicht, wie in den Gärten des Alkinoos,[47] Granatäpfel, Feigen und Oliven wachsen, aber doch die Menge vielfältiger Früchte, die man zum Leben braucht, riesig ist. Und um das Übrige zu übergehen, sehr ausgedehnte Flächen nimmt das Süßholz ein,[48] das für vielerlei Arzneimittel sehr nützlich ist. Und weil die weiter nach Norden wohnenden Völkerschaften wegen der Kälte und ihrer Unbeherrschtheit recht häufig Husten, Katarrh und Lungenbeschwerden haben, die man vor allem durch Süßholz heilt, verdanken unsere Nachbarn unserer Gegend viel, die ihnen die wirksamste Arznei liefert. Auch die geschickten Anbaumethoden, die bei der Pflanzung und Aufzucht des Süßholzes Anwendung finden, verdienen Bewunderung; denn die menschliche Geschicklichkeit steht mit der Natur in wundersamem Wettstreit.

So weit habe ich nun kurz von Anlagen und Charakter meines Volkes und der Güte des Ackerbodens gesprochen, die einen offensichtlichen physikalischen Grund hat. Wie nämlich andere Gegenden, die gleich Tälern von Bergen und Anhöhen umschlossen werden, durch die von den Höhenzügen reichlich herabrinnende Feuchtigkeit besser bewässert werden, so wird auch Franken fruchtbarer, weil es von der einen Seite vom Thüringer Wald, von der anderen von der Schwäbischen Alb umgeben wird. Außerdem wird es von den Flüssen Main, Tauber, Laaber und Regnitz befeuchtet, die es in Windungen durchfließen.

Aber auch himmlische Ursachen fördern die Güte des Bodens und die Begabung der Menschen. Ptolemaios[49] nämlich weist Deutschland insgesamt das erste Dreieck des Tierkreises, d. h. Widder, Löwe und Schütze, zu und verbindet damit Jupiter und Mars als regierende Planeten, deren Einfluss in der Mitte Deutschlands am größten ist. Franken aber ist ungefähr der Mittelpunkt Deutschlands.[50] Deswegen ist auch der Boden weniger rau, weil er von Jupiter und, wie es das Wesen des gegenüberliegenden Dreiecks mit sich bringt, von Venus gemäßigt wird. Auch Streben und Charakter der Menschen ähneln offensichtlich dem Wesen von Jupiter und Mars. Denn in Staatsgeschäften sind sie tatkräftig und fleißig, Gesetze und Ordnung lieben, wenn denn irgendein Volk, die Unseren am meisten, Feigheit gilt ihnen als die größte Schande, weswegen die adelige Jugend leidenschaftlich nach Kriegsdienst verlangt und weit und breit im Felde steht. Auch zu Hause verbringen sie ihre Zeit nicht müßig, sondern veranstalten ständig Reiterübungen. Ebenso liegt Franken geradewegs unter der linken Schulter des Bootes, der den Eifer in der Landwirtschaft anregt; und weil er zu einem gewissen Teil in einer Beziehung zum Wesen des Merkur und Saturn steht, verleiht er dem Verstand Kraft. Daher eignet den Unseren nicht nur in den alltäglichen häuslichen oder öffentlichen Angelegenheiten eine einzigartige Gewandtheit, sondern auch in den Wissenschaften und entlegenen geistigen Gebieten haben sich viele hervorgetan, die aufzuzählen zu weit führen würde. Diejenigen aber mit Schweigen zu übergehen, deren Werke dem Staat unmittelbar von Nutzen sind, verriete einen undankbaren Menschen.

Wer von euch liebt nicht den Namen Regiomontanus? Wer von euch verehrt ihn nicht wie eine Art himmlisches Wesen, das von Gott auf die Erde gesandt wurde, um das wahre Wissen um die Himmelsbahnen zu erneuern? Denn niemandes Fleiß hat mehr dafür geleistet, uns diesen Bereich des Wissens wiederzugewinnen, als der des Regiomontanus. Als er sich durch Begabung und Bildung in der Mathematik hervortat und sah, dass man ohne Kenntnis der griechischen Literatur die Schriften der vorzüglichsten Mathematiker nicht verstehen kann, widmete er sich der griechischen Sprache, folgte dem griechischen Kardinal Bessarion nach Italien und lehrte dann dort unter großem Beifall zum einen seine Wissenschaft, zum anderen hörte er seinerseits im Griechischen erfahrene Gelehrte, durchmusterte Bibliotheken und suchte die besten Autoritäten auf, um Ptolemaios, den er kommentieren wollte, von Moder und Schmutz zu befreien. Und so hat er uns durch eine große Vielzahl von Werken belehrt, die alten Autoren erklärt, schwierige Fragen seiner Wissenschaft überdacht und astronomische Tafeln[51] herausgegeben, damit die Nachwelt den Besitz seiner Kunst bewahren könne. Nun aber sollten gebildete Menschen ermessen können, ein wie großes Verdienst darin liegt, die Wissenschaft von den Himmelsbahnen zu lehren. Denn wenn die richtige Einteilung des Jahres verloren wäre, welch Barbarei, wie dichtes Dunkel würde sich dann in der Geschichte, den religiösen Einrichtungen, ja sogar in allen Verrichtungen des täglichen Lebens ausbreiten? Deswegen schulden alle Völker Regiomontanus Dank, und wir sollten um seinetwillen Franken, wo ein so großes Talent geboren worden ist, noch mehr lieben.

Und weil dieser Stamm nur ganz wenige Knechtsnaturen umfasst, zeigt er auch in seinen geistigen Bestrebungen Freimut, hasst schmutzige Habgier und Auftragsschreiberei, und sehr viele befassen sich aus Bildungs- und Wahrheitsliebe intensiv mit den schönen Künsten. Deshalb haben sich bei uns viele auch in den Künsten hervorgetan, die gemeinhin vernachlässigt werden, weil sie, wie man es nennt, brotlos sind.[52] Und weil die Unseren vornehmlich die Gemeinschaft lieben, pflegen die Gebildeten nicht nur um ihres eigenen Vergnügens willen die Wissenschaft, sondern lassen in freizügiger Weise auch die anderen an ihrem Wissen Anteil haben. Es gilt ihnen als Verdienst, sich um die Verbreitung und Bewahrung der Künste zu bemühen. Und so erzielt zur Zeit Schöner mit großer Ausdauer Fortschritte in der Mathematik. Wie viele Männer, die sich in diesem Bereich der Wissenschaft auszeichnen, hat nicht Nürnberg hervorgebracht? Der Geist dieser Stadt scheint diese Wissenschaft in besonderer Weise zu begünstigen. Berühmt durch ihre Werke sind Pirckheimer und daneben Werner, der ein echter Meister war, wie seine hochgelehrten „Beobachtungen über die Bahn der achten Sphäre" beweisen.[53] Aber ich will von anderen Künsten sprechen. Die Dichtkunst wurde in Deutschland zuerst durch Konrad Celtis aufgerichtet, der in unserem Franken geboren wurde. Denn obwohl er eine recht glückliche poetische Ader hatte und in dem Bereich der Literatur, der für die Abfassung von Gedichten notwendig ist, wohlausgebildet war, gab er sich nicht mit der allgemein üblichen Bildung zufrieden und nahm deshalb noch die Philosophie hinzu. Und um die Jugend anzuspornen, besonders aber, sie zu belehren, versah er seine Dichtungen durchweg mit physikalischen und astronomischen Abschnitten. Er war zu Recht der Ansicht, dass diese Gegenstände sogar vorzüglich zur Dichtung passen. Denn er kannte aus alter Zeit die Beispiele des Hesiod, Empedokles, Arat und Manilius und hatte auch aus neuer Zeit die ansehnliche Dichtung des Pontanus kennengelernt. Deshalb glaubte er, ihm selbst wie seiner Heimat werde es Ehre eintragen, wenn auch er philosophische Gegenstände in Versen darstellte.[54]

Die jüngste Zeit hatte in Hutten einen Dichter von höchster Begabung, der, wenn ihn nicht ein zu früher Tod dahingerafft hätte, zu seinem literarischen Talent noch mehr Gelehrsamkeit und Urteilskraft hinzugewonnen hätte. Aber wie groß in ihm die Macht der Begabung und der Natur Fülle war, zeigen sowohl seine scharfe Erfindungsgabe als auch seine Frische und sein Ausdrucksreichtum bei der Formulierung.

Ich übergehe sehr viele, deren Gelehrsamkeit sowohl ihnen selbst Ruhm als auch ihrer Heimat unermesslichen Nutzen gebracht hat. Aber ich würde ungerecht handeln, wenn ich in dieser Aufzählung der Vorzüge und Verdienste meiner Heimat nicht auch meinen Lehrer, Joachim Camerarius, mit einbegriffe, zumal nicht nur seine wissenschaftliche Tätigkeit, sondern auch sein hervorragender Charakter euch zum Vorbild dienen sollte. Denn ich habe noch keinen Menschen gesehen, aus dem mehr als bei ihm das, was man im eigentlichen Sinne „das Ethische" nennt, hervorleuchtet, d. h. eine bestimmte Art von Takt in allen Handlungen, die von wahrer Vernunft herrührt. Und mag er auch mit Gerechtigkeitssinn, Gottesfurcht und außerordentlicher Selbstbeherrschung begabt sein, so tritt in ihm doch ganz besonders seine Wahrheitsliebe hervor, eine Tugend, die einem philosophisch gebildeten Menschen am meisten ansteht. In der Wissenschaft aber beherrscht er den ganzen Reigen der schönen Künste, niemand der Unseren ist im Griechischen gelehrter. Deshalb schreibt er mit der gleichen Geschicklichkeit Griechisch und Latein, Poesie und Prosa. Und dieses schriftstellerische Talent verwendet er nicht auf alltägliche Gegenstände, sondern auf philosophische: Er hat hochgelehrte Gedichte veröffentlicht, „Aeolia" und „Phaenomena"[55]. Wie groß aber ist sein Verdienst, dass er seinen unermüdlichen Fleiß für das Gemeinwohl verwendet, sowohl um das Studium der Wissenschaften zu fördern, als auch um die Kirche Christi zu verherrlichen! Und nicht einmal in sonstigen Angelegenheiten lässt er es an Einsatz für die Öffentlichkeit fehlen. Während er sich durch Klugheit und Umsicht auszeichnet, übernimmt er viele öffentliche Aufgaben. Ihn wollen wir uns sowohl in der Organisation unseres wissenschaftlichen Vorgehens als auch in der Lebensweise zum Vorbild nehmen. Denn er selbst hat durch die Ehrbarkeit seines Lebenswandels für die Wissenschaften nicht weniger Ehre eingelegt, als ihm seine Bildung eingetragen hat. Nun aber würde meine Rede zu lang, wenn ich alle zu würdigen versuchte. Auch wenn ich deshalb die Übrigen übergehe, empfinde ich doch in meinem Herzen stille Verehrung für alle, die sich durch irgendeine besondere Leistung um das Leben der Menschen und die Heimat verdient gemacht haben.

Dies habe ich über das Lob Frankens zusammengetragen, und dabei habe ich den Ruhm anderer Stämme in keiner Weise geschmälert; deswegen bitte ich euch inständig, meine Rede wohlwollend aufzunehmen. Ich werde aber keinen geringen Lohn meiner Mühe erlangt zu haben glauben, wenn der eine oder andere diese Lobrede hören und deshalb Franken mehr lieben wird, sei es wegen seiner sonstigen Gaben, sei es, weil es so viele glänzende Gelehrte, die sich um alle Völker verdient gemacht haben, hervorgebracht hat. Und weil der Name „Franken" ursprünglich vielen Stämmen gemeinsam war, betrifft dieses Lob zu einem gewissen Teil auch andere Völker. Deshalb wünsche ich mir, dass es der gegenseitigen Zuneigung unter den Völkern Nahrung gebe, nicht Hass entfache, der uns Deutschen fremd sein muss, die uns schon allein die Brüderlichkeit im Namen sowohl zur Aufrichtigkeit als besonders zur Bruderliebe anspornt. Ich habe gesprochen.

[1] E. Giegler: Das Genos der Laudes urbium im Mittelalter. Würzburg 1953 (Diss.); H. Kugler: Die Vorstellung der Stadt in der Literatur des deutschen Mittelalters. München; Zürich 1986; R. McKitterick: The study of Frankish history in France and Germany in the sixteenth and seventeenth centuries. Francia 8 (1980), 556–572. [2] Homer, Odyssee 9, 34. [3] Ovid, Tristien 2, 322. [4] Melanchthon verwendet hier und am Ende ein Wortspiel: Lateinisch Germanus bedeutet zum einen „Germane, Deutscher", aber auch „(leiblicher) Bruder". [5] Aeneas Silvius, Europa, 38. [6] Ein ähnliches Bild der Germanen ergibt sich z. B. aus Tacitus' Germania. [7] Ptolemaios, Geographie 2,11,11. [8] Historia Augusta, Aurel. 7,1. [9] Ammianus Marcellinus 17,8,3.5. [10] Ausonius, Moseila 434 f. [11] Claudian, De consulatu Stilichonis 1, 225–227. [12] Ammianus Marcellinus 17,2. [13] Ptolemaios, Geographie 2,11,11. [14] Ähnlich bei Aventinus, Annales Boiorum 4,1,7. [15] Römische Kaiser zwischen 270 und 337. [16] Hier sind wohl die drei Punischen Kriege gemeint, die zusammen ca. vierzig Jahre dauerten. [17] Frankfurt am Main. [18] Aventinus, Annales Boiorum 4,1,4. [19] „Brenchoi" lautet eine Lesart bei Strabon 4,6, 8, die den in den Südalpen ansässigen Stamm der Breunen bezeichnet, von denen der Brennerpass seinen Namen hat. Suetons „Brenci" bzw. „Breuci" (Vita Tiberii 9,2) sind ein Stamm auf dem Balkan. [20] Bereits Thukydides, Historien 1,2 hebt die vermeintliche Autochthonie der Athener hervor. [21] Ptolemaios, Geographie 2,12,3. [22] Vielmehr wäre die Strabon-Lesart der des Ptolemaios anzupassen. [23] Parthenios von Phokaia bei Stephan von Byzanz, s. v. Fraggoi. [24] Es hat ver-

schiedene Bündnisverträge zwischen Römern und Franken gegeben; die chronologische Abfolge der Rede lässt hier jedoch eher an Kaiser Valentinian III. als an Kaiser Justinian denken. [25] 451 n. Chr. auf den Katalaunischen Feldern. [26] Gregor von Tours, Historiae 2,30. [27] Eher im Jahr 497 oder 498 n. Chr. [28] Gemeint ist die Schlacht bei Tours und Poitiers 732 n. Chr. [29] Melanchthon gibt hier die zu seiner Zeit herrschende Meinung wieder; der königliche Gerichtshof „Parlement" geht tatsächlich jedoch erst auf das 13. oder 14. Jh. zurück. [30] Vgl. Einhard, Vita Karoli Magni 16. [31] Zwar sind die genannten Universitäten einige Jahrhunderte jünger, Melanchthon gibt aber die zu seiner Zeit herrschende Meinung wieder und denkt dabei sicherlich auch an die von Karl dem Großen eingeleitete Bildungsreform („Karolingische Renaissance"). [32] In der ersten Hälfte des 16. Jh.s war Italien der Schauplatz schwerer Machtkämpfe zwischen Frankreich, Spanien und den Habsburgern, die im „Sacco di Roma", der Verwüstung und Plünderung Roms durch Söldner Karls V. im Jahre 1527, gipfelten. [33] Hierfür gibt es verschiedene zeitliche Ansätze unter den Historikern: so etwa die Wahl des Konradiners Konrads I. zum König des ostfränkischen Reiches 911. [34] Odenwald; vgl. Sebastian Münster, Cosmographia 5, 307. [35] Strabon, Geographie 4,6,8. [36] Tatsächlich wurden die östlich des Rheins gelegenen Teile des deutschen Reiches seit dem 10. Jh. kurz „Franken" genannt. Von einem „Herzogtum Franken" kann man aber frühestens seit dem 11. Jh. sprechen, als die Bischöfe von Würzburg eine herzogsähnliche Stellung erlangten. Für Melanchthon gelten hingegen die Salier als fränkische Herzogsfamilie, was auch heute noch (ungenau) so dargestellt wird. [37] Vielleicht Megingoz, Mitarbeiter des Bonifatius. [38] Konrad II. gründete in Limburg a. d. Haardt an der Stelle einer Salierburg ein Kanonikerstift. [39] Der Feldzug gegen Ungarn im Jahre 1030 endete jedoch in einer Niederlage Konrads II. [40] Die Auseinandersetzungen durch den Investiturstreit (1056–1125). [41] Die Burggrafen stammen vielmehr von den Hohenzollern ab. [42] Vgl. Vergil, Aeneis 9, 607. [43] Der Verzicht auf die Ausbeutung von Edelmetallen durch die Germanen im Allgemeinen auch bei Tacitus, Germania 5. [44] Frage, ob Nürnberg zu Franken oder zu Bayern zu rechnen sei: Aeneas Silvius, Europa, 39. [45] Platon, Politeia 371 A. [46] Digesten 50. 6. 6 (5). 3: Privilegien für Groß- bzw. Fernhandelskaufleute, die die Versorgung der Stadt Rom gewährleisteten. [47] Vgl. Homer, Odyssee 7,112–131. [48] Der Süßholzanbau war ein wichtiger Wirtschaftsfaktor für die Bamberger Gegend; vgl. Sebastian Münster, Cosmographia 5, 332.349. [49] Ptolemaios, Tetrabiblos 2,3. [50] Ähnlich Aeneas Silvius, der in seiner Europa, 39 Nürnberg als die Mitte Deutschlands bezeichnet. [51] Die sog. Ephemerides, in denen u. a. die täglichen Positionen der Planeten für die Jahre 1475–1506 vorausberechnet waren; sie erfreuten sich großer Wertschätzung und wurden z. B. von Columbus auf seinen Reisen benutzt. [52] Vgl. Aristophanes, Wolken 176 u. ö. [53] Summaria enarratio theoricae motus octavae sphaerae. [54] So Celtis im Carmen saeculare. [55] In diesen 1535 erschienenen Werken behandelt Camerarius die griechischen und lateinischen Windnamen und die Windrichtungen bzw. Sterne und Planeten.

Widerlegung der Forderungen der Bauern

Eyn schrifft Philippi Melanchthon widder die artikel der Bawrschafft 1525

Kurfürst Ludwig V. von der Pfalz verhandelte in Forst bei Neustadt an der Hardt mit aufständischen Bauern. Er versprach ihnen, am 4. Juni 1525 auf dem Landtag in Heidelberg über die zwölf Artikel der Bauernschaft[1] zu beraten. Diese Artikel hatten der Kürschnergeselle und Laienprediger Sebastian Lotzer und der Prediger Christoph Schappeler in Memmingen Ende Februar 1525 verfasst. Seit dem 15. März wurden sie durch den Druck verbreitet und fanden unter den Bauern weite Zustimmung. Am 18. Mai lud der Pfalzgraf Johannes Brenz und den Pfälzer Melanchthon ein, an der Beratung teilzunehmen oder, wenn sie verhindert wären, ein Gutachten zu den zwölf Artikeln zu senden.[2] Brenz antwortete mit einem ausgewogenen Gutachten, das beiden Parteien Rechnung trug.

Am selben Tag erfuhr Melanchthon in Wittenberg von der Niederlage der Bauern am 15. Mai bei Frankenhausen. Er hielt das Eingreifen der Fürsten für notwendig, bedauerte aber den Tod der Bauern.[3] Am 5. Juni teilte er Joachim Camerarius mit, dass er dem Pfalzgrafen eine „Widerlegung der Artikel der Bauern" zugeschickt und hinzugefügt habe, dass Christus das Glück gibt.[4] Er zielte damit auf den Anhang seiner Widerlegung, der mit einer Anspielung auf einen von Gott gegebenen Sieg über die Bauern beginnt und dem Fürsten nahelegt, der Aufforderung Christi zur Barmherzigkeit nachzukommen. Melanchthon kann damit nicht die endgültige Niederlage der Bauern gemeint haben, denn am 5. Juni drückte er seine Hoffnung aus, dass auch die Bauernerhebung in Franken niedergeworfen wird.[5] So legt sich die Vermutung nahe, das Melanchthon nach Abschluss seiner Widerlegung der zwölf Artikel erfuhr, dass der pfälzische Kurfürst am 25. Mai Bruchsal erobert und damit die aufständischen Bauern in der Pfalz zerstreut hatte.

Melanchthon konnte für seine Widerlegung auf Martin Luthers „Ermahnung zum Frieden auf die zwölf Artikel der Bauernschaft in Schwaben" zurückgreifen, die dieser Ende April 1525 verfasst hatte. Melanchthon zeigte für die Bauern weniger Verständnis als Luther. Er betonte einseitig Gewalt und Recht der Obrigkeit, die er sehr eng mit

Gott verknüpfte, sowie den geschuldeten Gehorsam ihrer Untertanen. Er orientierte sich am Römischen Recht und argumentierte sehr lehrhaft, ohne auf die im Rahmen des Lehnswesens entstandenen Verträge und deren willkürliche Veränderungen von seiten der Grundherren einzugehen. Sein humanistisches Bildungsideal verleitete ihn sogar dazu, in den Bauern Barbaren zu sehen, die einer strengeren Beaufsichtigung und Erziehung bedürften. Sowohl diese Bewertung als auch die beiden griechischen Hexameter des Titelblattes lassen es fraglich erscheinen, dass Melanchthon bei den Lesern seiner Widerlegung auch an Bauern dachte.

Da der pfälzische Kurfürst, der Melanchthon am 18. Mai zur Teilnahme an Verhandlungen eingeladen hatte, bereits am 23. Mai mit niederländischen Söldnern gegen die Bauern aufbrach und sie besiegte, fanden die in Aussicht gestellten, aber wohl kaum beabsichtigten Beratungen gar nicht statt. Aber auch Melanchthons Ermahnung zum barmherzigen Umgang mit den besiegten Bauern fand – trotz der Drohung am Ende – kein Gehör.[6] Als Ludwig V. von diesem Kriegszug heimkehrte, stieß er in Pfeddersheim bei Worms erneut auf den Widerstand aufständischer Bauern, die aber kapitulieren mussten. Als die 8000 Entwaffneten von Pfeddersheim abzogen, schlugen die Berittenen auf sie ein und töteten 800 von ihnen.

Der Druck wurde auf dem Titelblatt mit zwei griechischen Hexametern aus Homers „Ilias“ verziert:

„Sittenlos, außer Gesetz und herdlos nenne ich jeden, der in dem eignen Volk sich freut am eisigen Hader.“[7]

Das vor dem 5. Juni verfasste Gutachten erschien überarbeitet Ende August/Anfang September 1525 unter dem Titel „Eyn schrifft Philippi Melanchthon widder die artikel der Bawrschafft“ in Wittenberg und erlebte noch im selben Jahr je einen Nachdruck in Augsburg, Nürnberg und Zwickau sowie zwei in Straßburg (VD16 M 4201–4206).[8]

Übersetzungsgrundlage: MSA 1, 192–214.

Weil sich die Bauernschaft auf das heilige Evangelium beruft und es als Vorwand benutzt, muss man zuerst wissen, was das heilige Evangelium von uns fordert oder nicht fordert, damit man die Artikel der Bauernschaft beurteilen kann. Diese wollen sie alle unter dem Vorwand und Namen Gottes erzwingen. Sie lassen sich hören, der Grund für alle ihre Artikel sei, das Evangelium zu hören und ihm gemäß zu leben. Die Bauernschaft begehrt jedoch viel, wozu sie kein Recht hat, was auch das Evangelium nicht befiehlt. Außerdem übt sie Gewalt und will ihr Vornehmen mit Aufruhr und Empörung und mit Mord ausführen.

Nun haben sie sich aber erboten, dass sie sich durch das Evangelium belehren lassen wollen. Darum ist es billig, dass man ihnen das Evangelium und die rechte christliche Lehre vorhält. Denn es gibt ohne Zweifel viele unter dem gemeinen Haufen, die aus Unwissenheit sündigen. Wenn sie recht unterrichtet würden, ist zu hoffen, dass sie von solcher gottlosen Handlung abstehen und Gottes Gericht, ihrer Seelen und ihrer armen Frauen und Kinder gedenken möchten. Es sind aber viele so mutwillig und vom Teufel verblendet, dass sie Frieden weder dulden wollen noch können. Und solche gibt es an vielen Orten, obwohl sie durch guter Leute Schriften und Predigten gewarnt und zum Frieden vermahnt worden sind. Es hilft aber nichts. Damit sie ja Gott noch mehr erzürnen, werden sie durch solche Ermahnung nur gottloser und halsstarriger. Von diesen wollen wir hernach reden. Jetzt wollen wir aber in Kürze erfassen, was das Evangelium fordert und wie ein christliches Herz zu Gott, seinem Nächsten und der Obrigkeit ausgerichtet sein soll.

Der heilige Paulus spricht 1Tim 1, dies sei der zusammengefasste Inhalt des Gesetzes: „Liebe von reinem Herzen mit gutem Gewissen und wahrhaftigem Glauben."[9] Mit dem Glauben handelt man gegenüber Gott, mit der Liebe gegenüber dem Nächsten und der Obrigkeit. Was ist nun Glaube? Dies ist Glaube, wenn Gott dem Gewissen die Sünde zeigt und es wirklich erschrickt, so dass es beginnt, Gottes Gericht von Herzen zu fürchten. Denn Gott hat befohlen, die Sünde zu tadeln und Buße zu predigen. Wenn das Herz von Christus hört, dass durch ihn ohne unser Verdienst Gnade und Vergebung der Sünde geschenkt sei, und dann Trost und Freude fühlt, so dass es ruhig vor Gott steht und gewiss ist, Gott sei wieder versöhnt, und sich darum in Trübsal – wie Todesnöten oder anderen Nöten – auf Gott verlässt und weiß, dass Gott ein Auge auf uns hat und uns helfen wird, und kann daher Ruhe finden, weil er diesen Trost gewiss erwartet, hat es den Glauben, den das Evangelium predigt.

So z. B. als der König der Assyrer vor Jerusalem lag und Hiskia viel zu schwach war, ihn wegzutreiben. Da hätte ein Herz ohne rechten Glauben entweder verzagt und sich den Feinden ergeben oder wäre geflohen oder hätte sich selbst umgebracht oder hätte vielleicht eine Tat aus Verzweiflung gewagt und sich mit den Feinden geschlagen und gedacht: Gelingt es, so ist es ein Gewinn, gelingt es nicht, so müssen wir doch umkommen. Was tat aber Hiskia? Weil sein Herz Gott kennt, glaubt und Hilfe von Gott erwartet, bittet er Gott, er wolle in der Sache raten. Da half Gott, wie Jes 37 geschrieben steht.[10]

Der heilige Paulus sagt, es soll ein Glaube ohne Heuchelei sein. Denn es gibt viele Leute auf der Erde, die sich Christen nennen und sich des Glaubens rühmen. Aber wenn es zum Treffen kommt, werden sie inne, dass sie nicht glauben. Denn sobald Unglück eintrifft, verzagen sie an Gott, denken, er achte nicht auf uns und nehme sich unserer nicht so viel an, wie man davon predigt. Sie suchen, solange sie können, Hilfe bei ihrer eigener Macht, Weisheit oder Stärke, ja sogar bei dem Teufel, wie es Saul tat. Als er sich fürchtete und die Feinde herangerückt waren, suchte er Rat und Hilfe bei der Zauberin.[11]

Sehr viele rühmen sich ihres Glaubens und sagen, sie seien Christen, wie auch die Bauern Christen genannt werden wollen. Aber ein jeder soll wissen: Wenn sein Herz nicht ernsthaft Furcht vor Gottes Gericht und Vertrauen zu Gott in allen Anfechtungen hat, sondern sein Herz auf Gut, Macht oder das Bauernheer pocht, dass er kein Christ ist. Denn Jes 57 heißt es, Gott wohne bei denen, die ein erschrockenes und demütiges Herz haben,[12] und Joh 3: „Wie Moses die Schlange in der Wüste aufgerichtet hat, so muss der Menschensohn erhöht werden, damit alle, die an ihn glauben, nicht verderben, sondern das ewige Leben haben."[13]

Diesen rechten Glauben kann die Vernunft oder der Wille des Menschen sich nicht aus eigener Kraft einprägen, sondern der Heilige Geist wirkt und schafft ihn in einigen Herzen, wie Joh 6 steht: „Sie müssen alle von Gott gelehrt werden“[14], und Röm 8: „Diese sind Gottes Kinder, die der Geist Gottes treibt.“[15]

Daher ist das Hauptstück des christlichen Lebens ein solcher Glaube, durch den er mit Gott eins und versöhnt wird und in allen Fällen Ruhe findet. Und wie dein Glaube innerlich im Herzen ist, so ist christliches Leben vornehmlich ein innerliches Leben. Und man muss vornehmlich nach dem Hauptstück und dem Siegel – wie es Joh 6 genannt wird[16] – christlichen Lebens trachten. Denn da sondert sich die Heuchelei von der wahren Gerechtigkeit ab, die Gott wirkt. Außerdem fordert diesen Glauben Gott überall in der Heiligen Schrift, besonders im ersten Gebot und Jer 9: „Es soll der Weise nicht auf seine Weisheit, der Mächtige nicht auf seine Macht, der Reiche nicht auf seinen Besitz vertrauen, sondern darauf soll jeder vertrauen, dass er mich kennt, dass ich ein Gott bin, der auf Erden Gnade übt und richtet und den Gerechten hilft. Solches gefällt mir.“[17] Das ist es, so eine Einstellung zu Gott zu haben und solches von Gott zu erwarten. Das ist rechter Gottesdienst und rechte Gerechtigkeit.

Von der Liebe

Das andere Stück ist Liebe von reinem Herzen und gutem Gewissen. Denn wenn das Herz Gott so kennt, welche große Gnade er uns erzeigt hat, so weiß es, dass es umgekehrt Dankbarkeit an denen erweisen soll, die Gott uns zu lieben und zu dienen befohlen hat. Nun hat Gott gesagt: „Du sollst deinen Nächsten lieben wie dich selbst.“[18] „Du sollst nicht töten, nicht Unkeuschheit treiben, nicht stehlen …“[19]. Daher hat ein christliches Herz Lust, Gott in diesen Stücken zu Willen zu werden. Es dient dem Nächsten, ist freundlich zu ihm, es beweist Zucht und Keuschheit an ihm, es hilft ihm, seinen Besitz zu bewahren. Diese Stücke fordert Christus Mt 5[20] und Paulus Röm 12.[21]

Von der Obrigkeit

Und besonders fordert das Evangelium Gehorsam gegenüber der Obrigkeit. Weil dieser Artikel von denen so ganz verachtet wird, die sich evangelisch nennen, wollen wir das Evangelium und Gottes Wort ihnen vorhalten, darinnen sie sehen, wie sehr sie unter dem Vorwand des Evangeliums gegen Gott kämpfen.

Paulus spricht Röm 13 folgendermaßen: „Ein jeder soll der Obrigkeit untertan sein, die über ihn herrscht. Denn es ist keine Obrigkeit außer von Gott, und jede Obrigkeit ist von Gott geordnet. Wer nun der Obrigkeit widersteht, der widersteht Gottes Ordnung. Und wer widersteht, der wird bestraft. Und die Obrigkeit ist nicht ein Schrecken der guten Werke, sondern der bösen. Willst du aber die Obrigkeit nicht fürchten, tue Gutes, so hast du Lob von ihr. Denn sie ist eine Dienerin Gottes dir zugute. Tust du aber Böses, so fürchte sie, denn sie trägt das Schwert nicht vergeblich, sondern sie ist eine Dienerin Gottes zur Rache und Strafe dem, der Übles tut. Darum ist vonnöten, dass man ihr nicht allein um der Strafe willen Untertan sei, sondern auch um des Gewissens willen. Darum gebt Steuern, denn sie sind Diener Gottes und haben Arbeit dazu. Darum gebt allen, was ihr schuldig seid. Wem Steuern gehören, dem gebt Steuern. Wem Zoll gehört, dem gebt Zoll. Wem Ehrfurcht gebührt, dem gebt Ehrfurcht, wem Ehre gebührt, dem gebt Ehre.“[22]

Hier lehrt Paulus drei Stücke: Erstens, woher Gewalt eingesetzt ist, und sagt, dass Gott Obrigkeit geordnet hat. Denn weil nicht jeder ein Christ ist und aus eigenem Willen sich enthält, damit er nicht einem anderen Schaden zufüge, sondern es daneben viele mutwillige Leute gibt, die an anderer Leib, Besitz, Frau oder Kind Unrecht zu begehen pflegen, hat Gott neben dem Evangelium dieses weltliche Regiment und Zucht eingesetzt, die Ehrbaren zu schützen und ihnen Frieden zu schaffen und die Frevler zu strafen. Dazu macht die Obrigkeit Gericht und Gesetz, damit man leibliche Güter in Frieden teilen, besitzen und genießen kann, und bestimmt Richter, Kriegsvolk und dergleichen, Frieden zu schützen und Mord zu wehren, Lk 3: „Ihr sollt euch an eurem Sold begnügen."[23] Solche weltliche Ordnung mag ein Christ für sich nutzen, auch wenn sie nicht an einem Ort so ist wie an einem anderen, denn wie oben gesagt ist: Das christliche Leben ist vornehmlich ein inneres Leben und Wesen. Es ist an solch eine Ordnung nicht gebunden, sondern soll sie gemäß der Liebe und dem Frieden gebrauchen. Man teilt den Besitz in Sachsen anders als am Rhein. Und es kann sein, dass eins erträglicher ist als das andere. Dennoch soll ein Christ um des Friedens willen bei dem Recht seines Landes bleiben. Es schadet ihm dies nichts an seiner Seele. Ja, wenn er nicht zufrieden sein will, dann schadet er seiner Seele. So gibt es an einigen Orten Leibeigenschaft. Diese soll er um des Friedens willen ertragen, wenn es diese auch in anderen Herrschaften nicht gibt. Das Evangelium fordert nicht, dass solche Landesordnung geändert werde, sondern es fordert Gehorsam, ausgenommen nur, wenn die Obrigkeit gebiete, gegen Gott zu handeln. Denn dann soll man die Regel Apg 5 halten: „Man soll Gott mehr gehorchen als den Menschen gehorsam sein."[24]

Und es ist gut zu bemerken, dass Gott die Obrigkeit eingesetzt hat, damit die Obrigkeit wisse, dass sie in einem Stand ist, der Gott gefällt. Denn man kann Gott nicht in Werken oder Ständen dienen, die er nicht geordnet oder eingesetzt hat. Außerdem ist dies für die Obrigkeit tröstlich, dass sie Zuversicht und Ursache zu dem Glauben haben kann, dass Gott sie gegen den Mutwillen der Aufrührer erhalten wird, wie denn Gott oft kundgetan hat, z. B. mit David. Obgleich ihn sein eigener Sohn aus dem Lande getrieben hatte und das ganze Land von ihm abgefallen war, setzte ihn Gott dennoch wieder ein und unterdrückte die Aufrührer. Denn es sagt Salomo Spr 21: „Es hilft weder Weisheit noch Klugheit gegen Gott."[25] Und Paulus sagt hierzu, dass alle, die der Obrigkeit widerstehen, bestraft werden.[26] Und David bittet, Gott wolle das Regiment erhalten und ihn wieder einsetzen, weil er es eingesetzt hat, Ps 7: „Richte auf das Amt, das du eingesetzt hast."[27]

Außerdem ist es für die Untertanen hilfreich, dass sie wissen, Gott hat an ihrem Gehorsam gegenüber der Obrigkeit Gefallen. Und was sie der Obrigkeit Gutes tun, das tun sie Gott, und so dienen sie Gott wirklich in den Beschwernissen, die sie von der

Obrigkeit erdulden, es sei Kriegsdienst, Steuern geben oder anderes. Und diese zu tun sind ebenso heilige Werke, als wenn Gott vom Himmel einem eigens befiehlt, Tote aufzuerwecken, oder wie man das nennen mag.

Außerdem ist das für die Aufrührer abschreckend, denn sie haben einen sehr mächtigen, großen Herrn zum Feind, gegen den sie kämpfen. Gegen Büchsen und andere Waffen kann man bestehen, aber Gott zu widerstehen ist unmöglich. Nun ist da Gottes Befehl so gut, als wenn er es jedem Einzelnen direkt durch einen Engel vom Himmel befohlen hätte, der Obrigkeit nicht zu widerstehen. Wie sehr muss der Teufel die Herzen besessen haben, die dieses Wort Gottes nicht beachten und sich dennoch des Evangeliums rühmen.

Zweitens bindet Paulus die Gewissen und lehrt, dass man nicht nur der Obrigkeit gehorsam sein soll, weil sie Strafen festgesetzt hat, wie ich einem Räuber gehorsam sein muss, sondern um des Gewissens willen, das heißt, Gott fordert diesen Gehorsam und will verdammen, die ungehorsam sind. Und selbst wenn die Welt zu schwach wäre, diesen Aufruhr zu bestrafen, will Gott ihn nicht unbestraft lassen. Gott hat kein Gefallen an solch einem Ungehorsam gegen die Obrigkeit, es sei denn, dass er jemandem besonders gebietet, gegen die Obrigkeit zu handeln, wie er Mose[28] oder Jehu[29] geboten hat. Da gab er Zeichen und Zeugnis, damit man gewiss war, wem man gehorsam sein sollte und wen er zum Herrn gemacht hatte.

Drittens lehrt hierzu der heilige Paulus, warum man der Obrigkeit Gehorsam erweisen soll, und spricht, man soll Steuern und Zoll geben, das heißt, weil man Frieden erhalten soll – es kostet viel, Leute zu entlohnen, zu bauen usw. –, soll man dieses Geld geben. Legen es die Fürsten schlecht an, sollen sie es verantworten, wir sind schuldig, das Unsere für den Frieden vorzustrecken.

Außerdem soll man Ehrfurcht erweisen, wovon oben genug gesagt ist, dass man die Obrigkeit fürchten soll, weil sie ihren Auftrag von Gott hat. Daher soll man der Obrigkeit Gebot so fürchten, als ob Gott es geboten hätte, und im Dienst auf Gottes Willen sehen, nicht allein den Augen des Fürsten schmeicheln. So hat der heilige Paulus den Knechten geboten, dass sie nicht nur den Augen der Herren schmeicheln sollen, sondern von Herzen dienen usw.,[30] weil man damit Gott diene. Diese ernste Furcht lehrt Spr 16: „Die Ungnade des Königs ist eine tödliche Botschaft, und ein weiser Mann versöhnt ihn“[31], und Spr 20: „Der Zorn des Königs ist wie das Brüllen eines Löwen. Wer ihn erzürnt, der sündigt gegen sein Leben.“[32] Dies ist ein schreckliches Urteil, dass Gott als Sünde vorwerfen und bestrafen will, die auf diese Weise Obrigkeit erzürnen. Darum sollen sich die Ungehorsamen hüten, denn wenn schon die Welt zu schwach wäre, Ungehorsam zu bestrafen, wird Gott sie doch nicht unbestraft lassen, wie auch oben in dem Spruch des Paulus Röm 13 gesagt ist, „um des Gewissens willen …“[33].

Viertens soll man ihnen Ehre erweisen. Ehre erweisen bedeutet nicht nur äußerliche Gesten – sich verneigen und den Hut ziehen –, sondern es bedeutet, sie für weise und gerecht zu halten und ihnen dafür dankbar zu sein. Nun geht es wie bei einem Spiel zu. Wer zusieht, der meint, er wollte es besser machen. Ebenso meinen die Untertanen oft, wenn sie regierten, würde es ihnen besser anstehen. Sie wollten viel Schaden verhüten sowie schneller und fleißiger Recht sprechen usw. Mancher schreit auch oft, ihm oder anderen geschehe Unrecht, und sie bedenken nicht, dass sie an der Obrigkeit Gottes Willen ertragen sollen und dass es nie eine Herrschaft auf der Erde gegeben hat, die ohne Tadel gewesen wäre. Man kann nicht alles erstreiten. Ohne Zweifel sind David und Salomo die zwei besten Fürsten auf Erden gewesen. Dennoch musste David sich von seinem eigenen Sohn anhören, er höre die Leute nicht, er richte die Sache nicht aus.[34] So weigerte sich auch Israel, Salomos Auflagen länger zu ertragen.[35]

Es ist keine Vernunft auf Erden so groß, dass sie dem Regiment Genüge tun könnte. Ja, wo Gott kein Glück gibt, ist es nicht möglich, dass man ein Regiment drei Tage mit menschlicher Klugheit erhält. Darum fordert Paulus, dass man der Obrigkeit Ehre erweise – d. h. sie für weise und gerecht halte – und dass wir, selbst wenn es uns anders besser gefiele, ihrer Weisheit und Gerechtigkeit um des Friedens willen weichen und ihr um anderer

Wohltaten willen dankbar sind, die wir durch ihre Mühe, Sorge und Arbeit vielfach empfangen. Denn wenn auch jemand Unrecht geschähe, helfen sie dennoch sonst zum Frieden, so dass wir unsere Kinder zu Zucht und Rechtschaffenheit erziehen und für sie Nahrung suchen können. Ist das nicht Dank wert? Es wäre eine große Undankbarkeit, wenn mir ein Freund hundert Gulden geschenkt hätte und ich fände einen oder zwei Gulden darunter, die zu leicht wären, und murrte und zankte mich mit ihm und dankte ihm nicht für die anderen. So handeln auch die Bauern in vielen Artikeln. Sie wollen jagen und fischen, was ihnen doch nicht sehr nötig ist, und zanken darum mit ihrer Obrigkeit und berücksichtigen nicht, wie große Güter sie sonst von ihnen empfangen: Die Fürsten müssen verhüten, dass nicht jeder Bube heute dem einen und morgen dem anderen in das Seine einfällt, ihm Frau und Kinder schändet, sie um ihre Nahrung bringt usw. Ebenso schaffen sie Ruhe, so dass die Kinder zur Gottesfurcht und zu Ehrbarkeit gründlich erzogen werden können. Daher fordert das Evangelium nicht nur Gehorsam gegenüber der Obrigkeit, sondern auch Ehrerbietung.

Darum hat Gott auch 2. Mose 21 geboten: „Du sollst deinem Fürsten nicht fluchen“[36], das heißt, du sollst ihm Ehre erweisen, ihn rühmen, und das, was er anordnet, zurecht spricht, auferlegt, ansehen, dass es weise und recht getan ist. Denn wie man spricht, Gott sei mit im Schiff, so ist Gott fürwahr mit im Regiment und gibt Glück und Unglück nach seinem Willen. Darum sagt Spr 29: „Viele suchen das Angesicht des Fürsten, aber eines jeden Gericht kommt von Gott“[37], das heißt, viele verlassen sich auf Gnade und Macht des Fürsten, aber wie Gott will, gelingt es. Spr 21: „Das Herz des Königs ist in Gottes Händen wie die Wasserflut. Er neigt es, wohin er will“[38], und Spr 16: „Die Lippen des Königs weissagen, und sein Mund irrt nicht im Gericht“[39], das heißt, das Regiment ist Gottes Ordnung. Gott steht den Fürsten bei und gibt ihnen Weisheit zu regieren und ihr Regiment zu erhalten. Denn wenn es Gott nicht erhält und Gott nicht Gnade noch Weisheit gibt, kann es durch menschliche Geschicklichkeit nicht erhalten werden.

Wenn du sprichst: Wie aber, wenn sie mich zu hart oder ungerecht belasten? Antwort: Auch wenn ein Fürst Unrecht tut und dich schindet und schabt, ist es dennoch nicht recht, Aufruhr anzurichten. Wie es auch nicht recht ist, wenn dir einer einen Bruder umgebracht hat, das mit eigener Gewalt zu rächen. Gott will es nicht haben, dass Unrecht gegen die Obrigkeit vorgenommen wird oder dass sich jemand anmaßt, ohne verordnete Amtleute zu herrschen. Denn Christus spricht: „Wer das Schwert nimmt, soll durch das Schwert umkommen“[40], das heißt, niemand soll sich mit eigener Gewalt rächen oder sich des Schwerts und der Herrschaft bemächtigen. Der heilige Petrus hatte eine rechte Sache, als er Christus verteidigen wollte, denn man tat Christus Unrecht. Dennoch tat der heilige Petrus Unrecht, weil er gegen die geordneten Amtleute kämpfen wollte. Das Schwert war ihm nicht befohlen. Es half auch nichts, und Christus fällte über ihn das schreckliche Urteil, dass er den Tod verschuldet habe: „Wer das Schwert nimmt, soll durchs Schwert umkommen.“

Außerdem ist der Aufruhr Röm 13 verboten, wo Paulus spricht, wer sich gegen die Obrigkeit auflehnt, wird bestraft.[41] Da droht Gott denen hart, die sich gegen die Obrigkeit auflehnen. Die Historien zeigen an, dass Aufrührer zuletzt immer bestraft worden sind, wie 4. Mose 16. Die Erde verschlang Datan und Abiram.[42] Ri 9 erschlug eine Frau Abimelech.[43] So sind auch Absalom[44] und Ziba[45] umgekommen. 1Kön 16 hat sich Simri selbst verbrannt.[46] Gott strafte auch Baësa, weil er gegen Nadab einen Aufruhr angestiftet hatte, obgleich derselbe König Gott nicht gefiel, 1Kön 16.[47] Ebenso hat Gott unter den Heiden gerichtet: den Dezemvir Appius,[48] Catilina[49] und viele andere zu Rom und in anderen Ländern. Denn Gott will in aller Welt, dass man der Obrigkeit gehorsam sei, und bestraft Ungehorsam in allen Völkern, sie mögen Juden, Heiden oder Christen heißen.

Außerdem sagt Salomo Spr 24: „Mein Sohn, fürchte Gott und den König und mische dich nicht unter die Aufrührer, denn ihr Unglück wird plötzlich kommen.“[50]

Außerdem fordert das Evangelium, dass man Unrecht nicht nur von der Obrigkeit, sondern von jedermann erdulde, wie Mt 5 geschrieben steht: „Ich sage euch, dass ihr dem Übel überhaupt nicht widerstehen sollt. Schlägt dich einer auf die rechte Backe, biete ihm auch die andere dar.“[51] Und Röm 12: „Ihr sollt euch nicht selbst schützen. Weicht vor dem Zorn zurück, denn es steht geschrieben: Mir gehört die Rache, und ich will vergelten.”[52] Das tun die Christen: Sie greifen nicht zum Schwert und fallen nicht in die Besitzungen anderer ein. Sie wüten nicht wie diese Bauern, die sich eine christliche Gemeinde nennen, Christus zur Schmach, denn sie nehmen sich nicht nur Ungehorsam vor, den Gott auch an den Heiden und Türken straft, sondern sie treiben auch Räuberei.

Aus dem allen folgern wir: Weil das Evangelium Gehorsam gegen die Obrigkeit fordert und Aufruhr verbietet – auch wenn die Fürsten übel handeln – und auch sonst fordert, dass man Unrecht dulde, handeln sie gegen das Evangelium, indem sie sich gegen ihre Obrigkeit auflehnen sowie Gewalt und Aufruhr gegen sie planen und gebrauchen und sich selbst damit zu Lügnern machen, dass sie schreiben, sie begehren, dem Evangelium gemäß zu leben, und handeln doch so offensichtlich gegen Gott, dass man es greifen kann, dass der Teufel sie antreibt und vorhat, sie um Leib und Seele zu bringen. Denn es gerate, wie es wolle, zuletzt wird dieser Aufruhr bestraft werden, wie Paulus sagt: „Wer sich gegen die Obrigkeit auflehnt, wird bestraft.“[53] Und wie man sieht, bleibt kein Mord unbestraft. Denn Gott wacht über seine Ordnung, die er gemacht hat, 1. Mose 9: „Wer Blut vergießt, dessen Blut soll auch vergossen werden.“[54] Ebenso wird dieser Aufruhr nicht unbestraft bleiben, denn ein Aufruhr ist vielfältiger Mord.

Folglich, selbst wenn alle Artikel der Bauernschaft im Evangelium geboten wären, handelten sie dennoch gegen Gott, weil sie es mit Gewalt und Aufruhr erzwingen wollen, außerdem sind sie so gottlos und treiben diesen Mutwillen unter dem Vorwand des göttlichen Namens. Es spricht aber Gott: „Wer seinen Namen missbraucht, der wird nicht unbestraft bleiben.“[55] Wer nun Gott fürchtet und aus Dummheit eingewilligt hat, mit dem Haufen mitzuziehen, der stehe davon ab und bedenke Seele und Leib, Frau und Kind, denn er wird doch nicht unbestraft bleiben.

Das sei von der Bauern Kampf im Allgemeinen gesagt. Nun wollen wir von den Artikeln reden.

Zuerst wollte ich, dass derjenige, der die Artikel geschrieben und so oft die Heilige Schrift falsch herangezogen hat, seinen Namen hinzugesetzt hätte. Das wäre offen gehandelt. Es hat sehr den bösen Anschein, man wolle sich dieser verdeckten List bedienen, um bei den armen, einfältigen Leuten den Anschein zu erwecken, diese Artikel wären in der Heiligen Schrift recht begründet, obgleich doch an vielen Stellen die Heilige Schrift verfälscht ist. Ob solche Lügen von Gott oder vom Teufel kommen, ist leicht zu ermessen. Denn es sind grauenhafte Lügen, die Heilige Schrift so falsch heranzuziehen.

Zum ersten Artikel: die Pfarrer

Die Obrigkeit ist verpflichtet, das Evangelium predigen zu lassen. Denn Christus spricht Mt 10, dass die Stadt, die das Evangelium nicht hören will, härter bestraft werden soll als Sodom und Gomorra.[56] Und Spr 25 heißt es: „Wenn man die Schlacken vom Silber scheidet, wird ein reines Gefäß daraus. Und wenn man die Verachtung Gottes vom König wegnimmt, wird die Gerechtigkeit seinem Thron Glück bringen."[57] Gott hat aber Pharao als ein Beispiel gegeben, damit die Obrigkeit daran lerne, Gottes Wort nicht zu verachten, sondern ihm Raum zu geben. Wenn aber der Fall eintritt, dass eine vom Teufel besessene Obrigkeit nicht dulden will, dass man das Evangelium rein predigt, soll trotzdem kein Aufruhr angestiftet werden. Denn Gott hat den Aufruhr verboten. Es soll vielmehr jeder, der recht glaubt, seinen Glauben für sich bekennen und seinem Hausgesinde und dem, der es zu lernen begehrt, lehren. Will ihm eine Obrigkeit dafür etwas antun, soll er das dulden und nicht Rache oder Hilfe bei einem bewaffneten Haufen suchen. Ja, der ist kein Christ, der dann Hilfe bei solch einem Haufen sucht, denn Paulus sagt Röm 12: „Ihr sollt euch selbst nicht schützen, sondern dem Zorn Gottes Raum geben."[58] So handelte Christus. Er tadelte Petrus, als dieser kämpfen wollte.[59] Ja, er bat sogar, dass man den Jüngern nichts antue, er wollte selber herhalten.[60] Das gilt nicht, Christ sein zu wollen und das Kreuz anderen auf den Rücken zu legen. Du musst es selbst tragen.

So soll es auch mit den Pfarrern gehalten werden. Wenn ein Tyrann rechte Predigt nicht dulden will, sollst du nicht an falschen Lehrern Gewalt ausüben, sondern – wie es Christus befiehlt – sie meiden. Denn Christus hat nicht befohlen, den Pharisäern ihren Besitz wegzunehmen und sie zu töten, sondern ihre Lehre zu meiden.[61]

Willst du nun einen Pfarrer haben, der recht lehrt, so halte ihn auf deine Kosten, wenn die Obrigkeit diesem Pfarrer die Pfarrlehen nicht überlassen will. Denn auch wenn ein Pfarrer von einer Gemeinde erhalten wird, hat diese Gemeinde dennoch keine Befugnis, die Nutzung dem zu entziehen, dem sie von der Obrigkeit übertragen worden ist. Es steht vielmehr nur derjenigen Obrigkeit zu, die bisher diese Lehen in ihrer Gewalt hatte, die Ordnung für die Nutzung zu ändern. Wenn die Obrigkeit einen Pfarrer in diese Güter eingesetzt hat, ist es Räuberei, wenn du ihn ohne die Zustimmung der Obrigkeit verjagen willst. Die Güter oder Nutzung, die du der Obrigkeit zu geben pflegst, sind nicht mehr dein, sondern gehören der Obrigkeit. Derselben etwas wegzunehmen ist zu jeder Zeit Gewalt und Unrecht.

Darum, wenn du einen besseren Prediger haben willst, ist es gerecht, dass du ihn von dem Deinen entlohnst, ohne etwas zu rauben, Gal 6: „Wer unterrichtet wird, soll mit dem teilen, der ihn unterrichtet."[62] Denn auch zur Zeit des heiligen Paulus hatte die Obrigkeit nichts dafür bestimmt. Die Heiden hatten die gesamte Nutzung inne.

Wenn nun eine Obrigkeit auch das nicht gestattet, sollst du dennoch keinen Aufruhr anstiften, sondern dorthin gehen, wo du rechte Lehren hören kannst. Widerfährt dir dabei Schaden, sollst du ihn dulden und nicht Aufruhr anrichten. Ich rede aber von rechter Lehre, nicht von aufrührerischer. Das Evangelium lehrt nicht Aufruhr, sondern Frieden, Zucht und Geduld.

Wenn aber eine gottesfürchtige Obrigkeit das Evangelium predigen lassen will, wäre es gut, dass die Gemeinden immer das

Recht hätten, Pfarrer zu wählen und zu berufen, wie Apg 6 die Berufung der Diakone vorgenommen wurde.[63] Denn es ist der ganzen Gemeinde befohlen, die Lehre der Prediger zu beurteilen, 1Kor 14.[64] Und Paulus will 1Kor 5 den Korinther nicht allein in den Bann tun, sondern mit der ganzen Gemeinde.[65] Folglich hat sowohl das Ein- als auch das Absetzen in der Gewalt der Gemeinde gelegen.

Doch bei einer solchen Wahl muss auch ein Fürst dabei sein, dem es zusteht, zu prüfen, ob man nichts Aufrührerisches predigt oder vornimmt. Denn ein Fürst ist eingesetzt, die Guten zu beschützen und die Bösen zu bestrafen, Röm 13.[66] Nun ist es an vielen Orten in Deutschland geschehen, dass die Bauern selbst Prediger angenommen haben, die dann dem Volk nach dem Mund geredet und gelehrt haben, man soll keinen Zehnten geben und keine Abgaben leisten und dergleichen viel mehr, was zu einer beklagenswerten Empörung angewachsen ist. Ja, wenn einer Gehorsam gelehrt hat oder dass man Abgaben und den Zehnten geben soll, den haben sie steinigen wollen. Obwohl doch das Evangelium nicht nur lehrt, zu geben, was ordentliche Obrigkeit festgesetzt hat, sondern befiehlt, auch den Mantel fahrenzulassen, wenn dir einer zu Unrecht die Jacke wegnimmt.[67]

Darum befiehlt der heilige Paulus dem Titus, dass er Priester einsetze.[68] Und dem Timotheus befiehlt er, man soll keinen wählen, der sich nicht vorher bewährt hat.[69] Darum sollen Fürsten und Gemeinden vorher Erkundigungen einziehen, damit sie wissen, was sie ihm Schilde führen. Bisher haben sich die Bischöfe der Ordination angenommen, aber keinen erprobt, sondern wie Jerobeam Priester gemacht,[70] sittenlose, leichtfertige, unerfahrene Leute. Was daraus Gutes gekommen ist, sieht man jetzt.

Zum zweiten Artikel: der Zehnte

Den Zehnten gibt man nicht kraft des Alten Testamentes, denn das bindet uns nicht, besonders in solchen Dingen, die weltliche Ordnung und Regiment betreffen, wie man Besitz teilen soll usw. So lehrt der heilige Paulus Kol 2 und Gal 5.[71] Man ist schuldig zu geben, was eine weltliche Obrigkeit festgesetzt hat, und zwar dahin, wohin sie es befohlen hat, es heiße Zehnter oder Achter. Denn Paulus sagt Röm 13: „Wem Steuern gehören, dem gebt Steuern, wem Zoll gehört, dem gebt Zoll."[72] Denn eine Obrigkeit muss für die Erfordernisse des Landes einen großen Aufwand treiben. Die Römer haben ohne Zweifel viele Güter eingezogen, die Gott dem Tempel oder den Priestern zugeeignet hatte. Da haben die Juden auch diskutiert, ob sie es schuldig wären, sie anders zu geben, als Gott es bestimmt hatte. Ja, wenn die Bauern jetzt ein solches Zeugnis hätten, wie würden sie wüten. Dennoch sind die Juden verpflichtet gewesen, es der Herrschaft zukommen zu lassen, weil sie nicht mehr Herr ihrer Güter gewesen sind. Gott hatte sie vielmehr einer anderen Herrschaft eingeräumt. Darum sagt Christus über die Drachme, „damit wir ihnen keinen Anstoß geben …", Mt 17.[73] Ebenso hat Johannes Lk 3 diese Ordnung bestätigt, dass man einer Herrschaft ihren Sold gibt, indem er zu den römischen Amtleuten sagt: „Ihr sollt euch an eurem Sold genügen lassen."[74]

Darum ist man verpflichtet, den Zehnten zu geben. Denn die Obrigkeit hat den Besitz so geordnet. Wer sich aber gegen diese Ordnung auflehnt, der will der Obrigkeit ihr Recht nehmen. In Ägypten haben sie den fünften Teil gegeben[75] und alle Güter waren Eigentum des Königs. Und diese Ordnung hat Josef gemacht, der doch den Heiligen Geist gehabt hat, und hat das Volk sosehr belastet. Dennoch sind sie verpflichtet gewesen, dies zu geben.

Du sprichst aber: Die Herrschaft verwendet den Zehnten nicht richtig, die Mönche und Pfaffen haben ihn und tun nichts dafür. Antwort: Was geht dich das an? Dennoch sollst du der Obrigkeit nichts nehmen, und was dir auferlegt ist, dahin geben, wohin sie es angeordnet hat, bis sie es anders macht. Daran tust du recht. Denn aus eigener Gewalt etwas nehmen ist Unrecht. Dabei möchte ich aber, dass die Obrigkeit mit den Stiftungen und Klöstern ein Einsehen hat, davon wollen wir dann sprechen.

Aber in summa haben die Bauern weder Fug noch Recht, der Obrigkeit den Zehnten zu entziehen und mit ihm umzugehen, wie sie wollen. Denn diese Landesordnung brechen, heißt den allgemeinen Frieden brechen, was gegen die Liebe ist.

An vielen Orten gehört der Zehnte der weltlichen Obrigkeit, an vielen Orten ist er von der weltlichen Obrigkeit gekauft. Da nun mit Gewalt hineingreifen und ihn an sich reißen zu wollen, das gehört sich nicht, das ist Raub.

Vom kleinen Zehnten schreiben sie, dass sie ihn gar nicht geben wollen, denn Gott habe die Tiere frei erschaffen. Ja, Gott hat sie erschaffen, aber außerdem eingesetzt, dass jeder das Seine gebrauchen soll, sonst folgt, dass du in meinen Stall gehen und nach deinem Willen daraus nehmen möchtest usw. Frei bedeutet, dass man es ohne Beschweren des Gewissens essen darf, dass es nicht verboten ist, wie den Juden das Schwein verboten war. Frei bedeutet aber nicht, dass einer dem anderen das Seine nehmen kann. Darum hat der Verfasser des Artikels hier die Heilige Schrift falsch herangezogen. Und die Bauern tun Unrecht, dass sie das aus eigener Gewalt der Obrigkeit wegnehmen wollen.

Zum dritten Artikel: die Leibeigenschaft

Es ist auch Unrecht und Gewalt, dass sie nicht leibeigen sein wollen. Sie ziehen die Heilige Schrift heran, Christus habe uns frei gemacht. Dazu ist zu sagen: Das ist von der geistlichen Freiheit gesagt. Wir sind gewiss, dass durch ihn unsere Sünde ohne unsere Genugtuung hinweggenommen worden ist. Wir dürfen von Gott zuversichtlich Gutes erwarten, erbitten und erhoffen. Christus gibt den Seinen den Heiligen Geist, wodurch sie dem Teufel Widerstand leisten, so dass der Teufel sie nicht wie die Gottlosen in Sünde stürzen kann, deren Herzen er in seiner Gewalt hat, die er zu Mord, Ehebruch und Gotteslästerung usw. treibt. Und so besteht die christliche Freiheit im Herzen. Sie lässt sich nicht mit fleischlichen Augen erkennen. Äußerlich erträgt ein Christ weltliche und bürgerliche Ordnung und Gebräuche wie Speisen und Kleidung geduldig und fröhlich. Er kann leibeigen und Untertan sein. Er kann auch ein Adliger und ein Regent sein. Er kann den Gebrauch und die Verteilung der Güter nach sächsischem oder römischem Recht richten. Diese Dinge hindern den Glauben nicht. Ja, das Evangelium fordert, dass man solche weltliche Ordnungen um des Friedens willen halte. Paulus schreibt an die Epheser, Kap. 6: „Ihr Leibeigene, seid euren leiblichen Herren gehorsam mit Furcht und Zittern und bereitwilligem Herzen als Christus: nicht mit Dienst nur vor den Augen, um den Menschen zu gefallen, sondern als Diener Christi, die den Willen Gottes von Herzen und freundlich tun."[76] Und Kol 3: „Ihr Leibeigenen, seid in allen Dingen euren leiblichen Herren gehorsam ..."[77]. Wer Unrecht tut, wird empfangen, was er Unrecht getan hat.[78] So ist selbst Josef lange Zeit in Ägypten Leibeigener gewesen und viele andere Heilige.

Darum hat das Verlangen der Bauern keine Berechtigung. Ja, es wäre nötig, dass ein so wildes, unerzogenes Volk, wie es die Deutschen sind, noch weniger Freiheit hätte, als es hat. Josef hat Ägypten hart belastet, damit dem Volk der Zaum nicht zu weit gelassen wurde. Aber unsere Herrschaften gestatten dem Volk allen Mutwillen, nehmen nur Geld von ihm, daneben halten sie keine Zucht, daraus folgt große Unordnung.

Zum vierten Artikel: die Jagd

Es ist Unrecht, in den Wäldern der Fürsten zu jagen. Denn auch das römische Recht lehrt, dass einer verbieten kann, dass man in das Seine geht. Zu dem aber, dass die Bauern sagen, Gott habe es frei geschaffen, muss hinzugefügt werden, dass jeder das Seine ohne Schaden für einen anderen gebrauche.

Auch die Fürsten sollen mit dem Wild keinem Schaden zufügen. Ebenso könnte man ordnen oder gewähren, dass jeder auf dem Seinen es erlegen dürfte.

Hier wollen die Bauern selbst richten und fordern, dass jeder beweise, woher er sein Wasser oder dergleichen innehabe. Das ist Gewalt, denn sie sind keine Richter. Hat ein Dorf gegen den zu klagen, der einer Gemeinde einen Besitz entzogen hat, mag sie ihn auf dem Rechtsweg angehen. Denn so spricht Gott 5. Mose 25: Wenn es zwischen einigen eine Streitsache gibt, sollen sie zum Richter gehen.[79] Und Christus wollte Lk 12 nicht richten und sagte: „Wer hat mich zum Richter oder Erbschlichter über euch gesetzt?"[80] Und er verwies sie an die eingesetzten Amtleute.

Zum fünften Artikel: die Wälder

Es ist auch meine Meinung, dass sie nicht mit Gewalt vorgehen sollen. Hat aber jemand den Wald der Gemeinde an sich gebracht, ersuche man ihn mit dem Recht. Es mag auch oft eine Obrigkeit Ursache habe, dass sie Gemeingut an sich nimmt, um es zu hegen oder auch aus anderen Gründen. Und wenngleich es mit Gewalt geschehen ist, ist es Unrecht, dieses mit Aufruhr zu fordern.

Zum sechsten Artikel: die Dienstleistungen

Über Dienstleistungen soll auch entsprechend dem Recht verhandelt werden. Denn dafür gibt es in der Welt Gericht und Obrigkeit, wie Paulus Röm 13 sagt, den Bösen zur Furcht, den Guten zum Schutz,[81] damit niemand zu Unrecht belastet wird. Dennoch soll die Obrigkeit gerechterweise um des Friedens willen darin etwas nachlassen, wie die Alten dem Rehabeam rieten nachzugeben.[82]

Damit sei auch auf den siebenten Artikel geantwortet.

Zum achten Artikel: die Abgaben

Die Abgaben sind eine weitläufige Sache, von der in Kürze zu reden ist. Zunächst ist es kein Unrecht, dass einer sich an fremdem Besitz eine Dienstleistung kauft. Denn Gott lässt es zu, dass einer seinen Leib verdingt. Sollte er das da nicht auch am Besitz zulassen können?

Wenn nun der Besitz die Abgaben nicht erbringt, mag man mit dem Recht für jedermann entscheiden. Es ergibt sich oft, dass die Bauern ihren Besitz selbst belasten und Geld aufnehmen. Da ist es gerecht, dass sie ihren Besitz aufgeben. Es geht nicht so, dass sie, wenn sie Schulden gemacht haben, anderen befehlen wollen, sie zu zahlen. Paulus sagt 1Tim 4, es soll „niemand zu weit gehen noch seinen Bruder übervorteilen, denn der Herr ist ein Richter über das alles."[83]

Zum neunten Artikel: die Bestrafung

Eine Obrigkeit kann entsprechend den Bedürfnissen der Länder Strafen festsetzen. Denn Gott hat sie eingesetzt, dem Bösen zu wehren und es zu bestrafen. Und die Bauern haben kein Recht, dass sie der Herrschaft hierin Vorschriften machen wollen. Die Deutschen sind ein so unerzogenes, mutwilliges und blutgieriges Volk, dass man es gerechterweise viel härter halten soll. Denn Salomo sagt Spr 26: „Dem Pferd gehört eine Peitsche, dem Esel ein Zaum und auf den Rücken des Narren eine Rute."[84] Und Sir 33: „Einem Esel gehört Futter, Peitsche und Last, einem Knecht Nahrung, Strafe und Arbeit."[85] Außerdem nennt Gott das weltliche Regiment ein Schwert. Ein Schwert aber soll schneiden, es sei Strafe an Gut, Leib oder Leben, wie es die Missetat erfordert. Es ist allzu mild, wenn einer den anderen verprügelt, ihm am Leib Schaden zufügt und ihn lähmt, dass man das mit Geld abgelten kann. Man sieht gut, mit welchem Ernst Gott in der Wüste bestraft hat.[86] Außerdem hat er im Gesetz geboten, 5. Mose 19: „Du sollst nicht Barmherzigkeit erweisen."[87] Damit hat er angezeigt, dass er will, dass man im weltlichen Regiment mit Ernst vorgeht, doch so, dass niemand Unrecht geschieht und nichts Ungesetzliches durch die Obrigkeit vorgenommen wird, wie Ahab tat und andere, die Gott hart bestraft hat.[88]

Nun gibt es in Deutschland maßlos viel Schlägereien, auch Schlemmen und Hurerei, Sünden, die Gott im Alten Testament mit dem Tod bestraft hat, 5. Mose 21.[89]

Zum zehnten Artikel ist oben zum sechsten geschrieben.

Zum elften Artikel: der Erbfall

Der Erbfall ist eine Dienstleistung. Nun haben wir oben gesagt, dass man Leibeigenschaft dulden soll und sie nicht gegen das Evangelium ist. In dieser Sache aber sollte die Obrigkeit nachgeben und die armen Waisen ansehen, denen sie vor Gott Hilfe schuldig ist. Denn so steht Hos 14: „Wenn du dich der Waisen bei dir erbarmst, will ich dafür die Wunden heilen …"[90]. So hat

Gott auch 5. Mose 24 geboten: „Der Witwen Kleid sollst du nicht zum Pfand nehmen.“[92] Damit hat Gott angezeigt, dass er will, dass man die armen verlassenen Waisen schonen soll.

Zum Beschluss

1. Die Bauernschaft hat Unrecht und handelt gegen Gott, indem sie sich auflehnt und Gewalt gegen die Obrigkeit anwendet, auch wenn alle Artikel ganz außerordentlich gut wären. Denn Gott fordert Gehorsam gegen die Obrigkeit, wie Paulus Röm 13 sagt: Wer der Obrigkeit widersteht, wird bestraft.[92] Und Spr 24 heißt es: „Mein Kind, fürchte Gott und den König und mische dich nicht unter die Aufrührer. Denn ihr Unglück wird plötzlich kommen. Und wer weiß, wann der Aufrührer Unglück kommt?“[93]
2. Das Evangelium gebietet, Unrecht zu erdulden. Darum handeln die Bauern unchristlich, indem sie sich mit dem Namen des Evangeliums einhüllen. Und ich denke, dass der Teufel die Bauern dazu anreizt, nur damit das heilige Evangelium geschmäht und gelästert und dabei mit einer falschen Vorstellung vom Glauben eingeführt wird, um das Evangelium wieder wie zuvor zu verdunkeln.
3. Es ist Unrecht, Aufruhr zu erregen, auch wenn die Artikel alle recht wären. Man soll vielmehr der Obrigkeit nachgeben. Nun ist auch der größere Teil der Artikel Unrecht, wie oben angezeigt worden ist. Daher ist es zum Erbarmen, dass die verblendeten Leute ihre armen Frauen und Kinder, ihren Leib und ihre Seele in Gefahr bringen um so leichtfertiger Dinge willen. Ja, daran kann man erkennen, dass der Teufel am Werk ist. Er hat Lust am Mord, wie Christus Joh 8 spricht: „Der Teufel ist von Anfang an ein Mörder gewesen.“[94]

Ein Fürst hätte doch Ehre und allen Besitz gerechterweise verdient, wenn er einem Land Frieden geschaffen hat, so dass wir die armen Kinder zu Zucht und Gottesfurcht erziehen können. Wie sind wir dann so verblendet, dass wir selbst den Frieden brechen und mit denen, die Frieden tüchtig erhalten haben, so unehrenhaft umgehen, denen wir doch große Dankbarkeit schuldig sind. Ein jedes untadlige Herz betrachte das und denke an Gottes Willen, der gegen die Obrigkeit herzliche Dankbarkeit fordert, und stehe ab von Unrecht und Willkür. Gott wird es doch einmal sichtbar machen, was für ein Missfallen er an solchem Unrecht hat, denn er spricht Spr 24: „Ihr Unglück wird plötzlich kommen.“[95] Lass dich nicht beirren, lieber Freund, dass man dich einen Heuchler oder anders nennt. Gott wird die Sache gewiss richten und hat sie schon an vielen Orten gerichtet. Noch sind die Aufrührer so vom Teufel besessen, dass sie nicht zu beruhigen sind. Sie verachten ihre Eide. Was sie zugestehen, halten sie nicht. Und dann schreien sie noch, es sei evangelisch. Es steht aber im zweiten Gebot geschrieben, es wird keinem Treulosen gut gehen, denn der Text lautet: „Gott wird den nicht ungestraft lassen, der seinen Namen missbraucht.“[96]

4. Ich bitte, dass die Fürsten zuerst in Güte Verhandlungen führen und etwas, was gerecht wäre, nachgeben, entsprechend dem Rat der Alten, 1Kön 12. Sie rieten dem König Rehabeam, dass er die von Salomo – der doch ohne Zweifel sehr gerecht regiert und keinen ungerecht belastet hatte – auferlegten Lasten verringere.

Auch weil sie vielfältig gesündigt haben. Wer weiß, was Gott über sie noch verhängen könnte, wenn sie sich nicht demütigen. Denn Gott hat es doch so gehalten, dass er von Anfang an jede Herrschaft, wenn die Ungerechtigkeit zu groß geworden ist, zerstört hat: Die Assyrer, Syrer, Griechen, Rom, Karthago sind alle zerstört worden. Das jüdische Königreich, das Gott selbst eingesetzt hatte, ist auch vergangen, das doch so große Verheißungen von Gott gehabt hat, dass die Juden allezeit gemeint haben, es würde bis an das Ende der Welt bestehen. Aber weil man im großen Glück Gott vergisst, folgt immer die Strafe, wie Gott besonders an dem König Nebukadnezar gezeigt hat, Dan 4.[97]

Es ist auch erforderlich, dass die Fürsten in Klöstern und Stiften eingreifen, damit der große Missbrauch, der in der Messe geschieht, abgeschafft wird. Denn es ist am Tag, wie leichtfertig man mit der Messe umgeht, und was für ein großer Jahrmarkt daraus gemacht worden ist. Obwohl doch der heilige Paulus sagt: „Wer unwürdig isst und trinkt, der isst und trinkt sich selbst zur Strafe, wenn er nicht des Herrn Leib unterscheidet.“[98] Nun ist bekannt, wie es in den Stiften überall zugeht, wie leichtfertige Leute sich um des Bauches willen zur Messe treiben lassen. Darum bestraft Gott Land und Leute, wie auch der heilige Paulus sagt, dass infolge des Missbrauchs der Messe unter den Korinthern viele Kranke gewesen sind.[99]

Die Fürsten sollten außerdem den geistlichen Personen die Ehe zugestehen, denn der heilige Paulus sagt, es seien teuflische Geister, die die Ehe verbieten.[100] Und die Fürsten sollten mit dem Vermögen der Klöster und Stifte so umgehen, dass von diesen vorwiegend die armen Leute, die in Stiften oder Klöstern leben, versorgt und nicht so ausgeplündert vertrieben werden, wie sie jetzt von den mörderischen Bauern verjagt werden. Danach soll dieses Vermögen zum Nutzen der Armen, besonders der Schulen, verwendet werden, damit man wieder mit Ernst rechte christliche Lehre und anderes lernt, das zur Erhaltung des weltlichen Regiments dient. Denn alles, was von Königen und Fürsten den alten Stiften gegeben worden ist, ist ihnen dafür gegeben worden, dass sie christliche Lehre erhalten sollten, worauf jedoch die Bischöfe lange Zeit nicht geachtet haben. Wenn man nun keine richtigen Schulen anrichtet, wird man überall ungelehrte Prediger anstellen müssen, die Unfrieden und die Zerstörung aller Dinge anrichten werden, wie es jetzt bereits oft geschehen ist. So wird man auch anderswo im weltlichen Regiment keine Leute haben, die zum Regieren taugen.

Wenn nun die Fürsten den Ihren auf diese Weise freundlich entgegenkommen und helfen, einige Missbräuche zu beseitigen, wäre zu hoffen, dass ein gutes Wort eine gute Aufnahme findet, wie Salomo sagt: „Eine milde Antwort stillt den Zorn."[101] Wenn es dann einige gäbe, die solche guten Absichten der Fürsten nicht annehmen wollten, sondern fortfahren, ihre Ungerechtigkeiten zu treiben, den Reichen das Ihre zu nehmen, Frau und Kind zuschanden zu richten und Obrigkeit zu vernichten, sollen die Fürsten ihre ganze Macht einsetzen, diese wie Mörder zu bestrafen. Und sie sollen wissen, dass sie damit Gott dienen, denn Gott hat sie eingesetzt, Mord zu wehren, Röm 13: „Die Obrigkeit ist Gottes Dienerin und Rächerin, den Bösen zu bestrafen ..."[102].

So hat David gegen seinen eigenen Sohn gekämpft und an einem Tag 20.000 Aufrührer erschlagen.[103] Er hat auch einen Krieg gegen den aufrührerischen Scheba geführt.[104] Und die Fürsten sollen Gott bitten, dass er – weil er die Gewalt eingesetzt hat und sie seine Diener sind – sie auch erhalte, beschütze und beschirme um der armen Leute willen, von denen es noch viele in allen Ländern gibt, die kein Gefallen am Aufruhr haben, sondern leicht zu beruhigen wären und gerne Frieden hätten. Wenn man weiß, womit man recht tut und ein gutes Gewissen hat, soll man zu Gott fliehen, der sich einen Helfer in der Not nennt, Ps 9.[105] Aufrührer können aber kein gutes Gewissen haben, die nichts anderes als Raub und Mord vorhaben. Gott gebe Gnade und Frieden, denn wenn Gott die Stadt nicht behütet, ist unser Wachen umsonst, Ps 127.[106]

Anhang

Da Gott nun den Sieg gegeben hat und die mörderische Horde, die keinen Frieden haben wollte, gemäß Gottes Ordnung bestraft worden ist, sollen die Fürsten nun maßvoll sein, damit den Unschuldigen kein Unrecht widerfährt. Sie sollen den armen Leuten auch Gnade erweisen, von denen einige aus Furcht, einige aus Dummheit gesündigt haben. Es ist aber schwer, wenn es glücklich verläuft, Maß zu halten. Doch die Herren sollen als die Vernünftigen ihnen das Beste widerfahren lassen. Christus spricht: „Selig sind die gütigen, denn sie werden das Land erobern."[107] Das bedeutet: Die Welt will mit Rache und Feindseligkeit Gewalt und Reichtum gewinnen und erhalten. Aber Gott wehrt solchen, die auf ihre Macht pochen, und gibt den Gütigen Glück. Und Salomo sagt Spr 20: „Gütigkeit und Treue behüten den König, und Barmherzigkeit befestigt sein Reich."[108] Denn Gott will, dass man Liebe erweist und einer dem anderen verzeiht, besonders die Mächtigen und Weisen den Schwachen und Törichten, die der Liebe bedürfen. Dafür will er uns wieder verzeihen, Glück und Heil geben. Und wie Paulus sagt, den Gliedern, die wir für unehrenhaft halten, legen wir die größte Ehre bei, und die Glieder, die uns übel anstehen, schmücken wir am meisten.[109] Entsprechend sollen die Mächtigen und Weisen mit dem armen, törichten, irrenden Volk auch umgehen und denen, von denen Besserung zu hoffen ist, Gnade erweisen, ihnen wieder aufhelfen und dafür Dank und Lohn von Gott erwarten. So handelte David, nachdem er aus dem Land verjagt worden war und seinen Sohn, der den Aufruhr verursacht hatte, erschlagen hatte und er wieder eingesetzt worden war. Er sagte am Jordan, es sollte nun niemand mehr umkommen. Und er ließ den Simei leben, der ihn vorher während der Flucht mit Steinen beworfen und verflucht hatte.[110] David aber tötet nur diejenigen, die in der Schlacht umgekommen waren, die man nicht schonen sollte oder konnte. So hat David gehandelt, der den Heiligen Geist hatte. Wenn es notwendig war, hat er mit Ernst bestraft, umgekehrt aber, wenn er konnte, Gnade erwiesen. Auch die Heiden haben sich in solchen Fällen ehrenhaft verhalten. Denn Gott hat den Regenten viele Vorbilder gegeben, nicht nur durch heilige und jüdische Fürsten, sondern auch durch heidnische.

Es geschah in Athen, dass viele ehrbare und reiche Bürger durch dreißig Männer verjagt wurden, die an der Herrschaft waren und viel Böses trieben. Es wendete sich aber das Blatt, wie denn Gott keine Gewalttätigkeit auf lange Zeit zulässt. Die verjagten Bürger kamen durch Gottes Hilfe in die Stadt zurück und erschlugen die dreißig Männer. Nun waren inzwischen die Besitzungen der verjagten Bürger in fremde Hände gekommen. Es hatten sich auch sonst viele vergriffen und während der Herrschaft der Dreißig Untaten an den unterdrückten Bürgern begangen. Damit aber keine Ursache gegeben wurde, weiterhin Blut zu vergießen und die Stadt zu verwüsten, beschloss man, dass jeder seinen Schaden vergessen sollte und keiner hinfort aus seinem Besitz vertrieben oder sonst gegen keinen wegen seines vorigen Verhaltens während der Herrschaft der Dreißig Klage erhoben würde. Daraus folgte Einigkeit und Ruhe in der Stadt, weil sie sich gegenseitig verziehen und viele um des allgemeinen Friedens willen auf ihre Erbgüter verzichtet hatten.[111] Ebenso gebe Gott Gnade, dass die Herren ihren Schaden auch vergessen und den Armen verzeihen und nicht mit Strenge Vergeltung fordern.

Zu Sikyon ist noch lobenswerter gehandelt worden. Es war da ein Aufrührer, der wurde gewalttätig und vertrieb Aratos, dessen Eltern vorher regiert hatten. Und er verjagte mit diesem viele andere redliche Bürger. Gott half Aratos nach vielen Jahren[112] wieder zurück und bestrafte den Aufrührer, der bis dahin viele Untaten getan, viele Morde veranlasst und den Besitz der verjagten Bürger seinen Gesellen gegeben hatte. Als nun Aratos wieder an die Herrschaft kam, und man den verjagten Bürgern das Ihre wiedergeben sollte, waren inzwischen durch Heiraten, Erbfälle usw. große Veränderungen eingetreten. Daher war es sehr schwer, alle zu vertreiben, die fremden Besitz innehatten. Da half Aratos so zum Frieden. Er lieh eine große Summe Geld von seinem Freund, dem König Ptolemaios[113] in Ägypten, und setzte Leute ein, die zwischen den rechten Herren der Besitzungen und den anderen verhandeln sollten. Wenn jemand aus dem Besitz weichen wollte, sollte man ihm so viel Geld geben, als er wert war. Wenn einer nicht weichen wollte, sollte man dem anderen den Wert mit Geld erstatten. So geschah jedermann Genüge, und es wurde Friede und die Stadt konnte wieder gedeihen.[114]

Das heißt freundlich und fürstlich mit den Leuten umgegangen. Denn die Fürsten sind immer verpflichtet, nicht nur die Bösen zu bestrafen, sondern auch den Unschuldigen behilflich zu sein, damit diese, wie der heilige Paulus sagt, in Ruhe und Stille leben können.[115] Darum sollten sie auch helfen, dass getan wird, was zum Frieden und zur Ruhe dient, z. B. dass die Gerichte richtig besetzt werden und die Jugend richtig erzogen wird. Es sollten auch die Schulen richtig eingerichtet werden, so dass man christliche und rechte Lehre erhält, wodurch die Leute zu Frieden und Ehrbarkeit erzogen werden. Die Obrigkeit sollte sich auch darum kümmern, dass Gottes Wort richtig gepredigt wird und die Ordnungen in den Gemeinden, die gegen Gott sind, geändert werden. Dann wird Gott ihnen in ihrem Regiment Frieden und Glück geben, wie er Hiskia[116] und anderen guten Königen gegeben hat, die alte Missbräuche im Gottesdienst geändert haben, denn er spricht 1Sam 2: „Wer mich ehrt, den will ich auch ehren. Wer mich verachtet, der soll dafür vernichtet werden.“[117]

[1] Flugschriften der Bauernkriegszeit/hrsg. von Adolf Laube und Hans Werner Seiffert. 2., durchges. Aufl., Berlin 1978, 26–31 (Nr. 567). [2] MBW 193 (Nr. 401). [3] MBW 1, 193 f. (Nr. 403.1 f.). [4] CR 1, 748 (Nr. 338); MBW 1, 194 (Nr. 404). [5] CR 1, 747 (Nr. 338); MBW 1, 194 (Nr. 404). [6] Siehe Die Reformation in Augenzeugenberichten/hrsg. von Helmar Junghans, Düsseldorf 1967, 324. [7] Homer, Ilias 9, 63 f. [8] Literatur: Hubert Kirchner: Der deutsche Bauernkrieg im Urteile der Freunde und Schüler Luthers, Greifswald 1969 (Habil.-Schrift). [9] Vgl. 1Tim 1,5. [10] Jes 37,21–37. [11] 1Sam 28,4–19. [12] Jes 57,15. [13] Joh 3,14 f. [14] Vgl. Joh 6,29. [15] Röm 8,14. [16] Joh 6,27. [17] Vgl. Jer 9,22 f. [18] Lev 18,18. [19] Vgl. Ex 20,13–17. [20] Vgl. Mt 5,13–48. [21] Vgl. Röm 12,9–21. [22] Vgl. Röm 13,1–7. [23] Lk 3,14. [24] Vgl. Apg 5,29. [25] Vgl. Spr 21,30. [26] Vgl. Röm 13,2 f. [27] Vgl. Ps 7,7. [28] Vgl. Ex 6–11. [29] Vgl. 2Kön 9 f. [30] Kol 3,22. [31] Spr 16,4. [32] Spr 20,2. [33] Röm 13,5. [34] Vgl. 2Sam 15,2–4. [35] 1Kön 12,3 f. [36] Ex 21,17. [37] Spr 29,26. [38] Spr 21,1. [39] Spr 16,10. [40] Mt 26,52. [41] Röm 13,2. [42] Num 16,31 f. [43] Ri 9,53. [44] 2Sam 18,9–15. [45] Melanchthon meint wohl Scheba; siehe 2Sam 20,22. [46] 1Kön 16,1.18. [47] 1Kön 16,11 f. [48] Appius Claudius Crassus war 471 und 451 v. Chr. Konsul. Er gehörte 451/50 zum Zehnmännerkollegium (Decemviri). Nach sagenhafter Überlieferung wurde er zum Tyrannen, der im Gefängnis Selbstmord beging oder hingerichtet wurde. [49] Der römische Politiker Lucius Sergius Catilina organisierte 63/62 v. Chr. in Rom einen Umsturz. [50] Spr 24,21. [51] Mt 5,39. [52] Vgl. Röm 12,19. [53] Vgl. Röm 13,2. [54] Vgl. Gen 9,6. [55] Vgl. Ex 20,7. [56] Mt 10,15. [57] Vgl. Spr 25,4. [58] Vgl. Röm 12,19. [59] Vgl. Joh 18,10 f.; Mt 26,51–54. [60] Joh 18,8. [61] Vgl. Mt 7,15; 24,11–13.23 f.; Mk 13,22 f. [62] Gal 6,6. [63] Apg 6,1–6. [64] 1Kor 14,29. [65] 1Kor 5,4 f. [66] Röm 13,4. [67] Mt 5,40. [68] Tit 1,5. [69] 1Tim 3,10. [70] 1Kön 12,31. [71] Zur Freiheit vom Alten Testament vgl. Kol 2,16 f.; Gal. 5,1 f. [72] Röm 13,7. [73] Mt 17,24–27. [74] Lk 3,14. [75] Gen 47,24. [76] Eph 6,5. [77] Kol 3,22. [78] Kol 3,25. [79] Dtn 25,1. [80] Lk 12,14. [81] Vgl. Röm 13,3 f. [82] 1Kön 12,7. [83] 1Thess 4,6. [84] Spr 26,3. [85] Sir 33,25. [86] Vgl. Num 16. [87] Vgl. Dtn 19,13.21. [88] Zu Ahab vgl. 1Kön 21,1–24; 22,34–38. [89] Dtn 21,20 f.; 22,20–27. [90] Vgl. Hos 14,4 f. [91] Dtn 24,17. [92] Röm 13,2. [93] Spr 24,21 f. [94] Joh 8,44. [95] Spr 24,22. [96] Ex 20,7. [97] Dan 4,25–30. [98] 1Kor 11,29. [99] 1Kor 11,30. [100] Vgl. 1Thess 4,1–3. [101] Spr 15,1. [102] Röm 13,4. [103] 2Sam 18,1–7. [104] 2Sam 20,1–22. [105] Ps 9,10. [106] Ps 127,1. [107] Vgl. Mt 5,5. [108] Spr 20,28. [109] 1Kor 12,23. [110] 2Sam 19,23 f.; 16,5–8. [111] Xenophon, Hellenika 2,4,43. [112] Aratos floh nach der Ermordung seines Vaters 264 v. Chr. und kehrte 251 v. Chr. zurück. [113] Ptolemaios II., Pharao 283–246 v. Chr. [114] Plutarch, Aratos 12, 1. [115] 1Tim 2,2. [116] Vgl. 2Kön 18,3–7. [117] 1Sam 2,30.

Eine lesenswerte Erzählung über Thomas Müntzer, der den Thüringer Aufstand angefangen hat

Die Historí Thome Muntzers 1525

Nach dem Fiasko des Thüringer Aufstandes in der Schlacht von Frankenhausen am 15. Mai 1525 trat die altgläubige Seite dem Verdacht entgegen, die Kriegsregeln seien nicht eingehalten worden. Sie gab Luther die Schuld am Aufruhr und behauptete, Müntzer sei vor seinem Tod zur römischen Kirche zurückgekehrt. Luther und seine Mitarbeiter wiesen diesen Vorwurf zurück. Darüber hinaus sahen sie sich genötigt, den Einfluss Müntzers auch nach dessen Hinrichtung am 17. Mai 1525 mit publizistischen Mitteln zu bekämpfen. „Die Histori Thome Muntzers" gehört in diesen Zusammenhang. Sie erschien anonym im Juni 1525 in Hagenau/Elsass (Druckerei Johann Setzer). Aus der gleichen Zeit stammen eine gutachterliche Ablehnung der Zwölf Artikel der Bauern sowie Disputationsthesen gegen das falsche Verständnis von Gesetz und Evangelium bei schwärmerischen Predigern. Erst im 19. Jahrhundert wurde Melanchthons Autorschaft an der Flugschrift gegen Müntzer bezweifelt. Aber gegenüber dem Leipziger Freund Caspar Borner hat Melanchthon 1526 bestätigt, dass die Schrift von ihm stamme und er die darin enthaltenen Reden nach klassischem Vorbild für seine Schüler verfasst habe. Als Melanchthon 1548 zusammen mit anderen den zweiten Band der deutschen Wittenberger Lutherausgabe veröffentlichte, nahm er auch seine „Erzählung über Thomas Müntzer" mit auf.

Die literarisch mit den Mitteln der Rhetorik gestaltete Flugschrift will die Leser beeinflussen. Sie sollen über Müntzers zweifache „teuflische Irrlehre", über sein Verständnis von Offenbarung und Obrigkeit, aufgeklärt werden. Im Vollzug der Erzählung werden außerdem die Vorwürfe gegen die Reformation zurückgewiesen und die Verdienste der beiden reformatorischen Repräsentanten, Graf Albrecht von Mansfeld und Landgraf Philipp von Hessen, herausgestellt. Die Landgrafenrede ist als Gegenentwurf zur Rede Müntzers konzipiert. Ein Aspekt von Melanchthons Geschichtsauffassung, dass nämlich aus der Geschichte die Beispiele für das Wirken Gottes durch Förderung und Strafe ablesbar sind, ist ebenfalls deutlich erkennbar.

Durch die Aufnahme der Melanchthon-Flugschrift in die Lutherausgaben, aber auch partienweise in Johannes Sleidans Reformationsgeschichte von 1553, hat sie wie keine andere Quelle das Müntzerbild in der Geschichtsschreibung bis ins 19. Jahrhundert bestimmt.

Übersetzungsgrundlage: Die Histori Tho || me Müntzers / des anfengers der Dorin || gischen vffrur / seer nutzlich zu lesen. … Hagenau [1525].

Nachdem Luther einige Jahre gepredigt und das Evangelium klar und deutlich gelehrt hatte, säte der Teufel daneben seine Samen.[1] Er erweckte viele falsche und schädliche Prediger, um das Evangelium wieder unklar werden zu lassen und es unterdrücken zu können. Außerdem hoffte er, dass ein großes Blutvergießen hervorgerufen würde. Schon Christus hat den Teufel als Totschläger betitelt und gesagt, er richte bis zum Ende der Welt Mord an.[2]

So hat er auch von einem Menschen Besitz ergriffen, der Thomas Müntzer hieß. Dieser war in der Heiligen Schrift sehr gelehrt, blieb aber nicht auf ihrer Linie. Der Teufel narrte ihn und trieb ihn von der Heiligen Schrift weg. Er fing an, nicht mehr vom Evangelium zu predigen und davon, wie die Leute von Gott angenommen werden könnten. Aus falschem Verständnis der Heiligen Schrift dachte er sich vielmehr falsche und aufrührerische Lehren aus: Man sollte alle Obrigkeit töten und zukünftig alle Güter gemeinsam besitzen.[3] Keinen Fürsten und König sollte es mehr geben. Das bläute er der einfältigen Menge regelrecht ein. Er beschimpfte die Fürsten, sie unterdrückten den armen Mann, belasteten ihn mit Abgaben, würden ihn schinden und schaben, um ihre nutzlose Pracht und Verschwendung aufrechterhalten zu können. Sie lebten derart in Saus und Braus, dass der arme Mann zu Schaden komme, obgleich die christliche Liebe verlange, dass sich keiner über den anderen erhebt, jedermann frei sei und vollständige Gütergemeinschaft gelte. Außerdem verband er diese teuflische Lehre mit Betrug. Er gab vor, vom Himmel Offenbarung zu erhalten und verlange also nichts, außer, was Gott ihm befohlen habe. Es ist nicht zu ermessen, wie sehr dieser Mensch vom Teufel besessen war, dass er sich himmlischer Offenbarungen hat rühmen und Gottes Namen mit Lügen so unverschämt nennen können. Ja, auch die Nachkommen werden kaum glauben, dass ein Mensch in solche Vermessenheit geraten konnte und sich solcher großer Dinge rühmen durfte, an denen doch nichts dran war.

Dergleichen hat sich auch schon früher ereignet. Es gab da einen Mann, der behauptete, er wäre der rechte Christus und Gottes Sohn. Auch er scharte Jünger und viele einfache Leute um sich, die der Teufel in den Irrtum treiben wollte, um sie um Leib und Seele zu bringen.

Dasselbe ist jetzt auch geschehen. Der Teufel hat solche List angewendet, die nicht mit Vernunft begriffen und deshalb von unerfahrenen Leuten wohl geglaubt werden kann.

Im Lande Thüringen, zum Harz hin und in Richtung Sachsen, liegt die kleine Stadt Allstedt. Sie gehört den Kurfürsten von Sachsen. Dahin hat sich Müntzer begeben.[4] Denn obwohl er prahlte, er hätte den Heiligen Geist und fürchte sich nicht, er hätte einen göttlichen Befehl, in aller Welt zu predigen, suchte er doch da ein Nest. Er meinte, er könne den Schutz des ehrwürdigen Fürsten, Herzog Friedrichs, des Kurfürsten von Sachsen, genießen. Unter dem waren nämlich alle Priester, die gegen alte, abzulehnende kirchliche Bräuche predigten, sicherer als irgendwo sonst.[5]

In Allstedt ansässig geworden, predigte er zuerst sowohl gegen den Papst als auch gegen Luther, um allgemeine Aufmerksamkeit zu erregen. Er sagte, die päpstliche und die lutherische Lehre seien beide abzulehnen. Der Papst habe die Gewissen mit ungerechten Bürden und Zeremonien zu hart gebunden. Luther dagegen machte zwar die Gewissen von päpstlichen Lasten frei, ließ sie aber in äußerlicher Freiheit verharren. Er führte sie nicht weiter in den Geist hinein und zu Gott. Mit solchem Geschwätz erregte er bei den einfältigen Leuten Staunen. Man lief herzu, und jedermann wollte etwas Neues hören, wie Homer spricht, dass einfache Leute jeweils das neueste Lied für das beste hielten.[6]

Was Papst und Luther lehren, kann hier nicht ausführlich erzählt werden. Aber zu wissen und aufzuzeigen, was Müntzer gelehrt hat und wie er aus einem Irrtum in den anderen geriet, ist nützlich. Wir können nämlich eine solche geschichtliche Begebenheit als Beispiel nehmen und wachsam sein. Wir können Gott bitten, dass er uns behüte und wir nicht in ähnlicher Weise dem Irrtum verfallen, verblendet werden und gar von der christlichen Straße abkommen. Denn wenn einer so wandelt, dass er einmal auf seinem Weg hinfällt, geschieht es oft, dass er immer weiter vom rechten Weg abkommt. So geht es auch mit dieser Sache. Sobald man einmal von der Wahrheit abkommt und sich vom Teufel hat narren lassen, irrt man immer wieder. Der Teufel führt dann die armen Leute an der Nase, wie man es mit Zugochsen macht.

Nun wollen wir kurz darstellen, was Thomas behauptet hat. Er lehrte, es sei wahr, dass sich die Frömmigkeit nicht nach der päpstlichen Ordnung ausrichten könne. Darum sollte man diese aufgeben. Weiter lehrte er, dass man auf folgende Weise zu rechter und christlicher Frömmigkeit gelangen müsste: Zuerst müsse man mit solchen allgemein bekannten Lastern wie Ehebruch, Totschlag, Gotteslästerung usw. aufhören. Gleichzeitig sollte man den Leib quälen und martern. Man sollte fasten, einfache Kleidung tragen, wenig reden, ein ernstes Verhalten üben und den Bart nicht abrasieren.[7] Dergleichen kindische Übungen nennt er „die Tötung des Fleisches" und „das Kreuz", wovon im Evangelium geschrieben wäre.

Alle seine Predigten zielen hierauf zuerst. Dann, lehrt er, wenn man sich so äußerlich verändert hat, soll man einsame Orte aufsuchen. Dort soll man oft über Gott nachdenken: Was er sei und ob er sich unser auch annehme. So würde das Herz das Ausmaß seiner Zweifel feststellen. Es würde merken, wie unsicher es ist, ob Gott groß nach uns fragt oder ob es wahr ist, dass Christus um unsertwillen gelitten und uns erlöst hat, da wir doch immer noch in so großer Not und im Elend sind. Desgleichen würde es wissen, ob unser Glaube oder der Glaube der Türken recht sei. Soweit konnten derartige Predigten hingenommen werden.

Doch darüber hinaus hat er große Gotteslästerung gelehrt. Der Mensch müsste ein Zeichen von Gott fordern, durch das Gott bezeugt, dass er sich unser annehme und dass unser Glaube recht und wahr sei. Selbst dann, wenn Gott solche Zeichen nicht gleich gebe, sollte man nicht damit aufhören, sondern fortfahren, mutig und ernsthaft solche zu fordern. Man sollte zornig auf Gott sein, ihm fluchen und ihm seine Gerechtigkeit vorhalten. Wenn von ihm geschrieben stehe, er wolle jedermann selig machen, die Wahrheit lehren und das geben, worum man ihn bitte,[8] dann tue er unrecht, wenn er nicht einem Herzen, das von ihm wahre Gotteserkenntnis begehre, ein Zeichen zukommen lasse. An solchem Zorn, sagt Müntzer, habe Gott großes Wohlgefallen. Denn daraus spüre er, wie sehr man seiner begehre. Wie ein Vater würde er sich dann verhalten. Er würde ein Zeichen gewähren und den Durst der Seele löschen. Es stehe ja von Gott geschrieben, dass er die Durstigen tränkt.[9] Müntzer versprach, dass Gott dann käme und mit ihnen unendlich reden werde wie mit Abraham, Jakob und anderen biblischen Vätern. Ja, er sagte öffentlich – und das ist schrecklich zu hören –, er wolle auf Gott scheißen, wenn er nicht mit ihm rede wie mit Abraham und anderen Patriarchen. Das nannte er den gewissen Weg zum Himmel und führte für diese erfundene Lehre viele gefälschte Belege aus der Heiligen Schrift an. Gräulich schrie und schalt er. Diejenigen, die dagegen redeten, nannte er Pharisäer, denen Gott nicht wirklich bekannt wäre. Sie blickten vielmehr wie die Blinden in die Heilige Schrift und fänden doch Gott nicht darin. Den Leuten gefiel gut, dass sie mit Gott reden und Zeichen sehen sollten, denn die menschliche Natur ist übermütig und hat Freude daran, große und verborgene Dinge zu erfahren. Außerdem tat diese Prahlerei dem ungebildeten Volk gut, meinten sie doch, heilig und gelehrter als die Studierten zu werden. Es ist gut zu wissen, auf was für Zeichen sich Thomas berufen hat. Er sagte, Gott offenbare seinen Willen durch Träume. Somit gründete er das ganze Gebäude auf Träume.[10] Hatte nun einer etwas von Gott geträumt, hielt er sich für fromm. Hatte jemand einen Traum, den man auf ein Geschehnis deuten konnte, den achtete Müntzer als einen Christen und Propheten. Er lobte solche Leute in öffentlichen Predigten, um sie an sich zu binden und sie durch ein derartiges Lob auch anzutreiben, ihn kräftiger zu verteidigen.

Damit machte er sich einen Anhang bei der närrischen Menge. Dieser zuliebe änderte er auch die gottesdienstlichen Bräuche, den Gesang, die Gewänder und dergleichen, denn solche Neuerungen sind bei der oberflächlichen Menge sehr beliebt.

Als er nun überzeugt war, er habe genug Ansehen, dass ihm die Menge folgen würde, ging er einen Schritt weiter. Er nahm sich vor, unter dem Deckmantel des Evangeliums einen Aufstand anzuzetteln, um die Regierung zu stürzen, sich selbst ins Nest zu setzen und mächtig und reich zu werden. In Allstedt begann er damit. Er legte ein Verzeichnis an. Da hinein schrieb er alle, die sich mit ihm verbündeten und die schworen, die unchristlichen Fürsten zu strafen und eine christliche Regierung einzusetzen. Denn er behauptete, Gott habe ihm befohlen, die weltliche Regierung zu ändern.

Bis zu dieser Zeit hatte er noch nicht offen gegen die Obrigkeit geredet. Er hatte sich nur mit den Spinnereien begnügt, von denen wir erzählt haben. Dem Volk hatte er eingebläut, was sie tun müssten, um von Gott angenommen zu werden. Außerdem hatte er gegen Luther und den Papst gleichermaßen gepredigt.

Weil er keinen Aufruhr lehrte, ließ ihn Herzog Friedrich, der Kurfürst von Sachsen, gewähren. Er verjagte ihn nicht. Luther schrieb gleichfalls an Herzog Friedrich, man solle ihn nicht verjagen.[11]

Als er aber soweit war und glaubte, er habe genug Beistand, um einen Aufstand anzetteln zu können, begann er und lehrte Aufruhr. Er sagte, man solle der weltlichen Obrigkeit nicht mehr gehorsam sein, sondern ihre Herrschaft stürzen. Gott habe ihn für diesen Auftrag erwählt, damit der ganzen Welt geholfen werde.

Aufs Ganze gesehen hat Thomas demnach zwei Irrtümer gelehrt. Der erste Irrtum betrifft die geistlichen Dinge: Man soll Zeichen fordern von Gott und sich nicht mit der Heiligen Schrift begnügen. Weiterhin seien Träume ein sicheres Zeichen dafür, dass man den Heiligen Geist empfangen hat. Der zweite Irrtum betrifft die weltliche Regierung. Ihr soll man nicht gehorsam sein, obgleich das die Heilige Schrift nachdrücklich gebietet.[12]

Darauf hat ihn Herzog Friedrich des Landes verwiesen.[13] Thomas hat sich da nicht auf seinen angeblichen großen Geist verlassen. Er machte sich davon und verbarg sich ein halbes Jahr.[14] Dann kam er wieder hervor, denn der Teufel ließ ihn nicht ruhen.

Er zog nach Nürnberg.[15] Gott aber behütete diese Stadt in besonderer Weise, so dass Thomas dort nicht Fuß fassen konnte. Wenn ihm das geglückt wäre, ist zu befürchten, dass ein viel schrecklicherer Aufstand entstanden wäre als später in Thüringen. Der Rat von Nürnberg jagte ihn rechtzeitig aus der Stadt. Nun kehrte er um und zog wieder nach Thüringen gen Mühlhausen.[16] Als er nämlich in Allstedt tätig war, hatte er einige frevelhafte Schurken aus Mühlhausen als Anhänger geworben. Diese bereiteten das Gelände vor und machten ihn bekannt in der Stadt, so dass ihn die Gemeinde als Prediger anstellte.[17]

Der Mühlhäuser Stadtrat trat dem entgegen. Thomas aber begann mit seinen Vorhaben. Er verleitete die Menge schnell dazu, den Rat abzusetzen, weil er unchristlich sei. Sie sollten einen neuen christlichen Rat wählen, der ihm zu predigen erlaube. So geschah es. Daraufhin wurden die ehrbaren Ratsherren abgesetzt. Einige wurden auch aus der Stadt verjagt.[18] Das war der Anfang der neuen christlichen Regierung. Danach vertrieben sie die Mönche und bemächtigten sich des Kloster- und Stiftseigentums. Die Johanniter besaßen eine Niederlassung in der Stadt mit großen Einkünften. Diese nahm Thomas in Besitz. Er nahm auch an den Ratssitzungen teil, um in allen Dingen seinen Einfluss geltend machen zu können. Die Rechtsprechung müsse durch göttliche Offenbarung und nach der Bibel geschehen. Was ihm also gefiel, galt als Rechtsprechung. Man hielt sie für einen besonderen Befehl Gottes.

Er lehrte auch, dass alle Güter gemeinsam sein sollten, wie in der Apostelgeschichte geschrieben steht, dass die Christen die Güter zusammengetan haben.[19] Damit machte er die Menge übermütig, so dass sie nicht mehr arbeiten wollte. Brauchte einer Korn oder Tuch, ging er zu einem Reichen, wie es sich gerade ergab. Von dem verlangte er es nach christlichem Recht, denn Christus wolle, man solle mit den Bedürftigen teilen.[20] Gab dann ein Reicher nicht willig, was man forderte, nahm man es ihm mit Gewalt. Das geschah durch viele. Die bei Thomas im Johanniterhof wohnten, verhielten sich genauso. Solchen Mutwillen trieb Thomas und vermehrte ihn täglich. Er drohte auch allen benachbarten Fürsten, er wolle sie demütigen.

Das trieb er fast ein Jahr lang bis zum Jahr 1525, bis die Bauern in Schwaben und Franken aufständig wurden.[21] Thomas selbst war nämlich nicht so kühn, einen Aufstand anzufangen, bis er auf einen Rückhalt bei der auswärtigen Bauernschaft hoffen konnte, obgleich er sagte, Gott habe es ihm befohlen. Denn in Franken lagen mehr als 40.000 Mann in Heerhaufen zu Felde. Sie hatten die Edelleute verjagt sowie fast alle Schlösser niedergebrannt und geplündert. Da meinte Thomas, der Augenblick sei günstig, die Fürsten seien erschrocken, der Adel verjagt und die Bauern würden das Feld behalten. Er wollte auch mit im Spiele sein und seine Reformation, d. h. die Neuordnung der Verhältnisse, anfangen. In Predigten verkündete er, die Zeit sei gekommen, er wolle bald ins Feld ziehen. Im Chor des Barfüßerklosters goss er Büchsen. In Scharen lief auch das Landvolk nach Mühlhausen. Alle wollten reich werden.

Er hatte einen Prediger bei sich, der hieß Pfeiffer. Dieser war ein aus dem Kloster ausgetretener Mönch. Der hatte einen Hang zu solchen Dingen, zu Frevel und zum Mutwillen. Er wollte immer zuerst angreifen. Pfeiffer behauptete, er habe eine Vision gehabt, aus der er merkte, dass Gott ihn aufforderte, weiterzumachen. Er habe einen Traum gehabt. Es sei ihm vorgekommen, er wäre in einem Stall und sehe viele Mäuse. Diese habe er alle verjagt. Damit meinte er, Gott habe ihm angezeigt, ins Feld zu ziehen und allen Adel zu verjagen.

Weil Thomas das aus Furcht nicht zulassen oder sich gar daran beteiligen wollte, wurde Pfeiffer mit Thomas sehr uneins. Er drohte ihm heftig, er wolle ihn vertreiben, wenn er ihn nicht ins Feld ziehen lasse und ihm das Volk abschrecke. Thomas wollte nämlich den Angriff nur wagen, wenn er stark genug sei. Er wollte die Stadt erst verlassen, wenn die Bauern überall in den benachbarten Gegenden aufständig geworden seien. Darauf schrieb er dem Bergvolk von Mansfeld einen sehr teuflischen Brief. Sie sollten auf die Fürsten schlagen, pinkepank wie auf den Amboss der

Nimrode.[22] Er hoffte auch, die fränkischen Bauern würden näher auf Thüringen zu vorrücken.

Pfeiffer zog aus ins Eichsfeld, plünderte Schlösser und Kirchen, verjagte die Adligen und nahm sie gefangen. Als er zurückkehrte, brachte er viel Raubgut mit.[23] Die allgemeine Volksmenge geriet in kriegerische Stimmung, weil der Feldzug geglückt war. Da wurden die Bauern zu Frankenhausen, nicht weit von Mühlhausen gelegen, aufständisch. Sie fielen auch in die Grafschaften Mansfeld und Stolberg ein, zerstörten und plünderten die Schlösser.

Da zog Thomas ins Feld, denn er meinte, nun wäre das ganze Land von den Fürsten abgefallen. Er zog mit 300 Schurken aus Mühlhausen nach Frankenhausen.[24] In allen Städten kam die Volksmenge in Bewegung. Die sächsischen Fürsten rüsteten sich, den Bauern zu wehren. Der Landgraf von Hessen und die Herzöge von Braunschweig brachen auf, um den Aufruhr zu stillen.[25] Sie hätten dennoch den Kampf schnell verloren, wenn nicht die Bauern gleich zu Beginn erschreckt worden wären, so dass sie zögerten und nicht weiterzogen, um die Städte einzunehmen.

Die Bauern überfiel aber ein Schrecken aus folgender Ursache: Als die Grafschaft Mansfeld vom Aufstand ergriffen wurde und alle angrenzenden Grafschaften folgten, brach Graf Albrecht mit 60 Reitern auf und erstach 200 Aufständische.[26] Da erschraken die Bauern. Sie setzten ihren Feldzug nicht fort, sondern flohen alle nach Frankenhausen, um dort zu warten, bis der Heerhaufe größer wurde. Dort blieben sie, bis auch die Fürstenheere sich vereinigten.

Also zogen die Fürsten, Herzog Johann von Sachsen, Herzog Georg von Sachsen, Landgraf Philipp von Hessen und Herzog Heinrich von Braunschweig, mit 1500 Reitern und nicht viel Fußvolk gegen die Bauern. Diese hatten aber ihre Wagenburg auf einem Berg bei Frankenhausen aufgeschlagen, so dass sie durch die Berittenen nicht gut erreichbar waren. Sie hatten allerdings nicht viele Geschütze und Harnische und waren ganz ungeübt und ungerüstet.

Das sahen die Fürsten. Sie erbarmten sich der törichten, erbarmungswürdigen Leute und gingen daran, sie zu warnen. Sie schickten einen Gesandten zu ihnen und forderten sie auf, abzuziehen. Die Hauptleute und Anfänger des Aufruhrs sollten sie ausliefern. Die armen Leute waren erschrocken und wären wohl umzustimmen gewesen. Aber der Teufel wollte seinen Mutwillen durch Thomas vollbringen. Er trieb ihn an, die Aufständischen zu ermahnen, dass sie blieben und sich wehrten. Darum trat Müntzer vor die Menge und redete folgendermaßen:[27]

„Liebe Brüder, Ihr seht, dass die Tyrannen, unsere Feinde, da sind und sich vorgenommen haben, uns umzubringen. Dennoch sind sie so furchtsam, dass sie uns nicht angreifen können. Sie fordern, dass Ihr abziehen und die Anfänger dieser Sache ausliefern sollt. Nun liebe Brüder, Ihr wisst, dass ich diese Sache auf Gottes Befehl hin angefangen habe und nicht aus eigenem Vornehmen oder Kühnheit. Ich bin ja auch meiner Tage kein Krieger gewesen. Weil Gott mir aber mündlich geboten hat, ins Feld zu ziehen, bin ich wie Ihr alle verpflichtet, dazubleiben und den Ausgang der Sache abzuwarten. Gott gebot Abraham, seinen Sohn zu opfern. Obgleich Abraham den Ausgang nicht kannte, folgte er dennoch Gott. Er ging daran und wollte das brave Kind opfern und töten. Da errettete Gott Israel und erhielt ihn am Leben.[28] Das gilt auch uns: Weil wir den Befehl von Gott haben, sollen wir den Ausgang abwarten und die Sorge Gott überlassen. Ich habe keinen Zweifel, dass es gut ausgehen wird. An diesem heutigen Tag werden wir Gottes Hilfe sehen und alle unsere Feinde vertilgen. Denn Gott spricht oft in der Heiligen Schrift, er wolle den Armen, den Frommen helfen und die Gottlosen ausrotten. Die Armen und denen daran liegt, dass Gottes Wort erhalten bleibt, sind ja allezeit wir. Darum sollen wir nicht zweifeln, das Glück wird auf unserer Seite sein. Was sind denn die Fürsten? Nichts anderes als Tyrannen sind sie. Sie schinden die Leute, vergießen unser Blut und unseren Schweiß mit Vergnügungen, mit nutzlosem Prunk, mit Heeren und Schurken. Gott hat im 5. Buch Mose geboten, der König soll nicht viele Pferde besitzen und mit großem Prunk regieren, auch soll ein König das Gesetzbuch täglich in seinen Händen haben.[29] Was tun aber unsere Fürsten? Sie nehmen sich der Regierungsgeschäfte nicht an, erhören die armen Leute nicht, sprechen nicht Recht, halten die Straßen nicht sicher, wehren dem Mord und Raub nicht, bestrafen keinen Frevel und Mutwillen, verteidigen Witwen und Waisen nicht, helfen den Armen nicht zu ihrem Recht, sorgen nicht für eine rechte Erziehung der Jugend zu guten Sitten, fördern nicht den Dienst Gottes, obgleich doch Gott die Obrigkeit hierzu eingesetzt hat. Vielmehr verderben sie die Armen mehr und mehr mit neuen Beschwerden. Sie gebrauchen ihre Macht nicht zur Erhaltung des Friedens, sondern zu ihrem Eigennutz. Jeder strebt danach, seinen Nachbarfürsten überlegen zu sein. Sie verderben Land und Leute mit unnötigen Kriegen, mit Rauben, Niederbrennen und Morden. Das sind die fürstlichen Tugenden, mit denen sie jetzt glänzen. Ihr sollt nicht denken, dass Gott das noch länger leiden wird. Denn wie er die Kanaanäer vertilgt hat,[30] so wird er auch die Fürsten vertilgen. Auch wenn das noch zu ertragen wäre, so kann Gott nicht ertragen, dass sie den falschen Gottesdienst der Pfaffen und Mönche verteidigen. Wer weiß nicht, was für eine gräuliche Abgötterei mit dem Kaufen und Verkaufen in der Messe geschicht. Wie Christus die Kramer aus dem Tempel verjagte,[31] so wird er auch diese Pfaffen und ihre Anhänger verderben. Und wie Gott Pinehas versprochen hat, die Hurerei mit Kosbi zu strafen,[32] so wird uns Gott Glück geben, der Pfaffen Hurerei zu strafen.

Darum seid getrost, tut Gott den Dienst und vertilgt die verdorbene Obrigkeit. Denn was hilft's. Wenn wir schon Frieden mit ihnen machten, sie würden doch fortfahren, uns nicht frei lassen, uns vielmehr zur Abgötterei zwingen. Wir sind deshalb verpflichtet, lieber zu sterben als in ihre Abgötterei einzuwilligen. Stets wäre es besser, wir würden Märtyrer, statt hinzunehmen, dass uns das Evangelium entzogen wird und wir gezwungen werden, uns an den Missbräuchen der Pfaffen zu beteiligen. Darüber hinaus weiß ich gewiss, Gott wird uns helfen und den Sieg geben. Denn er hat mir das mündlich zugesagt und hat mir befohlen, alle Stände zu reformieren. Es ist nicht verwunderlich, dass Gott wenigen und ungerüsteten Leuten gegen viele Tausende den Sieg gibt, denn Gideon hat mit wenigen Leuten und Jonathan gar mit seinem einzigen Diener viele Tausende geschlagen.[33] David hat ungerüstet den großen Goliath umgebracht.[34] Also habe ich keinen Zweifel, es wird jetzt dasselbe geschehen. Wir werden siegen, obgleich wir ungerüstet sind. Eher würden sich Himmel und Erde verändern, als dass wir verlassen werden könnten. Die Natur des Meeres verwandelte sich ja auch, damit die Israeliten Hilfe erhielten, als Pharao sie verfolgte.[35] Lasst euer schwaches Fleisch nicht erschrecken und greift die Feinde unverzagt an. Ihr braucht die Geschütze nicht zu fürchten, denn Ihr sollt sehen, ich werde alle Geschosskugeln mit den Ärmeln auffangen, die sie gegen uns schießen.[36] Ja, Ihr seht, dass Gott auf unserer Seite ist, denn er gibt uns jetzt ein Zeichen. Seht Ihr nicht den Regenbogen am Himmel?[37] Er bedeutet, dass Gott uns, die wir den Regenbogen im Panier führen, helfen wird. Den mörderischen Fürsten dagegen drohen Gericht und Strafe. Darum seid unerschrocken und vertraut auf göttliche Hilfe. Stellt Euch zur Wehr. Gott will nicht, dass Ihr mit den gottlosen Fürsten Frieden schließt."

Als Thomas seine Rede beendet hatte, waren die meisten Zuhörer entsetzt und wären gern geflohen. Sie sahen wohl, dass das Wasser über die Körbe gehen wollte.[38] Es gab aber keine Vorschrift und keine klare Leitung, die eine Beratung angesetzt hätte, was man tun sollte. Überdies waren einige mutwilligen Schurken unter den Aufständischen. Die hatten Lust zu kämpfen und sich selbst ein Unglück zu bereiten. Weil sie von gleichem Geist beseelt waren, stimmten sie Thomas zu. Nicht nur durch seine Rede waren sie zur Kampfeswut angestachelt worden, sondern vor allem der Regenbogen erregte sie, der erschien, als Thomas redete. Weil sie nämlich einen Regenbogen in ihrem Fähnlein führten, meinten sie, Gott habe ihnen ein Siegeszeichen gegeben. Ihr Heerhaufen war auch ziemlich groß und befand sich in einer vorteilhaften Lage. Sie meinten deshalb, sie würden gegen die Fürsten stark genug sein, denn es waren um die 800 Bauern. Also schrien einige Schurken, man solle sich zur Wehr stellen, und begannen das Lied „Veni sancte Spiritus" zu singen.[39]

Folglich erhielten die Fürsten keine Antwort auf ihr Angebot. Thomas hatte auch einen jungen Edelmann, den einzigen Sohn eines alten Mannes, gegen alles Kriegsrecht erstechen lassen. Er war ins Bauernlager gesandt worden, um einen Auftrag auszurichten.[40] Das erzürnte die Fürsten und den Adel sehr, so dass sie gegen die Bauern ganz aufgebracht wurden. Darum gab man das Signal für den Kampf, und stellte das Heer in Schlachtordnung auf. Der Landgraf von Hessen, der Jüngste unter den anwesenden Fürsten, umritt die Truppen und ermahnte sie, den allgemeinen Frieden zu retten. Er redete folgendermaßen:[41]

„Liebe Freunde, Ihr seht die Leute vor Euch, gegen die Ihr geführt werdet, um ihrem Ungehorsam und Frevel zu wehren. Nun haben sich die Fürsten ihres Elends erbarmt. Wir haben mit ihnen verhandeln lassen, dass sie sich ergeben, die Anführer ausliefern und abziehen. Darauf gaben sie keine Antwort und rüsteten sich zum Kampf. Die große Not fordert von uns dagegen, dass wir uns wehren. Darum ermahne ich Euch, dass Ihr sie tapfer angreift, dass Ihr den treulosen Bösewichtern und Mördern wehrt. Der Teufel hat diese Leute so geblendet, dass sie sich nicht raten oder helfen lassen wollen. Denn obgleich sie große Klage gegen die Fürsten vorbringen, es reicht dennoch keine Ursache auf Erden aus, um Aufruhr zu erregen und Gewalt gegen die Obrigkeit anzuwenden. Die Obrigkeit zu ehren und zu fürchten ist vielmehr ein sehr ernstes Gebot Gottes. Deshalb hat Gott dafür gesorgt, dass Aufruhr nie ungestraft geblieben ist. Paulus sagt nämlich: ‚Wer der Obrigkeit widerstrebt, wird bestraft, denn Obrigkeit ist eine Ordnung Gottes.‘[42] Darum sorgt Gott dafür, dass keine Kreatur sie vernichten kann. Wie es Gottes Ordnung ist, dass es Tag und Nacht wird, dass kein Mensch die Sonne vom Himmel reißen oder Tag und Nacht beseitigen kann, so werden weder der Teufel noch des Teufels Apostel, die Müntzerischen Bauern, gegen die geordnete Obrigkeit Glück haben. Nicht deswegen sage ich das, weil ich mich als Fürst hervortun und der Bauern Sache schlecht machen will, sondern es ist die ganze Wahrheit. Ich weiß wohl, dass wir oft zu strafen sind, denn wir sind Menschen und vergreifen uns oft. Man soll deswegen dennoch nicht Aufruhr anzetteln. Gott gebietet, die Obrigkeit zu ehren. Man soll sie aber vor allem dann ehren, wenn sie es am meisten braucht. Nun hat die Obrigkeit dann am meisten Ehre nötig, wenn sie geschmäht wird, vielleicht auch Fehler gemacht hat. So sollen die Untertanen solche Schmach der Obrigkeit tragen helfen. Sie sollen sie zu Ehren bringen und sie zudecken, wie Sem den entblößten Noah zudeckte,[43] damit man in Frieden und Einigkeit beieinander bleiben und leben kann. Was tun aber diese treulosen Bösewichter? Sie decken unsere Fehler nicht zu, sondern sie machen sie noch mehr bekannt, ja sie lügen noch viele hinzu. Es ist ja ganz und gar erdichtet und erlogen, dass wir den allgemeinen Landfrieden nicht halten, dass wir die Gerichte nicht einberufen, dass es Mord und Raub in den Ländern gibt.

Wir bemühen uns vielmehr so gut wir können, ein friedliches Regiment zu erhalten. Die Bürde, die die Untertanen an Geld und Abgaben tragen, ist immer gering gegenüber der Sorge und Mühe, die wir tragen. Aber jedermann achtet seine Beschwerden am größten. Was dagegen andere Leute erleiden, kann niemand ermessen. Die Bauern geben geringe Abgaben. Dafür sitzen sie sicher, können Weib und Kind ernähren, können ihre Kinder anständig und ehrlich erziehen. Um solche Sicherheit zu finanzieren, werden ihre Abgaben festgesetzt. Sage mir, wer hat den größten Nutzen davon? Die Untertanen. Darum sind ihre Klagen nichtig. Es ist wahr, dass nicht alles in der Regierung ausreichend geregelt werden kann, denn das ist das allgemeine Unglück der Welt. Das Korn auf dem Feld gerät doch nicht alle Jahre gut. Gott fordert darum, dass man die Obrigkeit ehre, denn wenn die Obrigkeit nicht Fehler machen würde, stünde ihre Ehre nicht in Gefahr. Weil sie aber in Gefahr steht, will sie Gott schützen und hat das Gebot erlassen, sie zu ehren. Sie beklagen sich nun, dass man ihnen nicht erlauben wolle, das Evangelium zu hören. Dennoch soll man deshalb keinen Aufruhr entfachen. Wie Christus dem Petrus zu kämpfen verboten hat, so soll jeder das, was er glaubt, selbst verantworten. Will ihn die Obrigkeit deshalb töten, soll er es erleiden, soll nicht etwa zum Schwert greifen und andere Leute anstiften, ihn mit Gewalt zu retten. Als Petrus kämpfen wollte, hat Christus ein erschreckendes Urteil gefällt, dass er nämlich des Todes schuldig sei. ‚Wer das Schwert nimmt, soll durch das Schwert umkommen‘, spricht Christus und hat sich selbst ans Kreuz hängen lassen.[44] Also ist Aufruhr gegen das Gebot und Beispiel Christi. Weiterhin ist am Tage, dass dieser Müntzer und sein Anhang nicht das Evangelium lehren, sondern Mord und Raub. Niemand lästert das Evangelium mehr als diese Schurken, die unter dem Deckmantel des heiligen Namens allen Mutwillen treiben. Das ist ihr Evangelium: Den Reichen das Ihre nehmen, Weib und Kind anderer zuschanden machen, die Obrigkeit beseitigen, damit ihnen niemand wehren kann. Gott lässt solch große Schmach des heiligen Namens des Evangeliums nicht ungerächt, denn er spricht im zweiten Gebot, dass der nicht ungestraft bleiben soll, der seinen Namen missbraucht.[45] Weil nun die Bauern derart großes Unrecht tun, Gott lästern, ihre Obrigkeit schmähen und keine rechtmäßigen Gründe für den Aufruhr haben, sollt Ihr sie getrost als Mörder angreifen und den allgemeinen Frieden retten. Ihr sollt rechtschaffenen ehrbaren Leuten helfen, Euer Weib und Kind schützen vor diesen Mördern. Gott tut Ihr damit einen großen Gefallen. Obgleich wir stark genug sind, diese elenden Leute nach allgemein menschlicher Auffassung zu richten, würde ich sie dennoch nicht angreifen, wenn ich nicht wüsste, dass ich recht täte. Gott hat uns nämlich das Schwert gegeben, nicht um damit Mord anzurichten, sondern um Mord zu wehren. Wenn ich aber weiß, dass ich recht damit tue, will ich helfen, sie zu strafen. Ich habe keinen Zweifel, Gott wird uns beistehen, dass wir siegen, denn er spricht: ‚Wer der Obrigkeit widerstrebt, wird bestraft.‘“[46]

Als der Landgraf seine Rede beendet hatte, rückte man vor, bis an die Bauern heran, und schoss ab. Die armen Leute aber standen da und sangen „Nun bitten wir den Heiligen Geist“. Sie stellten sich weder zur Wehr, noch wendeten sie sich zur Flucht. Viele verließen sich auch auf die große Zusage des Thomas, dass Gott Hilfe vom Himmel senden würde, weil Thomas gesagt hatte, er wolle alle Schüsse mit den Ärmeln auffangen. Als man nun zu ihnen in die Wagenburg eindrang und begann, sie zu erstechen, wandten sich die elenden Leute zur Flucht, der große Haufe nach der Stadt Frankenhausen, etliche auch nach der anderen Seite des Berges. Seitens der Bauern gab es keine Gegenwehr, abgesehen von einem Häuflein, das sich nach der Flucht vom Berg im Tal vereinigt hatte. Das wehrte sich eine Zeitlang gegen wenige Reiter. Denn auch das berittene Fürstenheer hielt keine Schlachtordnung ein. Als es sah, dass es keine Gefahr und Gegenwehr gab, verstreute es sich im Gelände. An dieser Stelle im Tal verwundeten die Bauern einige, töteten zwei oder drei Berittene. Da wurden die Berittenen noch mehr erzürnt und erstachen nicht allein dieses Häuflein, sondern alle, die sie auf der Flucht ereilen konnten. An die 5000 Mann sind tot liegengeblieben.[47]

Nach der Schlacht rückte man gegen die Stadt vor und eroberte sie. Gegen 300 Mann wurden gefangen genommen und geköpft. Thomas war aber nach Frankenhausen entkommen, in ein Haus am Stadttor. Er hätte wohl in der Zwischenzeit fliehen oder sich besser verstecken können, wenn es nicht Gottes besonderer Wille gewesen wäre, dass er gefangen würde. Niemand achtete nämlich besonders auf ihn, niemand suchte ihn auch.

In dem Haus am Stadttor hatte aber ein lüneburgischer Edelmann Quartier genommen.[48] Sein Knecht ging zufällig auf den Dachboden des Hauses hinauf, um nachzusehen, wie es um ihre Herberge sonst bestellt war. Da fand er einen Mann im Bett liegen, als ob er krank sei. Er sprach ihn an und fragte, wer er sei, ob er etwa auch ein Aufrührer sei. Thomas hatte sich nämlich ins Bett gelegt, als wäre er schwach. Er meinte, auf diese Weise könne er sich verstecken und entrinnen. So antwortete Thomas dem Reiter, er sei ein kranker Mann. Er liege da, habe Fieber und sei sehr schwach. Am Aufruhr habe er nicht teilgenommen. Der Reiter fand eine Tasche neben dem Bett liegen, nahm sie und meinte, vielleicht so zu einer Beute zu kommen. Da fand er Briefe darinnen, die Graf Albrecht von Mansfeld an Thomas geschrieben hatte, um ihn zu ermahnen, von seinem Mutwillen abzulassen.[49] Da fragte der Reiter, woher er die Briefe hätte, ob er der Thomas sei? Thomas erschrak und leugnete zuerst, dass er der Mann sei, doch gab er es zuletzt zu, da ihm der Reiter drohte. Darauf nahm ihn der Reiter gefangen. Das ließ man die Fürsten wissen. Da schickten Herzog Georg und der Landgraf nach Thomas.

Als er vor die Fürsten kam, fragten sie, was er gegen die armen Leute hätte, dass er sie derartig verführt habe. Er antwortete noch überheblich, er habe recht getan, dass er die Fürsten bestrafen wollte, weil sie gegen das Evangelium seien. Der Landgraf aber setzte ihm zu und bewies ihm aus der Heiligen Schrift, dass man die Obrigkeit ehren soll, dass Gott Aufruhr verboten hat, dass es vor allem den Christen nicht gebührt, sich zu rächen, selbst wenn ihnen Unrecht geschieht. Darauf wusste der elende Müntzer nichts zu antworten.

Es geschah auch, dass man ihm in der Folterung die Daumenschrauben enger anzog. Da schrie er. Herzog Georg sagte daraufhin: „Thomas, das tut Dir weh. Den armen Leuten, die Du in ein derartiges Elend gebracht hast, hat es heute viel weher getan, dass man sie erstochen hat." Thomas antwortete darauf lachend wie ein besessener Mensch: „Sie haben es nicht anders haben wollen." Aus solchen frevelhaften Worten kann jeder spüren, dass der Teufel diesen Mann ganz unsinnig gemacht hatte, so dass ihm das Elend der erschlagenen Leute überhaupt nicht zu Herzen ging.[50] Darauf wurde er nach Heldrungen in den Turm gebracht und verhört. Man schickte ihn deshalb nach Heldrungen, weil er Graf Ernst von Mansfeld nach Heldrungen einen Drohbrief geschrieben hatte. Darin standen die Worte geschrieben: „Ich fahre daher."[51] Thomas sollte sein frevelhaftes Drohen begreifen. Deshalb wurde er auf einen Wagen gebunden und fuhr so tatsächlich dahin.

Nach einigen Tagen wurde Thomas in Heldrungen bei der Befragung unter der Folter schlimm gemartert. Er hat dabei bekannt, als er vor Zeiten ein Schüler in Halle gewesen sei, habe er begonnen, einen Bund zu gründen, um die Christenheit zu reformieren. Abermals habe er einen solchen Bund dann in Allstedt angefangen und zuletzt ebenso in Mühlhausen. Als sich die Bauern in Schwaben empörten, habe er gehofft, es ergebe sich die Gelegenheit, ebenfalls einen Aufstand zu entfachen. Er sei auch nach Schwaben gezogen, um ihre Pläne zu erkunden. Ihre Pläne hätten ihm aber nicht gefallen, gestand er. Sie hätten ihn auch nicht anhören wollen. Er gab auch die Namen seiner Bundesgenossen in Allstedt und Mühlhausen preis.[52] Über Weiteres ist er nicht befragt worden, über seine Offenbarungen beispielsweise oder was ihn bewogen habe, einen derartigen Aufruhr zu beginnen. Da er sich göttlicher Offenbarungen gerühmt hatte, war es unweise, ihn nicht zu fragen, ob er sich das ausgedacht oder ob ihn der Teufel mit Visionen verführt hat. Das zu wissen wäre nützlich.

Nach einigen Tagen sind die Fürsten vor Mühlhausen gezogen. Die Stadt hat sich ihnen ergeben.[53] Darauf haben die Fürsten eine Menge Aufrührer köpfen lassen, unter ihnen auch Pfeiffer. Thomas hat man ebenfalls ins Fürstenlager gebracht und ihn da geköpft.[54] In seiner letzten Not ist er sehr kleinmütig und so durcheinander gewesen, dass er das Glaubensbekenntnis nicht hat allein beten können. Herzog Heinrich von Braunschweig musste es ihm vielmehr vorbeten. Er hat auch öffentlich bekannt, er habe unrecht getan. Noch im Ring hat er die Fürsten ermahnt, zu den armen Leuten nicht so hart zu sein, sie brauchten dann solche Gefahr künftig nicht zu fürchten. Weiter sagte er, sie sollten die alttestamentlichen Königsbücher lesen. Nach diesen Worten ist er geköpft worden. Der Kopf wurde darauf zur mahnenden Erinnerung auf einen Spieß im Felde gesteckt.

Dieses Ende Thomas Müntzers ist wohl zu bedenken, damit jeder daraus lerne, dass man denen nicht glauben soll, die sich göttlicher Offenbarungen rühmen, wenn sie etwas vorhaben, das gegen die Heilige Schrift ist. Denn Gott lässt es nicht ungerächt, wie geschrieben steht im 2. Gebot: „Gott hält nicht für unschuldig" usw.[55] Wir sollen auch lernen, wie hart Gott Ungehorsam und Aufruhr gegen die Obrigkeit straft, denn Gott hat geboten, die Obrigkeit zu ehren und ihr gehorsam zu sein. Darum lässt Gott den nicht ungestraft, der dagegen handelt, wie Paulus an die Römer im 13. Kapitel schreibt: „Wer der Obrigkeit widerstrebt, wird bestraft werden."[56]

So ist in diesem Jahr der Aufruhr wie in Thüringen auch an allen anderen Orten bestraft und die Obrigkeit durch Gott wunderbar gegen die große Macht der Aufrührer erhalten worden. Solche Beispiele sollen als besondere Taten Gottes zu Recht in der Erinnerung der Nachkommen bleiben und mit großem Fleiß aufgeschrieben werden.

[1] Mt 13,24–30.39. [2] Joh 8,44. [3] Apg 4,32–37. [4] Kurz vor Ostern 1523. [5] Ähnlich bereits Luther 1524 in seinem „Brief an die Fürsten zu Sachsen". [6] Homer, Odyssee 1, 351 f. [7] Die Forderung des Barttragens ist bei Müntzer nicht nachzuweisen. Johannes Agricola erwähnt sie ebenfalls in seinem „nützlichen Dialog" und gibt Simson (Ri 13,5) als Vorbild an. [8] 1Tim 2,4; Mt 7,7. [9] Joh 7,37. [10] Müntzer lag, bei aller Hochschätzung, auch an einer kritischen Prüfung der Träume. [11] Luthers „Brief an die Fürsten zu Sachsen" 1524. [12] Röm 13,1–5 u. ö. [13] Müntzer verließ vor der geplanten Ausweisung heimlich Allstedt in der Nacht vom 7. zum 8. August 1524. [14] Unzutreffende Angabe. Müntzers erstes Wirken in Mühlhausen ab Mitte August 1524 war den Wittenberger Reformatoren umgehend bekannt geworden. [15] Nach der Ausweisung aus Mühlhausen am 27. September 1524, vermutlich erst Ende November/Anfang Dezember 1524. [16] Müntzer wurde nicht aus Nürnberg ausgewiesen. Den Aufenthalt in Süddeutschland und Basel übergeht Melanchthon. Die Rückkehr nach Mühlhausen in der zweiten Februarhälfte 1525 geschah erst nach Ausbruch des Bauernkrieges in Süddeutschland. [17] Vor Fastnacht (28. Februar) 1525. [18] 16. März 1525 Abwahl des alten Rates durch die Bürgerschaft und Wahl eines ewigen Rates (Amt auf Lebenszeit). [19] Apg 2,44 f. [20] Mt 19,21. Zwangsenteignungen Einzelner sind nicht belegbar. [21] Müntzers zweiter Aufenthalt in Mühlhausen währte von Februar bis 10. Mai 1525. Der Aufstand in Schwaben und Franken brach Mitte März 1525 aus. [22] Der gebürtige Mühlhäuser Pfeiffer hatte bereits 1521 das Zisterzienserkloster im Eichsfeld verlassen. Müntzers Sendschreiben an den Allstedter Bund vom 26./27. April 1525. Die Nimrode (Gen 10,9), auf die wie auf einen Amboss eingeschlagen werden soll, sind bei Müntzer die Fürsten und Herren. [23] Der Eichsfeldzug des vereinigten Mühlhauser und Thüringer Heeres der Aufständischen … begann am 28. April und endete am 5. Mai 1525. Vermutlich war bereits Frankenhausen das ursprüngliche Ziel. Müntzer war beteiligt. [24] Am 10. Mai 1525. [25] Vor allem Herzog Heinrich d. J. von Braunschweig-Wolfenbüttel, aber auch die Herzöge Philipp von Braunschweig-Grubenhagen sowie Otto und Franz von Braunschweig-Lüneburg. [26] 5. Mai 1525 in Osterhausen. Wie Luther hat auch Melanchthon die Bedeutung dieses Scharmützels propagandistisch übertrieben. Der Allstedter Schösser Hans Zeiß erwähnt 20 Tote, die Eisleber Chronik an die 70. [27] Predigten Müntzers im Lager von Frankenhausen sind u. a. durch Hans Hut bezeugt. [28] Gen 22,1–13. [29] Dtn 17,16–19. [30] Jos 10,40 u. ö. [31] Mt 21,12. [32] Num 25. [33] Ri 7,7.9–22; 1Sam 14,6–15. [34] 1Sam 17. [35] Ex 14,15.31. [36] Die Wanderlegende vom Waffenzauber hat schon Luther auf Müntzer bezogen. [37] Die Erscheinung eines regenbogenfarbigen Sonnenrings am Himmel (Sonnenhalo) ist auch durch Hans Hut bezeugt. [38] Schiff, Schiffswand, Sprichwörtliche Wendung. [39] Müntzer hatte die Pfingstsequenz „Veni sancte Spiritus" der Messe zum deutschen Lied „Nun komm, du tröster, heyliger geist" geformt. [40] Matern von Gehofen. Er war mit zwei anderen Gefolgsleuten Graf Ernsts von Mansfeld am 5. Mai 1525 bei Artern gefangen genommen und bereits zwei Tage vor der Schlacht (13. Mai 1525) vor Frankenhausen nach einem Ge-

richtsurteil hingerichtet worden. [41] Eine Rede des Landgrafen ist durch den hessischen Chronisten Wigand Lanze bezeugt. [42] Röm 13,1 f. [43] Gen 9,23. [44] Mt 26,52. [45] Ex 20,7. [46] Röm 13,2. [47] Die Quellen rechnen mit 5000–6000 Toten. [48] Otto von Eppe und sein Knecht Schroffel von Waldeck. [49] Vermutlich das Schreiben Graf Albrechts vom 10. Mai 1525 an den Frankenhäuser Haufen. [50] Die Quellen bezeugen im Fürstenquartier nach der Schlacht nur ein Verhör, keine Folterung. [51] Am 12. Mai 1525. [52] Die Angaben zu Müntzers Bekenntnis sind nicht durchweg korrekt. [53] Am 25. Mai 1525. [54] Am 17. Mai 1525 im fürstlichen Feldlager zwischen Görmar und Mühlhausen. [55] Ex 20,7; Melanchthon zitiert nach Vulgata. [56] Röm 13,2.

Geschichten im Hörsaal

Historiae quaedam recitatae inter publicas lectiones

Zeitgenossen berichten, Melanchthons Vorlesungen seien häufig von über 400 Studenten besucht gewesen. Da Melanchthon neben seinen theologischen immer auch Vorlesungen im Rahmen der Artistenfakultät hielt und hier von den Anfangsgründen der lateinischen und griechischen Grammatik über Rhetorik und Dialektik bis hin zur Astronomie den gesamten Fächerkanon behandelte, wird es wohl kaum einen Studenten in Wittenberg – an der damals meistbesuchten deutschen Universität – gegeben haben, der Melanchthon nicht gehört hat. Angezogen wurden die Studenten von dem gewaltigen Wissensspektrum des „Praeceptor Germaniae“, von der Klarheit seines Vortrags, der Präzision seiner Diktion und der Exaktheit der Regeln, die er immer mit Beispielen verknüpfte. Melanchthons Stilideal war die „perspicuitas“ (Durchsichtigkeit, Klarheit), seine didaktische Grundregel war „non multa, sed multum“ (nicht Vielfältiges, sondern tiefgehend). Seinen Unterricht erweiterte er mit einer Vielzahl von Geschichten und Anekdoten, die er gelesen, gehört oder selbst erlebt hatte. Die Zuhörer schrieben sie auf und veröffentlichten Sammlungen, etwa Johannes Manlius, der die vielfältigen Anekdoten als eine Sammlung erbaulicher Exempla im Loci-Raster anordnete („Collectanea locorum communium“, erstmals Basel 1562). Andere Studenten haben Melanchthons Dicta in ihre eigenen Schriften eingearbeitet und damit die Autorität des verehrten Lehrers tradiert.[1] Die auch für die Biographie Melanchthons aussagekräftigen Geschichten sind bislang noch nicht vollständig gesammelt worden.

Die folgende kleine Auswahl basiert auf der im CR edierten Wolfenbütteler Sammelhandschrift (Cod. Guelf. 21 Aug. 4°), die 1557 der Nürnberger Ulrich Vendenhaimer niederschrieb. Melanchthon hat den lateinischen Vortrag häufig mit deutschen Einschüben aufgelockert; diese sind in wörtlicher Rede belassen und durch Kursive hervorgehoben.

Übersetzungsgrundlage: Aus CR 20, 519–608.

Über den heiligen Bernhard von Clairvaux wird folgende Geschichte erzählt: Als dieser einmal auf dem Klo Psalmen betete, kam der Teufel zu ihm und schalt ihn: „Weshalb betest Du auf dem Klo die heiligen Psalmen?“ Der heilige Bernhard antwortete ihm: „Was aus dem Mund kommt, biete ich Gott an. Aber das, was ich unten aus dem Bauch ausscheide, sollst Du essen.“[2]

Als auf dem Wormser Reichstag 1521 Johannes Eck vor dem sächsischen Herzog Friedrich mit den Lutheranern stritt, den Laien dürfe das Sakrament nicht in beiderlei Gestalt gereicht werden, sprach der Herzog Eck an und fragte ihn, wie es geschehen könne, dass die Papisten die Einnahme des Sakraments in beiderlei Gestalt verbieten, obgleich sie es selbst genießen. Eck antwortete: „Nur ihnen ist es befohlen.“ Da antwortete der Herzog, Christus habe gesagt: „Das tut alle zu meinem Gedächtnis.“[3] Eck entgegnete: „‚Alle‘ meint *‚alle, die Priester‘* sind.“ Geistreich fuhr der Herzog fort: „Irgendwo sagt Christus: ‚Nicht alle werden in das Himmelreich gelangen‘,[4] also werdet ihr Priester nicht dorthin gelangen. *So werdet ihr immer zu dem Teuffel faren.*“[5]

Im Jahr 1542, einen Tag, bevor Magdalena, die Tochter Doktor Martin Luthers starb, hatte sie im Traum zwei wunderschöne, geschmückte Jünglinge gesehen, die sie zum Hochzeitsmahl führten. Als ich morgens zur Mutter kam, fragte ich sie nach dem Gesundheitszustand ihrer Tochter. Diese selbst erzählte nur ihren Traum, den sie in der Nacht zuvor gehabt hatte. Als ich den Traum vernahm, erschrak ich und sagte nichts, aber ich ahnte, dass die himmlischen Engel sie zum himmlischen Mahl führen würden.[6]

Einst wurden auch in Deutschland die Adligen nur in den Feldern beerdigt, und je mächtiger die Menschen waren, umso größere Grabhügel wurden aufgehäuft. Hierbei beachte eine Geschichte über einen Menschen, von dem man glaubte, er stamme aus der Grafenfamilie der Landsberger. Nicht weit von hier gab es einen gewaltigen Grabhügel bei Landsberg. Dort pflegten die Bauern weißen Ton zu graben; schließlich fanden sie beim Graben einen quadratischen Stein. Als dies dem Landvogt gemeldet war, erhielten die Bauern den Befehl, mit dem Graben aufzuhören, und da man einen versteckten Schatz vermutete, wurden vom Vogt Männer zusammengezogen, um ihn auszugraben. Zunächst aber stießen sie auf viele Kieselsteine, dann auf Kohle, schließlich auf den quadratischen Stein und letztendlich auf eine große Leiche von hohem Wuchs. An ihrem Haupt stand ein Topf, in dem sich eine bierähnliche Flüssigkeit und Schreibwerkzeug befanden, d. h. eine Schreibfeder aus Kupfer oder Bronze, *Ein schreibfeder auß ertz gemacht.* Da es in diesen Gegenden zu jener Zeit überaus selten und erstaunlich war, lesen und schreiben zu können, wurde ihm deshalb die Schreibfeder beigelegt, damit, wenn einmal nach vielen Jahren der Leichnam ausgegraben würde, die Menschen wüssten, dass er die Kunst des Schreibens und Lesens beherrscht habe. Man glaubte, dieser sei einer der Grafen von Landsberg gewesen.[7]

Ich kannte einen angesehenen und ehrenhaften Mann, der in Bonn einen starken Fieberanfall erlitt und durch die Kunst der Ärzte wieder gesund wurde. Da ihn seine Freunde nicht sorgfältig beaufsichtigten, sah er auf dem Tisch einen Becher Wein stehen, den er nahm und leerte. Er wurde wieder krank und starb hernach.[8]

Ein Mann rühmte sich, fast ganz Europa gesehen zu haben, also ein Drittel der Erde und damit fast die ganze bewohnbare Welt, und vor allem Italien. Man fragte ihn nach Venedig und nach den großartigen Bauwerken. Darauf antwortete er: „Ich kann nicht mehr über Venedig erzählen, denn ich habe diese Stadt nur einmal bei Morgendämmerung zu Pferde durchquert." Als die anderen sagten, dies sei unmöglich, erwiderte er, dann sei es also damals Winter gewesen, als das passiert sei.[9]

Wilhelm, der bayerische Herzog, sprach zu seinen Hofleuten: *„Sauffet, fresset, hüret. Aber werdt mir nur nit lutherisch"*, weil sogar der Herzog selbst ein Säufer war.[10]

Einmal saßen wir zu Tisch bei Doktor Martin Luther, ich und andere; das Gespräch kam auf die mathematischen Fächer, und neben mir saß irgendein Doktor, der jene Studien verachtete. Ich sprach zu ihm: „Herr Doktor, aber es ist doch notwendig, die Abstände der Tage und Jahre zu kennen und Kalender zu haben." Er antwortete: *„O meine Pauern wißen woll, wen es somer oder winder ist."* Ich sagte nur dieses: *„Es ist ein undoctorliche rede, ich het wol mögen sagen, es ist eines groben Esels rede."* Und Doktor Martin Luther schaute mich sogleich an, da er fürchtete, ich würde ihn barsch attackieren. Wie groß ist der Unsinn, den Nutzen von Kalendern gering zu achten. Es ist eine große Wohltat Gottes, dass ein jeder einen *Almanach* an der Wand haben kann.[11]

Albrecht Dürer erzählte mir über Kaiser Maximilian, *das des Maximiliani dick an den Armen sey so groß gewesen alß sein* Oberschenkel. Und Albrecht war von keiner geringen Statur. Als Maximilian in hohem Alter auf einem Turnier in Augsburg war, kämpfte er dort mit Adeligen; sie stellten starke Latten auf und maßen sich im Schleudern von Wurfspießen, wer mehr durchbohren könne. Maximilian durchbohrte mit einem Wurf zwei Latten, was keiner unter den Adeligen vermochte. Damals war Maximilian 59 Jahre alt. Heutzutage sind die Körper der Menschen nicht mehr so stark, sie werden schwächer.[12]

Der türkische König befahl einmal, ihm sollten die Kleidungen aller Völker aufgezeichnet werden. Als der Maler die Gewänder der meisten Völker dargestellt hatte, malte er schließlich einen nackten Menschen und dicht daneben verschiedene Farben. Später, als der Künstler vom König zur Auskunft über seine Zeichnung aufgefordert wurde und nachdem er die übrigen erklärt hatte, sagte er: „Jener Nackte ist ein Deutscher, für den man keine bestimmte Kleidungsart zeichnen kann, weil er sich täglich eine neue ausdenkt."[13]

In Erfurt diente ein anständiges Mädchen aus einer ehrbaren Familie einer reichen Witwe. Deren junger Sohn, gefesselt von der

Schönheit und dem Liebreiz des Mädchens, bestürmte sie, mit ihm zu schlafen. Das Mädchen widerstand der unziemlichen Tat und wies den rasenden Jüngling ab. Als er täglich immer mehr drängte, erzählte das Mädchen, durch die unwürdige Situation und ihre eigene Gefährdung aufgewühlt, die Sache vollständig der Mutter und forderte sie auf, den Sohn, der ihr nachstelle, in Schranken zu weisen. Nachdem die Mutter die Sache hin und her überlegt hatte, beriet sie sich mit dem Mädchen und hieß sie in das Liebesverhältnis mit dem Sohn einzuwilligen und eine Stunde zur Nacht zu verabreden, in der es am sichersten erscheine, sich zu treffen und alles zu vollziehen. Sie selbst werde zu ebendieser Zeit im Bett des Mädchens liegen und auf diese Weise den Sohn zurückdrängen. Das Mädchen billigte den Plan und ging auf die Verabredung mit dem Jüngling ein. Zur vereinbarten nächtlichen Stunde kam er, um mit dem Mädchen zu schlafen. Die Mutter, die sich vorher noch vorgenommen hatte, der Liebesraserei des Sohnes Einhalt zu gebieten, bot nun – von Lust und vom Reiz des Teufels überwältigt – dem Sohn ihren eigenen Körper dar. Aus der unkeuschen Verbindung wurde ein Mädchen geboren, das ausgesetzt und von einem anderen aufgezogen wurde und das schließlich doch von der Mutter aufgenommen wurde. Der Sohn ahnte von all dem nichts, begann sie zu lieben und heiratete sie. Die Mutter, die im Todeskampf Zweifel und Gewissensbisse empfand, gestand ihre Verfehlungen. Die Angelegenheit wurde an die Versammlung der Theologen verwiesen. Nach langen Diskussionen – angesichts des ungewöhnlichen Falles – wurde schließlich das Urteil gefällt, dass dem niedergeschlagenen Gewissen der Mutter Erleichterung gewährt werden solle. Luther billigte den Spruch der Theologen. Denn das Tor der Gnade und Vergebung darf den Sündern niemals verschlossen bleiben.[14]

[1] Vgl. Stefan Rhein: Johannes Cogelerus, Verbi divini Minister Stetini (1525–1605): zu Leben und Werk eines pommerschen Theologen. In: Pommern in der Frühen Neuzeit/hrsg. von Wilhelm Kühlmann …, Tübingen 1994, 164–166. [2] CR 20, 523 (Nr. 9). [3] Vgl. Mt 26,27 f.; Mk 14,23; 1Kor 11,25. [4] Vgl. Mt 7,21. [5] CR 20, 525 (Nr. 16). [6] CR 20, 527 (Nr. 24). [7] CR 20, 530 (Nr. 37). [8] CR 20,

541 (Nr. 89). [9] CR 20, 542 (Nr. 95). [10] CR 20, 543 (Nr. 100). [11] CR 20, 549 f. (Nr. 122). [12] CR 20, 553 (Nr. 138). [13] CR 20, 584 (Nr. 228). [14] CR 20, 589 f. (Nr. 246).

Rede über die politische Ordnung

De ordine politico 1552

Die Rede entstand wohl im Jahre 1552 und ist ein Beispiel für eine Declamatio. Bei der Ausbildung des Redners maß die antike Rhetorik dem Deklamieren eine wichtige Rolle zu. Hierunter verstand man die Übung des mündlichen Vortrages. Dieser konnte entweder auf einer schriftlichen Ausarbeitung fußen oder extemporiert werden. Die Themenauswahl war breit. Mit seinem Auftritt sollte der Schüler den Grad seiner Beherrschung der rhetorischen Kunstmittel und damit seine Eloquenz unter Beweis stellen. Ausführlich hat Quintilian über das Deklamieren im 2. und im 10. Buch seiner „Institutio oratoria" gehandelt. Melanchthon, der gleich anderen bedeutenden Renaissancehumanisten den römischen Redelehrer hochschätzte, betrachtete die Deklamation – den öffentlichen Vortrag einer in lateinischer Sprache abgefassten akademischen Rede, der neben der Disputation seit jeher auch an den Universitäten gepflegt wurde – als ein hervorragendes und vielseitiges Mittel zur umfassenden Ausbildung der Studenten sowie zu geistig anspruchsvoller Ausgestaltung akademischer Feiern. In Tübingen hatte er selbst mit dem Deklamieren begonnen, wovon die Rede „Über die freien Künste" als einzige Probe überliefert ist. In Wittenberg erweckte er die Gepflogenheit des Deklamierens zu neuem Leben und setzte die Einrichtung regelmäßig stattfindender Deklamationen durch, an denen sowohl Studierende wie akademische Lehrer teilhatten; daneben nutzte er Promotionen und andere universitäre Festveranstaltungen als Rahmen zum Deklamieren. Er selbst trug Deklamationen vor und verfasste – wie im vorliegenden Fall – auch in uneigennütziger Weise zahlreiche von ihnen für Freunde und Bekannte.

Stoffe bildeten unter anderem die Bedeutung der antiken Sprachen, theologische Probleme, andere wissenschaftliche Fragen, historische Begebenheiten und Biographien. Die Zeitgenossen rühmten an seinen Deklamationen den gedanklichen Gehalt, die Gelehrsamkeit, die stilistische Kunst und ihren Wert für die Bildung der Studierenden.

Übersetzungsgrundlage: CR 11, 1011–1016.

Rede über die politische Ordnung, die Verantwortung und die Pflicht derjenigen, die zu Beratungen über öffentliche Angelegenheiten herangezogen werden

Auch wenn mich das Alter plagt und diese zutiefst traurigen Zeiten, die Wirrnisse der Kirchen und die Zusammenbrüche von Reichen bei den Hochbetagten die Schmerzen mehren, so habe ich doch guten Grund, Gott dafür zu danken, dass er mir eine recht lange Lebenszeit gewährt hat, wie geschrieben steht: „Er selbst ist dein Leben und die Länge deiner Tage."[1] Denn in diesem langen Leben (ich stehe nämlich jetzt im neunundsechzigsten Jahr) haben mich das Empfinden der allgemeinen Mühseligkeiten und viele Ermahnungen besser in der Erkenntnis Gottes vorangebracht, und inniger ist das Gebet, fester der Glaube.

Aber auch wenn man diesem kraftlosen Greisenalter die Befreiung von den Mühen und seine Ruhe zukommen lassen muss, habe ich doch aus Liebe zur Wissenschaft und zum Nutzen für die Nachwelt diese schwere Last des Unterrichtens noch nicht niedergelegt. Und weil dank einer so langjährigen Erfahrung und eines ständigen Nachdenkens über unsere gesamte Wissenschaft meine Stimme vielen Studierenden nützen kann, siegt mein Verlangen, den Staat sowie die Söhne höchst ehrbarer Menschen zu unterstützen, über meine körperliche Schwäche. Da die Eltern vieler mit mir befreundet waren, möchte ich sozusagen in einer Art väterlicher Gesinnung ihren Söhnen gleichfalls Wohltaten erweisen. Schließlich halten mich viele ehrbare Beweggründe an diesem mir vertrauten Lehramt fest. Dass es für den Staat Glück und Segen bringe, bei vielen Völkern und der Nachwelt, wünsche ich jeden Tag aus ganzem Herzen. Ich habe also geglaubt, nun auch diesen ehrenhaften Männern hier mich erkenntlich zeigen zu müssen, und werde im Namen unseres hochangesehenen Kollegiums mit meiner Stimme verkünden, dass sie unserem Stand – dem vornehmsten Hüter der Gesetze, der Gerechtigkeit und der Ordnung in diesem Leben – zugeordnet und in ihn aufgenommen worden sind. Zuvor aber will ich nach herrschendem Brauch sowohl sie als auch die anderen, die Jüngeren, über die Würde dieser Wissenschaft und die Pflicht derer aufklären, die mit ihrer Stimme die Entscheidungen und Pläne der Regierung lenken.

Zunächst: Man kann nichts Wahreres, Einfacheres und Gewichtigeres sagen, als dass diese Wissenschaft, dieses Abbild der Gerechtigkeit, so wie es sich in den Gesetzen darstellt, mit Gottes Weisheit im Einklang steht und uns nach Gottes Willen anvertraut wurde, hoch zu verehren, zu lieben, zu bewahren und zu schützen ist: Zuerst wegen Gott selbst, der diese Strahlen seiner Weisheit zeigt und die Gesetze mit seiner Allmacht heiligt, aber auch um der Schönheit der Ordnung und um des Friedens willen. Gott hat daher den menschlichen Verstand mit natürlichen Kenntnissen ausgestattet, um zwischen Gut und Böse, Recht und Unrecht zu unterscheiden, damit dieselben Kenntnisse Gottes Existenz bezeugen und auf Gottes Wesenheit hinweisen, damit sie uns an Gottes Richterspruch und die Strafe für Verbrechen gemahnen, und ebenso, damit sie als Lenkerinnen des Lebens dienen. Auch unsere Versammlung hier wie auch die gesamte politische Ordnung sind Werk und gute Gabe Gottes. Und wenn auch teuflisches und menschliches Wüten es vielfach zerstören, wird doch das Gute, so viel davon bleibt, von Gott bewahrt. Da dies unumstößliche Wahrheiten sind, lasst uns Gottes Wohltaten erkennen und sie ehrfürchtig genießen. Vor allem soll aber auch in den Strafen die Gegenwart Gottes gesehen werden.

Es ist ganz offenbar, dass schreckliche Vergehen gemeinhin in diesem Leben mit strengen Strafen geahndet werden, wie Gottes Sohn sagt: „Wer zum Schwert greift, wird durch das Schwert zu Grunde gehen.“[2] Von den Räubern heißt es: „Wehe dir, der du raubst, denn du wirst beraubt werden“[3], und von der Zügellosigkeit der Begierden: „Hurer und Ehebrecher wird Gott richten.“[4]

So viele traurige Anblicke von Bestrafungen, öffentliche Hinrichtungen, Krankheiten, Kriege, Hungersnot, Mord, Unglücksfälle unter den Nachkommen, Trennungen von Familien, Zwietracht im Staate und zahlreiche große Betrübnisse im öffentlichen wie privaten Leben stehen uns vor Augen als Mahnungen, dass wir die Richtschnur der Lebensführung, die nach Gottes Willen in den Gesetzen vorgegeben ist, lernen und befolgen. Dies ist oft zu bedenken, sowohl was den Ursprung der Gesetze betrifft, als auch hinsichtlich der Gegenwart Gottes bei der Wahrung der politischen Ordnung und bei der Bestrafung von Verbrechen, damit sich die Sinne an die Ehrfurcht vor den Gesetzen gewöhnen. Man muss auch die Wutausbrüche all der Leute verurteilen, die entweder aus barbarischer Wildheit die Gesetze gleichwie einen Kerker hassen oder in der Aufgeblasenheit ihres Verstandes und mit bloßem Anschein von Klugheit das hohe Ansehen der Gesetze wie der Rechtswissenschaft durch unsinniges Gerede in Zweifel zu ziehen versuchen.

Diese ganze Ermahnung hört ihr öfter; denn es ist Gottes Gebot, dass gerade sie häufig wiederholt wird, wie sie ja auch Gott selbst wiederholt, der wünscht, dass dem Verstand eines jeden diese Grundsätze fest eingeprägt sind: Nicht durch Zufall, nicht planlos, nicht ohne Gott wird das Menschengeschlecht geschaffen und geleitet. Gott ist wirklich der Schöpfer der Dinge, und er ist gut, gnädig, wahrhaftig, gerecht gegenüber allen und heilig. Er blickt den Menschen in die Herzen und richtet über sie. Er hat die Richtschnur für die Lebensführung gegeben. Verbrechen sind ihm ein Gräuel, und seinen höchst gerechten Zorn offenbart er in den Strafen. Da Gott wünscht, dass alle Menschen sich diese Grundsätze mit ganz entschiedener Zustimmung zu eigen machen, hat er auch selbst sie oft wiederholt, und er will, dass die Jugend sie durch die Worte aller Lehrer eingeschärft bekommt, und hat die Zeugnisse in der gesamten Schöpfung, auch in den Strafbeispielen vor Augen gestellt.

Ich werde jetzt aber nicht allzu weitschweifig sein und bitte Gott von ganzem Herzen, den Schöpfer des Menschengeschlechts, den Quell der Weisheit und Gerechtigkeit, der sich durch die Geburt seines Sohnes gnädig offenbart hat, dass er sich auch hier beständig eine christliche Gemeinde zusammenführt, sie lenkt und in seine Obhut nimmt, dass er segensreiche politische Herrschaft schenkt und die Ordnung, die Gesetze, die Gerechtigkeit sowie die für das Leben notwendige Wissenschaft schützt.

Ich will nun einige wenige Bemerkungen über die Verantwortung derjenigen hinzufügen, die zu Beratungen über öffentliche

Angelegenheiten hinzugezogen werden. Was für eine große Sache und welche Verantwortung, die Leitung von Beratungen im Gemeinwesen oder an den Höfen: Menschliche Weisheit allein ist ihr mitnichten gewachsen! „Keiner", so sagt Johannes, „kann etwas erlangen, es sei denn, es ist ihm vom Himmel gegeben."[5] Das rastlose Bemühen des Menschen allein vermag diese gewaltige Masse von Aufgaben im Leben nicht zu bewältigen. Vielmehr müssen wir Gott mit tiefem Seufzen bitten, dass er uns beistehen, beraten und einen glücklichen Ausgang gewähren möge: „Vertraue dein Leben Gott an, hoffe auf ihn, er selbst wird es gut machen."[6] Im Übrigen wird dies gefordert, wie Paulus sagt, damit wir glauben[7]; und die Treue im Glauben steht vielen Übeln entgegen, der selbstgefälligen Unkenntnis, Nachlässigkeit und Unredlichkeit. Ein Meister muss notwendigerweise die Kenntnis der Kunst besitzen, die er lehrt, wie es in der Lex Aquilia heißt.[8] Es ist frevelhafte Nachlässigkeit, nicht auch nur mittelmäßigen Eifer zum Studium und Erforschen dessen aufzubringen, was sowohl erlernbar ist als auch zum Wissen eines Meisters gehört.

Man hat lange schon über ein allgemeines Konzil beratschlagt, auf dem die Streitigkeiten der Kirche öffentlich behandelt werden sollen. Überlegt hier nur, wie verantwortungsvoll es ist, dort zu sitzen und für alle Zukunft zu richten über Gottes Ruhm, über die Wahrheit, über das Seelenheil und über die Unverletzlichkeit der Kirche. Falls dieser Richter der Lehre unkundig ist, über die er abstimmen lassen wird, ist er schlimmer als alle Vatermörder. König Josaphat verpflichtet deshalb auch die Richter zur Sorgfalt und stellt Nachlässigkeit sowie Unredlichkeit unter Strafe. „Nicht im Namen eines Menschen haltet ihr Gericht", sagt er, „sondern im Namen Gottes. Und was immer ihr für Urteile fällen werdet, sie werden auf euch zurückfallen. Die Furcht des Herrn sei mit euch und ihr mögt alles mit Sorgfalt verrichten."[9] Die Furcht des Herrn schreibt er ihnen vor, damit sie nicht gegen ihr Gewissen Falsches reden, durch Gunst oder Hass oder Geschenke verleitet, von der Furcht gebeugt oder mit Schmeichelei um Gnade und Schutz der Mächtigen buhlend. Auch befiehlt er, nicht allein bei der Untersuchung von Rechtsfällen und Staatsangelegenheiten Sorgfalt walten zu lassen, sondern ebenso bei der Erörterung der Gesetze, die sie zu Gehör bringen müssen. Der Richter nämlich muss des Gesetzes Stimme sein. Man soll diese Vorschrift Josaphats bezüglich des Gesetzes stets im Herzen bewegen und oft über sie nachdenken.

Bedauerlicherweise gibt es aber viele, die beim Lernen oberflächlich sind. Wenn man sie später zu Verhandlungen und Beratungen hinzuzieht, dann faseln sie bei der Abgabe ihres Votums oft, weil sie die Quellen nicht kennen. Und einige richten sich nach den Wünschen von Fürsten und vertrauen auf schmeichlerische Rede, um jene Dinge hervorzuheben, die den Fürsten angenehm sind.

Wenn Wahrheit und Gerechtigkeit derart durch spitzfindiges Blendwerk unterdrückt werden, dann folgen Kriege und fortwährendes Unglück. Da die Hauptursache solcher ungeheuren Übel in der Nachlässigkeit oder dem dauernden Beipflichten der Ratgeber besteht, so bedenkt, welch hohe Strafen ihnen drohen. Denn zweifellos werden sich ihre Urteilssprüche über sie selbst ergießen, wie König Josaphat sagt. Und bei Hesekiel sagt Gott: „Wenn ich zu einem Ruchlosen sage, du wirst sterben, und du es ihm nicht mitteilst, werde ich sein Blut von deiner Hand fordern.“[10] Der Gedanke an die übergroßen Gefahren und die schrecklichen Strafen erhöht deshalb die Aufmerksamkeit und die Sorgfalt. Denkt stets an das Pauluswort: Dies ist nötig, damit wir glauben,[11] d. h. weder treulos noch gleichgültig sein. Bei Beratungen ist die Kenntnis der Wissenschaft notwendig, damit man nach dem Recht urteilen kann. Und der Verstand möge in Gott den Betrachtenden, Richtenden und Strafenden sehen, Gott bereitwillig gehorchen und ihn mit Ernst um zuträgliche Einsichten bitten sowie um die Festigkeit des Geistes, damit die Kraft des Willens nicht durch irgendeine verwerfliche Leidenschaft gebrochen wird.

Die Zunge sei nicht voreilig. Vielmehr möge sie unter häufigem Seufzen auch dieses Wort König Josaphats wiederholen: „Wenn wir nicht wissen, was zu tun ist, siehe, dann richten wir unsere Augen auf dich, Gott“[12]; und ebenso jenes Wort des Herrn: „Um wieviel mehr wird euer himmlischer Vater denen den heiligen Geist schenken, die bitten?“[13], sowie jenes Wort Salomos: „Schenke deinem Diener ein einsichtiges Herz, damit er in deinem Volk Recht sprechen und zwischen Gut und Böse unterscheiden kann."[14]

Glaubt nur nicht, dass das Regierungsamt, das Gott euch auferlegt, ein Kinderspiel sei! Es ist eine Warte des Menschengeschlechts, und Gott will, dass ihr über die Religion, die Gesetze, die Gerechtigkeit, die Ordnung und den Frieden wacht.

Diese vorzüglichen Gaben hat Gott durch die Stimme der Regierenden dem Menschengeschlecht verliehen. Ihr aber sollt sie mit höchster Wachsamkeit und Treue beschützen! Lasst euch nicht vom Leichtsinn zu Eitelkeit und Kriecherei verleiten! Die Furcht darf nicht die Oberhand erlangen, so dass ungerechte Urteile gebilligt werden! Die Gemüter sollen sich nicht durch Hass noch durch Parteihader erregen lassen, gegen die Gerechtigkeit anzustürmen und die öffentlichen Missstände zu vermehren.

Gewaltig sind die Nachstellungen des Teufels, der das Menschengeschlecht zu entzweien versucht. Heftig ist die Raserei der teuflischen Mächte, die aus Hass auf Gott ihre Wut gegen die schwache Natur der Menschen richten. Seid deshalb über alle Maßen wachsam! Einesteils liegt es in eurer Macht, euch nach dem Maßstab der Gesetze zu richten, und um eure Gewissenhaftigkeit unter Beweis zu stellen, ist Raum beim Lernen und beim Zügeln der Leidenschaften. Doch die Anrufung Gottes muss hinzukommen. Gott hat versprochen, uns gewiss beizustehen, wenn wir ihn reinen Gewissens anrufen, denn dieses vertreibt gewiss eitle und treulose Nachlässigkeit. So steht auch geschrieben: „Wenn wir nach seinem Willen um etwas bitten, hört er uns."[15]

Es ist ganz gewiss, dass unsere Gebete und Seufzer erhört werden. Doch wollen wir nicht darum bitten, dass Verfehlungen oder Vergehen gerechtfertigt werden, sondern darum, dass die Kirche, die Gemeinschaft der Bürger, die Gerechtigkeit, die Ordnung, der Friede sowie ein heilsames, öffentliches wie häusliches Regiment erhalten bleiben. Bewahrt diese Ermahnung, die ich euch in dieser öffentlichen Verkündigung des Zeugnisses nach göttlichem Geheiß und im Namen des Gemeinwesens vortrage, fest in eurem Bewusstsein, denkt über sie oft nach und nehmt sie zum Maßstab eurer Überlegungen und eures Handelns.

Ich bitte aber Gott von ganzem Herzen, den ewigen Vater unseres Herrn und Heilands Jesus Christus, den Schöpfer des Menschengeschlechts und der anderen Wesen, gemeinsam mit seinem Sohn, unserem Herrn Jesus Christus, und dem heiligen Geist, er möge eure Bemühungen und Beratungen lenken und euch zu Gefäßen der Barmherzigkeit machen, die uns, der Kirche und dem Gemeinwesen zum Wohle gereichen.

Die Bibelzitate geben den Vulgatatext oft nicht ganz wortgetreu wieder; wahrscheinlich hat Melanchthon die Stellen teils aus dem Gedächtnis zitiert, teils aus der jeweiligen Originalsprache in das Lateinische übertragen. [1] Dtn 30,20. [2] Mt 26,52. [3] Jes 33,1. [4] Hebr 13,4. [5] Joh 3,27. [6] Ps 37,5. [7] Vgl. z. B. 1Tim 1,12–16. [8] Lex Aquilia: Bezeichnung eines römischen Volksbeschlusses aus dem 3. oder 2. Jh. v. Chr. [9] 2Chr 19,6 f. [10] Ez 3,18. [11] Vgl. Anm. 7. [12] 2Chr 20,12. [13] Lk 11,13. [14] lKön 3,9. [15] Joh 5,14.

Krieg und Frieden

Ein Brief Luthers und Melanchthons an den Kurfürsten Johann von Sachsen 1528

Im Frühjahr 1528 waren Bündnisbestrebungen altgläubiger Fürsten gegen die Evangelischen bekanntgeworden, die unter dem Namen „Breslauer Bündnis“ für Aufregung sorgten. Otto von Pack, ein ehemaliger Rat des albertinischen Herzogs Georg von Sachsen, hatte die wahrscheinlich fiktive Nachricht von einem unmittelbar drohenden Krieg der Altgläubigen gegen die Evangelischen verbreitet. Daraufhin wurde bei evangelischen Reichsständen, vor allem durch Landgraf Philipp von Hessen, intensiv über einen Präventivkrieg nachgedacht und gerüstet. Das Reichsregiment in Nürnberg, eine relativ junge reichsständische Institution, die in Abwesenheit des Kaisers dessen Geschäfte führte, versuchte zwischen den verfeindeten Reichsständen zu vermitteln und erließ schließlich ein Mandat, das die friedliche Beilegung des Streites befahl. Luther und Melanchthon beschworen Herzog Johann in Gesprächen und mehreren Briefen, die Reichsverfassung und ihre Verfahren zu achten und sich nicht an einem Präventivkrieg zu beteiligen. Im vorliegenden Brief, den Melanchthon am 1. oder 2. Mai 1528 nach Luthers Diktat niedergeschrieben hat und den beide unterzeichneten, wird der Kurfürst klar und deutlich vor die Alternative gestellt, Krieg zu führen und damit seine beiden wichtigsten Wittenberger Professoren zu verlieren oder den Frieden zu bewahren. Luther und Melanchthon praktizierten hier den passiven Widerstand von fürstlichen Untertanen, deren Gehorsam an die Grenzen des mit dem christlichen Gewissen Vereinbaren stößt. Kurfürst Johann hat sich schließlich einem Präventivkrieg verschlossen, den der Landgraf allein nicht zu führen in der Lage war, was sich nachträglich als politisch klug erwies.

Übersetzungsgrundlage: WA Br 4, 448–450 (Nr. 1258); vgl. MBW 1, 297 (Nr. 673).

Dem durchlauchtigsten, hochgeborenen Fürsten und Herrn, Herrn Johannes, Herzog zu Sachsen, Kurfürsten usw., Landgrafen von Thüringen und Markgrafen zu Meißen, unserem gnädigsten Herrn, zu eigener Hand.

Durchlauchtigster, hochgeborener Kurfürst, gnädigster Herr! Wir haben erfahren, dass gestern ein Mandat des Reichsregiments in kaiserlichem Namen eingetroffen ist, in dem allen Reichsständen Frieden verordnet wird. Darüber freuen wir uns sehr und hoffen entsprechend unserer geringen Kenntnis von den Dingen, dass dies ein schöner und guter Grund ist, den Frieden zu finden, den wir doch so sehr anstreben. Wir meinen, dass Gott unser Gebet erhört und gnädig bei uns sein will. Denn wahrhaftig, er segnet uns gerade dort freundlich, wo wir in der Lage sind, ihm zu antworten und ihn zu empfangen. Denn einen solchen Grund, der uns gewissermaßen von selbst ins Haus kommt, den hätten wir zu Recht auch in weiter Ferne suchen müssen.

Ob es nun so ist oder nicht, dass gerade die verbündeten feindlichen Fürsten dieses Mandat selbst zustande gebracht haben, so bietet es darum dennoch eine gute Gelegenheit, um damit wegen des Friedens mit ihnen oder beim Reichsregiment gegen sie zu verhandeln usw.

Deshalb geben wir untertänig zu bedenken – obwohl Ihr auf Grund Eurer fürstlichen Kenntnis unseres Rates nicht bedürft –, dass ein solches kaiserliches Mandat nicht unbeachtet bleiben darf:

Erstens, damit man nicht Gott selbst verachtet, der damit gnädig anzeigt, dass er den Frieden will.

Zweitens, ist doch dieses Mandat von unserer ordentlichen, von Gott eingesetzen Obrigkeit ausgegangen, der man Gehorsam leisten muss,[1] besonders, weil hier nichts Böses, sondern nur Gutes und Frieden befohlen und weder etwas zu unseren noch zu ihren Gunsten, sondern im Blick auf das allgemeine Reichswohl gesucht und uns angeboten wird. Denn würde man ein solches Mandat missachten und in den Wind schlagen, befürchten wir, dass dann die Bundesfürsten einen guten Grund vorzuwenden haben, sich zugleich eine Entschuldigung verschaffen und unserer Seite vor aller Welt die allergrößte Schande aufladen werden. Denn sie könnten sich als diejenigen darstellen, die sich zu Frieden und Gehorsam gegenüber der kaiserlichen Majestät bereiterklärt haben. Und auf Grund solchen Gehorsams von den Ungehorsamen als Aufrührer gegen den Kaiser beleidigt, würden sie uns sofort der Majestätsbeleidigung bezichtigen.

Außerdem würden sie bei dem erwähnten Reichsregiment weiter vorstellig werden und die Reichsacht gegen uns erlangen; und mit der Sache unserer Seite käme es dahin: Vor Gott behielte sie kein gutes Gewissen, vor dem Reich kein Recht, vor der Welt keinen guten Ruf; das aber wäre fürchterlich und grauenerregend.

Zusammengenommen: Wir fürchten, der Teufel sinnt auf Schlimmeres, als wir denken. Denn er will sich das Evangelium nicht Stück für Stück vornehmen, sondern, wie Haman das ganze jüdische Geschlecht ausrotten wollte,[2] will der Teufel nichts anderes, als ganz Deutschland verwüsten, um auf diese Weise das Evangelium auszurotten. Er bemüht sich nicht ohne Grund so eifrig um uns, ja er kämpft und wehrt sich, damit wir träge und wenig beflissen, ja sogar faul und zu verdrießlich sind, den Frieden, den uns Gott befiehlt und anträgt, zu suchen und anzunehmen.

Ihr werdet ohne Zweifel selbst wissen, welche Katastrophe es wäre – auch wenn alles gut ausginge –, wenn man gegen das Gewissen und gegen den Kaiser ohne Notwendigkeit so viel Blut vergossen hätte.

Und wenn man sich die Sache, was Gott verhüte, mit solch bösem Gewissen und Ungehorsam vornehmen und ausführen will, dann wären wir – auch wenn uns ewig elend zumute sein sollte – gezwungen, gegen Euch zu sprechen und Zeugnis abzulegen: gegen Euch, der unser allerliebster Herr ist und der uns bisher so väterlich und herzlich ernährt, geschützt und mit außerordentlichen Wohltaten und Gunst überschüttet hat. Außerdem müssten wir, wie ich, Martin, vor Euch in Altenburg[3] zu bedenken gab, um des Evangeliums willen Euer Land meiden und auswandern, damit dem schuldlosen Wort Gottes nicht mit gutem, wenn auch vorgeschobenem Grund die ganze Schande aufgebürdet würde.

Was könnte denn unseren Herzen größeres Leid widerfahren, als von einem solchen Vater und Schutzherrn getrennt sein zu müssen, mit uns vielleicht auch noch viele andere gute Leute? Dieses und noch schlimmeres Elend hat der Teufel gewiss im Sinn – gegen den zu wehren sich Gott jetzt voller Gnade aus einem solchen Grund anbietet, den man vielleicht danach gern mit einem Land bezahlen würde, der aber dann nirgendwo mehr zu bekommen sein wird.

So können wir uns nicht vorstellen, wie denn unsere Seite nicht vor aller Welt mit Fug und Recht dafür gehalten werden sollte, lieber auf Krieg als auf Frieden, lieber auf Blutvergießen als auf gute Regierung aus zu sein. Das ist ein Verdacht, der umso weniger auf uns, die wir Gottes Wort haben und preisen, lasten darf als auf all den anderen Fürsten, die Gottes Wort nicht haben usw.

Deshalb geben wir untertänig zu bedenken, dass man dem Reichsregiment eine angemessene Mitteilung macht, darin Euren und des Landgrafen Gehorsam darlegt, die Bundesfürsten verklagt und außerdem usw., wie Ihr es wohl besser zu tun wisst, als wir Euch raten könnten.

Euer kurfürstlichen Gnaden untertänige
Martin Luther.
Philipp Melanchthon.

[1] Vgl. Röm 13,1. [2] Est 3,13. [3] Luther hatte am 19. und 20. März 1528 mit Kurfürst Johann in Altenburg über die politische Situation konferiert.

Anhang

Abkürzungsverzeichnis

Abgekürzte Quellen und Literatur

Benzing — Lutherbibliographie: Verzeichnis der gedruckten Schriften Martin Luthers bis zu dessen Tod/bearb. von Josef Benzing; Helmut Claus. Bd. 1. 2. Aufl. Baden-Baden 1989; Bd. 2: mit Anhang: Bibel- und Bibelteile in Luthers Übersetzung. Baden-Baden 1994. (Bibliotheca bibliographica Aureliana; 10. 143)

CR — Corpus Reformatorum. Bd. 1–28: Philipp Melanchthon: Opera ... omnia/hrsg. von Karl Gottlieb Brettschneider und Heinrich Ernst Bindseil. Halis Saxonum; Brunsvigae 1834–1860; Bd. 29–87: Johannes Calvin: Opera ... omnia [Bd. 1–59]/hrsg. von Wilhelm Baum ... Brunsvigae; Berolinae 1863–1900; Bd. 88 ff: Huldreich Zwingli: Sämtliche Werke/hrsg. von Emil Egli ... Berlin; Leipzig; Zürich 1905 ff.

HuWR — Humanismus und Wittenberger Reformation: Festgabe anläßlich des 500. Geburtstages des Praeceptor Germaniae, Philipp Melanchthon, am 16. Februar 1997; Helmar Junghans gewidmet/hrsg. von Michael Beyer und Günther Wartenberg unter Mitwirkung von Hans-Peter Hasse. Leipzig 1996.

Koehn — Horst Koehn: Philipp Melanchthons Reden: Verzeichnis der im 16. Jahrhundert erschienenen Drucke. Archiv für Geschichte des Buchwesens 25 (1984), 1277–1486; Sonderdruck. Frankfurt 1985.

MBW — Melanchthons Briefwechsel: kritische und kommentierte Gesamtausgabe/im Auftrag der Heidelberger Akademie der Wissenschaften hrsg. von Heinz Scheible. Abt. Regesten/bearb. von Heinz Scheible; Walter Thüringer. Bd. 1 ff. Stuttgart-Bad Cannstatt 1977 ff.

MBW.T — Melanchthons Briefwechsel: kritische und kommentierte Gesamtausgabe/im Auftrag der Heidelberger Akademie der Wissenschaften hrsg. von Heinz Scheible. Abt. Texte/bearb. von Richard Wetzel ... Bd. 1 ff. Stuttgart-Bad Cannstatt 1991 ff.

MSA Melanchthons Werke in Auswahl/hrsg. von Robert Stupperich. 7 Bde. in 9 Teilbdn. Gütersloh 1951–1975.

PCCSL Patrologiae cursus completus/hrsg. von Jaques-Paul Migne. Series Latina. 221 Bde. Parisiis 1844–1864 = Patrologia Latina database/© Chadwyck-Healey Inc. Alexandria, VA 1993–1995. 5 CD-ROM.

RGG[3] Die Religion in Geschichte und Gegenwart. 3. Aufl. Tübingen 1957–1965.

SupplMel Supplementa Melanchthoniana: Werke Philipp Melanchthons, die im Corpus Reformatorum vermißt werden/hrsg. von der Melanchthon-Kommission des Vereins für Reformationsgeschichte. 5 Bde. Nachdruck der Ausgabe Leipzig 1910–1928. Frankfurt a. M. 1968.

VD 16 Verzeichnis der im deutschen Sprachbereich erschienenen Drucke des XVI. Jahrhunderts: VD 16/hrsg. von der Bayerischen Staatsbibliothek in München in Verb. mit der Herzog August Bibliothek in Wolfenbüttel. 1. Abt.: Verfasser, Körperschaften, Anonyma/Redaktion: Irmgard Bezzel. 22 Bde. Stuttgart 1983–1995.

WA D. Martin Luthers Werke: kritische Gesamtausgabe. Weimar 1883 ff.

WA Br D. Martin Luthers Werke: kritische Gesamtausgabe; Briefwechsel. 18 Bde. Weimar 1930–1985.

WA TR D. Martin Luthers Werke: kritische Gesamtausgabe: Tischreden. 6 Bde. Weimar 1912–1921.

Abkürzungen der biblischen Bücher

Altes Testament

Gen	1. Buch Mose
Ex	2. Buch Mose
Lev	3. Buch Mose
Num	4. Buch Mose
Dtn	5. Buch Mose
Jos	Josua
Ri	Richter
Ruth	Ruth
1Sam	1. Buch Samuel
2Sam	2. Buch Samuel
1Kön	1. Buch der Könige
2Kön	2. Buch der Könige
1Chr	1. Buch der Chronik
2Chr	2. Buch der Chronik
Esra	Esra
Neh	Nehemia
Tob	Tobit
Jdt	Judit
Est	Ester
1Makk	1. Buch der Makkabäer
2Makk	2. Buch der Makkabäer
Hiob	Hiob
Ps	Psalm
Spr	Sprüche
Pr	Prediger
Cant	Hoheslied
Weish	Weisheit
Sir	Jesus Sirach
Jes	Jesaja
Jer	Jeremia
Klgl	Klagelieder
Bar	Baruch
Ez	Ezechiel
Dan	Daniel
Hos	Hosea
Jo	Joel
Am	Amos
Obd	Obadja
Jona	Jona
Mi	Micha
Nah	Nahum
Hab	Habakuk
Zph	Zephanja
Hag	Haggai
Sach	Sacharja
Mal	Maleachi

Neues Testament

Mt	Matthäusevangelium
Mk	Markusevangelium
Lk	Lukasevangelium
Joh	Johannesevangelium
Apg	Apostelgeschichte
Röm	Brief an die Römer
1Kor	1. Brief an die Korinther
2Kor	2. Brief an die Korinther
Gal	Brief an die Galater
Eph	Brief an die Epheser
Phil	Brief an die Philipper
Kol	Brief an die Kolosser
1Thess	1. Brief an die Thessalonicher
2Thess	2. Brief an die Thessalonicher
1Tim	1. Brief an Timotheus

2Tim	2. Brief an Timotheus
Tit	Brief an Titus
Phm	Brief an Philemon
1Petr	1. Petrusbrief
2Petr	2. Petrusbrief
lJoh	1. Johannesbrief
2Joh	2. Johannesbrief
3Joh	3. Johannesbrief
Hebr	Brief an die Hebräer
Jak	Jakobusbrief
Jud	Judasbrief
Offb	Offenbarung des Johannes

Namenregister

Das Register verzeichnet die in Melanchthons Texten erwähnten Namen von Personen und Völkerschaften einschließlich der biblischen und mythologischen Gestalten. Außerdem wurden die Namen aus den Einleitungen und den Anmerkungen weitestgehend aufgenommen, wobei allerdings auf die nachgewiesenen Autoren grundsätzlich verzichtet wurde.

Abkürzungen:

AT	Altes Testament	myth.	mythologische Gestalt;
ngw.	nachgewiesen	NT	Neues Testament.

Übersetzerverzeichnis

Dr. *Michael Beyer*, wissenschaftlicher Mitarbeiter, Institut für Kirchengeschichte der Theologischen Fakultät der Universität Leipzig

Prof. Dr. *Siegfried Bräuer*, Oberkirchenrat i. R., Institut für Kirchengeschichte, Theologische Fakultät der Humboldt-Universität Berlin

Dr. *Matthias Dall'Asta*, wissenschaftlicher Mitarbeiter, Melanchthon-Forschungsstelle der Heidelberger Akademie der Wissenschaften

PD Dr. *Günter Frank*, Direktor der Europäischen Melanchthon-Akademie Bretten

Dr. *Georg Heldmann*, M. A., wissenschaftlicher Mitarbeiter, Institut für Alte Sprachen der Universität Erlangen-Nürnberg

Prof. Dr. *Ralf Dieter Hofheinz*, Leiter Tagestherapiezentrum am Interdisziplinären Tumorzentrum Mannheim

Prof. em. Dr. Dr. *Helmar Junghans* †, ehemals Institut für Kirchengeschichte der Theologischen Fakultät der Universität Leipzig

Prof. em. Dr. *Reiner Kößling*, Institut für Ältere deutsche Literatur und lateinische Literatur des Mittelalters und der frühen Neuzeit, Philologische Fakultät der Universität Leipzig

Dr. *Hermann Lind*, Studiendirektor, Melanchthon-Gymnasium Nürnberg

Prof. Dr. *Felix Mundt*, M. A., Klassische Philologie, Humboldt-Universität Berlin

Dr. *Lothar Mundt,* Institut für Deutsche und Niederländische Philologie, Fachbereich Germanistik der FU Berlin, Forschungsstelle für Mittlere deutsche Literatur. Fachgebiet/Arbeitsbereich: Neuere deutsche Literatur

Dr. *Stefan Rhein*, Direktor der Stiftung der Luther-Gedenkstätten in Sachsen-Anhalt, Wittenberg

Dr. *Gerhard Steinger*, Studienrat, Lübeck

Prof. Dr. Dr. *Günther Wartenberg* †, ehemals Institut für Kirchengeschichte, Theologische Fakultät der Universität Leipzig

Oberstudienrat a. D. *Gerhard Weng* †, ehemals Meldorf

Dr. *Volker Werner*, Studienrat, Luther-Melanchthon-Gymnasium Wittenberg

Dekan i. R. *Albert Widmann*, Rudersberg-Mannenberg